대원불교
학술총서

25

대원불교
학술총서
25

대승불교 유가행파의 수행론

유가행파 수행론의 근거와 목표

안성두 지음

운주사

부모님의 은혜를 기억하며 정토왕생을 기원드립니다.

발간사

오늘날 인류 사회는 4차 산업혁명을 통해 완전히 새로운 세상을 맞이하고 있습니다. 전통적인 인간관과 세계관이 크게 흔들리면서, 종교계에도 새로운 변혁이 불가피하게 되었습니다. 이런 상황에서 대한불교진흥원은 다음과 같은 취지로 대원불교총서를 발간하려고 합니다.

첫째로, 현대 과학의 발전을 토대로 불교를 현대적으로 재해석할 필요가 있습니다. 불교는 어느 종교보다도 과학과 가장 잘 조화될 수 있는 종교입니다. 이런 평가에 걸맞게 불교를 현대적 용어로 새롭게 이해할 수 있도록 하려고 합니다.

둘째로, 현대 생활에 맞게 불교를 이해할 필요가 있습니다. 불교가 형성되던 시대 상황과 오늘날의 상황은 너무나 많이 변했습니다. 이런 변화된 상황에서 부처님의 가르침을 제대로 이해할 수 있도록 하려고 합니다.

셋째로, 불교의 발전과정을 종합적으로 이해할 필요가 있습니다. 북방불교, 남방불교, 티베트불교, 현대 서구불교 등은 같은 뿌리에서 다른 꽃들을 피웠습니다. 세계화 시대에 부응하여 이들 발전을 한데 묶어 불교에 대한 총체적 이해가 가능하도록 하려고 합니다.

대원불교총서는 대한불교진흥원의 장기 프로젝트의 하나로서 두 종류로 출간될 예정입니다. 하나는 대원불교학술총서이고 다른 하나는 대원불교문화총서입니다. 학술총서는 학술성과 대중성 양 측면을 모두 갖추려고 하며, 문화총서는 젊은 세대의 관심과 감각에 맞추려고 합니다.

본 총서 발간이 한국불교 중흥에 조금이나마 기여할 수 있기를 바랍니다.

불기 2568년(서기 2024년) 12월

(재)대한불교진흥원

감사의 말

유가행파는 불교요가를 행한 수행자들의 정신적, 명상적 경험을 통해 형성되었다고 할 정도로 수행과 밀접한 관련을 갖고 있습니다. 그렇지만 그들의 수행은 기존의 아비달마 부파의 수행관법과는 달리 대승적 관법에 근거하고 있었다고 평가됩니다. 본서는 바로 유가행파를 유가행파로 만들어준 그러한 대승적 관법을 어떻게 이해해야 하는가를 탐구한 것입니다.

유가행파의 수행론에 대한 본서의 서술은 유가행파에서 핵심적 의미를 갖고 있다고 생각되는 네 가지 주제를 중심으로 서술하고 있습니다. 유가행파 문헌에 대한 필자의 공부가 은사이신 Lambert Schmithausen 교수의 연구에 주로 의거하고 있고, 이는 네 가지 주제 모두에 대해서도 예외는 아니지만 특히 알라야식을 중심으로 한 심의 구조의 서술은 그의 학문적 통찰에 깊이 의거하고 있습니다. 이에 먼저 Schmithausen 교수께 깊은 감사를 드립니다. 물론 이는 필자가 Schmithausen 교수의 논의 전체를 완전히 이해하고 있다는 의미는 아니며, 본서에서 발견되는 이해의 부족이나 오류는 오로지 필자의 몫임은 말할 나위도 없을 것입니다. 그 외에 일본의 Yamabe Nobuyoshi(山部能宜) 교수의 논문을 통해서 이 주제와 관련해 많은 가르침을 받았기에 감사를 드리며, 또한 독일의 Jowita Kramer 교수의 논문에서 후대 유가행파 주석자들에게 지관쌍운 개념이 어떻게 전개되었는지에 대한 전거를 얻을 수 있어 이 주제를 이해하는 데 도움을 받았습니다. 이 기회에 그녀에게 감사의 인사를 드립니다.

이 책은 『유가사지론』을 위시한 인도 유가행파 문헌들에 대한 필자 나름의 이해에 의거해 서술되었습니다. 『유가사지론』 번역에 공동 참여한 이영진 교수와 원과 스님, 그리고 운산 스님께도 감사의 인사를 드립니다. 그리고 무엇보다 인도 유가행파 문헌들의 공동강독에 참여해 준 여러 선생님들의 도움과 조력이 없었다면 이런 주제를 포괄적으로 다룰 엄두도 내지 못했을 것입니다. 이에 오기열 선생님과 이길산 박사, 종담 스님, 김옥진 선생님, 박선영 선생님, 김태수 박사에게 깊은 감사의 마음을 전하고 싶습니다.

필자의 마음에만 머물러 있던 본 연구주제가 구체화될 수 있었던 것은 대한불교진흥원의 대원불교 학술저서 지원을 통해서였습니다. 이에 미흡한 연구를 완결시킬 수 있도록 지원을 아끼지 않으신 이한구 이사장님을 위시한 담당자 선생님들께도 감사를 드립니다.

마지막으로 본서의 출판을 위해 편집과 교정의 수고를 아끼지 않으신 운주사 김시열 사장님께도 심심한 인사를 드립니다.

I. 서 론

유식학파는 CE.4세기 초에 형성된 대승불교 최초의 학파로서[1] 유가행파瑜伽行派 또는 유가행유식학파로 불린다. 유가행이란 yogācāra의 음사어로서 '[불교] 요가를 수행한 자'라는 의미를 갖고 있으며, 유식唯識은 이 학파의 핵심적인 철학적 주장을 나타낸다. 본서에서는 이 학파의 수행론에 초점을 맞추고 있기 때문에 특별한 경우가 아니라면 '유가행파'라는 명칭을 사용하겠다.

이 학파의 최초의 논서인 『유가사지론瑜伽師地論』(Yogācārabhūmi)이 "불교요가를 수행한 사람들의 [수행] 토대"라는 의미를 가진 것처럼, 유가행파의 사상은 외진 곳에서 수행했던 불교 요가행자(yogācāra, 瑜伽師)들의 그룹에서 발전되어 왔다고 추정되고 있다. 불교에서 yoga

---

1 인도불교에서 대승의 학파 성립과 관련해 많이 퍼진 오해의 하나는 중관학파가 용수(Nāgārjuna, ca 150~250)에 의해 개창되었다고 간주하는 것이다. 이에 대한 비판적 고찰은 사이토 아키라(2015) 참조.

는 "결박(bond, tie)"이나 "집착(attachment)"을 의미하지만(BHSD s.v. yoga), 다른 맥락에서는 수행이나 노력을 의미하며 「성문지」는 이를 신信(śraddhā), 욕欲(chanda), 정진精進(vīrya), 방편方便(upāya)의 4종으로 설명하기도 한다.[2] 또는 『집론』에서 saṃyoga는 〔삼매와 지혜의〕 결합의 의미로도 사용된다.[3] 이렇게 이해한다면 불교 요가는 수행자(yogācāra)들의 마음을 명상대상에 확고히 결합시키는 수습방식을 의미할 것이다.

이러한 요가행자들의 존재는 정통 유부아비달마 문헌에 속하는 『대비바사론』이나 이와 다른 계열에 속하는 소위 선경류禪經類 문헌에서 모두 확인된다. 니시 기유(西義雄 1975: 219ff)는 『대비바사론』에서 유가사들의 실천적 이해가 교학의 난점을 해결하는 데 있어 중요한 역할을 했음을 지적하고 있다. 이는 불교사상이 온전히 이론적 정합성에 의거해서 구축되는 것이 아니라 그 이론적 정합성이 의문시되었을 때 명상수행에 대한 새로운 이해나 새로운 명상관법에 의거해서 그 이론적 타당성을 재검토하고 교학체계를 재정립하려는 시도라고 이해될 수 있을 것이다. 이러한 시도는 『대비바사론』과 같은 유부 문헌에서 나타날 뿐 아니라 『수행도지경修行道地經』과 같은 선경류 문헌에서도

---

2 ŚrBh 275,23ff.

3 AS 66,4: darśanamārgaḥ katamaḥ/ samāsato laukikāgradharmānantaram anupalambhaḥ samādhiḥ prajñā saṃyogaś ca// ("견도란 무엇인가? 요약하면 세제일법 직후에 지각을 여읜 삼매이며, 지혜이며, 또 [그것들의] 결합이다."). ASBh 76,19f: darśanamārgo laukikāgradharmānantaraṃ nirvikalpaśamathavipaśyanālakṣaṇo veditavyaḥ. ("견도는 세제일법 직후에 분별을 여읜 사마타와 비파샤나로 특징지어지는 것이라고 알아야 한다.")

강하게 나타난다. 이 경은 쿠샨왕조 시대의 승려인 Saṃgharakṣa(衆護)에 의해 저작되었고 Dharmarakṣa(竺法護)에 의해 284년 한역되었기 때문에 선경류 문헌 중에서도 초기에 속한다. 『수행도지경』의 원제목이 『유가차부미경愉迦遮復彌經』이라고 음사되어 있기 때문에 이 텍스트가 원래 Yogācārabhūmi였음을 짐작할 수 있다.[4] 유가행파의 『유가사지론』(이하 『유가론』)이 『수행도지경』이나 『달마다라선경達摩多羅禪經』과 Yogācārabhūmi라는 제목을 공유하고 있기 때문에 『유가론』의 편찬자는 당시 이러한 요가행자들의 수행경험에 의거하여 대승의 새로운 수행체계를 구축하였을 것이라고 생각된다.

그러나 『유가론』에 선경류 문헌의 수행론의 영향만이 있는 것은 아니다. 아비달마, 특히 (근본)유부의 영향이 압도적으로 많이 나타난다고 평가된다. 유가행파는 『반야경』 등 대승경전의 법무아 사상을 이어받아 이러한 아비달마의 교학체계를 비판적으로 계승했다고 생각되며, 이는 수행론에서도 마찬가지다. 따라서 이러한 유가행파의 수행론은 불교에 관심을 가진 사람들에 의해 일찍부터 많은 주목을 받았다. 그 이유는 앞에서 지적했듯이 유가행파(yogācāra)의 수행관법이 아비달마의 체계와 용어를 계승하면서도 동시에 이를 대승불교의 수행법에 맞추어 비판적으로 반영하고 변용하고 있기 때문이다. 따라서 유가행파 이후에 나타난 모든 대승불교수행법의 근저에 유가행파의 '고전적' 수행법이 놓여 있다고 해도 과언은 아닐 것이다.

---

4 안성두 2003: 251f 참조. Yogācārabhūmi라고 불린 또 다른 문헌은 Buddhasena(佛大先)의 『達摩多羅禪經』(T618,15)으로 Buddhabhadra(佛陀跋陀羅) 역으로, 원제가 庾伽遮羅浮迷(T15: 301b22)로 음사되어 있다.

그렇지만 유가행파의 수행론에 대한 높은 관심에도 불구하고, 그 수행론의 전체적 면모는 아직까지 구체적으로 밝혀지지 않았다. 그 주된 이유는 유가행파의 수행론의 형성과 발전에 있어 다양한 전통들이 영향을 끼쳤다는 점을 고려할 때 이를 구별해서 해명하는 작업은 생각보다 쉽지 않기 때문이다. 이를 위해서는 일차적으로 유가행파의 주요 문헌들에 대한 체계적인 원전연구가 선행되어야 하며, 또 이를 전체적으로 조망하면서도 문헌의 세세한 항목들의 차이를 논구하기 위해서는 불교사상사 전반에 걸친 깊은 지식과 통찰이 필요할 것이다.

이러한 작업역량은 필자에게 아직 충분히 축적되지 않았다고 말해야 할 것이다. 다만 이를 위한 토대연구로서 필자는 최근 『유가론』 「본지분」 전체를 산스크리트 편집본에 의거해서 번역하고 순차적으로 『보살지』(2015)와 『성문지』(2021) 그리고 『유가사지론』(2023)으로 출판했다. 「본지분」을 이루는 17지地 중에서 「보살지」는 제15지로서 대승 보살행을 위한 토대를 의미하며, 「성문지」는 제13지로서 전통적으로 성문승을 위한 수행의 토대를 의미하지만 단순히 성문의 수행경험을 서술한 것이 아니라 후에 대승적 관법으로 발전하는 데 중요한 역할을 했던 여러 명상의 요소들이 포함되어 있다. 그리고 『유가론』에는 알라야식(ālayavijñāna)이라고 하는 새로운 잠재의식의 도입과 그 체계화의 맥락들이 잘 나타나 있다. 이 번역은 비록 번역상의 오류나 편집상의 실수에서 자유롭지 못하지만 그럼에도 유가행파의 사상체계나 그 수행론의 이해에 많은 도움이 되리라 기대하고 있으며, 본서의 작업도 이 번역에 많이 의존했다.

『유가론』이 유가행파의 체계형성에서 가진 의의와 역할에 대해서는 이미 많은 선행연구들이 있기 때문에 여기서 반복할 필요는 없겠지만, 후라우발너(Frauwallner 1956: 173)가 오래전에 지적했듯이 『유가론』이 여러 세대에 걸쳐 편찬된 백과전서적인 성격을 가지고 있다는 점을 다시 강조하고 싶다. 왜냐하면 『유가론』의 이런 성격에 의거해서 유가행파의 사상체계가 어떤 선행사상을 소재로 하여 구축되었으며, 선행사상과의 차이는 무엇이며, 이런 차이점들에 의해 나타나는 유가행파의 핵심적인 기여는 무엇인가를 추적할 수 있기 때문이다.

'선행사상'이 무엇인가에 대해서는 충분히 예견하듯이 유가행파에 앞서는 유부아비달마 체계와 『반야경』의 공사상이다. 양자는 「보살지」와 『해심밀경』에서 비판대상으로서 제시되어 있다. 「보살지」에 따르면 그것들은 궁극적인 것을 '존재'(bhāva)나 '비존재'(abhāva)로 파악하는 교설이며, 『해심밀경』에 따르면 아비달마의 교설은 법을 존재자로 파악하는 반면 『반야경』의 교설은 법을 비존재로 파악한다. 이를 제거한 후에 나타나는 최고의 진실은 「보살지」에서는 유-무를 떠난 중도로서의 불가언설이며, 『해심밀경』에서는 삼상과 삼무자성의 이해 위에 나타나는 진여일 것이다.

이하에서는 먼저 유가행파의 성문승 비판이 어떤 의미인지를 보자. 다시 말해 대승과 성문승의 차이는 요약하면 무엇인가? 아비달마에서 법은 자상自相(svalakṣaṇa)과 공상共相(sāmāṇyalakṣaṇa)으로 나뉜다. 자상이란 특정한 법이 가진 고유한 특징으로 그 자상에 의해 법은 다른 것으로 환원되지 않는 성질을 가진 일차적 존재로 확립된다. 반면에 공상이란 법들이 가진 공통된 성질로서 예를 들어 '제행무상諸行無常'이라고 할 때 모든 조건 지어진 요소들이 가지는 무상이라는 성질을 가리킨다. 모든 법은 예외 없이 무상한 것으로 특징지어진다고 했을 때 그 무상성이 바로 법들의 공통된 특징이다. 이 무상성에 대한 인식이 우리를 조건 지어진 요소들에 대한 염리厭離와 이욕으로 이끈다고 설명된다. 이는 키사 고타미(Kisa Gotamī) 여인의 일화에서 보듯이 매우 직관적이다.

그럼에도 우리는 나의 개인적 경험을 '모든 법'에 타당한 것으로 보편화시키는 것은 무엇 때문인가라고 물을 수 있겠다. 이에 대해 「성문지」는 이런 유형의 보편화를 '법이도리法爾道理'(dharmatā-yukti)에 의해 설명한다. 법이法爾(dharmatā)는 사물의 일반적 성질이 그러하다는 것을 표현하는 현장玄奘의 번역용어로서 비록 산스크리트어는 동일하지만 대승의 법성法性(dharmatā)과는 다른 의미를 가진 단어이다. 그런데 「성문지」는 이를 도리(yukti)라고 말함에 의해 그러한 보편화가 비록 사물의 그러한 성질에 의존하고 있지만 이것도 역시 추론의 영역에 속한다고 말하는 것이다. 이러한 「성문지」의 설명은 공상으로서의 제행무상이 추론에 의해 확인되어야 할 사물의 성질이며, 따라서 이를 증득하는 것은 인식론적 통찰에 의거하고 있다는 것이다. 이에 따르면 사물의 존재론적 상태는 추론에 의해 확인되는 바와 동일하다.

그렇지만 우리는 여기서 추론의 타당성의 범위를 다시 물을 수 있다. 추론이 언어와 개념에 의거하여 진행된다면 그것은 언어와 개념의 작용범위 안에서만 유효할 것이다. 그렇다면 그런 추론에 의해 확인된 사물의 무상성이 내가 사물을 무상하다고 이해하고 파악하고 범주화하는 것에 의존하고 있다면, 그런 이해와 파악이 사물 자체와는 무관하다고 말할 수 있을 것이다. 오히려 사물 자체는 그런 이해와 파악의 피안에 있는 불가언설적인 것이 아닐까? 여기서 궁극적인 것은 불가언설이라는 유가행파의 문제의식이 시작된다.

대승과 성문승의 관법의 차이는 「보살지」의 다음의 설명에 잘 나타난다. 「보살지」는 37보리분법의 수행에 성문승의 방식과 대승의 두 가지 승乘의 이해방식의 차이가 보인다고 분명하게 제시하고 있다.[5] 여기서 보살승의 수행의 전제로서 보살을 위한 4종의 무애해無礙解에 의지한 후에 방편을 포섭하는 지혜를 갖고 37보리분법들을 여실하게 알지만, 이것들을 체현하지는 않아야 한다는 점을 지적한다. 그 이유는 「보살지」 〈자리이타품〉에서 말한 대로 만일 보살이 성급하게 수행의 결과를 열반의 증득이라는 형태로 체현한다면 그는 자신과 타인을 성숙시킬 수 있는 기회를 갖지 못하기 때문일 것이다. 이런 지적 후에 「보살지」는 37보리분법의 수행에 있어서 성문승의 수행방식의 설명을 「성문지」에 미루는데, 이는 「성문지」의 〈보리분수菩提分修〉 항목을 가리킬 것이다. 동일한 주제에 대한 성문승과 대승의 다른 해석은 대승의 수행도의 특징을 이해하는 데 매우 유용할 것이기에, 「성문지」와 「보살지」에 의거하여 간략히 요약해 보자.

「성문지」의 보리분법에 대한 수습이 기술되고 있는 사념처四念處(smṛtyupasthāna) 중의 신념처身念處를 보자. 그것은 어떤 사람의 신체에 대해 따라 관찰(anupaśyanā)하면서, 그의 신체에서 파악된 어떤 법들이 있을 때 바로 그 법들의 의미를 사유하고, 수습에 의해 〔법들이〕 증득되었을 때 증득된 문장과 그 의미에 대해 잊지 않으면서, 그것들

---

5 BoBh 259,7ff. 안성두 역 2015: 290 참조.

각각을 정념을 갖고 확립하는 것이다. 「성문지」는 신체를 신체로 보는 것의 의미를 다음과 같이 설명한다. 수행자가 어떻게 내적으로 신체에 대해 신체라고 보면서 주하는가 하는 질문에 대해 수행자가 내적으로 유정으로 헤아려진 자신의 신체에 대해 신체라고 보면서 주할 때, 그는 그와 같이 내적으로 신체에 대해 신체라고 보면서 주하는 것이라고 설명한다. 마찬가지로 외적으로, 또 내적·외적으로 신체에 대해 신체라고 보면서 주하는 경우에도 동일하게 '신체를 신체라고 보면서 주한다'는 것이다. 「성문지」는 신체에 대한 여러 관찰의 경우를 감관에 포착된 색을 인식대상으로 하는 경우와 사마히타의 단계에 속하고 경안을 수반하는 색을 인식대상으로 하는 경우, 4대大의 색을 인식대상으로 하는 경우, 식을 지닌 신체(savijñānaḥ kāyaḥ)를 인식대상으로 하는 경우, 그리고 자신의 신체 내부를 인식대상으로 하는 경우로 세분해서 설명하고 있지만,[6] 관찰의 요체는 '신체를 신체라고 보면서 주한다'는 데 있다.

이와 같은 법의 관찰은 기본적으로 경험 속에 주어진 법을 '이것은 법이다'라는 방식으로 동일시하는 데에서 성립한다. 이런 동일시의 해체는 경량부에서처럼 엄격한 찰나멸론에 입각해서 지각의 찰나와 사유의 찰나를 분리시킴에 의해 가능할 것이다. 하지만 찰나멸론은 순전한 논리적인 방식으로 시간의 무상성을 극단적으로 단자화시킨 것으로서 어떤 점에서 자칫하면 보리분의 수습 자체의 의미를 부정할 위험도 있을 것이다. 따라서 「보살지」가 택한 방법은 법을 법으로서

6 ŚrBh291,5ff (T30: 440a13-445b28); 안성두 역 2021: 283ff.

인식하게 하는 자상 개념의 비판에 의해서이다. 법의 자상이란 유부가 규정하듯이 불가환원적인 법이 가진 성질이 아니라 단지 언설에 의해 그렇게 규정된 것에 지나지 않으며 법 자체는 언어 표현될 수 없다는 것이다. 그렇다면 '이것이 법의 자상이다'라는 파악은 사물 자체에 대한 진술이 아니라 사물의 존재방식에 대한 언어적 파악에 지나지 않을 것이다. 이는 주지하다시피 「보살지」 〈진실의품〉에서 제기된 '존재'(bhāva)로 파악하는 방식에 대한 비판일 것이다.

이런 방식이 어떻게 대승의 사념처 이해에 적용되고 있는지를 보자. 「보살지」는 사념처(smṛtyupasthāna) 중에서 신념처의 수행과 관련하여 대승의 방식에 따른 이해를 두 가지로 나눈다. 하나는 신체는 불가언설적인 본질을 가졌으며, 신체의 법성을 그와 같이 여실하게 아는 것이다. 이는 보살이 신체에 대해 '이것은 신체이다'라고 관찰하면서 주할 때에도 결코 신체를 존재의 관점에서 분별하지 않고, 동시에 신체가 모든 방식으로 존재하지 않는다고도 〔분별하지〕 않는 것으로 설명되고 있다.[7] 이러한 신체의 법성에 대한 이해가 보살에게 신체에 대한 최고의 관찰로서의 염처이다. 다른 하나는 신체에 대한 염처수행을 할 때 '이것은 신체이다'라는 언설의 방식으로 신체를 관찰하는 것이다. 이러한 언어적 관찰은 보살에게 무량한 개념적 확립의 방식에 대한 앎을 수반한다고 설명한다. 그 차이를 「보살지」는 다음과 같이 설명한다.

〔가:〕 그는 신체 등의 법들을 고통의 측면에서나 〔고통의〕 일어남

7 BoBh 259,7ff. 안성두 역 2015: 290.

의 측면에서 분별하지 않으며, 그것에 의해 행해진 제거를 소멸의 측면에서 사유하지 않고, 또 그것의 증득의 원인을 도의 측면에서 사유하지도 않는다. 불가언설을 본질로 하는 법성에 의해 고통의 성질과 〔고통의〕 일어남의 성질, 소멸의 성질과 도의 성질을 여실하게 안다. 이것이 이 〔보살〕에게 보리분의 수습에 의지하는 것으로서 최고의 진리의 수습이다. 〔나:〕 반면 〔사성〕제를 대상으로 하는 수습은 언설에 의해 보살에게 무량한 개념적 확립의 방식에 대한 앎을 수반한다고 보아야 한다.[8]

위에서 〔가〕는 최고의 진리를 수습하는 보살의 수행방식으로서 사념처를 수행할 때에 신체 등을 4제 16행상에 따라 관찰하지만 그 신체는 불가언설을 본질로 하는 법성이라고 알면서 '이것은 x이다'라는 동일시의 방식을 적용하지 않는 것이다. 이에 반해 〔나〕는 신체 등에 대해 4제 16행상의 방식으로 관찰하는 것이다. 그때 보살에게 '이것은 x이다'라는 앎(jñāna)이 동일시의 방식에 따라 생겨나며, 그 앎의 발생의 양태는 경우에 따라 무량할 것이다. 「보살지」는 이러한 앎을 '개념적 확립의 방식에 따른 앎'(vyavasthānanayajñāna)이라고 부르는데, 즉 언어와 개념에 의거한 교법에 따른 이해라고 말하는 것이다. 이런 앎은 동일시의 방식에 의거한다는 점에서 기본적으로 「성문지」나 아비달마의 방식에 따르는 것이지만, 그 차이는 그 앎이 대상에 대한 여실한 앎이 아니라 교법의 범주에 따라 규정되고 확립된 것이라는 인식이 '개념적 확립'(vyavasthāna)이란 용어로 표현되어 있다는

8 BoBh 260,1-10. 안성두 역 2015: 291에서 인용.

점이다.

이러한 두 가지 이해방식은 「섭결택분」에서 진여는 어떠한 개념이나 언설에 의해 파악될 수 없다는 점에서 비안립제(avyavasthāpita-satya)로 설명하고, 반면 사성제에 따른 관찰은 언설과 개념에 의해 파악하는 방식이라는 점에서 안립제(vyavasthāpita-satya)로 규정하는 것과 내용상 동일한 것이다.[9]

위에서 보았듯이 동일한 사물을 인식대상으로 해서 명상할 경우에도 성문의 수행과 보살의 그것은 차이를 보여준다. 그것은 바로 사물을 보는 관법의 차이이다. 「성문지」의 방식대로 신체에 대해 4제 16행상을 적용시켜 관찰할 때 우리는 분명 외적으로는 욕망의 대상으로부터 거리를 두고 내적으로는 욕망으로부터 떠날 수 있을 것이다. 반면 보살의 수행은 어떤 종류의 동일시도 단지 분별작용에 지나지 않는 것으로 부정하면서 바로 분별작용 자체의 소거를 목표로 한다.

불교에서 원성실성 내지 승의란 그 대상에 대한 반복적인 명상이 우리를 청정하게 해주는 것이다. 따라서 성문의 수행도 심을 청정하게 만들어 준다는 점에서는 대승의 그것과 다를 바가 없을 것이지만, 다만 대승의 수행이 "불가언설적인 사태뿐인 것에 대해 심적 이미지(nimitta) 없이 또 분별을 여읜 마음의 적정을 통해 일미로 이끄는 일체법의 평등성"을 지향하고 있다면, 그리고 일체법의 평등성의 근간에 자타의 평등성 또는 유가행파의 표현을 빌면 능-소의 평등성이 놓여 있다면, 대승의 수행이 목표하는 것은 "일체중생을 마치 자신처

---

9 『유가론』 T30: 697c15ff; 653c22-654a5.

럼”(sarvabhūtātmabhūta)[10]이라는 인식에 의거한 일체중생의 구제일 것이다. 이런 다른 목표가 아비달마와는 다른 관법의 발전으로 인도했을 것이다.

이상에서 우리는 성문승과 비교해 유가행파의 대승적인 수행론의 특색을 요약해서 제시했지만, 사실 그 차이는 『유가론』 중에서 대승적인 요소를 강하게 보여주는 「보살지」와 전통적 수행론에 의거한 「성문지」의 비교에서 도출된 것이다. 유가행파의 문헌들 중에서 대승아비달마의 특징을 보여주는 『집론』에서는 유부아비달마의 교설과 대승의 교설이 혼재되어 있다. 이는 앞서 말했듯이 대승과 성문승이 동일한 명상대상에 대해 다른 관법을 적용하고 있다는 점에 기인할 것이다. 『중변분별론』이나 『대승장엄경론』과 같은 미륵 논서에 있어서는 보다 대승적인 특색이 나타나고 있지만 그 경우에도 이를 불교사상의 맥락에서 적절히 이해하기 위해서는 아비달마나 『유가론』과의 비교가 필요할 것이다.

본서에서는 이러한 다양한 유가행파의 수행론을 크게 네 가지 주제를 통해 다루었다. 네 가지 주제는 제2장 유가행파의 알라야식, 제3장 불교수행도에서 샤마타와 비파샤나, 제4장 수행도의 차제와 번뇌의 제거, 그리고 제5장 유식학파에서 법무아의 증득이다. 본서에서 다룬 내용은 다음과 같다.

---

10 『능가경』의 sarvabhūtātmabhūta라는 표현에 대해서는 Schmithausen 2020: I. § 254.1-3 참조.

제2장 유가행파의 알라야식:

유가행파의 가장 중요한 사상사적 기여는 식(vijñāna)의 잠재적 층위를 구별하고 이를 알라야식(ālayavijñāna)이라는 명칭으로 명확히 개념화시켜 설명한 데 있다. 이러한 의의를 보여주기 위해 초기불교의 18계설이 보여주는 식의 의미에서 시작했다. 그것은 식이 감각기관과 대상에 의존하고 있다는 것으로 요약될 수 있는데, 그런 의존성이 가진 함축적인 의미를 설명했다.

이어 초기경전에서 식이 위제세케라(Wijesekera)의 표현대로 '윤회적 식'(saṃsāric viññāṇa)과 '인지적 의식'(cognitive consciousness)이라는 상이한 두 가지 맥락에서 사용되고 있다는 점을 지적했다. 왈드론(Waldron)은 아비달마 학파에서 후자에 초점을 맞추어 식의 공시적 분석에 초점을 맞추고 있는 반면에 식의 통시적인 측면, 즉 윤회전생의 맥락에서의 분석은 등한시되고 있다는 점을 소위 "아비달마의 문제점"으로서 제시하고 있는데 그의 설명에 의거하여 아비달마의 식의 분석이 가진 의미를 서술했다.

알라야식의 설명은 슈미트하우젠(Schmithausen 1987)이 명료하게 제시한 알라야식의 생명체를 유지시키는 생물학적 기능과 정신적으로 부정적인 기능의 구별에서 시작했다. 슈미트하우젠은 전자의 기능이 원래 알라야식의 맥락이며, 일체의 번뇌의 종자를 가지고 해탈을 장애하는 측면은 그 이후에 나타났다고 생각한다. 나는 슈미트하우젠의 설명에 의거하면서 특히 「섭결택분」의 알라야식 존재논증에 따라 알라야식의 생명유지 기능을 설명하고, 이어 〈유전문〉과 〈환멸문〉에 따라 어떻게 알라야식이 해탈에 부정적으로 작용하는지를 설명했다.

특히 〈환멸문〉에서 알라야식은 크게 (A) 모든 잡염의 근원으로서의 알라야식과 (B) 선근의 종자에 의한 알라야식의 환멸과 알라야식의 대치로서의 의지체의 전환(āśrayaparivṛtti)이라는 두 가지 주제 하에서 논의되고 있는데, 그 설명은 번뇌의 종자의 저장소로서의 성격을 반영하고 있다.

알라야식은 이제까지 주로 정신적으로 부정적인 번뇌의 의미에서 이해되어 왔고 이때 번뇌의 종자로서의 작용이 열반의 증득을 장애하는 요소로 작용한다고 간주되었다. 하지만 알라야식에 신체유지 기능과 번뇌의 종자로서의 작용이라는 두 가지 기능이 있다고 파악되었을 때 이제 알라야식의 완전한 제거도 단지 어느 하나의 기능만을 제거함에 의거해서는 가능하지 않을 것이다. 여기서 바로 알라야식과 명상수행의 접점이 생겨날 것이다.

이 문제는 최근 야마베(Yamabe 2018; 2020)에 의해 집중적으로 다루어지고 있고, 본서의 서술도 그가 제시한 자료에 의거하고 있다. 여기서 그는 여섯 번째 알라야식 존재논증에서의 "신체적 경험"(kāyiko 'nubhavaḥ)의 경우를 들어 알라야식의 신체적(somatic) 성격을 보여주고 있다. 그것은 초정려와 제2정려의 단계에서 심신복합체(ātmabhāva)[11] 가 전환되었을 때 의지체에 달라붙어 있는 알라야식이 신체를 경안

11 ātmabhāva는 '自體'로 한역되지만, 본서에서는 심신복합체로 번역했다. 왜냐하면 PSkV 199b4에서 오온, 즉 名蘊과 색온을 ātmabhāva라고 해설하며, 또 TrBh 19,16ff에서도 āśraya=ātmabhāva=sādhiṣṭhānāṃ indriyarūpaṃ nāma ca(토대를 수반한 물질적 근과 名)=nāmarūpa로 해석하기 때문이다. 의지체는 알라야식이 도입된 후에는 알라야식을 가리킨다.

(praśrabdhi)으로 가득 채우며, 그럼으로써 이제까지 추중으로 이루어진 신체가 경안으로 대체되고 있다는 설명을 제시하면서 신체에 뿌리박힌 알라야식의 제거를 위해서는 경안輕安의 경험이 필요하다는 것을 말하며 이를 보여주는 몇 가지 자료를 더 제시하고 있다.

여기서 경안이 주로 정려 수행에 의해서 또는 정려 직전에 얻어진다는 점을 고려할 때, 이는 알라야식의 제거를 위해서 정려명상이 유효하다는 점을 보여주는 것이라고 해석된다. 나아가 알라야식의 신체적 성질에 대한 설명에 나타나듯이 모태에 들어가서 명색과 혼연일체가 될 정도로 몸과 융합해 있고 그럼으로써 그것과 운명을 같이할 정도로 신체화된 것이라면 이러한 추중의 형태로 존재하는 알라야식의 완전한 제거는 「보살지」가 말하듯이 수행도의 최종 단계에서만 가능할 것이다. 그때 신체에 융해된 알라야식의 제거를 위해서는 비파샤나보다는 샤마타가 더 유용한 역할을 한다고 보인다. 그렇지만 이는 무아의 인식을 얻는 데 있어 비파샤나의 주도적인 역할을 강조한 아비달마의 전통적인 수행론과 매우 다른 이해라는 사실을 지적하지 않을 수 없다. 이 문제는 자연스럽게 샤마타와 비파샤나의 작용이 유가행파에서 어떻게 이해되고 있는가에 대한 물음으로 이끈다.

제3장 불교수행도에서 샤마타와 비파샤나:

불교수행에서 정·혜 내지 지止·관觀이 중심 역할을 하고 있다는 것은 말할 나위도 없겠다. 이때 지-관, 즉 샤마타와 비파샤나 양자는 그 기능상의 차이 때문에 대안적이고 상호 보완적인 수행방법으로서 간주되어 왔고, 따라서 수행자에 따라 선지후관先止後觀이나 선관후지

先觀後止의 방식으로 수행되었지 양자가 동시에 작동한다고 이해되지는 않았다. 물론 Yuganaddhasutta(A. II, 157f)에서처럼 지-관 양자가 쌍으로 결합되어 있다는 설명도 나타나지만 그 작용이 동시적인가 아니면 순차적인가의 문제는 제기되지 않았다. 유부아비달마 문헌에서 이 용어 자체가 회피되고 있지만 비슷한 맥락을 설하는 경우에도 동시적 작용의 함축성은 피하고 있다고 보인다.

그런데 지관쌍운 개념은 「성문지」에 다시 등장한 이래 『유가론』에서 빈번히 사용되고 있다. 지관쌍운이란 샤마타와 비파샤나가 쌍으로 결합되어 있음을 나타내는 말로서 이를 온전히 표현하면 '지관쌍운전도止觀雙運轉道'(śamathavipaśyanāyuganaddhavāhī mārgaḥ), 즉 '지관이 쌍으로 결합되어 진행되는 수행도'를 의미한다. 이때 양자는 교체되는 것이 아니라 섞여서 고르게 작동되는 것임을 분명히 보여주며, 그럼으로써 비록 명시하지는 않았지만 이런 섞인 양자의 작동이 한 찰나에서 동시에 진행되고 있음을 암시한다. 나는 「성문지」의 편찬자에게 이 개념은 선지후관先止後觀이나 선관후지先觀後止와 같은 수행상의 선후 관계를 의미하는 것은 아니었을 것이라고 생각한다. 만일 그랬다면 오랫동안 사용되지 않았던 이 용어를 굳이 사용할 필요는 없었을 것이기 때문이다.

더구나 이 용어는 「성문지」 제2유가처의 〈소연所緣〉(ālambana) 항목에 새롭게 등장한 변만소연과 깊은 연관성이 있다고 보인다. 여기서 샤마타는 분별을 여읜 영상을 가지며, 반면 비파샤나는 분별을 수반한 영상을 가진다고 구별되고 있다. 여기서는 비록 샤마타와 비파샤나의 교대 수행이 전제되고 있다고 보이지만 샤마타의 작용이 진행될 때에도 비파사나의 분별을 수반한 영상이 거기에 동시에 있을 수 있다고 해석할 여지도 충분히 있을 것이다. 물론 이런 해석은 한 찰나에 하나의 심의 존재만을 인정했던 당시 강력한 아비달마의 법상 해석에서는 가능하지 않은 것이기에 단지 함축적으로만 남아 있고 명시적으로 설해지지는 않았다.

나는 이 개념이 유가행파 문헌에서 어떤 해석의 변천을 받는지를 상세하게 추적했다. 실제 이 용어는 『유가론』 「섭사분」과 「섭결택분」에서 지-관의 동시적 작동의 의미에서 발전적으로 해석되고 있다. 이러한 관찰을 통해 나는 알라야식의 두 가지 기능에 대한 슈미트하우젠의 주장이 알라야식의 제거를 위해서도 역시 두 가지 방식의 수행이 필요하다는 것을 함축하고 있으며, 바로 이런 점에서 「성문지」에서 지관쌍운 개념이 예견되고 다시 등장했다고 추정하고 있다. 이때 알라야식의 신체유지 기능은 정려 등의 샤마타 수행과 관련되며 번뇌의 종자로서의 기능은 보다 비파샤나와 관련될 것이다. 이는 샤마타와 비파샤나가 각기 심과 심소에 부착된 번뇌의 잠재적 경향성(anuśaya) 및 청정색(prasādarūpa)에 부착된 번뇌의 잠재적 경향성을 제거한다는 「섭결택분」의 설명이 알라야식의 생물학적 신체유지 기능 및 염오된 종자의 저장소로서의 기능과 매우 유사하다는 점에서도 확인될 수 있을 것이다.

이런 결론이 인정된다면 그것이 유가행파의 수행론에서 가지는 의의는 지대할 것이다. 왜냐하면 이제 알라야식의 완전한 제거를 위해서는 샤마타의 역할은 아비달마에서처럼 단지 비파샤나의 작용을 원활히 하기 위한 부차적 역할에 그치는 것이 아니기 때문이다. 신체에

용해된 알라야식을 녹이기 위해서는 샤마타와 비파샤나의 공동작용은 반드시 필요한 것이다.

제4장 수행도의 차제와 번뇌의 제거:

여기서 먼저 교법에 관해 널리 퍼진 오해를 다루었다. 그 오해란 근대적 사유에서 이론과 실천의 구별에 상응하게 교법을 실천(practice)과 대비되는 이론(theory)으로 간주하는 것이다. 하지만 불교사상에서 교법이 단순히 이론을 의미한 적은 결코 없었다. 『반야경』이나 유가행파에서 궁극적인 것의 불가언설을 말할 때에도 그 의미는 언설이 경험을 드러내는 것이 아니라 오히려 개념과 범주에 의해 실재를 은폐하고 있다는 것이지, 교법이 실재의 경험을 단지 언어에 의거해 조직하고 체계화하는 이론이라는 의미는 아니다. 오히려 대승을 포함해 모든 불교 전통은 교설이 실재성 인식의 출발점이 된다고 보았기에 해탈 경험을 얻기 위해서는 교법의 청문을 불가결의 선행조건으로 강조해 왔다.

이어 대승의 교설을 이해하기 위한 준비 단계로서 종성과 발심의 의미를 제시한 후에 유가행파의 다양한 수행도 중에서 자량도와 가행도, 견도, 수도, 그리고 구경도의 다섯 단계의 수행도를 중심으로 어떤 단계에서 어떤 번뇌를 제거할 수 있는가를 설명했다. 그리고 각각의 단계를 서술할 때 「성문지」에 의거한 수행도의 맥락과 유식성의 문제와 관련시켜 논하는 미륵5법, 특히 『대승장엄경론』의 설명을 구별해서 서술했다.

마지막으로 구체적인 번뇌의 제거와 관련하여 『유가론』의 128종의 번뇌설의 형성에서 무엇이 유부의 98수면설과 차이를 야기했는지를 다루었다. 나는 이를 결국 유신견(satkāyadṛṣṭi)의 기능에 대한 이해의 차이에서 비롯된다고 보고 그 의미를 중심으로 설명했다.

제5장 유식학파에서 법무아의 증득:

법무아(dharma-nairātmya)란 인무아(pudgala-nairātmya)와 대비되는 대승의 무아설이다. 인무아가 오온으로 구성된 개아는 실제로 존재하지 않지만 오온 자체는 존재한다고 설하는 데 비해 법무아란 그러한 오온 자체도 실제로 존재하는 것이 아니라 마치 꿈이나 환幻(māyā), 물거품, 영상 등과 비슷한 존재론적 상태에 있다는 주장이다. 법무아의 증득이 대승의 목표인 일체지성一切智性으로 인도한다면 이를 어떻게 증득할 수 있는가의 방법론은 대승에서 가장 중요한 실천적 의미를 가질 것이다.

본서에서는 인무아와 법무아의 차이를 「보살지」에 따라 설명한 후에 『해심밀경』의 세 단계의 법륜설에 의거해 대승의 법무아 해석을 『반야경』의 '일체법一切法 무자성無自性, 무성無生·무멸無滅, 본래적정本來寂靜, 자성열반自性涅槃'의 이해와 『해심밀경』의 삼무자성三無自性의 이해로 구분해서 그 차이를 설명했다. 그리고 법무아를 증득하는 수행법으로서 초기 유가행파 문헌에 자주 등장하는 4종 심사(paryeṣaṇa)와 4종 여실변지(yathābhūta-parijñāna)를 다루었다. 이 수행법은 기본적으로 명칭과 대상 간의 비일치성에 의거해 아비달마에서 법을 법으로서 인식하게 하는 자성과 차별 개념을 분별에 지나지 않는 것으로 관찰하는 방법이다. 이런 관찰에 의거해서 4종 심사는 명칭과 사태, 자성으로 가설된 것과 차별로 가설된 것을 단지 그러한 것에 지나지 않는다고 고찰하는 것이고, 4종 여실변지는 이런 4종 심사에 의거해 확인된 것들을 여실하게 아는 것이다.

이어 유가행파 문헌에 나타나는 삼성설을 필자의 이해에 따라 크게 두 유형으로 나누어 설명했다. 첫 번째 유형은 언설과 분별에 의거해 삼성설을 해명하려는 것으로 변계소집성을 단지 분별작용에 의해 파악된 대상의 허구성으로 설명하는 데 그치지 않고 그 허구성의 이유를 언어사용과 관련해서 설명하고 있다. 두 번째 유형은 의식과 그 대상의 관계에 초점을 맞춘 설명으로서 능취-소취의 구별과 그것의 허구성에 근거하고 있다.

그리고 마지막으로 삼성을 깨닫기 위한 수행으로서 유식唯識(vijñaptimātra) 개념이 처음으로 등장했다고 간주되는 『해심밀경』(SNS VIII.7-8)의 경문을 슈미트하우젠에 의거해 설명했다. 그리고 유식의 증득을 위한 설명으로서 식전변識轉變(vijñānapariṇāma) 개념을 세친의 『유식이십론』과 『유식삼십송』에 의거해서 다루었고, 이어 식의 현현(pratibhāsa) 개념의 의미를 『중변분별론』(MAV I.3)의 해석을 중심으로 논의했다.

이상의 네 가지 주제는 유가행파의 수행론 중에서 일부에 지나지 않지만 그래도 중요한 부분은 어느 정도 포괄해서 다루었다고 믿는다. 본서에서는 많은 부분 『유가론』이나 『해심밀경』, 『대승장엄경론』 등의 인도찬술 유가행파 문헌에 의거하여 설명했으며, 최근의 중요한 연구 성과도 반영하려고 노력했다.

그럼에도 원전이 가진 모호성 때문에 비록 원전에 의거한 설명이라고 해도 설명의 비약도 많이 있었을 것이라 생각하며, 또한 한정된 지면 때문에 각주를 온전히 제시하지도 못했다. 또한 최근 폭발적으로 발표되는 2차 자료를 검토하고 반영하기 어려웠기 때문에 몇몇 저자에 치우치고 있다는 문제도 지적받을 수 있을 것이다. 그럼에도 유가행파의 수행론을 어느 정도 갖추어진 형태로 발표할 수 있어 진실로 대승의 수행도에 관심을 가진 독자들에게 조금이라도 도움이 되었다면 더할 나위없는 위안이 될 것이다.

II. 유가행파에서 심의 구조

1. 초기불교에서 식의 작용과 아비달마의 문제점

1) 식의 두 가지 의미

불교에서 식識(vijñāna)은 체온 및 명근命根과 함께 살아있는 생명체를 구성하는 가장 근본적인 요소로서 간주되었다. 체온이나 명근의 역할이란 식이 주어진 신체에 머물 수 있는 조건을 제공하는 데 한정된다는 점에서 식이야말로 살아있는 유정有情(sentient being)을 특징짓는 활력성(ajaḍa)을 보여주는 가장 결정적인 요소일 것이다.

식의 근원적 중요성은 전통적으로 가장 기본적인 교설로 간주되는 오온설과 12처설 그리고 18계설에서도 확인된다. 개아를 심리적 요소와 물질적 요소로 대분하는 오온설에서 식은 가장 미세한 심리적 요소로서 핵심적 역할을 하고 있다. 그리고 12처의 교설에서 내6처와 외6처의 구별은 바로 지각 내지 인식이 어떻게 생겨나는가를 설명하는 것이며, 18계의 교설은 안식에서 의식에 이르기까지 6종의 식이 대응하는 감각기관과 대상에 의존하여 일어나는지를 분석적으로 보여주고 있다. 이 세 가지 교설은 불교사상에서 가장 기본적이면서도 핵심적인 가르침으로 간주되어 왔는데, 이 교설들이 모두 식 작용의 해명에 초점을 맞추고 있다는 점에서 불교에서 식 개념의 중요성은 재론할 여지없이 분명할 것이다.

특히 18계의 교설에서 식은 안근眼根에서 의근意根까지의 여섯 감각기관의 숫자와 대응하여 안식眼識에서 의식意識까지 6종으로 확정되었다. 18계의 교설에서 식은 감각기관(=根)과 지각대상(=境)에 의해 조건 지어져 생겨나는 것으로 설해진다.

먼저 식이 감각기관에 의거해서 생겨난다는 교설의 의미를 생각해 보자. 안식이란 안근에 의한 지각이며, 이식이란 이근에 의한 지각이며, 내지 의식이란 의근에 의한 지각이다. 예를 들어 무지개의 일곱 색깔은 인간의 눈에 의해 그렇게 나타나지만, 개나 박쥐와 같은 다른 생명체에게는 결코 그렇게 나타나지 않을 것이며, 또한 인간의 청각능력의 범위를 뛰어넘는 소리의 음파는 결코 포착되지 않는다. 이와 같이 인식이 생명체의 감각능력에 의존하고 있다는 사실이 불교에서 식이 감각기관에 의존해 있다는 명제로 표현된 것이며, 이는 불교가 가진 근본적인 생물학적 관심을 반영하고 있다. 이런 사실은 이제 현대인에게 상식이 되었지만, 근대에 생물학이 발전되기 전까지 서양철학에서는 거의 문제되지 않았던 것이다.

다음으로 식이 대상에 의존해서 생겨난다는 교설의 의미를 생각해 보자. 6종의 식에는 그에 대응하는 각각의 대상이 있다. 예를 들면 안식의 대상은 색色이고, 이식耳識의 대상은 소리이며, 내지 의식의 대상은 관념이나 기억과 같은 심적 요소들이다. 이 교설은 우리의 인식이 대상을 가지며 그 대상에 의존하고 있다는 점을 보여준다. 이러한 식의 6종의 구별은 식이 생겨나는 양태에 대한 구별로서 안식~신식身識까지의 전5식은 직접지각이며, 제6식인 의식은 개념지라는 이해가 이미 6식의 구별에 함축되어 있지만, 그 구별이 가진 의미는 불교에서 지각의 문제에 대한 철학적 탐구와 함께 아비달마 시대에 보다 명료하게 표현되었다.

식이 대상에 반드시 의존하고 있다고 할 때, 우리는 그 의미를 일상적 식은 파악작용으로서의 능취(grahāka)이고, 그 대상은 파악되는 것으로서의 소취(grāhya)로서 양자의 상관관계를 보여주는 것이라고 바꾸어 말할 수 있다. 이러한 능-소 관계로 식과 대상의 관계를 파악하는 방식은 종종 현상학의 지향성(Intentionalität) 개념과 비교되어 왔다. 지향성이란 의식은 항시 무엇에 대한 의식으로서 항시 어떤 대상을 향하고 있다는 것을 표현하는 용어이다. 여기서 의식과 그 대상의 관계는 노에시스-노에마(noesis-noema)의 필연적 상관관계라고 이해되고 있다.

이와 같이 초기불교에서 18계의 교설은 근본적으로 모든 생명체의 인식은 그 생명체의 감각능력에 의존하고 있고 동시에 대상에 의존해서 생겨난다고 가르친다. 환언하면 우리의 인식은 18계의 구조 하에서 진행되는 한 어떤 것이든 대상에 대한 여실한 앎이나 확실한 인식이 아니라 두 가지 조건에 의존해 일어나는 것에 지나지 않는다. 그렇지만 우리는 일상적인 인식의 한계를 설정하는 불교의 관점을 불교가 궁극적인 진리가 없다거나 또는 그것의 인식은 불가능하다는 회의주의나 불가지론의 입장을 옹호하는 것으로 이해해서는 안 된다. 불교는 인식기관과 대상에 의존해 있는 견고한 일상지각의 구조를 샤마타와 비파샤나라는 명상과 비판적 분석의 방법을 통해 해체시키려고 했으며, 이를 통해 있는 그대로의 세계 자체에 대한 직접적 앎이 가능하다고 주장한 점에서 결코 회의주의가 아니다.

위에서 보았듯이 초기불교 이래 불교사상은 식의 대상의존성이란 대전제 하에서 식과 대상의 관계를 가장 중요한 탐구영역으로서 다루어 왔다. 이를 통해 우리는 불교철학에서 왜 심 내지 식에 대한 관심이 일차적이며, 나아가 이런 탐구가 심리학적이고 인식론적 성격을 강하게 보여주는지를 이해할 수 있다. 그렇지만 이러한 이해를 더욱 난해하고 복잡하게 만드는 요소는 인도문화가 가진 일반적 전제인 윤회와 업 관념이다. 생명체의 가장 근본적인 요소인 식이 어떤 방식이든 윤회과정에서 기능하고 있으며, 또 그것이 업에 의해 영향을 받고 있다는 것은 12지 연기설의 제2지인 행行(saṃskāra)과 제3지인 식識(vijñāna) 사이의 관계에서 보듯이 당연시되었지만, 만일 식을 18계의 맥락에서 현재 시점에서 작동하는 지각으로 이해한다면 이러한 지각이 어떻게 윤회전생에 적용될 수 있는지를 설명하기란 매우 어려운 일이었다.

사티(Sāti) 비구의 일화는 이런 어려움을 단적으로 보여준다. 사티는 세존께서 윤회를 통해 존속하는 것은 바로 동일한 식이지 다른 것은 아니라고 가르쳤다고 주장했다. 이를 듣고 붓다께서 식이 무엇인가를 물었을 때 그는 식이란 말하고 느끼고 여기저기서 선업과 악업의 결과를 경험하는 바로 그것이라고 대답했다. 이에 붓다는 그를 잘못 배운 자라고 꾸짖으면서 자신은 식은 조건에 의존해서 일어나며 조건이 없다면 식은 일어나지 않는다고 가르쳤다고 말하고 있다.[12] 식은 조건에 따라 생겨난다는 붓다의 답변은 전형적인 지각론의 맥락에서의 식의 작용을 가리키고 있지만 동시에 식이 조건에 의존해서 생겨난다는 사실은 윤회생존의 맥락에서의 식의 기능에도 그대로 적용되는 것처럼 보인다. 이렇게 볼 때 사티 비구의 오류는 식이 윤회과정에서 '동일한' 것으로 존속한다는 그의 이해에 있지 식이 윤회과정에서 어떤 역할을 하고 있다는 점을 부정하는 것은 아니라고 보인다. 그렇지만 문제는 동일한 '식識'이라는 단어로 표시된, 윤회적 맥락에서의 식과 인지과정의 식 사이의 차이를 어떻게 이해해야 할 것인가에서 나온다.

이런 어려움에 직면하여 팔리 학자인 위제세케라(Wijesekera)는 식을 '윤회적 식'(saṃsāric viññāṇa)과 '인지적 의식'(cognitive consciousness)으로 구분함으로써 이런 딜레마로부터 벗어나려고 했다.[13] 그에 따르면 윤회적 식이란 모든 생명체를 근본적으로 무생물과 구별시키는 지각성이다. 이런 의미에서 식은 재생의 순간에 모태로 들어오고 전 생애 동안 신체에 주하며 죽음의 순간에 〔신체를〕 떠나 다른 재생으로 전이하는 것으로, 보통 윤회라고 알려진 반복된 재생을 낳는, 개체의 존속하는 요소를 가리킨다. 이러한 식의 측면은 인식대상에 대한 앎과는 무관하게 윤회존재의 지속하는 요소로서 초기불교의 윤회와

12 MN 38. Mahātaṇhāsaṅkhayasutta 참조.

13 Wijesekera 1964: 254f.

열반 개념에서 핵심적 역할을 한다.

반면 두 번째 '인지적 의식'의 의미에서의 식은 특정한 대상들과 상응해서 일어나는 인지적 앎으로서 18계설의 맥락에서 대상에 의존해서 일어나는 지각이다. 이렇게 일어난 지각은 12지 연기설이 보여주듯이 계속해서 세계에 대한 우리의 이해를 형성해 나간다.

> 무엇이 세계의 발생인가? 안眼과 색에 의존해서 안식이 일어난다. 셋의 만남이 촉觸이다. 촉을 조건으로 해서 감수感受(vedanā)가 〔일어나며〕, 감수를 조건으로 해서 갈애渴愛(taṇhā)가, 갈애를 조건으로 해서 취取(upādāna)가, 취를 조건으로 해서 유有(bhava)가, 유를 조건으로 해서 생生(jāti)이, 생을 조건으로 해서 노·사와 우·비·고·뇌가 일어난다. 비구들이여, 이것이 세계의 발생이다.[14]

여기서 안식의 발생 이후에 12지 연기의 순서대로 촉 → 수 → 애 → 취 → 유 → 생 → 노사의 순서로 세계의 발생이 생겨난다고 말하고 있는데, 그 의미는 안식이라는 인지적 앎에 의거해서 감수와 갈애, 취, 유 등에 이르는 전개과정에서 인지적이고 정서적인 심작용의 측면에 의거하여 번뇌와 업들이 일어나며, 그 결과로 윤회재생이라는 고통스러운 결과들이 이어진다는 것이다.

흥미로운 것은 붓다가 이러한 전개를 '세계의 발생'이라고 묘사하는 점이다. 그 의미는 관념론의 주장처럼 세계의 존재가 나의 지각에

---

14 SN II 73. Cf. 왈드론 2022: 81 참조.

의존해서 생겨나며 따라서 세계는 나의 표상에 지나지 않는다는 것이 아니라 세계의 발생이란 지각과 감수, 욕망과 취착, 윤회존재, 생, 노사의 과정 자체라는 것이다. 다시 말해 '세계의 발생'이란 인지적 앎을 조건으로 해서 각 개체에게 일어나는 심리적 사건의 연쇄를 말하는 것이다. 그런 의미에서 "실로 나는 너에게 설하니, 죽어야 하는 바로 이 몸속에, 식을 갖춘 몸속에, 세계와 세계의 발생, 세계의 소멸, 세계의 소멸로 이끄는 길이 있다"[15]는 붓다의 설명은 우주론적 의미에서의 세계의 발생이 아니라 내재주의적이고 심리학적 관점에서의 설명일 것이다.

그런데 윤회적 식과 비교하여 인지적 앎으로서의 식의 설명에서 주의해야 할 것은 인지적 앎이란 조건이 주어졌을 때 생겨나는 것으로서 능동적인 행위라기보다는 수동적인 사건이라는 점이다. 이와 관련하여 "인지적 앎은 인식행위가 아니며, 그것은 단지 인지적 앎 자체인 것이다. 이런 비인격적이고 수동적인 인지적 앎의 성질을 알지 못하는 것, 다시 말해 그 〔앎〕을 하나의 사건이라기보다는 행위라고 해석하고, 듣는 것이라기보다는 청취하는 것으로, 보는 것이라기보다는 주시하는 것으로 해석하는 것은 초기불교사상의 가장 두드러진 특징을 간과하는 것이다"라는 왈드론(2022: 78f)의 지적은 경청할 가치가 있다.

그러한 인지적 앎의 수동적인 성격이 중요한 이유는 그럼으로써 인지적 앎의 주체를 전제할 필요가 없기 때문이다. 따라서 인지적 앎으로서의 식을 설하는 18계의 교설은 불교사상의 반본질주의적인

---

15 AN II 48; SN I 62

성격을 보여주는 무아설의 맥락과 깊이 연결되어 있다. 가장 미세한 심적 차원에서 작동하는 식조차도 외적 조건들과 내적 조건들에 의존해서 생겨나는 현상일 뿐이라면, 이런 식의 발생에 의존해서 생겨나는 다른 이차적인 심리적 요소들이 자체적인 어떤 본질도 갖고 있지 않음은 말할 나위도 없을 것이다.

이와 같이 우리는 12지 연기설에서 서로 밀접히 연관되어 있는 "윤회적 식"과 "인지적 식"이라는 식(vijñāna)의 두 가지 측면에 의거하여 갈애와 취착이라는 중생들의 번뇌가 행위들을 촉발하고, 그럼으로써 윤회세계가 지속적으로 산출되고 있다는 설명을 볼 수 있다. 이러한 초기불교의 연기설에서 개체적 차원에서 윤회의 존속하는 차원 및 그러한 윤회존재를 현생에서 다시금 영속시키는 행위로 이끄는 인지과정들의 핵심적인 구성요소로서의 식의 핵심적인 역할을 인식할 수 있을 것이다.

2) 아비달마에서 법의 분석과 아비달마의 문제점

초기불교의 연기설에서 나타나는 식의 두 가지 측면에도 불구하고 후대 아비달마 학파들은 초기불교의 교설을 몇 가지 특정한 방식으로 재구성했다. 예를 들면 무상(anitya)의 교설은 찰나멸론의 형성으로 이끌었고,[16] 경험의 상호작용은 복잡한 인과설의 형성으로 이끌었다. 그리고 이들 교설은 궁극적으로 존재하는 것과 언설의 차원에서 존재하는 것을 구별하는 아비달마의 이제二諦(satyadvaya)의 교설에 의해

16 찰나멸론(kṣaṇabhaṅgavāda)에 대해서는 von Rospatt(1995) 참조.

그 이론적 토대가 형성되었다.

아비달마는 먼저 찰나적이지만 궁극적으로 실재하는 요소로서의 법(dharma) 개념을 확립하려고 시도했다. 다르마의 숫자는 유부와 상좌부의 경우 차이가 나지만, 여하튼 다르마는 각각 고유한 자성을 가진 일차적 존재자이다. 반면 일상사물은 이런 다르마에 의해 구성되고 조합된 이차적 존재자로서 단지 명칭에 의거해서만 존재자로 간주될 수 있는 것이다. 이런 구별은 예를 들어 『밀린다왕문경』에서 마차를 구성하는 부품과 마차라는 명칭의 비유에 의해 제시되듯이 실체적 존재(dravyasat)와 명칭적 존재(prajñaptisat)의 구별에 대응한다.

유부의 75법의 명칭과 그 상호 관계의 설명이 보여주듯이 이러한 재구성의 방법은 심과 지각과정의 해명에도 그대로 적용되었다. 아비달마는 심적 과정들을 구성하는 다르마들의 특징과 그 다르마들의 인과적 관계를 분석하고자 시도했다. 그 결과 우리가 보는 것이 유부 문헌 초기부터 나타나는 심과 심리작용들을 나타내는 술어들에 대한 상세한 분석이다. 세친은 『구사론』에서 왜 이러한 분석이 선호되었는가를 보여준다. 번뇌(kleśa)를 적정하게 하기 위해서 다르마의 분석보다 효과적인 방법은 없기 때문이다.[17] 따라서 아비달마는 그런 찰나적인 다르마들의 관점에서 현상적인 경험의 체계적 분석으로서, 그것은 번뇌들의 요별에 의해 그것들의 생기를 끊고, 그럼으로써 그것들이 촉발하는 행위들을 중지하려는 해탈의 목적에 따라 유도된 것이다.

이러한 아비달마의 법상에 따른 심의 분석은 현재 찰나의 심작용의

---

17 AK I.3ab: dharmāṇām pravicayam antareṇa nāsti kleśānāṃ yata upaśāntaye 'bhyupāyaḥ/.

성격을 정확히 이해할 수 있고, 그럼으로써 부정적인 심작용을 그치고 긍정적인 심작용을 더욱 촉진할 수 있다는 장점을 갖고 있지만, 윤회생존의 맥락에서 과거생에서 현재생으로 이어지는 번뇌와 업의 영향력에 대한 분석은 거의 논의의 대상이 되지 못한다는 단점도 보여준다. 그렇지만 현재 일어나는 심적 흐름의 측면들이 어떻게 다르마의 분석에서 다루어진 찰나적이고 분명한 심의 과정들의 분석과 연결될 수 있으며 또 그런 분석에 의해 제거될 수 있는지를 설명하지 못한다면, 이는 윤회존재로부터의 해탈과 열반의 증득이라는 불교의 목표에 충분히 기여하지 못할 것이다. 이런 점에서 유가행파의 알라야식 개념은 식의 지속성의 측면에서 윤회과정에서 축적되고 현재세에 전달된 정보들의 의미를 다시 부각시켰다고 말할 수 있겠다. 여기서 왈드론이 말한 '아비달마의 문제점'(abhidharmic problematic)에 대해 조금 지적하면 좋겠다.[18]

먼저 다르마의 분석은 구성요소들이 어떻게 함께 작동하는지, 다시 말해 어떻게 그것들이 하나의 심의 찰나에서 함께 작동하는지를 구별하기 위해 경험을 다른 구성요소들로 분리시킨다. 이는 심의 찰나가 인지적이고 정서적 번뇌들에 의해 끊임없이 영향 받고 있음을 확인하기 위한 것으로 이것이 아비달마 분석의 가장 중요한 목적이다. 왜냐하면 바로 번뇌들이 행위의 도덕적 성질에 영향을 끼치고, 그럼으로써 그 행위를 청정한 것이나 염오된 것으로 만들기 때문이다. 이런 분석은 특정한 찰나에 작동하는 다르마의 구조를 분석하는 공시적인 방식으로

---

18 아비달마의 문제점에 대한 이하의 설명은 왈드론 2022: 136-141, 213ff 참조.

이루어졌다. 공시적 분석이란 단지 한 찰나 동안 지속하는 다르마를 동시적으로 존재하거나 또는 전후 찰나에 상호작용하는 다른 다르마들과의 관련성을 분석하는 것이다. 다르마와 다르마의 관련성에 대한 분석은 주로 인과적 상관관계에 의거하여 진행되며 따라서 여기서 원인과 조건, 결과에 따른 인과성의 분석에 초점이 맞추어지고 있다는 점에서 이런 분석은 현재 찰나의 심작용의 구조와 그 작용을 이해하는 데 매우 유용할 것이다.

하지만 이런 분석이 가진 문제점은 일차적으로 현행하는 번뇌가 아닌, 번뇌의 잠재적 경향성이 어떻게 진행되며 또 번뇌와 업의 잠재력이 어떤 양태로 어디에서 축적되고 보존되는지를 설명하기 어렵다는 데 있다. 다시 말해 심이 윤회과정에서 경험한 내용들이 어떻게 현재의 심의 과정에 영향을 주는가에 대한 통시적 고찰이 부족하다는 것이다. 특히 이 문제는 엄격한 찰나멸론의 관점에서 인과성을 분석할 때에 두드러진다. 과거의 사건이 끊임없이 현재에 영향을 미친다는 점은 업의 교설에서 볼 때 당연하겠지만 다르마의 분석에서 이를 적절하게 표현하기란 어려웠다. 다르마의 분석이야말로 사물을 여실지견하기 위한 궁극적인 분석이며, 이런 여실지견은 제행무상의 극단적인 형태로서의 찰나멸론에 의거하여 지속성의 관념을 제거하는 데서 나온다고 아비달마가 주장하는 한, 윤회에서 업의 잠재력의 축적과 번뇌의 잠재적 경향성의 존속이라는 문제는 현찰나의 공시적인 다르마의 분석에 의해서는 설명하기 어려울 것이다. 왜냐하면 그것들은 시간적 흐름 위에서 번뇌와 업의 잠재력의 인과적인 영향을 문제 삼을 수밖에 없기 때문이다.

이와 같이 한편으로는 다르마의 공시적 분석에 의한 심의 구조과 다른 한편으로는 개체의 윤회존재를 구성하는 요소들의 지속성 사이의 불일치는 아비달마의 다르마 분석이 직면했던 딜레마였다. 유부의 5위 75법의 분류에서 보듯이 하나의 지각이 각각의 자상을 가진 여러 심리작용들의 공동산물이라는 점이 강조되고 있지만, 그것들이 현재 찰나에 작동하기까지 마치 깊은 물살처럼 현재의 물의 진행에 영향을 주고 있는 측면은 분석의 대상이 되지 못했다. 그러나 법의 분석이 지향하는 궁극적 목적이 현실태로서의 인지과정을 분석함에 의해 궁극적으로 존재하는 것이 무엇인지를 여실하게 인식하고 그런 인식에 의해 윤회생존에 대한 갈망과 집착으로부터 벗어나는 것이라면, 그러한 인지과정의 분석만으로 번뇌의 완전한 소멸을 성취할 수 있으리라 기대할 수 없을 것이다. 왜냐하면 불교가 전제하는 윤회와 업의 관념은 개체존재가 얼마나 전생의 업이나 습관 등에 의해 영향을 받는가를 보여주며, 따라서 이런 측면을 분석하지 않고는 해탈이라는 불교의 목표 자체를 달성하기는 불가능하기 때문이다. 이것이 왈드론(Waldron)이 말한 아비달마의 문제점이다.

식의 두 가지 측면에 대한 왈드론의 분석은 알라야식의 도입으로 이끈 초기불교와 아비달마의 맥락을 파악하는 데 유용하다. 그는 아비달마 시대에 식의 공시적 구조에 대한 일면적인 강조로 인해 나타난 것이 아비달마의 문제점이라고 지적하면서 이 문제의 극복을 위한 시도가 알라야식으로 나타났다고 말한다. 이러한 그의 논의는 이미 초기불교에서 수면隨眠(anuśaya)이라는 번뇌의 잠재성에 대한 인식이 나타나고 있음을 보여주지만, 슈미트하우젠이 알라야식의 기원과 관련해서 시원적인 역할을 하고 있다고 평가한 알라야식의 생물학적 기능, 즉 생명유지의 기능 및 이와 관련된 알라야식의 신체성에 대해서는 거의 논의하지 않고 있다. 그렇지만 주지하다시피 『유가론』 「본지분」에 나타난 알라야식의 서술은 말할 것도 없이 「섭결택분」의 알라야식 논증과 그 기능에 대한 설명에서 이런 생물학적 기능이 주된 역할을 하고 있다.

이러한 알라야식의 신체유지 기능은 슈미트하우젠의 연구에서 강조되었고, 또한 야마베는 알라야식의 이런 생리학적 측면을 수행론적, 명상적 맥락에서 발전시켜 논의하고 있다.[19] 따라서 알라야식에 대한 이하의 설명에서는 이 문제를 포함하여 다룰 것이다.

심의 지각과정에 대한 위의 설명에서 보았듯이 불교 전통에서 의식과 대상 간의 관계는 핵심적인 중요성을 갖고 있다. 이는 주지의 사실이지만, 아비달마 불교는 여기에 더해 세속제의 핵심을 바로 언어적 관계라고 간주함으로써 언어의 문제를 본격적으로 불교사상에 도입했다. 이는 『밀린다왕문경』에서 마차의 부품과 마차를 대비시키면서 부품은 더 이상 환원될 수 없는 실체적인 일차적 존재이며, 반면 부품으로 이루어진 마차를 단지 언어적 차원에서만 지칭될 수 있는 언설적인 이차적 존재로 간주하는 것에서 잘 나타날 것이다.

이 설명의 특징은 환원적 사고방식을 승의제와 세속제와 결부시켜 설명하는 데 있다. 여기서 환원될 수 없는 최종적 존재자로서의 다르마(dharma, 法)는 실체로서 승의적 존재이며, 환원되는 것은 언설적

---

19 Schmithausen 1987: § 3: Development of ālayavijñāna to the basic constituent of a living being 참조. 또한 Yamabe 2018; 2020 참조.

존재로서 세속적 존재이다. 다르마는 스스로의 고유한 성질을 지니고 있으며, 그럼으로써 또 다른 일차적 존재자인 다른 다르마들과 구별되며 또 그러한 것으로서 인식될 수 있는 것이다. 여기에서 브롱코스트의 언어와 대상 사이의 대응 원리(correspondence principle)[20]가 분명히 보인다. 반면 세속적 존재는 여러 가지 요소들이 복합된 존재로서 그것의 존재성은 단지 언어적 차원에서만 설해지고 인정될 수 있다. 팔리 전통에서의 sammuti[21]가 보여주듯이 세속이란 일상적인 소통이며, 세상에서 일반적으로 인정되는 것을 나타낸다. 그런 점에서 이는 '마차'라는 언어 표현이 생활세계에서의 소통을 위해 매우 유용한 기능을 수행하고 있음을 가리킨다고 해석될 수도 있을 것이다.

이와 관련하여 불교 전통에서의 환원론적 사유 방식은 주목할 가치가 있다. 시더리츠(Siderits)는 마차와 부품 간의 관계를 부분-전체 환원론(mereological reductionism)이라고 부르는데, 그 부분-전체 환원론은 부분과 전체의 관계 그리고 전체 내에서 부분과 부분 사이의

---

20 Bronkhorst(2011)는 인도사상에 나타나는 언어와 대상 간의 대응관계를 '대응 원리'(correspondence principle)라 부르면서, 그것이 용수(Nāgārjuna, ca 150~250) 이후 인도고전시기의 여러 학파들의 사유의 근저에 놓여 있다고 주장했다. 그는 대응 원리를 "한 문장의 단어들은 그 문장에 의해 서술된 상황들을 구성하는 사물들에 정확히 대응한다"(2011: 1)고 정의하면서, "원칙적으로 이 원리는 명시적으로 개진된 논리적 주장이라기보다는 당시 사상가들에 의해 공유된 직관"(2011: 134)이라고 지적한다.

21 Pali-English Dictionary에서 sammuti는 "(1) consent, permission, (2) choice, selection, (3) fixing, determination (of boundary), (4) common consent, general opinion, conventi, that which is generally accepted"를 의미한다.

관계에 대한 논의이다. 따라서 부분-전체 환원론은 전체가 부분으로 환원될 수 있는 방식으로 관계를 맺고 있다는 이론이다.[22] 그는 이 환원론에 따라 단지 부분만이 궁극적으로 실재하며, 전체는 개념적으로 구성된 것이라고 지적한다. 최근 유선경·홍창성은 불교사상이 서양사상에 비해 오히려 환원론을 더욱 적극적으로 주장해 왔다고 주장하면서 형이상학적 또는 존재론적 환원론은 "초기경전과 『밀린다왕문경』 그리고 아비달마 학파에서 전개되었으며, 초기 대승에서도 주장한 집합체 허구론은 부분이 모인 전체나 집합체는 허구(fiction)에 불과하다고 논증"하는 데에서 찾을 수 있다고 지적한다.[23]

이런 환원론을 염두에 두고 이제 우리는 어떻게 대상을 아는가의 문제를 간단히 보자. 의식이 어떤 대상을 x로서 파악할 때, 어떻게 우리는 그 대상이 x인지를 아는가? 예를 들어 탁자에 놓인 사과를 보고 '저것은 사과다'라고 알 때 저것=사과를 동일시할 수 있는 근거는 무엇인가? 유부나 경량부는 대상의 지각의 문제에서 일종의 표상주의적 방식에 의거해 답변한다.[24] 대상이 지각이나 사유에 의해 파악되는 것은 대상이 우리의 지각에 대상의 이미지를 남기기 때문이라는 것이다. 이때 대상의 존재에 대해서 유부와 경량부 간에 학설의 차이가 보이지만, 우리의 문제의식에서 흥미로운 것은 그들의 답변은 브롱코스트의 언어와 대상 사이의 대응 원리에 근거해 있다는 점이다. 다시 말해 아비달마에서 다르마A는 고유한 자성x를 갖기 때문에 x의 앎은

---

22 Siderits 2016: 26.

23 유선경·홍창성 2020: 82f.

24 이에 대해서는 카지야마 1990: 23-29 참조.

즉시 다르마A의 존재와 등치되는 것이다. 이런 언어-대상의 대응성에 대한 아비달마의 사유는 사실 일상생활의 사물에 적용되는 것이 아니라 환원을 거친 후의, 더 이상 환원될 수 없는 일차적 존재자인 법과 그것에 대응하는 언어 사이의 관계로 국한되는 것이지만, 근본적인 점에서 환원된 존재와 명칭의 실재론적 대응관계를 인정한다는 점에서 언어에 대한 실재론적 이해를 보여준다고 생각된다.

2. 유가행파의 알라야식(ālayavijñāna)

『유가론』이 편찬되기 이전에 불교에서 식의 잠재성에 대한 새로운 인식이 나타났다. 식의 잠재성이란 단지 표층적이고 현상적 차원에서 작동하는 6식과 달리 식에 보다 잠재적인 층위가 존재하며, 중생의 의식은 그런 잠재성에 의해 깊이 영향을 받는다는 사고이다. 유가행파는 이러한 식의 잠재성의 측면을 경량부에서 차용한 '종자'(bīja) 개념에 의해 표현하고 있다. 여기서 종자는 식물학적 비유로서 싹을 발생시킬 수 있는 잠재력(śakti)을 의미한다.

이러한 의식의 잠재성에 대한 인도인들의 관심은 굽타왕조 시대에 새로운 사상의 형성으로 이끈다. 엘리아데에 따르면 "고행주의적이고 명상적 삶에 대한 가장 큰 장애들은 무의식의 활동에서부터, 제행(saṃskāra)과 습기(vāsanā)들로부터 나온다. '수태'와 '잔여물', '잠재성' 들은 심층심리학이 무의식의 내용이며 구조라고 부른 것을 구성한다."[25] 이러한 새로운 사상적 경향은 불교 외부에서는 『요가경론』에서 '종자를 수반한 삼매'나 '종자가 없는 삼매' 등의 표현에 의해 나타나며,

불교 내부에서는 경량부의 종자설에 의해 대변되고 있었다.

불교 내에서 이러한 새로운 식의 잠재성에 대한 인식이 단지 경량부에만 한정되어 있다고 보이지는 않는다. 비록 경량부의 종자설이 유식학파에 의해 채택되고 사용됨에 의해 후대에 강력한 영향을 끼쳤지만, 다른 아비달마 학파에서도 식의 잠재성에 대한 인식의 흔적을 찾아보기란 어렵지 않다. 『섭대승론』은 성문승의 체계에서도 대중부(Mahāsaṅgika)의 '근본식'(mūlavijñāna)이나 화지부(Mahīśāsaka)의 '윤회가 존속하는 한의 온'(窮生死蘊)이란 용어가 등장하며, 또한 상좌부 경전에서도 지각과정에 '유분심有分心'(bhavaṅgacitta)이라는 새로운 식의 존재가 설해지고 있다는 점을 제시하면서, 이것들은 모두 알라야식의 선구이론이라고 지적하고 있다.[26] 그렇지만 붓다가 성문승들에게 알라야식(ālayavijñāna)을 설하지 않은 이유는 그들이 "일체의 인식대상에 대한 앎을 목표로 하지 않기 때문"(MSg I.10)이다. '일체의 인식대상에 대한 앎'에서 일체란 알라야식의 대상이 표층적인 것뿐 아니라 잠재적인 것도 포함하고 있음을 가리킨다.

이러한 『섭대승론』의 언급은 아비달마 학파들이 식의 잠재성에 대한 인식은 공유하고 있었지만, 이를 유식학파의 알라야식 개념처럼 새로운 체계구성으로 이끌지는 못했다고 하는 인상을 준다. "새로운 체계구성"은 불교사상사에서 마치 패러다임의 전환(paradigm shift)과 같은 그런 역할을 했다고 보인다. 알라야식으로 대변되는 식의 잠재적 층위에 대한 인식은 사상사적으로 새로운 대승의 세계를 여는 촉매

---

25 Eliade 1973: xvii.

26 MSg I.11

역할을 했을 뿐 아니라 수행론적 측면에서 알라야식의 제거를 통해 아라한의 목표와는 전혀 다른, 대승의 새로운 정신적 상태를 이론적으로 설명할 수 있었다.

이는 『해심밀경』(SNS X.2)이나 『유식삼십송석』(TrBh 38,5ff)에서 성문의 목표를 해탈의 증득으로 반면 대승의 목표를 일체지성의 깨달음에 의해 법신을 증득하는 것으로 구별되고 있다. 성문승이 일체의 인식대상에 대한 앎을 추구하지 않은 이유는 그들의 목표가 붓다가 아니라 열반의 증득에 의해 재생을 끊는 것이기 때문이며, 반면 대승의 수행자는 일체지자의 상태가 소지장의 제거에 의해 가능하다고 믿기 때문에 이를 위해 법무아의 증득을 추구하는 것이다.

알라야식 개념이 처음으로 체계의 핵심적 구성요소로 등장한 첫 번째 문헌은 『유가론』이다. 슈미트하우젠은 『유가론』에서 사용된 이 개념의 용례와 그것이 사용되는 맥락을 상세히 비판적으로 검토하고 있다. 그의 대저인 Ālayavijñāna(1987)는 어떤 사상사적, 수행론적 맥락에서 알라야식이 등장하는가를 검토한 것이지만, 본고의 목적은 알라야식이 가진 수행론적 의미이기 때문에 사상사적 맥락보다는 알라야식 개념이 가진 수행론적 함축성을 보여주는 데 초점을 맞추겠다.

그는 알라야식이라는 새로운 유형의 식이 도입되기 위해서는 다음의 두 가지 조건을 충족시켜야 한다고 지적한다. (가) 체계적이거나 해설적인 상황이 새로운 유형의 식의 도입이 불가피한 단계에 이르렀음을 보여주어야 하거나 또는 새로운 유형의 식의 직접적인 심리학적 또는 신비적 경험을 위한 명백한 증거가 존재해야만 한다. (나) 이러한

새로운 유형의 식의 특정 성질이나 기능이 ālayavijñāna라는 용어의 선택에 적합해야만 한다.[27]

그는 이러한 기준 하에서 ālayavijñāna라는 용어가 나오는 『유가론』의 모든 개소를 상세히 검토하면서, 그곳에서 그 문자적 의미에 대한 해석이 일치하지 않는 경우가 많이 보인다고 지적한다. 이는 교설의 발전에 기인하기도 하고, 또한 ālaya라는 용어가 초기경전에서 '집착'(cling)이나 '집착되는 것'(that to which one clings)의 의미로 사용되는 모호함 때문이기도 하다고 지적한다.[28] 그런 검토를 거쳐 슈미트하우젠은 「본지분」의 「사마히타지」에서 발견되는 다음 구절이 두 가지 조건을 충족시키는 알라야식의 "도입문(Initial passage)"으로서 주목될 가치가 있다고 주장한다.

> 멸진정(nirodhasamāpatti)에 들어간 자에게는 심과 심소들은 소멸된다. 그런데 식은 어떻게 신체로부터 떠나지 않는가? [답:] 왜냐하면 그에게 변괴되지 않은 물질적인 근들 속에서 전식의 종자를 포섭하는 알라야식(ālayavijñāna)이 중단되지 않기 때문에 미래에 그것을 다시 생기시키는 성질을 갖고 있기 때문이다.[29]

---

27 Schmithausen 1987: 15.

28 Schmithausen 1987: § 1.8.

29 Schmithausen 1987: 18, n.146: nirodhaṃ samāpannasya cittacaitasikā niruddhā bhavanti/ kathaṃ vijñānaṃ kāyād anapakrāntaṃ bhavati/ tasya hi rūpīṣv indriye⟨ṣv a⟩pariṇateṣu pravṛttivijñānabījaparigṛhītam ālayavijñānam anuparataṃ bhavati āyatyāṃ tadutpattidharmatāyai.

슈미트하우젠은 이 도입문이 전통적인 6식과 다른, 새로운 유형의 식의 도입을 위한 동기를 보여준다고 평가한다. 그의 설명(1987: § 2,3)에 따르면 여기서 명근과 체온, 그리고 식이 신체를 떠나지 않는다고 하는 초기경전의 구절에 의거하여 죽음과 멸진정滅盡定의 차이가 제시되고 있다. 이 초기경전의 설명은 멸진정에도 어떤 종류의 식이 존재해야만 한다고 전제하지만, 이는 멸진정 개념의 용어적인 이해에 따르면 불가능할 것이다. 왜냐하면 멸진정은 상수멸정想受滅定(saṃjñāvedayitanirodhasamāpatti)의 동의어로서 명칭에 따라 멸진정의 의미는 상想(saṃjñā)과 수受(vedayita)가 소멸한 집중 상태라고 이해되지만, 두 가지 심적 요소는 유부의 심의 구조에서 모든 식에 반드시 수반되어야 하는 10종의 대지법大地法에 속하기에, 상想이나 수受가 없다면 식 자체도 존재할 수 없기 때문이다. 따라서 이런 난제로부터 벗어나는 유일한 해결책은 멸진정에서도 신체를 떠나지 않는 식을 인정하면서, 이를 제6의식(manovijñāna)의 특별한 형태로 간주하든지 아니면 의식과는 전혀 다른, 새로운 유형의 식으로 간주하는 것이다. 그리고 슈미트하우젠은 위의 인용문에서 보듯이, 유식학파는 종자 개념의 도입을 통해 새로운 유형의 식으로서의 알라야식이 물질적 근들 속에 존속할 수 있다고 설명하는데, 이는 표층의식으로서의 제6의식과는 다른 기능을 갖는 것이다.[30]

이러한 슈미트하우젠의 설명은 알라야식 개념의 도입이 일차적으로 명상의 맥락에서 나왔으며, 나아가 이는 유식사상이 가진 생물학적

30 Schmithausen 1987: § 2,5-6 참조.

관심을 강하게 보여준다고 말할 수 있다. 이런 이해는 기본적으로 알라야식을 정신적인 맥락에서 심층적인 염오된 토대의식으로서만 간주하고 그에 따라 심리적 번뇌의 저장소로 이해했던 기존의 설명과 매우 구별되는 것이다.

나아가 그의 구별은 알라야식 개념이 수행론적인 측면에서 유식학파에서 어떤 기능을 하는가에 대한 기본적인 윤곽과 방향을 보여주거나 암시하고 있기 때문에 먼저 그의 설명에 따라 알라야식에 대한 두 가지 이해를 구분하고 그 이해가 함축하는 수행론적 맥락을 논의하는 것이 좋을 것이다.

3. 알라야식의 두 가지 기능

슈미트하우젠에 따르면 『유가론』에서 알라야식은 크게 생명체를 유지시키는 작용과 정신적으로 부정적인 작용의 두 가지 의미로 이해될 수 있다. 그는 알라야식의 첫 번째 기능을 "정신적으로 중립적인 원리"(spiritually neutral principle)라고 부르면서 이를 신체를 집수執受하는 작용이라고 설명하고, 두 번째 기능은 윤회적 맥락에서 알라야식에 내장된 번뇌의 종자가 끼치는 부정적 작용이라고 구별한다. 슈미트하우젠은 이러한 두 가지 기능을 ālaya-vijñāna라는 단어에서 ālaya가 '집착'(cling)과 '집착되는 것'의 두 가지 용례로 사용되고 있다는 점에서 찾을 수 있다고 지적한다. 집착 또는 달라붙음이 알라야식이 신체에 달라붙음에 의해 신체를 유지하는 기능을 나타낸다면, 집착되는 것은 알라야식이 자아의식의 대상으로서, 번뇌의 뿌리로서 파악되고 있음을 보여준다.

먼저 알라야식의 생물학적인 생명유지 기능은 수태 시에 정혈과 융합함에 의해 신체를 집수하며, 그럼으로써 살아있는 동안 신체를 유지시키는 역할을 하는 것으로 설명되고 있다. 이 기능은 초기의 일체종자식 개념을 이어받은 것으로서, 신체를 유지시킨다는 의미에서 알라야식은 아직 열반에 들지 않은 아라한에게도 잔존해 있다고 설명되었다. 아라한에게도 알라야식이 여전히 존속해 있다면, 이는 멸진정의 상태에 든 사람에게도 마찬가지로 타당할 것이다,

두 번째 윤회적 맥락에서의 알라야식의 염오된 성격은 『유가론』「섭결택분」에서의 체계적인 알라야식의 기능에 대한 설명에서 분명히 나타난다. 여기서 알라야식은 모든 잡염의 근원(saṃkleśamūla)이며, 윤회를 구성하는 요소들의 원천(dhātu)으로서 기술되고 있다. 잡염(saṃkleśa) 개념이 12지 연기를 구성하는 번뇌(kleśa)와 업(karman), 생(janman)의 세 범주를 모두 포괄하고 있음을 고려할 때, 이 설명은 알라야식이 윤회생존의 흐름에서 핵심적으로 기능하고 있음을 가리킨다.

나아가 알라야식이 새로운 유형의 식으로 규정되었을 때, 그것은 비록 미세하고 잠재적이지만 전식처럼 복합적인 대상을 인지하고 또 심소들에 의해 수반되는 것으로서 전식과 동시에 생겨나는 것으로서의 성격을 지니게 되었다. 대상을 가진다는 의미에서 알라야식은 염오된 것이며, 그 대상이 잠재적이라는 의미에서 알라야식은 번뇌의 종자를 보관하는 창고와 같은 역할을 한다고 이해되었다. 이렇게 하여 알라야식은 정신적으로 염오된 것으로서 잡염의 뿌리이며, 또

재생에 대한 집착과 현생의 염오된 토대에 대한 집착이라는 2종의 취착(upādāna)의 뿌리라고 파악되고 있다. 그것은 윤회가 지속되는 한 작용을 멈추지 않지만 해탈한 자에게는 소멸한다.[31]

알라야식에 대한 이런 두 가지 상이한 이해는 『해심밀경』에서 두 가지 집수[32] 개념에 의해 잘 설명될 수 있다고 슈미트하우젠은 생각한다. 그는 알라야식의 기능에 대해 『해심밀경』(SNS V.2)이 세 단계로 구분하고 있다고 설명한다.

첫 번째 단계는 심의 잠재적 층위를 정당화하고 그것을 새로운 심의 과정의 모델로 확립하는 것이다. 여기서 재생 시에 물질적 토대를 집수하는 잠재심의 기능에 초점이 맞추어져 있는데 그것이 아다나식(ādāna-vijñāna)으로 명명되고 있다. 아다나식이란 "그것의 기능이 집수에 있는 심"을 의미한다. 또한 그런 작용을 하는 심을 "〔신체에〕

---

31 이상의 설명은 Schmithausen 2017: 271ff에 의거했다. 『유가론』과 여러 초기 유식 문헌에서의 알라야식과 관련된 논의는 Schmithausen(2014: Pt.1)에 체계적으로 정리되어 있다.

32 「섭결택분」에서 알라야식이 두 가지 인식대상에 의거해서 일어난다고 설한다. (i) 내적으로 집수의 요별에 의해서, 그리고 (ii) 외적으로는 그 행상이 분명히 구별되지 않는 기세간의 요별에 의해서이다. 여기서 (i) 내적인 집수는 SNS V.2의 두 가지 집수를 가리키며, (ii) 외적인 집수는 SNS VIII.37.1에서 언급된 것이다. 그렇지만 나는 두 개의 집수 중에서 첫 번째 집수가 알라야식의 근과 같은 역할을 하고, 두 번째 집수는 알라야식의 대상과 같은 역할을 하는 것은 아닌가 하고 추정하고 있다. 왜냐하면 언설의 습기는 비록 내적 집수이지만, 대상에 대한 언어적 구성작용을 하는 것으로, 기세간이란 실은 이러한 언설작용과 관련이 있을 것이기 때문이다. SNS VIII.37.1의 설명은 잠재심을 언설의 습기에 의해 대상의 요별로 변화시키고 있다고 해석할 수도 있기 때문이다.

머물거나 또는 거기에 용해되고 그것과 섞여 있는 식"(mind abiding or dissolving in and merging with [the body])이란 의미에서 알라야식이라고도 언급하고 있다. 여기서 초점은 전식과 동시에 일어나는 심의 잠재적 층위에 맞추어져 있다. 그럼으로써 표층과 심층 양자의 정보들이 수집될 수 있는 것이다.[33]

두 번째 단계는 잠재심을 경전의 유취식有取識(sopādānaṃ vijñānam)과 결합시키는 것이다. 「섭사분」에서 '취착을 수반한 것'(sopādāna)은 번뇌의 종자를 수반하는 것으로 설명되고 있는 데 비해 『해심밀경』에서 이런 작용은 두 번째 집수의 의미에서 잠재심이 현상적 이미지와 명칭, 분별의 다양성의 습기를 취하고 저장하는 것으로 설명되고 있다. 이는 유취식을 대승적인 어휘를 사용해서 재해석한 것이다. 그럼으로써 잠재심은 단순히 잡염과 윤회의 뿌리일 뿐 아니라 환상과 같은 윤회세계 자체의 뿌리인 것이다.

세 번째 단계는 승의적 측면에서 이런 재해석된 잠재심 개념조차 상대화되어야 한다고 가르친다. 심의 승의제에 친숙한 보살은 그의 개인적 경험 속에서 더 이상 ādāna나 ādāna식을, 알라야와 알라야식을, 색과 안, 안식을 지각하지 않는다고 설명된다.[34]

---

33 Schmithausen 2017: 274.

34 슈미트하우젠은 『해심밀경』이 (iii)에서 새로운 심의 개념을 단지 상대화하기 위해 도입했다고 이해하기보다는, 보수적 집단 속에서 등장한 새로운 개념을 전통주의자들에게 인도하기 위한 것이며, 동시에 이를 대승의 관점에서 상대화한 것이라고 해석한다.

1) 알라야식의 생물학적 기능

앞에서 말했듯이 슈미트하우젠은 알라야식의 두 가지 기능 중에서 생물학적인 신체유지 기능을 근본적이라고 간주한다. 그가 알라야식의 〈도입문(Initial Passage)〉이라고 명명한 구절에서 나타나듯이 알라야식 개념이 깊은 명상 상태에서의 식의 존재를 보여주는 맥락에서 처음으로 도입되었다고 한다면, 이는 기본적으로 알라야식의 신체적(somatic) 측면을 떠나서는 설명하기 어려울 것이다.

이러한 알라야식의 생물학적 기능은 ālaya를 "~에 놓여 있음"이나 "달라붙음"의 의미로 해석하는 것과 관련되어 있다. 이런 ālaya의 의미는 식이 재생과정에서 신체나 물질적 근에 놓여 있거나 그것에 부착되어 있고 그럼으로써 그것을 토대로 삼는다는 것을 보여준다. 이는 재생의 첫 순간부터 신체의 파괴에 이르기까지 유지되며, 마침내 아라한으로서 열반할 때까지 지속된다.

생물학적 의미에서 알라야식의 신체적인 성격에 대한 관심은 유가행파 문헌 도처에서 발견된다. 알라야식의 존재논증을 8종으로 처음으로 제시하는 「섭결택분」의 앞부분과 이를 그대로 인용하고 있는 『잡집론』과 『섭대승론』의 6종 존재논증 그리고 『대승오온론』의 4종 존재논증에서 이러한 알라야식의 신체적 성격은 중시되고 있다.[35] 이하에서는

35 8종의 존재논증은 Sthiramati(安慧)의 『雜集論』(ASBh 12,1-16,20)에도 산스크리트 문장으로 인용되어 있어 그 온전한 형태가 전해진다. 또한 이 부분은 眞諦(499~569)에 의해서도 『決定藏論』으로 한역되어 있어 유가행파의 공통된 이론토대로서 중시되었다고 보인다. 비슷한 존재논증들이 『섭대승론』(MSg I.29-55)과 『대승오온론』(PSk 16,11-17,4) 및 그 주석서 PSkV 51b1-5에 나타난다. 최근 여러 전거들에 대한 연구로 Kramer 2016 참조.

「섭결택분」의 8종의 존재논증에 초점을 맞추어 살펴보자.

> 만일 알라야식이 없다면, (1) 의지체의 집수는 불가능하기 때문에, (2) 최초의 생기는 불가능하기 때문에, (3) 명료함의 생기는 불가능하기 때문에, (4) 종자의 상태는 불가능하기 때문에, (5) 작용은 불가능하기 때문에, (6) 신체적 경험은 불가능하기 때문에, (7) 무심정은 불가능하기 때문에, (8) 식에게 명종은 불가능하기 때문이다.[36]

슈미트하우젠은 이러한 8종의 존재논증이 모두 동일한 전제에서 출발하지 않는다고 지적하면서, 이를 알라야식의 신체유지 기능을 설하는 (A)그룹 및 알라야식과 연관된 문제를 논증하는 (B)그룹으로 구분한다. 그중에서 (A)그룹에 속하는 (1), (6-8)의 네 논증은 『유가론』「본지분」에 근거를 둔 것으로서 알라야식의 신체적(somatic) 측면에 관련된 것이며, (4)는 기본적으로 「본지분」의 내용을 넘어서지 않지만, 알라야식의 신체적 측면보다는 심의 종자로서의 기능을 다루고 있다. 반면 (B)그룹에 속하는 (2)와 (3)은 알라야식의 존재를 증명하려는 것이 아니라 『해심밀경』에 의거하여 다수의 식의 동시적 생기문제를 다루고 있으며, 마지막 (5)는 알라야식과 다른 식의 동시적

---

36 ASBh 11,18-22: antareṇālayavijñānaṃ (1) āśrayopādānāsambhavataḥ (2) ādi-pravṛttyasambhavataḥ (3) spaṣṭapravṛttyasambhavato (4) bījatvāsambhavataḥ (5) karmāsambhavataḥ (6) kāyikānubhavāsambhavato (7) 'cittakasamāpattyasambhavato (8) vijñānacyutyasambhavataś ca.

생기에 더해 기세간의 요별이나 의지체의 요별 등 알라야식 자체의 인식기능을 직접 언급하고 있다.[37] 이렇게 본다면 알라야식 존재논증은 정신적으로 중립적인 알라야식의 생물학적 기능과 알라야식과 전식의 동시생기의 논증에 초점을 맞추고 있다고 말할 수 있다.

이제 알라야식의 생물학적 기능이 구체적으로 어떻게 기술되어 있는지를 보자. 먼저 재생의 각 단계에서 이러한 알라야식의 신체유지 기능이 어떻게 작용하는지에 대해 『유가론』「의지意地」에서는 식이 모태에 들어오는 첫 순간에 알라야식이 물질적 근에 달라붙어 있는 모습을 다음과 같이 묘사하고 있다.

> 거기서 성적 정열에 찬 부모의 성적 욕망이 강한 상태에 이르렀을 때 마침내 정액이 방출되며, 또 그 〔과정의〕 끝에서 필히 둘로부터 〔아버지의〕 정(śukla)과 〔어머니의〕 혈(soṇita)의 방울이 나온다. 정과 혈의 방울들 모두가 어머니의 자궁에서 섞이며, 마치 끓인 우유가 식은 상태로 되어가면서 크림으로 굳는 것처럼, 한 덩어리로 주한다. 그 〔정혈의 덩어리〕에서 일체종자를 가지고 있고, 이숙에 포섭되고, 또 의지체를 집수하는 알라야식(ālayavijñāna)이 화합, 의탁한다.[38]

여기서는 재생과정에서 모태에 들어간 알라야식이 어떻게 물질적

---

37 Schmithausen 1987: 194-196.

38 YBh 24,1-5. 이 문장은 Schmithausen(1987: 127ff)에서 교정되고 상세히 분석되고 있다.

근들과 혼합되고 그럼으로써 그것들을 자신의 물질적 토대로서 자신과 융합해 나가는지를 보여준다. 현장은 이러한 융화/체화 행위를 정신적인 집착의 의미에서의 '취착' 행위와 구별하기 위해 '집수執受'(upādāna)라는 번역어로 표현하고 있다.

이와 같이 알라야식에 의해 융합되고 집수된 의지체는 더 이상 4대의 집합에 불과한 물질이 아니라 살아있는 유기적인 물질로서 식에 의해 완전히 장악된 상태로 변화한다. 모태 속에서 알라야식의 집수작용에 의해 체화된 물질이 알라야식과 어떻게 혼연일체의 상태가 되는지를 『유가론』은 다음과 같이 설명한다.

> 칼라라(kalala)의 물질은 상호 운명을 같이한다는 의미에서 그 심심소법들과 융합하며, … 또 심의 힘에 의해 그 〔칼라라의 물질〕은 부패되지 않으며, 또한 그 〔칼라라의 물질〕은 심·심소들을 돕고 방해하기 때문에 돕고 방해함이 있다. 따라서 그것이 상호 운명을 같이함(anyonyayogakṣema)이라고 설한다.[39]

여기서 '칼라라'는 태아가 형성되는 여덟 단계 중에서 첫 번째 단계로서 "크림막(śara) 같은 것이 엉겨 〔모태의〕 내부에 묽게 있는 것"(YBh 28,4)이다. 이 단계에서 이 유기적인 물질은 알라야식에 의해 장악되어 있기 때문에 일반적인 물질과는 달리 시간이 지나도 부패하지 않는다. 이에 대해 「섭결택분」은 집수된 색을 식의 토대(vijñānasthiti, 識住)라고

---

39 YBh 24,14ff.

부르면서, 그것이 〔알라야〕식과 융해하여 상호 운명을 같이하는 방식으로 생기하고, 또 여러 감수가 생겨나는 근거가 된다고 말하고 있다.[40] 여기서 주목되는 설명은 알라야식에 의해 집수된 물질이 여러 감수가 생겨나는 근거라고 하는 설명이다. 알라야식 자체는 불고불락의 감수로서 결코 고통이나 낙을 경험하지는 않지만, 그것에 의해 집수된 신체는 살아있는 유기체로서 고락을 경험한다는 것이다.

여기서 알라야식의 신체적(somatic) 성격은 분명히 드러나 있지만,[41] 이 맥락에서 언급된 감수의 생기는 알라야식이 없다면 신체적인 경험(kāyiko 'nubhavaḥ)은 타당하지 않다는 여섯 번째 알라야식 존재논증과 관련이 있다고 보인다.

어떤 이유로 알라야식이 없다면 신체적인 경험(kāyiko 'nubhavaḥ)은 타당하지 않은가? 왜냐하면 올바르거나 올바르지 않게 생각하거나 또는 거칠게 사유하는 어떤 자에게, 또는 마음이 집중되어 있거나 집중되어 있지 않은 어떤 자에게 신체에 대해 다양한 종류의, 많고 상이한 부류의 신체의 감수들이 생겨날 때, 〔알라야식이 없다면〕 그것들은 생겨나지 않아야 하겠지만, 그러나 〔신체의 감수들은〕 지각된다. 따라서 알라야식은 존재한다.[42]

여기서 "마음이 집중되어 있거나 집중되어 있지 않은 어떤 자"에

---

40 「섭결택분」 T30: 593c28-594a2=VinSg P Zi 41b1f:

41 알라야식의 이러한 기능에 대해서는 Schmithausen 1987: 3.7.1-2를 보라.

42 ASBh 13,8-11.

대해 말하기 때문에 이 단계는 모태에 들어가서 정혈을 융합하는 알라야식의 작용을 말하는 것이 아니라 이미 성장한 개아의 상태를 전제하고 있다. 그리고 그런 감수는 "마음이 집중되어 있거나 집중되어 있지 않은 어떤 자"에게도 생겨나기 때문에 그가 집중 상태에 있건 일상적인 상태에 있건 간에 그의 알라야식은 신체적인 감수를 일으킨다는 것이다. 여기서 드는 의문은 왜 알라야식이 신체적인 감수의 생기에만 관련되고 심리적인 감수의 생기에는 관련되지 않는가 하는 점이지만 이는 알라야식과 명상을 다루는 항목에서 다루겠다.

이 논증은 그의 신체에 다양하고 상이한 신체적인 감수들이 동시에 경험된다고 하는 사실에 의거해서, 역으로 이런 현상은 한 찰나에 하나의 식의 존재만을 인정하는 유부의 관점에서는 가능하지 않기 때문에 또 다른 심층적인 알라야식이 신체를 집수해서 그것을 자기화하고 있어야만 설명 가능하다고 주장하는 것이다. 이 논증은 명상적 경험이건 아니면 일상적 경험이건 간에 다양한 신체적 경험은 알라야식과 전식의 동시적 작용을 인정할 때 가능하다고 주장하는 점에서 알라야식의 신체적 측면 외에도 전식과의 동시작용이라는 측면을 연관시켜 설명하고 있다.

"〔알라야식이 없다면,〕 무심정이 가능하지 않기 때문에"라는 일곱 번째 알라야식 존재논증은 알라야식의 기원과 관련해 소위 〈도입문〉에서 멸진정에 들어간 수행자의 식이 왜 신체로부터 떠나지 않는가를 설명하는 중에 다루었기 때문에 이하에서는 마지막 존재논증에 대해 설명하겠다. 이렇게 알라야식은 전생의 업을 원인으로 해서 모태에 들어오고, 들어온 후에 자신의 심신의 구성요소를 형성하고, 살아있는 동안 신체를 자기화하면서 장악하고 있다가 죽음에 이르러 신체와의 강한 결합관계가 해체된다. 죽을 때 식이 신체를 떠나는 모습에 대해 『유가론』은 다음과 같이 기술한다.

> 임종할 때에 불선업을 행하는 자들의 식은 윗부분에서부터 신체(āśraya)를 벗어난다. 그의 윗부분이 차가워지며, 그는 심장 부분에 이르렀을 때 벗어난다. 반면에 선행을 행하는 자들의 식은 아랫부분에서부터 신체를 벗어난다. 그의 아랫부분이 차가워지며, 심장 부분에 이르렀을 때 〔벗어난다〕. 심장 부분에서부터 식의 죽음이라고 알아야 한다. 그 후에 모든 신체가 차갑게 된다.[43]

식이 몸을 떠날 때 몸이 아래서부터 차가워질 경우 식은 좋은 재생으로 행할 것이며, 반대로 몸이 머리로부터 차가워질 경우는 식은 나쁜 재생으로 향한다는 설명은 불교의 생리학적 관심을 반영하고 있어 자체로 흥미로울 것이다.[44] 전자의 경우 아마도 몸이 아래서부터 차가워지면 식은 머리 쪽으로 밀려오고 그럼으로써 하늘로 향하기에 좋은 재생으로 간다는 의미이거나 아니면 죽을 때까지 정념을 지속할 수

---

43 YBh 18,16-20. 안성두 외 번역 2023: 21f 참조.

44 고대 그리스철학에서 이와 비슷한 해석이 나오는 것도 흥미롭다. 소크라테스가 독약을 먹고 그의 신체가 발끝부터 차가워지고 심장까지 차가워졌을 때 죽음에 이르렀는데, 그 사이에 소크라테스가 친구들에게 한 말은 그가 여전히 정념을 잃지 않고 있다는 의미로 해석될 수 있겠다.

있기 때문일 것이다. 몸이 머리로부터 차가워질 때에는 앞의 경우와 반대로 진행되기 때문에 나쁜 재생으로 간다는 의미일 것이다. 여하튼 이 설명은 「의지意地」에서 의意에 고유한 15종의 작용을 설명하는 과정에서 나오기 때문에 이 맥락에서 식이 제6의식(manovijñāna)을 가리킨다는 것은 의심의 여지가 없다. 하지만 여덟 번째 알라야식 존재논증이 보여주듯이 알라야식의 도입 이후에 임종 시의 식은 의식이 아니라 알라야식으로 해석되고 있다.

> 어떤 이유로 알라야식이 없다면 죽음(cyuti)도 타당하지 않은가? 왜냐하면 죽어가는 자의 식은 신체의 위로부터나 또는 신체의 아래서부터 차가워지면서 떠난다. 그러나 결코 〔점차적으로〕 작동하지 않는 의식(manovijñāna)이 〔이 맥락에서 죽어가는 자의 식은〕 아니다. 따라서 신체를 집수하는 알라야식이 〔신체를〕 떠나기 때문에 신체의 차가워짐과 신체의 무감각이 지각된다. 그렇지만 의식에 있어서는 그렇지 않다. 따라서 〔알라야식이 없다면 죽음도〕 타당하지 않다.[45]

이 논증은 만일 알라야식이 없이 단지 표층적인 의식작용만이 존재한다면, 식이 점차로 작동해서 선한 자의 경우에는 발쪽에서부터 차가워지고 악한 자의 경우에는 머리부터 차가워지는 그러한 점차적인 명종의 과정이 타당하지 않다는 것이다.

---

45 ASBh 13,16-20. 안성두 외 번역 2023: 720 참조.

2) 알라야식의 정신적으로 부정적인 기능

(1) 「섭결택분」 〈유전문〉에 나타난 알라야식의 성격

「섭결택분」에서 알라야식의 체계화 작업은 〈유전문〉(Pravṛtti Portion)에서 이루어졌다. 여기서 알라야식과 염오의, 그리고 6식의 관계가 아비달마의 문제맥락 속에서 본격적으로 다루어지고 있다. 이때 알라야식은 다른 전식(pravṛttivijñāna)처럼 식으로서의 기능과 관련하여 논의되고 있다. 이때 그 기능은 네 가지 측면에서 개념적으로 규정된다. 그것은 (1) 알라야식의 인식대상(ālambana), (2) 알라야식과 상응하는 것, (3) 알라야식과 전식의 상호 조건성, 그리고 (4) 알라야식과 전식의 동시적 생기(sahabhāvapravṛtti)이다. 이하에서는 이를 중심으로 알라야식의 작용을 설명하겠다.

①알라야식과 그 인식대상

불교에서 식은 반드시 근과 경에 의존하여 일어난다고 확정되어 있다. 유가행파에 의해 새롭게 도입된 알라야식도 하나의 식인 이상 필히 대상을 가져야만 한다고 요구되었다. 그렇지만 알라야식의 잠재성 때문에 그 대상도 표층적인 것이 아니라 잠재적이고 미세한 것으로 간주되었다.

「섭결택분」은 알라야식이 두 가지 인식대상에 의거해서 일어난다고 설한다. (i) 내적으로 집수의 요별에 의해서, 그리고 (ii) 외적으로는 그 행상이 분명히 구별되지 않는 기세간의 요별에 의해서이다. 그중에서 (i) 내적으로 집수란 변계된 자성에 대한 집착의 습기 및 토대를 수반한 물질적 감각기관이며,[46] (ii) 외적으로 그 행상이 구별되지 않는 기세간의 요별이다.[47] 여기서 사용된 집수(upādāna)라는 술어가 "연료, 공급물, 그것의 의해 능동적 과정이 유지되거나 진행되는 기체"(PED 149)를 의미한다면, 이는 알라야식이 집착의 습기라는 심리학적 토대와 물질적 감각기관이라는 생물학적 토대에 의거하고 있으며, 그것들에 의거해서 기세간의 지각이 일어난다는 것을 말하고 있다. 따라서 알라야식의 인식대상은 변계소집성에 대한 집착의 습기의 요별과 물질적 감각기관의 요별, 그리고 기세간이다.

내적 집수에 대한 이 설명이 『해심밀경』에 의거한다는 것은 양자가 물질적 형태를 가진 색계에서 일어나지만 무색계에서는 단지 습기의 집수만이 있다는 추가설명에서도 확인된다. 주지하다시피 『해심밀경』(SNS V.2)에서는 일체종자심의 두 가지 집수를, 토대를 수반한 물질적인 감각기관의 집수와 현상적 이미지와 명칭, 분별에 대한 언설사용의 다양성의 습기라는 집수로 구별하고 있다. 앞의 집수는 「섭결택분」이나 『유식삼십송석』과 동일한 표현이며, 후자의 집수는 「섭결택분」에서 변계소집성에 대한 집착의 습기의 요별로 단순화되어

---

46 여기까지의 「섭결택분」의 설명에 대응하는 산스크리트 문장이 TrBh 52,1ff에 보인다. ālayavijñānaṃ dvidhā pravartate/ adhyātmam upādānavijñaptito bahirdhā 'paricchinnākārabhājanavijñaptitaś ca/ tatrādhyātmam upādānaṃ parikalpitasvabhāvābhiniveśavāsanā sādhiṣṭhānam indriyarūpaṃ nāma ca/. TrBh는 두 번째 유형의 내적 집수에 심리적 요소인 nāman을 덧붙이고 있다.

47 Cf. Tr 3ab: asaṃviditakopadhisthānavijñaptikañ ca tat/. 이 문장은 TrBh에서 "그와 관련해서 집수가 명백히 구별되지 않았고 또 그와 관련해서 장소의 요별이 명확히 구별되지 않은 것이 알라야식"이라고 풀이된다. Cf. ASBh 21,9f: asaṃviditavijñaptiḥ bhājanavijñaptiḥ, sarvakālam aparicchinnākāratvāt.

표현되고 있다. 이 설명은 알라야식이 일차적으로는 신체성에 의거해서, 즉 토대를 수반한 감각기관에 의거해서 일어나며, 다시 그것은 과거의 현상적 이미지와 그 명칭, 그것에 대한 분별작용에서 생겨나고 축적된 언어활동의 다양성의 습기에 의거해서, 즉 "변계소집성에 대한 집착의 습기"에 의거해서 일어난다는 것을 보여준다.

그리고 외적으로 그 행상이 구별되지 않는 기세간의 요별이란 표현은 『해심밀경』(VIII.37.1)의 표현과 동일하다. 「섭결택분」은 이를 "내적 집수를 인식대상으로 갖는 알라야식에 의거한, 항시 단절되지 않은 기세간의 지속성의 요별"이라고 설명하고 있는데, 주목할 점은 알라야식의 기세간의 인식이 두 가지 내적 집수에 의거하여 진행되며, 그럼으로써 기세간을 마치 지속적인 것처럼 지각하고 있다는 설명이다. 알라야식의 대상은 "〔수태할 때 신체의〕 첫 번째 집수의 찰나부터 생명이 지속되는 한까지 〔그것의〕 요별은 동질적인 것으로서" 일어나며, 따라서 매우 미세한 그 인식대상을 마치 지속적인 것처럼 지각하게 된다. 그렇지만 기세간의 지속성의 지각이 내적 집수에 의거하고 있다는 설명은 왜 현자들조차 기세간을 지속적인 것처럼 지각하는지의 이유를 말해준다. 왜냐하면 알라야식이 중생의 신체적 구조에 관여하고 있고 그런 선결정된 구조에 의해 중생들의 지각도 미리 생물학적으로 프로그램화되었기 때문이다. 나아가 대상과 언어 그리고 우리의 사유의 상호작용에 의해 우리는 대상이 언어와 사유작용과 독립해서 존재하고 있다는 믿음을 고착화하며 그로 인해 외부세계를 지속적인 것으로 파악하기 때문이다.

이렇게 외적인 기세간의 요별이 실제로는 내적인 두 가지 집수에 의거한 것이라면, 우리는 『해심밀경』에서처럼 알라야식의 기능에서 중요한 것은 바로 내적인 두 가지 집수이며, 기세간의 요별은 여기서 파생된 이차적 논거로 보인다.

②알라야식과 상응하는 심소

알라야식이 하나의 식으로서 확립되기 위해서는 적어도 아비달마의 기준에 따라 모든 종류의 식에 반드시 수반되는 몇 개의 심소를 가져야만 한다고 요구되었다. 유부는 마치 대지처럼 모든 식이 의거하는 토대로서의 10종의 법들이 모든 식에 반드시 수반되어야 한다고 생각하지만, 유가행파는 이미 초기부터 이를 5종의 변행심소와 5종의 별경심소의 두 유형으로 구분했다. 『유가론』에 따르면 변행심소는 일체의 심에서 생겨나고 일체의 지地에 속하고 일체 시에 모두 생겨나는 작의作意(manaskāra)·촉觸(sparśa)·수受(vedanā)·상想(saṃjñā)·사思(cetanā)의 다섯 심소이고, 반면 별경심소는 일체의 심에서 생겨나고 일체의 지地에 속하지만, 일체 시에 생겨나지는 않는 욕欲(chanda)·승해勝解(adhimokṣa)·염念(smṛti)·삼마지三摩地(samādhi)·혜慧(prajñā)의 다섯 심소이다.[48] 변행심소에 속한 5종의 법은 결과에 포함되며, 항시 하나의 인식대상에 대해 작동하며, 특히 그것의 감수(vedanā)는 전적으로 고통스럽지도 않고 전적으로 즐거운 것도 아니며, 또한 업의 측면에서 선이나 불선이 아닌 중립적인 것이라고 설해진다.

---

48 YBh 57,10ff; 안성두 외 번역 2023: 62 참조.

③알라야식과 전식의 상호 조건성

알라야식이 소위 무시이래의 식의 흐름이며 반면 전식이 지금 여기서 진행되는 의식작용이라면, 양자는 초기불교에서 윤회적 식과 지각으로서의 6식에 해당될 것이다. 그런 의미에서 왈드론은 두 종류의 식의 상호 조건성에 대한 「섭결택분」의 논의는 두 유형의 식의 작용을 최종적으로 통합한 것이라고 간주한다.[49] 여기서 독립된 형태의 의意(manas)가 전식의 맥락에서 처음으로 등장하고 있는데, 이 개념은 이후 『섭대승론』에 이르러 제7식으로서의 염오의染汚意(kliṣṭa-manas)로 발전되었다.

「섭결택분」은 먼저 알라야식이 전식들의 종자임(*bījabhāva)[50]으로서, 또 그것들에 토대를 제공함에 의해 전식들의 조건으로 작동한다고 설명한다. 『구사론』의 경우를 적용시키면 여기서 '종자임'이라는 단어는 전식에서 생겨나서 다시 전식을 산출시킬 수 있는 알라야식의 능력을 가리킨다고 이해할 수 있겠다. 그런 점에서 알라야식은 과보를 산출할 수 있는 능력을 저장하고 보존하고 있다는 점에서 전식들의 생기를 조건 짓는 것이다. 또한 알라야식이 전식들의 토대로서 작용한

49 왈드론 2022: 270.

50 여기서 '종자임'이라고 번역한 단어는 티벳역 sa bon gyi dngos po에 의거해 bīja-bhāva로 추정한 것이다. 반면 한역은 種子로 차이 없이 번역하고 있다. 『구사론』에서 bīja와 bīja-bhāva의 차이에 대해 효도(Hyōdō 1980: 68-75)는 bīja가 의지체와 명색과 동일시되는 데 비해 bīja-bhāva는 번뇌에서 생겨난, 번뇌를 산출시킬 수 있는 심신복합체의 능력이라고 설명한다. (AKBh 278,20f: ko 'yam bījabhāvo nāma/ ātmabhāvasya kleśajā kleśotpādanaśaktiḥ). Yamabe 2020: 258, fn.23-24에서 재인용.

다는 말은 알라야식에 의해 집수된 감각기관이 전식들이 생겨나기 위한 토대가 된다는 의미일 것이다. 이런 두 가지 이유는 무시이래의 알라야식이 어떻게 전식의 능동적 과정의 조건이 되는지를 서술한 것이다.

두 번째로 전식들도 현세에서 종자를 기름에 의해, 또 내세에 저〔알라야식〕의 산출을 위한 종자를 취함에 의해 알라야식의 상호 조건이 된다고 설명한다. 현세에서 종자를 기른다는 말은 선하거나 불선한 전식들이 알라야식에 의거해 일어나며 그것들이 소멸했을 때 그 전식들이 알라야식 속에 종자를 훈습한다는 의미로 해석되고 있다. 이런 방식으로 찰나적인 전식의 작용들은 계속해서 미래에 생기를 위해 현세에서 종자를 증대시킴에 의해 전식을 조건 짓는다. 더욱 그것들은 미래에 윤회존재의 중개자로서 지속하는 알라야식을 다시 산출한다. 이런 방식으로 전식은 윤회존재를 영속화시키는 데 기여하는 것이다.

이러한 알라야식과 전식의 상호 관계는 후대 정형적인 표현대로 알라야식에 저장된 종자는 전식의 작용을 낳고(種子生現行), 동시에 전식의 작용에 의해 생겨난 업의 종자는 알라야식에 그 잠재력을 심는다(現行熏種子)는 것이다. 그렇지만 주의할 것은 그 관계가 연속적이거나 순차적인 것이 아니라 동시적인 것이라는 점이다. 왈드론은 알라야식과 전식의 상호 관계를 표현하기 위해 다음과 같이 강의 물살과 강둑 사이의 비유를 들어 설명하고 있다.

> 〔강의 물살과 강둑의〕 어느 하나가 독립적으로 강을 '형성'하는 것이 아니라 강은 양자 사이의 끊임없는 상호작용을 통해 형성된

> 다. … 각각은 다른 것에 끊임없이 영향을 주며 조건 짓는다. … 이런 심에 대한 이미지는 알라야식과 6종의 전식 사이의 지속적이고 상호적인 피드백 관계를 묘사하고 있다. 알라야식이 그것의 심층적 구조를 유지하고 또 그것들이 생겨나기 위한 종자들을 제공함에 의해 심의 파도를 지지해 준다면, 전식은 알라야식이라는 심의 심층적 흐름의 내용에 영향을 끼친다.[51]

④알라야식과 전식의 동시작용(sahabhāvapravṛtti)

알라야식과 전식의 동시적인 작용의 문제는 알라야식의 존재의 확립을 위해 가장 중요한 교학상의 문제였을 것이라 생각된다. 왜냐하면 이 문제는 유부와 상좌부 등의 아비달마의 주류에서 전제되고 있는, 한 찰나에 하나의 식의 존재만을 인정하는 교설과 충돌하기 때문이다. 이런 식의 규정은 사실 인식의 단일성과 통일성을 부여하기 위한 전제로서 당연시되었을 것이다. 따라서 현재 작용하는 표층적인 6식의 존재만을 인정하는 교학의 관점에서 하나의 심찰나에 둘 이상의 식이 동시에 존재할 수 있다고 인정하는 것은 식의 대전제를 부정하는 것이었고, 따라서 한 찰나에 두 개 이상의 식의 동시작용을 인정하는 것은 식에 대한 새로운 인식이 없이는 불가능했을 것이다. 유가행파의 새로운 인식은 바로 식의 심층성과 잠재성을 인정하고 이를 체계화하는 데에서 가능했다. 따라서 심층적인 심작용이 다른 식과 동시에 존재한다는 이 주장이 알라야식의 잠재성을 전제하고 있는 『해심밀

---

51 왈드론 2022: 276f.

경』(SNS V.4)에서 명시적으로 언급되고 있음은 당연하겠다. 이러한 동시적인 생기의 문제는 뒤따르는 거울과 파도의 비유(SNS V.5)의 주제로 다루어질 정도로 중시되고 있다.

「섭결택분」은 알라야식이 몇 가지의 식과 동시에 생겨나는가를 세 가지로 나누고 있다. (i) 다른 하나의 식과 동시에 작동할 경우 이는 의意라고 설명한다. "왜냐하면 아집과 아만과 사량思量을 행상으로 가진 의意(manas)는 유심의 상태에서나 무심의 상태에서 항시 알라야식과 동시에 생겨나고 작용하기 때문이다. 그것이 알라야식을 대상으로 해서 '이것은 나다'라고 생각하고 '이것은 자아다'라고 하는 사량을 행상으로 한다."[52] 이러한 의意(manas)의 해석은 어근 man을 공유하는 만慢(māna)이 지닌 깊은 자기동일성의 측면을 번뇌의 근본적인 측면으로서 간주하는 것이다. 슈미트하우젠(1987: 149f)은 이 구절이 새로운 의意 개념의 가장 오래된 전거일 가능성이 높다고 지적한다.

(ii) 알라야식이 두 개의 식과 동시에 작동할 경우 이는 의意(manas)와 의식意識(manovijñāna)이다. 여기서 의意 다음에 의식意識이 포함된 이유는 의식은 의意에 의거해 있기 때문이다. 의意가 소멸하지 않는

---

52 이 번역은 기본적으로 티벳역에 의거했다. 'di ltar ngar 'dzin pa dang/ nga'o snyam pa'i nga rgyal dang/ rlom pa'i rnam pa can gyi yid gang yin pa de ni sems yod pa dang/ sems med pa'i gnas skabs dag na yang dus rtag tu kun gzhi rnam par shes pa dang lhan cig 'byung shing 'jug ste/ de ni kun gzhi rnam par shes pa la nga'o snyam pa dang/ bdag go snyam du dmigs shing rlom pa'i rnam pa can yin no//. 한역(T30: 580c2-5): 由此末那, 我見慢等恒共相應思量行相. 若有心位 若無心位, 常與阿賴耶識一時俱轉, 緣阿賴耶識以爲境界, 執我起慢思量行相.

한 의식은 현상적 이미지에 대한 요별이라는 결박으로부터 벗어날 수 없다고 설하고 있다. 그 이유는 의意가 유신견과 아만, 아견, 무명과 항시 상응하는 한, 의意의 영향 아래에 있는 의식에게 그 인식 자체가 속박으로서 기능할 것이다. 다시 말해 의意의 심층적이고 무의식적 자기중심성에 의해 지각 자체가 모든 현상을 주-객과 자-타의 견지에서 판단하게 되고, 이것이 바로 결박이라는 것이다. 의意의 소멸, 즉 항시 의意를 수반하는 아치我癡와 아견我見, 아애我愛, 아만我慢이라는 4종의 번뇌가 소멸할 때, 의식도 요별이라는 결박으로부터 벗어난다. 여기서 번뇌의 근원으로서의 알라야식의 성격이 명확히 드러난다.

(iii) 알라야식이 세 개에서 일곱 개 이상의 식과 동시에 작동하는 경우 그것들은 앞에서 언급한 의意와 의식意識 외에 전5식의 어느 하나나 또는 그 모두와 함께 작동한다고 설명한다. 이때 의식은 5식의 영역을 인식대상으로 하거나 또는 자신의 영역에 속한 것을 인식대상으로 한다고 설명하는데, 이는 아비달마와 공통된 관점일 것이다.

다른 식과의 동시적인 작용 외에 알라야식은 다른 전식들에 속한 괴로운 감수, 즐거운 감수, 불고불락의 감수와 섞여 일어나는 경우, 또한 다른 전식들에 속한 선법과 불선법, 무기법과 동시에 일어나는 경우도 구분해서 설명하고 있다. 그런 후에 『해심밀경』(SNS V.5)의 두 개의 비유를 풀어 설명하면서 파도가 물살과 동시에 생겨나는 데 있어 모순이 없고, 또 영상이 거울과 표면에 동시에 일어나는 데 모순이 없는 것처럼, 전식이 알라야식과 동시에 일어나는 데 모순이 없다는 설명을 덧붙이고 있다.

위에서 살펴본 것처럼, 『해심밀경』에서는 알라야식과 동시에 생겨나는 식이 무엇인가는 구체화되지 않았고 아직 의意(manas) 개념도 등장하지 않았다. 그러나 「섭결택분」에서 알라야식이 다른 식과 동시에 작동한다고 인정되었을 때 어느 경우든 알라야식은 반드시 의意를 수반한다. 그리고 이 의意는 아치와 아견, 아애, 아만이라는 4종의 번뇌를 통해 알라야식을 자신의 대상으로 인식한다고 설명되고 있다. 이러한 의(manas) 개념은 뒤따르는 『섭대승론』에서 본격적으로 염오의(kliṣṭa-manas)라는 술어로 독립된 제7식으로 해석되고 있으며, 그 존재논증도 제시되고 있다.

『섭대승론』(MSg I.6)은 의(manas)에 두 가지 의미가 있다고 구분한다. 첫 번째로 의란 전통적인 지각론의 맥락에서 다음 찰나의 지각을 위한 토대로서 기능하는 직전 찰나에 소멸한 식(vijñāna)을 의미한다. 이는 『구사론』(AKBh 11,18ff)에서 의(manas)를 직전에 지나간 6식의 하나를 지칭하면서 그것을 의식(manovijñāna)의 토대로서 18계에 포함시키는 것과 동일할 것이다. 두 번째로 의는 바로 유가행파에 고유한 염오의이다.

> 두 번째는 염오의로서, 유신견(satkāyadṛṣṭi)과 아만(asmimāna), 아애(ātmasneha), 무명(avidyā)라는 네 가지 번뇌들과 항시 상응한다. 그것은 식이 염오되는 의지처이다. 식들은 첫 번째 〔意를〕 의지처로 해서 생겨나지만, 두 번째에 의해 염오된다.[53]

53 MSg I.6.

나가오는 두 번째의 의意가 대승유가행파에 독자적인 것으로서, 의식되건 그렇지 않건 간에 항시 자아가 사유되고 있음을 가리키며, 다른 여러 식들이 염오된 것도 이 자아의식의 염오성이 항시 근저에 있기 때문이라고 지적하면서, 법상종의 해석에 의하면 이 manas는 다른 식과 동시에 존재하는 일종의 기반(俱有依)이며, 제6의식 (및 제8 알라야식)이 생겨나는 기반이며, 또한 전5식에 대해서는 그것의 염오의 원인이 된다고 설명한다.[54] 슈미트하우젠은 염오의(kliṣṭaṃ manaḥ) 개념의 기원이 전통적인 manas 개념으로 소급되지 않고, 오히려 아만我慢(asmimāna)과 구생의 유신견(sahajā satkāyadṛṣṭiḥ) 개념과 관련이 있다고 설명한다. 이러한 일상적인 동일성의 감정이 심층적인 염오의로 발전한 것은 개체의 근본적 층위와 자아 관념의 대상적 토대로 전개된 알라야식이 심층적인 형태의 심 자체로 간주되었기 때문이라고 해석하고 있다.[55]

이러한 두 가지 의意(manas)가 어떤 점에서 서로 연관되며 연결될 수 있는지를 설명하기는 어렵지만, 『섭대승론』은 염오의가 존재해야만 하는 이유를 이어 논변하고 있다. 만일 항시 네 가지 번뇌들이 선심과 불선심, 중립적인 심과 항시 상응한다면, 그 모든 심의 찰나들은 염오될 것이며 따라서 선심은 결코 일어날 수 없을 것이기 때문이다. 따라서 선한 상태 동안에 네 가지 번뇌들을 지지할 수 있는 심적 과정들의 염오된 흐름이 토대로서 존재해야만 한다는 것이다. 『섭대승론』은 염오의의 존재성의 문제를 무상정無想定과 멸진정의 차이, 그리

---

54 Nagao 1982: 92.

55 Schmithausen 1987: 147-152.

고 이에 따른 범부와 성자의 구별이라는 아비달마의 맥락에서 계속해서 논변하고 있다.[56]

잠재적인 식으로서의 알라야식의 존재를 주장하기 위해서는 7식이든 아니면 염오의를 포함한 7식이든 간에 다른 식들과의 동시적 작동의 문제가 해결되어야만 했다. 그리고 이 문제는 위에서 보았듯이 『해심밀경』에서 제안된 이래 「섭결택분」을 거쳐 『섭대승론』에서 본격적으로 아비달마의 맥락에서 체계화되었고 이를 통해 유가행파의 교학체계에서 제7식으로서 확립되었다. 그럼에도 우리는 이러한 교학체계가 여전히 유가행파 내부에서 문제가 되고 있음을 6세기 초에 중국에서 유식사상을 처음으로 소개한 지론종과 섭론종에서의 다양한 식설의 논의를 통해 추정할 수 있다.[57]

우리는 잠재적 층위에 알라야식이 존재한다는 것이 불교요가행자에 의해 경험되고 또 그것의 존재성이 유가행파에서 논변되었을 때, 사상사적 의미에서 가장 결정적인 단계는 바로 전통적인 6식과의 동시적 작용을 교학적으로 논변하는 것이었다고 생각한다. 『승만경』에는 이를 암시하는 구절이 나오는데, 『보성론』에서도 인용되고 있다.

> 세존이시여! 선한 마음은 찰나적인 것으로, 번뇌들에 의해 염오되지 않습니다. 불선한 마음은 찰나적인 것으로, 그 마음은 번뇌들에

---

56 이는 MSg I.7A, 7B, 7C에서 다루어지고 있다. 이에 대한 설명은 Nagao 1982: 94ff 및 왈드론 2022: IV장, 특히 345-353 참조.

57 이 문제에 대해서는 大竹晋(2010: 92)과 吉村 誠(2003: 226-232) 참조.

의해 염오되지 않습니다. 세존이시여! 번뇌들은 그 마음과 접촉할 수 없으며, 또한 마음은 번뇌들과 〔접촉할 수〕 없습니다. 세존이시여! 여기서 어떻게 접촉하지 않는 성질을 가진 마음이 어둠에 의해 염오될 수 있겠습니까? 세존이시여! 그렇지만 수번뇌는 존재하며 염오된 마음도 존재합니다. 세존이시여! 더욱 본성적으로 청정한 마음이 염오되었다는 의미는 통달하기 어려운 일입니다.[58]

『승만경』에서 이 설명은 자성청정심과 객진번뇌염이 동시에 존재하지만 서로 영향을 주지 않는다는 것을 설명하는 맥락에서 나온다. 주지하다시피 이 유명한 선언은 증지부(AN I.10)에서 유래하는 것으로 대중부와 여래장 계열에서 즐겨 인용하는 말이지만 『팔천송반야경』이나 유가행파 문헌에서도 종종 사용되고 있기 때문에 어느 한 학파의 전유물이 아니라 오히려 이 문장에 대한 해석은 학파의 특성을 보여주는 것이라고 보인다.

여기서 이 문제에 깊이 들어갈 여지는 없지만 심이 두 개의 모순된 성격을 갖고 현상적으로 그렇게 나타나고 있다는 『승만경』의 설명은 언뜻 보면 한 찰나에 두 가지 심이 공존할 수 없다는 아비달마 교학을 부정하는 것처럼 보이지만 오직 붓다만이 이 설명할 수 없는 모순된 사실을 여실히 아신다고 말함으로써 실은 아비달마 교학을 전제하고 있다. 당시 『승만경』의 편찬자에게는 이러한 모순된 사실의 이해는 단지 일체지자인 붓다에게만 가능한 것이었지만 이제 잠재적인 성격을

58 『승만경』 T12: 222b25ff=RGV 15,3ff; 안성두 역 2012: 260.

가진 알라야식의 도입은 교학적 차원에서도 이 문제를 해명할 수 있는 길이 열렸다는 점을 보여준다. 물론 유가행파에서 알라야식은 주로 염오된 의식작용으로서의 성격을 대변하고 있지만, 그럼에도 식의 잠재적 층위에 대한 새로운 인식은 이를 청정심으로 해석할 가능성을 열어두고 있다고 생각된다. 그리고 이는 실제로 불교사상사에서 일어났던 일이기도 하다.

(2) 〈환멸문〉에 나타난 알라야식의 성격

알라야식은 정신적으로 부정적인 번뇌의 의미로 많이 사용되며, 이때 열반의 증득을 장애하는 요소로 작용한다. 슈미트하우젠은 『유가론』 「본지분」의 여러 곳에서 ālaya-vijñāna의 ālaya가 '집착'(cling)이나 '집착되는 것'의 두 가지 용례로 사용되고 있다고 지적한다. 먼저 '집착되는 것'으로서의 ālaya의 의미는 예를 들면 「의지意地」의 앞부분에서 알라야식은 "일체종자를 수반하고(sarvabījopagata), 의지체를 수반하고(āśrayabhāvopagata), 의지체에 부착되어 있고(āśrayabhāvasanniṣṭha), 집수자(upādātṛ)이며, 이숙에 포섭된 것(vipākasaṃgṛhīta)"[59]이라는 설명에서 나타난다. 여기서 "의지체란 직전의 의지체(samanantarāśraya)인 의意(manas)"라고 규정되고 있기 때문에 알라야식이 이러한 의지체=의意에 수반되고, 의지체=의意에 부착되어 있음을 보여준다. 아비달마 지각론의 맥락에서 직전에 소멸한 감각지각이 의意로

---

59 YBh 11,4f: cittaṃ katamat/ yat sarvabījopagatam āśrayabhāvopagatam āśrayabhāvasanni〈vi〉ṣṭam upādātṛ vipākasaṃgṛhītam ālayavijñānam// Schmithausen 1987: 117에 의거해 수정.

간주되기 때문에 알라야식은 이러한 의意의 감각내용을 자기 것으로 만들고, 정신적인 의미에서 취착하고 있음을 가리킬 것이다.

이러한 알라야식의 염오된 성격은 특히 「섭결택분」의 〈환멸문〉(Nivṛtti Portion)에서 요약적인 형태로 제시되어 있다. 여기서 알라야식은 크게 (A) 모든 잡염의 근원으로서의 알라야식, (B) 선근의 종자에 의한 알라야식의 환멸과 알라야식의 대치로서의 의지체의 전환이라는 두 가지 주제 하에서 논의된다. 이 설명을 요약하면 다음과 같다.

(A) 알라야식이 모든 잡염의 근원인 이유는 세 가지 점 때문이다. (A1) 알라야식은 중생세간의 생기의 근원이다. 왜냐하면 그것은 토대를 포함한 감각기관(sādhiṣṭhānam indriyarūpam)과 전식을 일으키기 때문이다. (A2) 알라야식은 기세간(bhājanaloka)의 생기의 근원이다. 왜냐하면 그것은 기세간을 생기시키는 것이기 때문이다. 나아가 알라야식은 중생들이 상호 행하는 근원이다. 왜냐하면 타인을 봄에 의해 고락을 경험하기 때문이다. (A3) 알라야식은 일체종자를 가진 것(sarvabījaka)이기 때문에 현세에서 고제를 본질로 하며, 미래에 고제를 일으키고, 바로 현재에 집제를 일으킨다.

(A1) 중생세간의 생기의 근원으로서의 알라야식

알라야식이 중생들에게 두 가지 작용을 한다고 말한다. 하나는 토대를 포함한 감각기관(sādhiṣṭhānam indriyarūpam)을 일으키고, 다른 하나는 전식을 일으킨다. 전자의 경우 '토대'(adhiṣṭhāna)란 감각기관이 작동하기 위한 토대라는 의미로서, 예를 들어 안근眼根의 경우

시신경망에 해당될 것이다. 알라야식이 이러한 감각의 토대를 포함해서 감각기관을 산출한다는 말은 『유가론』 「의지意地」에서 기술한 알라야식의 생물학적 기능과 관련이 있다. 알라야식이 모태에 들어가서 정혈과 융합했을 때 칼라라의 상태가 되는데 이때 근의 4대들은 오직 신근身根(kāyendriya)과 함께 생겨나며 그 후에 그 근의 4대들에 의지하여 안근 등이 점차적으로 형성되는 것을 가리킬 것이다.

알라야식의 이런 기능은 『해심밀경』(SNS V.2)의 첫 번째 집수에서 설명되고 있다. 모태에 들어간 일체종자를 가진 심은 2종의 집수(upādāna)에 의지하여 성장하고 자라고 발전하고 증대하는데, 그중 첫 번째 집수(upādāna)가 "토대를 지닌 물질적 감각기관을 집수함"(*sādhiṣṭhānarūpīndriyopādāna)이다. 여기서 집수(upādāna) 개념은 어떤 것을 포착하고 유지하고 그것에 달라붙어 있는 능동적인 의미를 보여준다. 즉, 알라야식은 이런 물질적인 감각기관에 부착된 채 그것을 살아있는 유기체로 유지시키는 작용을 하는 것이다. 『해심밀경』(SNS V.3)에서 식의 이런 측면은 바로 아다나식(ādānavijñāna)으로 명명되고 있다. 왜냐하면 "신체가 그 〔아다나식〕에 의해 포착되고 집수되었기(upātta/ātta) 때문이다."

알라야식이 전식을 일으킨다는 두 번째 작용의 의미는 『해심밀경』의 두 번째 집수와 관련이 있다고 보인다. 그것은 "대상적 이미지와 명칭, 분별에 의한 세간언설의 다양성의 습기라는 집수"(*nimitta-nāma-vikalpa-vyavahāra-prapañca-vāsanā-upādāna)이다. 이 난해한 복합어의 해석은 슈미트하우젠에 의거한 것이지만,[60] 이러한 세간언설의 습기의 형태로서의 알라야식은 다시 표층적인 의식작용에 영향을 끼치는 것이다. 슈미트하우젠은 이러한 습기가 어떻게 일상지각과 연결될 수 있는지를 보여준다. "명칭과 연결되어 있고 또 주관적인 개념작용에 의해 조건 지어져서 경험되고 망분별된 대상적 이미지는 습관적인 것이 되어 모든 (일상적인) 지각과 인식에 편져 있는 것이다."[61]

(A2) 기세간의 생기의 근원으로서의 알라야식

알라야식이 비록 심층적인 성격을 갖고 있다고 해도 그것도 하나의 식인 이상 대상을 가져야만 한다. 그러나 그 대상은 알라야식의 심층성 때문에 6식의 대상처럼 표층적인 대상일 수는 없을 것이다. 따라서 여기서 알라야식이 기세간의 산출의 근원이라는 설명은 이런 알라야식의 대상을 가리키며, 이는 알라야식에 포함된 종자에 의해 기세간이 생기된다고 이해될 수 있다. 『해심밀경』(VIII.37.1)은 아다나식이 견고한 물질세계의 지각될 수 없는 표상[62]으로서 일어난다고 서술한다. 우리가 인지하건 인지하지 못하건 간에 외부세계는 항시 우리의 감각기관이나 심에 영향을 주며, 지속적으로 내외의 세계에 대한 "지각될 수 없는" 표상으로서 인지를 일으키는 것이다. 이는 "저 〔알라야식〕은 알려지지 않은 집수 및 알려지지 않은 처소의 요별을 하는 것"[63]이라는

60 Schmithausen 1987: 71f 참조.

61 Schmithausen 1987: 357, n.511.

62 SNS VIII.37.1. brtan pa dang snod rnam par rig pa'i ni 'di lta ste/ len pa'i rnam par shes pa'o//. Schmithausen(1987: 385, n.629)에 따르면 이는 asaṃvidita-sthira-bhājana-vijñapter yadutādānavijñānasya로 환원될 수 있다.

『유식삼십송』의 설명과도 통한다.

그리고 「섭결택분」은 기세간의 산출의 근원에 대한 추가적인 이유로서[64] 타인을 봄에 의해 고락을 경험하기 때문에 알라야식은 중생들이 상호 행하는 근원이라는 설명을 덧붙인다. 이 문장의 의미는 분명치 않지만 "타인을 봄에 의해 고락을 경험"한다는 표현에 의해 좋아하는 사람에게는 탐심이, 싫어하는 사람에게는 증오심이 일어나기 때문에 이를 통해 고락을 경험한다는 의미로 이해될 수 있다. 그렇지만 문제는 고락이 직접적인 정서적 느낌이라면 심층의식인 알라야식이 어떻게 그런 표층적인 정서의 산출에 관여할 수 있으며, 나아가 그런 정서적 태도가 어떻게 기세간을 산출시키는가 하는 점이다. 이에 대해 명확히 답하기는 어렵지만 우리가 생활세계에서 상호 공통된 고락을 경험하고 있다는 사실은 바로 이 생활세계가 공통된 에토스로 성립하고 있기 때문이라고 추정할 수 있겠다. 이러한 공통된 에토스의 성립을 위해서 언어와 생활방식 등이 영향을 미치지만, 앞에서 살펴본 것처럼 알라야식 자체가 언어의 습기와 분리될 수 없는 것이라면 이를 통해 생활세계에서의 경험의 산출에 알라야식은 기여한다고 보이기 때문이다.

(A3) 일체종자식으로서의 알라야식

일체종자식으로서의 성격에 의한 알라야식의 근원적인 염오성은 다시 세 가지로 세분될 수 있다. 알라야식은 현세에서 고제를 본질로

---

63 Tr 3ab: asaṃviditakopādhisthānavijñaptikaṃ ca tat.

64 Hakamaya(1979: 38)는 이 설명에 독립적인 번호를 붙이고 있지만 텍스트 자체의 구분에서 기세간 생기의 근거에 포함시키는 것이 낫다고 보인다.

하며, 미래에 고제를 일으키고, 그리고 바로 현재에 집제를 일으킨다. 현세에서 고제를 본질로 한다는 것은 알라야식이 과거의 업의 종자의 영향으로 체화된 심신의 불만족스러운 상태를 구성하고 있기 때문이다. 이런 상태는 근본적으로는 사물의 조건성에 내포된 행고성行苦性(saṃskāraduḥkhatā) 때문이겠지만 동시에 변화에 의해 야기된 고통이기도 할 것이다. 현생에서 이런 고통스런 결과를 피하기 위해 다시 불선한 행위와 번뇌를 일으킨다면 그것들의 종자가 다시 알라야식에 저장되어 내세에 고통스런 현존재를 다시 낳을 것이며, 이는 동시에 현세에 미래의 고통의 원인을 축적하는 것이다. 이런 인과관계는 한편에서는 업과 번뇌가, 다른 한편에서는 고통이 상호 조건이 되어 윤회세계를 계속해서 추동해 나가는 원동력임을 말하고 있다는 점에서 유부의 전통적인 도식을 따르고 있지만, 여기서 알라야식이 결과의 측면뿐 아니라 원인의 측면도 갖고 있다는 점이 커다란 차이일 것이다.

〈환멸문〉의 두 번째 주제는 (B) 선근의 종자에 의한 알라야식의 환멸이다. 이 부분은 수행도의 단계에 따라 크게 세 부분으로 서술되고 있다고 보인다.

(B1)에서 순해탈분과 순결택분의 선근의 종자들을 가진 알라야식은 잡염법의 생기와 모순되기 때문에 집제의 원인이 아니라고 설명하고 있다. 여기서는 선근의 수습이 명시적으로 순해탈분과 순결택분의 단계에서 행해진다고 언급되기 때문에 처음으로 세간적인 선근들이 축적되었을 때 미래의 선법이 보다 분명해지고 보다 바람직한 과보가 성취될 수 있음을 말하고 있다. 이 설명은 「의지意地」에서 신信 등의

선법에 속하는 종자들에 대해서는 수면隨眠(anuśaya)이나 추중이라고 부르지 않는데, 왜냐하면 그것들이 생기하기 때문에 의지체는 활동적인 것으로 되지 비활동적인 것으로 되지 않기 때문이라는 설명에 의거한 것이다.[65]

(B2)에서는 일체종자를 가진 알라야식에 통달하기 위해 사제의 현관에 들어간 수행자에 대해 말하고 있다. 이는 명확히 견도 단계에서의 수행자의 경험을 기술하는 것이다. 이때 그는 성문의 결정성(samyaktvaniyāma)을 선택하거나 또는 보살의 결정성을 선택할 수 있는데, 보살의 결정성을 선택했을 때 일체법의 법계를 통달했다면 알라야식에도 통달하게 되며, 나아가 모든 잡염법을 총체적으로 보면서 외적인 상박相縛(nimittabandhana)과 내적인 추중박(dauṣṭhulya-bandhana)에 의해 자신이 묶여 있음을 통찰한다.

(B3) 알라야식의 완전한 끊음은 그가 진여를 대상으로 하는 지智로 수습하여 마침내 의지체의 전환을 성취했을 때 이루어지며, 그럼으로써 모든 잡염도 끊어진다고 서술하고 있다. 이때 의지체의 전환은 수행도의 최종 단계에서의 성취를 가리킨다고 보이며, 그럼으로써 끊어지는 잡염은 세 가지로 구분되고 있다. (i) 미래의 존재에 주어진 고통, (ii) 현재의 존재에게 생겨나는 〔미래의 고통의〕 원인, 그리고 (iii) 〔추중에 의해 특징지어진 심층적인 불쾌함의 의미에서〕 현재의 존재에 주어진 고통이다. 알라야식은 (i)과 (ii)를 산출하고 마지막 (iii)을 본질로 한다. 따라서 알라야식이 제거되었을 때 셋이 모두

65 안성두 외 번역 2023: 32.

끊어지는 것이다.

모든 잡염의 끊어짐이란 12지 연기가 3종 잡염으로 이루어졌기 때문에 실질적으로는 윤회적인 생존이 끊어졌다는 것을 의미할 것이다. 그렇지만 지각능력이 구비된 신체는 단지 생명의 지속을 위해 존속할 뿐이며, 이는 추중을 여읜 환화(māyā)와 같은 신체로서 생명이 지속되는 한에서 유지되는 것이다.

4. 알라야식과 명상

알라야식은 정신적으로 부정적인 번뇌의 의미에서 주로 이해되어 왔고 이때 번뇌의 종자로서의 작용이 열반의 증득을 장애하는 요소로 작용한다고 간주되었다. 하지만 앞에서 보았듯이 알라야식의 두 가지 기능의 구별에서 알라야식의 신체유지 기능과 번뇌의 종자로서의 작용이 서로 의존하고 있다면 알라야식의 온전한 제거도 단지 어느 한 측면만의 제거에 의거해서는 가능하지 않을 것이다. 최근 야마베는 알라야식 개념은 명상수행을 통한 심신의 변화의 맥락에서 생겨났을 것이라고 제안하면서 유가행파 문헌에 나타난 알라야식의 신체유지 기능을 중심으로 이를 논구하고 있다.[66]

먼저 신체유지 기능 자체는 비록 정신적으로 중립적인 작용이지만 모태에 들어가서 심신복합체(ātmabhāva)를 형성한 이후 죽을 때까지 신체를 관장한다고 한다면, 적어도 그 신체를 번뇌의 생기에 적합하게

---

66 알라야식과 명상수행 간의 관계를 논의하는 이 단락은 Yamabe(2018; 2020)의 논의와 그의 텍스트 인용에 의거하고 있다.

형성하거나 또는 번뇌가 일어나기 힘들게 형성하는 데 직간접적으로 관여할 것이며, 여기에는 "전생의 업을 원인으로 하는"(pūrvasaṃṣkāra-hetuka) 알라야식의 성질이 큰 영향을 미칠 것이다. 동시에 알라야식에 의해 집수된 신체나 6처가 살아있는 유기체로 변화되었다면 알라야식의 여섯 번째 존재논증에 나오듯이 이제 그 자체로 감수능력을 지닌 신체는 필히 "신체적인 경험"(kāyiko 'nubhavaḥ)을 하게 될 것이라고 말할 수 있다. 이때 불고불락不苦不樂의 감수만을 가진 알라야식이 어떻게 이런 신체적인 경험들과 관련될 수 있는가 하는 것이다. 이에 대한 가장 일반적인 답변은 신체적인 경험은 이러한 신체적인 직접적인 경험은 알라야식에 의해 집수된 신체의 경험이기 때문에 알라야식의 직접적 경험은 아니라는 것이다.

보다 중요한 문제는 직접적인 경험이든 간접적인 경험이든 간에 왜 알라야식이 신체적인 경험의 생기에만 관련되고 심리적인 감수의 생기에는 관련되지 않는가 하는 것이다. 이는 심리적인 경험은 표층의 식에 직접 드러나기 때문에 알라야식의 심층적인 성격과 어긋나지만, 신체적인 경험은 신체라는 매개체를 통해 이차적으로 표현됨으로써 알라야식의 심층적 성격과 어긋나지 않기 때문에 신체적 경험과 관련될 수 있다고 대답할 수 있겠다. 하지만 우리는 알라야식의 신체적(somatic) 성격에 대한 이 질문이 보다 중요한 수행론적 의미를 함축하고 있다고 생각한다. 그 함축성은 유가행파 문헌에서 신체적 경험을 심리적 경험과 대조하는 설명에서 드러난다고 보인다. 『잡집론』에는 신체적인 경험에 속하는 요소와 심리적인 경험에 속하는 요소를 대비시켜 설명하는 구절이 보인다.

> 그중에서 의〔식〕의 단계에 속한 낙이란 무엇인가? 희열과 낙이라고 설해진 것이다. 희열(prīti)이란 무엇인가? 의지체가 전환된 자에게 전식에 의거한 심의 만족과 심의 환희, 심의 기쁨, 심의 유연성이 있다. 그것은 감수에 속한 즐거운 느낌이다. 낙(sukha)이란 무엇인가? 의지체가 전환된 자에게 알라야식에 의거한 의지체의 이로움과 의지체의 즐거움이 있다. 그것은 감수에 속한 즐거운 느낌이다.[67]

이 설명은 의지체가 전환된 수행자에게 심리적인 심의 만족은 전식(pravṛttivijñāna)에 의거한 반면에 의지체의 이로움은 알라야식에 의거하고 있다고 구분하고 있다. 야마베는 이 문장의 번역에서 의지체를 신체(body)라고 번역함으로써 희열과 낙을 각각 심적인 것과 신체적인 것으로 대비시키고 있다.[68]

슈미트하우젠에 따르면 『현양성교론』(T31: 487a3-6)으로 소급되는 이 문장은 알라야식에 기인한 신체적 경험의 특별한 경우로서, 그 신체적 경험은 앞서 언급한 여섯 번째 알라야식 존재논증에서의 "신체적 경험"(kāyiko 'nubhavaḥ)이다. 그것은 초정려와 제2정려의 단계에서 심신복합체가 전환되었을 때 의지체에 달라붙어 있는 알라야식이 신체를 경안(praśrabdhi)으로 가득 채우며, 그럼으로써 이제까지 추중

---

67 ASBh 61,1-5.

68 Yamabe 2020: 250f. 그러나 āśraya(의지체)=kāya(신체)라는 등식에서 kāya를 단지 물질적인 요소를 가리키는 것은 아니라는 점에 주의해야 한다. 그것은 식의 요소를 가진 신체(有識身)의 의미에서 우리말의 '몸'에 해당될 것이다.

으로 이루어진 신체가 경안으로 대체되는 것을 의미한다.[69] 경안에 의한 추중의 대체의 의미는 예를 들어 「성문지」에서 "의지체의 소멸 및 의지체의 전환이란 가행과 작의의 수습을 위해 노력하는 자에게 추중을 수반한 의지체가 점차로 소멸하고, 의지체가 경안을 수반하는 것으로 전환된다"(ŚrBh 283,6ff)는 표현에서 잘 나타나며 여기서도 그런 의미로 이해될 것이다.

그렇지만 문제는 왜 "심의 만족"으로서의 희열이 전식에 의거하며, 반면 "의지체의 이로움"으로서의 낙은 알라야식에 의거하고 있는가이다. 번뇌를 심리적인 요소라고 이해할 때 심적인 상태에 초점을 맞추는 것이 보다 직관적이라고 보이지만, 여기서는 신체성이 알라야식에 의거하고 있으며, 따라서 보다 근원적인 장애요소로서 작용하고 있다고 설명하기 때문이다.

이와 관련하여 희열과 낙(prītisukha)의 두 심리적 요소를 정려의 맥락에서 설하는 「성문지」의 설명은 해결의 실마리를 제공한다. 주지하다시피 네 가지 정려는 각각 4개나 5개의 요소로 구성되며,[70] 그중에서 초정려와 제2정려에서 공통적인 요소는 희열과 낙이다. 「성문지」는

---

69 Schmithausen 1987: 44, ns. 298-300 참조.

70 Delhey 2009: 145f; 『유가론』(T30: 330c14ff). 초정려는 거친 사유(vitarka), 미세한 사유(vicāra), 희열(prīti), 낙(sukha) 그리고 심일경성(cittaikāgratā)의 다섯 요소로 이루어진다. 제2정려는 내적인 명료함((ādhyātmaṃ samprasādaḥ), 희열, 낙 그리고 심일경성의 네 요소로, 제3정려는 평정(upekṣā), 정념(smṛti), 정지(saṃprajanya), 낙 그리고 심일경성의 다섯 요소들로, 그리고 마지막 제4정려는 평정심의 청정(upekṣāpariśuddhi), 정념의 청정(smṛtipariśuddhi), 불고불낙의 감수(aduhkhāsukhavedanā) 그리고 심일경성의 네 요소로 이루어진다.

각각의 단계에 속한 심리현상들을 설명하면서 양자를 다음과 같이 설명한다.

> 욕구하고 바라는 대상을 획득함에 의해 희열에 대해 결점으로 보지 않기 때문에, 또 광대한 경안輕安(praśrabdhi)으로서의 심리적이고 신체적인 좋은 활동성(karmaṇyatā)에 의해 모든 추중이 사라졌기 때문에, 따라서 〔초정려는〕 '희열과 낙(prītisukha)'이다.[71] 욕구하고 바라는 대상을 획득함에 의해 희열에 대해 결점으로 보지 못하기 때문에 〔제2정려는〕 기쁨과 즐거운 마음을 수반하며, 또한 초선의 거친 사유와 미세한 사유〔를 수반하는〕 번뇌에 속한 것과 모든 추중을 여의기 때문에, 또 그것을 대치하는 심리적이고 신체적인 좋은 활동성으로서의 경안과 낙을 수반하기 때문에, 〔제2정려는〕 '희열과 낙'이라고 한다.[72]

위의 설명에서 경쾌함과 편안함의 두 가지 의미를 가진 경안輕安(praśrabdhi)은 심리적이고 신체적인 좋은 활동성이며, 경안의 반대로서 추중의 사라짐에 의해 나타나는 낙으로 설해지고 있다. 이는 경안이 낙의 조건이라는 것으로 초기경전의 설명과 다르지 않다. 예를 들어 "오개五蓋가 끊어졌을 때 즐거움이 생겨나고, 즐거움이 생겨난 자에게 희열이 생겨나며, 희열하는 자의 신체는 경안하게 되고, 경안을 가진

---

71 원문은 Deleanu 2006: 331,6ff (ŚrBh 450,12-14) 참조.

72 원문은 Deleanu 2006: 332,17-333,2 (ŚrBh 451,17-20) 및 Schmithausen 1987: n.300 참조.

자의 신체는 낙을 경험하고, 낙을 가진 자의 심은 삼매에 들어간다."(DN I.73,20ff). 이와 같이 경안은 불교의 수행 전통에서 장애의 제거 후에 나타나며, 초정려에 들어가기 이전의 상태로 설명하고 있기 때문에 경안은 정려의 상태에서 획득하는 낙樂(sukha)의 선행조건으로 간주되고 있다.

위의 인용문에 대해 델레아누는 경안이 심리적이고 신체적인 좋은 활동성이며, 그것이 낙의 선행요소라는 「성문지」의 설명이 "경안은 낙"(AK VIII.9b)이라는 『구사론』의 설명과 동일하지만 낙의 이해에 관해서 학파들마다 차이가 있다고 지적한다.[73] 『구사론』(AKBh 438,17-440,8)에 따르면 제3정려에서와는 달리 처음 두 정려에서 낙은 경안이다. 그렇지만 어떻게 두 요소가 이해되는지, 특히 낙이 '신체적이고 심리적인' 것인가에 대해 유부와 비유자 사이에 차이가 있다. 유부는 두 정려에서 경험된 낙이 신체적인 것이라는 것을 부정한다. 왜냐하면 집중 상태에 들어간 자에게 식의 그룹들은 없기 때문이다. 반면에 비유자는 제3정려까지는 심리적인 낙근樂根(caitasikaṃ sukhendriyam)이 없으며, 여기서 낙은 오직 신체적인 낙을 가리킨다고 이해한다. 이런 이해에 따르면 경안은 모든 정려에 나타나지만 낙과 다른 것이다. 이런 명상적 맥락에서 경안은 신체에 퍼져 있으면서 특정한 삼매를 일으키는 풍風으로 묘사되고 있다. 이 풍이 신체적인 낙으로 인도한다.[74] 초정려와 제2정려를 구성하는 희열과 낙이 각기 심리적인 것

73 Deleanu 2006: 532f, fn.169-170. 이하의 설명은 fn.170을 요약한 것이다.

74 Deleanu(2006: fn.170)에서 경안과 신-심의 좋은 활동성 그리고 낙의 문제에 대한 「성문지」의 이해는 유부와 비유자와 같은 점과 차이점을 갖고 있다고

및 심리적이고 신체적인 것이라고 하는 「성문지」의 설명은 기본적으로 「사마히타지」에서도 타당하다.[75]

그런데 이것보다 더 근본적인 것은 이러한 정려의 구성요소를 각기 전식 및 알라야식과 관련시키는 『잡집론』의 해석으로, 이는 심신의 변화를 위한 정려 내지 명상의 필요성에 대한 깊은 관심을 보여주는 것이다. 그런 점에서 우리는 알라야식이 근본적이고 잠재적인 식이며, 또한 알라야식의 제거를 위해 정려의 역할이 필요하다고 주장하는 『잡집론』의 관점은 무아의 인식을 얻는 데 있어 관찰작용의 주도적인 역할을 강조한 아비달마의 전통적인 수행론과 매우 다른 것이라는 점을 지적하지 않을 수 없다. 어떤 점에서 이런 점이야말로 알라야식의 제거를 법무아의 인식과 연결시키는 숨은 의도일 것이라는 생각도 든다.

『섭대승론』은 추중과 경안, 좋은 활동성과 좋지 않은 활동성 등의 개념을 알라야식을 중심으로 통합하고 있지만, 여기서 알라야식을 경안의 상태로 유지하기 위해 강조되는 것은 정려나 명상이 아니라 선법의 수습이다.

지적된다. 유부와 달리 비유자는 신체의 경안과 심의 경안 양자를 인정하는 듯이 보이며, 이런 점에서 「성문지」는 『구사론』의 비유자의 관점과 비슷하다. 그렇지만 「성문지」의 설명은 처음 두 정려에서의 낙이 오직 심의 경안일 뿐이라고 보는 유부나 또는 정려에서의 낙을 경안과 동일시하지 않는 비유자와도 다르다.

75 Delhey 2009: 129f; 안성두 외 번역 2023: 272 참조.

추중에 의해 특징지어지고 또 경안에 의해 특징지어지는 〔알라야식〕이 있다. 추중에 의해 특징지어지는 것은 번뇌와 수번뇌들의 종자이며, 경안에 의해 특징지어지는 것은 유루의 선법의 종자이다. 저 〔유루의 선법의 종자〕[76]가 없을 때 이숙의 의지체에게 좋은 활동성과 좋지 않은 활동성의 차이는 타당하지 않을 것이다.[77]

이 설명에서 알라야식은 2종으로 명확히 구분된다. 하나는 추중에 의해 특징지어지는 한에서 알라야식은 번뇌와 수번뇌의 종자라는 설명이고, 다른 하나는 경안에 의해 특징지어지는 한에서 알라야식은 유루의 선법의 종자라는 설명이다. 이 설명의 의미는 『유가론』 「의지意地」에서 분류한 추중의 유형을 고려할 때 잘 이해될 수 있다. 여기서 심신복합체들 속에 번뇌에 속한 종자들에 대해서는 추중과 수면隨眠(anuśaya)이라고 부를 수 있지만, 이숙에 속하는 종자들과 그것과 다른 중립적 성질(無記)에 속하는 종자들에 대해서는 단지 추중이라고만 부를 수 있지 수면이라고는 부를 수 없으며, 그리고 신信 등의 선법에 속하는 종자들에 대해서는 수면이나 추중으로 부를 수 없다고

76 한역 此若無者 및 티벳역 de med du zin na은 Nagao 1982: 55에서 절대처격 tasminn avidyamāne의 번역이라고 제안되고 있다. 이 구절을 Yamabe(2020: 256)는 If this [distinction] does not exist로서 번역하지만, 여기서 tasmin은 '유루의 선법'을 가리킨다고 보이며, 따라서 If this [defiled good dharma] does not exist로 번역해야 한다.

77 MSg I.61A=T31: 137b27-c1: 復有麤重相及輕安相. 麤重相者, 謂煩惱隨煩惱種子. 輕安相者, 謂有漏善法種子. 此若無者, 所感異熟 無所堪能 有所堪能 所依差別, 應不得成.

구별하고 있다. 왜냐하면 선법들이 생겨남에 따라 의지체는 활동적인 것으로 되지 비활동적인 것으로 되지 않기 때문이다.[78]

이러한 「의지」에서의 종자 개념의 상이한 이해와 비교할 때 『섭대승론』의 "추중에 의해 특징지어지는" 알라야식이란 단지 번뇌에 속한 종자를 가리키는 협의의 추중 개념이며, 여기에는 이숙에 속한 종자나 무기에 속한 종자는 포함되지 않을 것이다. 반면 "경안에 의해 특징지어지는" 알라야식은 「의지」에서 어떠한 추중이나 수면(anuśaya)에도 해당되지 않는 신信 등의 선법의 종자를 가리킨다. 이 선법의 종자들이 의지체를 좋은 활동성의 상태로 만들면서 추중과 수면의 상태에서 벗어나게 만들기 때문이다. 이렇게 보면 유루의 선법의 종자로 인해 의지체에게 좋은 활동성과 좋지 않은 활동성의 차이가 있다고 하는 『섭대승론』의 설명은 바로 「의지」의 설명을 이어받은 것이다.

여기서 사용된 용어들은 약간의 차이가 있지만 『광오온론』에서도 확인된다. "추중은 심과 신체 양자의 좋지 않은 활동성이며, 염오된 법의 종자들이다. 그것이 제거되었을 때 경안이 존재하기 때문에 추중의 대치이다. 반면에 경안의 특징은 신체와 심의 좋은 활동성이다."[79]

선법의 수습에 의해 알라야식을 제거한다는 이러한 유형의 설명들은 「섭결택분」의 〈환멸문〉에서 선근의 종자에 의한 알라야식의 환멸을 따르는 것이다. 그러한 선근의 종자들이 끊임없이 의지체를 경안의 상태로 만들면서 추중을 제거하는 것이지만, 이러한 추중의 제거에도 단계가 설정되고 있다. 이런 추중의 심천深淺의 단계는 초기 유식

78 YBh 26,11ff; 안성두 외 번역 2023: 32 참조.

79 PSkV 47,8-11.

문헌에서 이미 제시되고 있다. 「보살지」는 이를 세 단계로 나누어 설명한다.

> 여래에 속한 주(如來住)에 들어가는 자에게 소지장에 속한 추중도 3종이라고 알아야 한다. 겉껍질에 있는(tvaggata) 〔추중〕과 피부 안에 있는(phalgugata) 〔추중〕, 그리고 정수에 있는(sāragata) 〔추중〕이다.[80] 그중에서 겉껍질에 있는 〔추중〕은 환희주歡喜住의 단계에서 제거된다. 피부 안에 있는 〔추중〕은 노력을 수반한, 상을 여읜 〔住〕에서, 정수에 있는 〔추중〕은 여래주如來住의 단계에서 제거되며, 모든 장애의 청정에 대한 지혜가 〔생겨난다〕.[81]

이 설명은 위의 3종 추중을 소지장의 제거와 관련시키면서 첫 번째 겉껍질에 있는 추중은 환희주, 즉 보살초지의 단계에서 제거되고, 두 번째 추중은 노력을 수반한, 상을 여읜 주住, 즉 제7 원행지의 단계에서 제거되며, 마지막 정수, 즉 골수에 있는 추중은 10지의 보살의 단계를 초월한 후에 도달하는 여래에 상응하는 여래주의 단계에서 제거된다고 말한다. 『해심밀경』(SNS IX.29)은 피부에 있는 추중과 피부 안에 있는 추중, 골수에 있는 추중[82]을 2종의 잠재적 경향성

---

80 3종의 추중을 현장(562b9f)은 在皮麤重, 在膚麤重, 在肉麤重으로 번역한다. Cf. BHSD s.v. phalgu에서 Divy 628.1를 지시하면서 세 단어가 연관되어 사용되고 있음을 보여준다. tvagbhārataś ca phalgutaś ca sārataś ca (of trees). 그렇다면 phalgu(膚)란 속껍질을 의미할 것이다.

81 BoBh 356,23ff.

82 세 개의 추중은 피부에 있는 추중(lpags shun la yod pa, 在皮麤重), 피부 속에

(anuśaya)에 대응시킨다. 첫 번째와 두 번째 〔잠재적 경향성〕은 피부에 있는 추중의 끊음에 의해 특징지어지고, 세 번째 〔잠재적 경향성〕은 피부 안에 있는 추중의 끊음에 의해 특징지어진다. 골수에 있는 추중의 끊음에 의해 특징지어지는 것은 모든 잠재적 경향성으로부터 벗어난 상태로서 붓다의 단계이다. 번뇌의 잠재적 경향성은 바로 앞에서(SNS IX.28) "보살의 5지에서는 구생의 번뇌의 현생에 수반해서 일어나는, 구생이 아닌 번뇌의 현행이 이때 완전히 소멸하며, 제6지와 제7지에서는 미약하게 현행하는 〔구생의〕 번뇌들이 수습에 의해 억압되어 현행하지 않으며, 제8지 이상에서 일체 번뇌가 더 이상 일어나지 않고 다만 소지장에 의지하는 미세한 번뇌들만이 존속하고 있다"고 설명되고 있다. 그렇다면 마지막 유형의 번뇌의 잠재성은 붓다의 단계에서 골수에 있는 추중과 함께 완전히 끊어질 것이다. 반면 「섭결택분」에서는 3종 추중을 다르게 해석하고 있다. 피부에 있는 추중은 나쁜 존재형태로의 재생과 수행에 대한 싫증이며, 번뇌장과 상응하는 피부 안에 있는 추중은 일체 방식으로 매우 미세한 번뇌들은 생기지 않지만, 〔번뇌의〕 잠재적 경향성(anuśaya)은 영단되지 않은 것이며, 소지장과 상응하는 골수에 있는 추중이 끊어졌을 때 무지의 잠재적 경향성을 영단하고 모든 인식되어야 할 것에 대한 장애를 떠난 앎이 작동한다.[83]

위에서 설명했듯이 3종의 추중이 수행도의 어느 단계에서 제거되는지에 대해서는 텍스트마다 설명이 다르며, 또 그것들과 번뇌의 잠재성

있는 추중(khri la yod pa, 在膚麤重), 골수에 있는 추중(snying po la yod pa, 在骨麤重)이다. 마지막 추중이 肉 대신에 骨로 번역되어 있다.

83 안성두 외 번역 2023: 870.

(anuśaya)의 관계는 무엇인지는 분명치는 않다. 이런 불명확함은 후대 진제(499~569)의 시기까지 남아 있었다고 보인다. 『삼무성론』(T31: 878a3-5)에서 사용된 피번뇌皮煩惱, 육번뇌肉煩惱, 심번뇌心煩惱라는 번역용어는 다른 산스크리트 용어의 번역어로 보이지만 그 설명에는 차이가 있다. 첫 번째 것은 세간도의 관찰에 의해 범부의 장애를 제거할 때, 두 번째 것은 사성제의 관찰을 통해 이승의 장애를 제거할 때, 그리고 마지막 것은 비안립제의 관찰을 통해 보살의 장애를 제거할 때 소멸되는 것으로 설명된다.

그렇지만 이런 모호함과 무관하게 이 세 가지 추중 개념은 신체에 강력히 부착되어 있다는 것을 잘 보여준다. 알라야식의 신체적 성질에 대한 설명에 나타나듯이 알라야식이 모태에 들어가서 명색과 혼연일체가 될 정도로 신체성에 융해되어 있고 그럼으로써 그것과 운명을 같이할 정도로 신체에 존속해 있다면 이러한 추중의 형태로 존재하는 알라야식의 완전한 제거는 「보살지」가 말하듯이 수행도의 최종 단계인 여래주의 단계에서 비로소 가능할 것이다.

그리고 보다 우리의 문제의식에서 중요한 점은 그와 같이 몸에 깊이 부착되고 용해된 추중의 제거가 단지 선법의 종자에 의해서 이루어지기란 어렵다고 보인다는 점이다. 유가행파 전통에서도 완전한 법무아의 인식을 위해서는 비파샤나의 관찰작용이 일차적인 역할을 하겠지만, 추중 자체의 제거를 위해서는 오히려 정려 등의 명상에 의해 신체성에 녹아 있는 알라야식의 제거가 불가피할 것이라고 생각된다. 이렇게 볼 때 이러한 정려의 역할에 대한 새로운 인식이 유식학파를 불교요가를 수행하는 자들이라는 의미에서 유가행파(Yogācāra)라고 불렀던 이유였을 것이다.

5. 알라야식 개념과 의지체의 전환

여기서 '의지체의 전환'이라고 번역한 용어는 āśraya-parivṛtti/-parāvṛtti로서 현장에 의해서 '전의轉依'로 그리고 티벳역에서는 gnas gyur pa로 번역되었다.[84] āśraya-parivṛtti에서 āśraya는 토대나 근거로서 알라야식을 전제하지 않은 맥락에서는 일반적으로 신체(kāya)나 6처(ṣaḍāyatana)를 의미하며, parivṛtti는 그러한 의지체의 전환이나 변환을 의미한다. 따라서 '전의'라는 용어를 사용할 경우 적절한 의미를 전달하기 어렵기 때문에 본서에서는 가능하면 '의지체의 전환'으로 일관되게 번역하겠다. 그리고 이하의 서술은 『유가론』을 중심으로 이 개념을 상세히 분석한 사쿠마(Sakuma 1990)의 연구에 의거하고 있다.

사쿠마에 따르면 이 용어를 처음으로 분석했던 다카사키(1965)는 유가행파 문헌에 나타나는 세 유형의 의지체의 전환 개념, 즉 (a) tathatā-āśraya-parivṛtti, (b) mārga-āśrayaparivṛtti, (c) dauṣṭhulya-āśrayaparivṛtti를 분석한 후에 (a)는 진여의 출현으로, (b)와 (c)는

---

84 āśraya-parivṛtti/parāvṛtti는 轉依라고 한역되었으며, 보통 토대의 변화(transformation of the basis)로 영역되거나 또는 존재근거의 변환(Umgestaltung der [Existenz]grndlage, Sakuma 1990)으로 독역되고 있다. 본서에서는 특별한 경우가 아니라면 āśraya를 '의지체'로 일관되게 번역하겠다. 왜냐하면 근거나 토대는 pada, adhiṣṭhāna 등의 번역어로도 사용되기 때문에 고유한 의미를 보여줄 필요가 있기 때문이다.

정신적으로 부정적인 요소가 긍정적인 요소로 변화하는 것을 의미한다고 주장하면서, (a)의 경우에 āśraya-parivṛtti가 사용되고 다른 두 경우에는 āśraya-parāvṛtti가 사용된다고 구별했다. 그러나 슈미트하우젠(1969)은 이를 비판적으로 검토하면서 다카사키가 말하는 두 가지 용어상의 차이는 문헌에 나타나지 않으며 parivṛtti는 전환의 의미가 강한 데 비해 parāvṛtti는 "제거"나 "대체"의 의미가 일차적이라고 지적했다.[85]

이러한 의지체의 전환은 알라야식의 소멸에서 나오는 것으로 양자는 반대개념으로 이해되고 있다. 그런데 앞에서 보았듯이 알라야식의 두 가지 기능의 구별에서 알라야식의 신체유지 기능과 번뇌의 종자로서의 작용이 서로 의존하고 있다면 알라야식의 온전한 제거도 단지 어느 한 측면만의 제거에 의거해서는 가능하지 않을 것이다. 여기서의 설명은 의지체의 전환을 위해 알라야식의 두 가지 기능 중에서 어떤 기능의 소멸이 의도되었는가를 『유가론』을 중심으로 설명하는 데 한정할 것이다. 이 개념 자체의 상세한 연구는 사쿠마(1990)에 미루고 이하에서는 그의 연구를 참조하여 서술할 것이다. 먼저 개관적인 이해를 위해 「섭결택분」에서 알라야식과 의지체의 전환의 차이에 대한 서술에서 시작해 보자. 〈환멸문〉에서 그 차이는 네 가지로 요약되고 있다.

의지체의 전환은 알라야식과 모순되기 때문에 그것을 대치한다.

---

85 Sakuma 1991: 1f.

(i) 알라야식은 무상하고 취착을 수반하지만(sopādāna), 의지체의 전환은 영원하고 취착을 여읜 것이다. 왜냐하면 그것은 진여를 대상으로 하는 수행도에 의해 변화되었기 때문이다.

(ii) 알라야식은 추중에 의해 수반되지만, 의지체의 전환은 모든 추중으로부터 영원히 벗어나 있다.

(iii) 알라야식은 번뇌의 생기의 원인이지만, 수행도의 지속의 원인은 아니다. 반면 의지체의 전환은 번뇌의 생기의 원인이 아니며, 수행도의 지속의 원인이다. 왜냐하면 그것은 〔후자의〕 토대인(pratiṣṭhāhetutva)이지만 〔전자의〕 산출인(janmahetutva)은 아니기 때문이다.

(iv) 알라야식은 선법과 무기법을 지배하지 못하지만, 의지체의 전환은 선법과 무기법을 지배한다.[86]

사쿠마(Sakuma 1991: 133ff)는 이들 각각을 다음과 같이 해설하고 있다. (i)에서 의지체의 전환은 영원하다는 규정은 무여의지에서 의지체의 전환을 진여의 청정과 동일시하는 데에서 나왔다. 왜냐하면 그 의지체의 영원성은 진여를 대상으로 하는 수행도를 통해 들어갔기 때문이다. 다시 말해 종자로서의 진여로부터 유래했다는 점에서 진여와 유사하기 때문이다. 반면에 알라야식은 정신적으로 부정적인 의미에서 집착을 수반한 것(sopādāna)으로 규정되고 있다.

---

86 VinSg(D) Shi 8a4ff=『유가론』 T30: 581c8-17, 『決定藏論』 T30: 1021b11-19, Sakuma 1991: II.157f; 안성두 외 번역 2023: 734. 『결정장론』에서는 현장역 轉依에 해당하는 단어가 阿摩羅識으로 번역되어 있다.

(ii) 알라야식과 의지체의 전환의 차이는 추중에 의해 수반되는가 아니면 수반되지 않는가에 달려 있다. 이때 추중은 번뇌의 종자뿐 아니라 잠재적인 형태의 불편함과 무거운 느낌 모두를 의미한다.

(iii) 번뇌의 생기의 원인으로서의 알라야식의 규정은 알라야식이 바로 앞에서 말했듯이 번뇌에 속한 추중에 묶여 있고 또 모든 잡염의 근원이라는 사실에서 도출된다. 그것이 출세간도의 원인이 아닌 이유는 「섭결택분」(Ch. 589a9ff)에서 설해진 것처럼 알라야식 속에 존재하는 일체법에 대한 변계소집된 자성의 습기 때문이다. 의지체의 전환이 출세간도의 산출인이 아니라 건립인(pratiṣṭhāhetu)이라는 설명은 동일한 「섭결택분」에서 설해진 대로 전의와 출세간도의 관계를 보여준다.

(iv) 전의가 선법과 중립적인 법들에 대한 자재력(vaśitā)을 가졌고 반면 알라야식은 추중을 수반하기에 자재력이 없다는 설명은 『유가론』의 여러 군데에서 설해진 해탈도의 기술에서 자주 발견된다.

우리의 관심에서 흥미로운 것은 알라야식의 두 가지 기능이 모두 고려되고 있고 따라서 그것을 대치하는 의지체의 전환의 경우에도 두 가지 작용이 고려될 수 있다는 점이다. 이제 의지체의 전환(āśraya-parivṛtti) 개념이 빈번히 사용되는 『유가론』에 의거해서 그것이 어떻게 알라야식의 두 가지 기능과 관련되는지를 보자.

사쿠마에 따르면 의지체의 전환 개념은 유식학파의 수행도에서 가장 중요한 개념의 하나이다. 이 개념은 『유가론』의 가장 오래된 층위인 「성문지」에서부터 후대 세친의 저작과 그것에 대한 주석들에 이르기까지 사용되며, 각 텍스트 사이에는 상당히 다양한 뉘앙스의 차이도 나타난다. 먼저 언급해야 할 점은 이 개념은 성적 감관의 전환의 의미와는 직접적인 관련은 없다는 사실이다.[87]

그는 의지체의 전환 개념이 팔리 문헌에는 나오지 않으며, 유부 문헌에서도 후대에 등장하며, 특히 출세간도에 의한 번뇌의 제거의 맥락에서만 사용되고 있다고 말하고 있다. 『구사론』에서 전의의 의미는 다음과 같은 설명에서 잘 나타난다.

> 이것은 의지체의 차이에 의해 성립된다. 저 의지체는 성자들에게 견도와 수도의 공능에 의해 그것에 의해 제거되어야 할 번뇌들이 다시 싹틀 능력이 없는 그러한 방식으로 변환되었다. 마치 불에 탄 쌀알처럼 의지체가 번뇌들의 종자가 아닐 때 그는 번뇌를 끊은 자라고 불린다.[88]

여기서 의지체의 변환은 번뇌의 종자를 견도와 수도의 수습의 힘에 의해 제거함에 의해 이루어진다고 함으로써 의지체의 전환을 전적으로 번뇌의 제거와 관련시킨다. 여기서는 신체에 융해되어 있는 소위

---

87 āśraya-parivṛtti 개념은 VinSg(D) 241b6f (=Ch. 676b9-16)에서 특히 비구와 비구니의 성의 전환이란 의미로도 사용되고 있다. Sakuma(1990): II. 180ff. 여기서 티벳역은 일반적인 gnas gyur pa 대신에 lus gyur pa로 번역하며, 한역은 依轉으로 동일한 용어로 번역하고 있다. MSA 55,5에서도 비구와 비구니의 성의 전환의 의미에서 āśraya-parivṛtti가 언급되고 있다. 하지만 이 문제는 지금 논의하는 추중의 존재에 따른 문제맥락과 다르기 때문에 여기서는 다루지 않겠다.

88 AKBh 63,20ff.

윤회적 식에 대한 관심은 전혀 드러나지 않으며 단지 아비달마의 맥락에 충실하게 번뇌의 제거라는 점에 초점이 맞추어져 있다. 물론 여기서는 종자설의 관점에서 번뇌의 현상적인 분출이 문제되는 것이 아니라 그 잠재성의 존속이라는 점이 문제시되고 있으며, 이는 번뇌의 종자가 가진 능력의 완전한 상실을 불에 탄 씨앗으로 비유하는 데에서도 나타난다. 그런 점에서 이 구절은 「섭결택분」에서 번뇌의 현상적인 분출(paryavasthāna, 纏)과 구별되는 번뇌의 잠재적 경향성의 완전한 근절을 불에 탄 씨앗으로 비유하는 것과 동일한 맥락이다. 여하튼 『구사론』은 의지체의 전환이 견도 단계에서 일어난다는 점을 다른 곳에서도 언급하고 있는데,[89] 그러한 출세간적 단계로서의 해석이 지닌 함축성은 이제 의지체에서 제거되어야 할 추중과 그럼으로써 나타나는 경안의 역할이 극히 미약해지거나 아니면 사라진다는 점에 있다.

이에 비해 의지체의 전환 개념이 처음으로 나타나는 「성문지」에서는 삼매에 들어가는 맥락에서 경안에 의한 추중의 대체과정과 연관하여 다루어지고 있다. 여기서 추중은 신체나 심의 둔탁함이나 활동능력이 없는 상태(akarmaṇyatā, 無堪能性)로서, 신체나 심의 경쾌하고 편안한 상태를 가리키는 경안輕安의 반대말이다. 그럼 「성문지」에서 경안과 추중 개념이 의지체의 전환 개념의 형성에서 어떤 역할을 하는지를 보자.

이 개념은 「성문지」에서 지-관 수행의 서술에서 두 차례 등장한다.

---

89 AKBh 232,25-233,2 참조.

하나는 「성문지」 제2유가처(ŚrBh 196,12ff)에서 명상대상(所緣)을 기술하는 경우에서이며, 다른 하나는 「성문지」 제3유가처(ŚrBh 402,7-20)에서이다. 두 곳에서의 서술 맥락이 비슷하기 때문에 이하에서는 제2유가처를 중심으로 설명하겠다.

제2유가처의 〈소연〉 항목에서는 샤마타와 비파샤나의 훈련에 의해 현전하지 않는 사물의 초현상적인 직접적 지각으로 이끄는 정신적 수행이 묘사되어 있다. 이런 초자연적인 직접지각은 오랜 지-관 수행의 결과로 나타난다. 이 수행의 특징은 명상대상을 영상의 형태로 현전시키거나 관상하는 데 있다.[90] 이러한 관상수행의 완성은 점차로 의지체가 전환되고 그럼으로써 모든 추중이 소멸된다는 데 있다. 이런 과정이 「성문지」에서 의지체의 전환에 의해 인식되어야 할 사물에 대한 초자연적인 직접지각이다. 이 설명에 대한 일종의 경증으로서 인용되는 『레바타경』(Revatasūtra)에서 의지체의 전환은 의지체의 청정(āśraya-pariśuddhi)으로 표현되며, 의지체의 변환(āśraya-parivarta)과 함께 비슷한 의미를 보여준다.

「성문지」에는 알라야식 개념이 나오지 않기 때문에 여기서 의지체는 일반적으로 추중의 담지자로서 작동하는 신체와 심을 의미한다. 『레바타경』에서 의지체의 청정 외에 심의 청정이 언급되고 있는데, 그것은

---

90 인식되어야 할 사물의 직접적인 봄(darśana)은 「성문지」에서 "분별을 떠난, 현전하는 [대상에 대한] 인식과 봄"(nirvikalpaṃ pratyaksaṃ jñānadarśanam)으로 불린다. 비슷한 표현이 ŚrBh 500,16f에서 사성제나 현관의 경우에 사용된다: vicāriteṣu satyeṣu anupūrvenaiva nirvikalpa〈m〉 pratyakṣaparokṣeṣu niścayajñānaṃ pratyakṣajñānam utpadyate/.

탐욕의 소멸에 의거한다고 설해진다. 이는 의지체가 일차적으로 신체를 나타내며 심은 표층적인 의식과정과 대조되고 있다는 의미에서 신체에 숨어 있으면서 그것을 살아있는 유기체로 만들어주는 지각능력으로 포함되어 있음을 함축한다. 따라서 이 맥락에서 의지체는 신체나 6처를 의미한다. 그중에서 의처意處는 신체에 부착된 능력으로서의 식이며, 추중의 장소로서의 의지체이다.[91]

의지체를 이렇게 이해할 때 왜 의지체의 전환으로부터 인식되어야 할 사물에 대한 초현상적인 직접지각이 일어나는지를 이해할 수 있다. 의지체가 인식기관이나 지각기관을 포함하기 때문에 그것이 추중(dauṣṭhulya)으로부터 벗어났을 때 그것은 직접적으로 이런 인식능력의 향상으로 이끌며 따라서 초자연적으로 지각할 수 있는 능력을 갖기 때문이다. 이러한 측면은 「성문지」에서 지-관이 여전히 추중의 제거나 경안의 획득을 위한 신체적, 심리적 작용을 하고 있음을 보여준다.[92] 이러한 의지체의 청정이 가진 측면은 「의지意地」에서 의지체의 전환을 성취한 아라한이 내적인 여러 조건들에 대한 자재력(vaśitā)을 갖고 있다는 설명에서도 나타나며, 이러한 자재력은 「섭결택분」의 여러 곳에서도 나타난다.[93]

이제 마지막으로 「무여의지」의 설명을 보자. 무여의지는 무여의열반에 대응하기 때문에 여기에 존속할 수 있는 어떤 신체적이고 심리적

---

91 Schmithausen 1987: n.463.

92 「성문지」에서의 이런 지-관의 작용에 대해서는 본서 III.3.1. 『유가론』 「성문지」에 나타난 지관쌍운 개념 참조.

93 이에 대해서는 Sakuma 1991: 102ff 참조.

인 토대가 없을 것이며, 따라서 이를 의지체라고 부르는 것도 타당하지 않을 것이라고 보인다. 그렇지만 무여의지와 관련해서 의지체의 전환이라는 용어의 사용은 역설적으로 이 용어가 여전히 토대적인 의미로 사용되고 있음을 보여준다.

「무여의지」는 의지체의 전환을 적정의 의미에서의 소멸(vyupaśama-nirvṛti)과 손상 없음의 의미에서의 소멸(avyābādha-nirvṛti)이라는 2종의 소멸 중에서 후자에 대해서 사용한다. 사쿠마는 그 차이를 소멸과 행복이라는 두 가지 뉘앙스를 가진 nirvṛti의 사전적 의미를 언급하면서(BHSD s.v.) 전자는 고통의 소멸이고 후자는 그것이 미래에 다시 생겨나지 않음이며, 또 결정적 차이는 전자가 아라한이 죽을 때 생겨나는 사건으로서의 무여의열반을 의미하는 데 비해 후자는 남김없이 소멸된 상태를 가리키는 점이라고 말하고 있다.[94] 「무여의지」는 손상 없음의 의미에서의 소멸을 "모든 근거(upadhi)와 결합되지 않고, 모든 번뇌와 고의 현행과 반대되며, 의지체의 전환에 의해 특징지어지는(āśrayaparivṛtti-prabhāvita) 무루계無漏界(anāsravo dhātuḥ)"라고 정의한다. 여기서 무루계, 즉 모든 루를 벗어난 상태(dhātu)는 일체의 윤회존재의 근거나 토대(upadhi)에 의거해서 생겨나는 번뇌와 고와 반대이며, 바로 그런 상태가 의지체의 전환이라고 말하고 있다. 직전의 「유여의지」에서 8종의 토대(upadhi)가 나열되었고 유여의지에 속한 아라한에게는 단지 최후의 토대인 아라한의 상속에 속한 온들과 항시 결합되어 있다면, 무여의지에 들어간 아라한에게는 어떤 윤회생

94 Sakuma 1991: 83f.

존의 토대도 존재하지 않을 곳이다. 이런 상태가 의지체의 전환이라고 불린다면 그것은 최종적인 단계일 것이다.

「무여의지」는 우다나바르가를 인용하면서 이 손상 없음의 소멸의 상태를 매우 긍정적으로 묘사한다.

> 태어나지 않고, 일어나지 않고, 지어지지 않고, 만들어지지 않고, 생겨나지 않은 것이 있다. … 실로 태어나지 않고, 일어나지 않고, 지어지지 않고, 만들어지지 않고, 생겨나지 않은 것이 존재하기 때문에, 태어나고, 일어나고, 지어지고, 만들어지고, 생겨난 것의 출리가 있다고 나는 말한다.[95]

이어지는 설명에서 이러한 상태는 색과 같은 것도 아니고 다른 것도 아니기 때문에 "존재나 비존재로서 설해질 수 없다"고 지적되고 있다. 주목되는 것은 이를 "진여의 청정에 의해 특징지어진다"(tathatāviśuddhiprabhāvita)고 규정하는 점이다. 이 표현은 앞에서 무루계를 규정할 때 사용된 "의지체의 전환으로 특징지어지는"이라는 표현과 유사하기 때문에 이 무여의지에서의 의지체의 전환은 바로 진여의 청정을 의미한다고 이해해도 무방할 것이다.

어떤 점에서 무여의지가 결국 무여의열반과 유비된다면 전통적인 의미에서 무여의지에서 존속할 수 있는 토대가 없기 때문에 이를 의지체라고 부르는 것도 타당하지 않을 것이기에 이를 진여의 청정이

---

95 Udānavarga XXVI.23-25 (Ed. Bernhard). 안성두 외 번역 2023: 711 참조.

라는 표현으로 대체했다고 보인다. 이에 대해 사쿠마는 여기서 의지체=진여, 전환=청정과 직접적으로 등치시킬 수 있는지는 불확실하며, 원래 신체나 육처로 파악된 의지체가 이제 진여로 대체되고, 의지체의 전환과정을 이런 의지체의 청정으로 파악했는지는 확실하지 않다고 보면서, 가장 개연적인 해석은 「무여의지」의 편찬자가 의지체의 전환과정의 결과를 청정한 진여와 동일시했고, 그 과정을 낡은 의지체(=6처) 대신에 새로운 의지체(=진여)의 생겨남으로 간주했다고 보거나 또는 의지체의 전환을 최고의 완성을 나타내는 용어로 받아들이고 이를 무여의열반으로 확장하고 진여의 청정으로 이해했다고 보는 것이라고 제안하고 있다.[96] 최근 사쿠마는 의지체의 청정을 진여의 청정으로 해석하는 것을 "신해석"이라고 부르면서 이 "신해석은 붓다의 세계로부터 청정한 종자가 수행자에게 심어진다고 하는, 붓다 측의 작용으로 성불하는 것을 의미하며 이후 이런 해석이 주류가 된다"고 새롭게 설명하고 있다.[97]

이와 관련하여 「섭결택분」의 소위 〈오사장五事章〉에 유사한 설명이 보인다.[98] 무여의열반에 들어간 사람에게 의지체의 전환이 존재하는가 하는 물음에 대해 그에게 의지체의 전환이 있음을 수계와 금, 허공의 비유에 의해 설명하고 있다. 그리고 이러한 '위없는 의지체의 전환'이 무위열반無爲涅槃이며 법계청정法界淸淨이라고 설하고 있다.[99] 무위열

96 Sakuma 1991: 85ff 참조.

97 사쿠마 2014: 37f.

98 Pañcavastuka(五事章)에 대해서는 Kramer 2005 참조. 이하의 설명은 안성두 2017 참조.

반인 이유는 이 열반이 번뇌와 고의 비존재가 아니라 그것의 적정함이기 때문이며, 법계청정인 이유는 정지의 수습에 의거해서 모든 관념상(nimitta)을 제거함에 의해 〔현현하는〕 진여[100]이기 때문이다. 그리고 법계청정의 의미를 수계와 금, 허공의 비유에 의해 설명하고 있다. 물의 맑음이나 금의 순정함, 허공의 청정함으로 대변되는 법계청정은 결코 탁함이나 불순물의 정화 후에 비로소 나타나는 어떤 새로운 '존재'가 아니라는 점이다. 그것은 물 등에 본연적으로 주어진 것이며, 그것이 물의 정화과정을 통해 새롭게 '창출된' 것이 아니다. 번뇌의 제거 후에 어떤 새로운 진실존재가 생겨나는 것이 아니라 물의 깨끗함이나 금의 순정함, 허공의 청명함처럼 무여의열반에 들어간 수행자에게 법계는 본래 청정한 것으로 인식된다는 의미일 것이다.

무여의열반계에 들어간 수행자에게 어떤 신체적이고 심리적 토대도 존재하지 않지만, 그럼에도 그에게 의지체의 전환이 있다고 한다면, 그러한 의지체는 일상적 의미에서의 신체적이고 심리적인 토대나 알라야식은 당연히 아닐 것이다. 그럼에도 의지체의 전환이 존재한다고 하는 이유는 아마 의지체 개념이 가진 토대적인 측면에 있다고 보인다. 그때 그 의지체는 앞에서 인용한 우다나바르가에서처럼 모든

---

99 VinSg(D) 14b4ff (T30: 701b24ff; Sakuma 1990: VinSg 14; Kramer 2005: [3.5.2.4.1]).

100 VinSg(D) 15a1 (=Kramer 2005: [3.5.2.4.1]): chos kyi dbyings rnam par dag pa gang zhe na/ yang dag pa'i shes pa bsgom pa la brten nas mtshan ma thams cad bsal bas de bzhin nyid gang yin pa ste/. "법계청정이란 무엇인가? 정지의 수습에 의거한 후에 모든 관념상의 제거에 의한 진여이다."

유위적인 현상의 토대이지만, 자체 어떤 의도적인 활동을 결여하고 있다는 의미에서 '무위적인' 토대일 것이다.

6. 알라야식 개념의 함축성과 후대 사상에 끼친 영향

〈환멸문〉에서 알라야식과 의지체의 전환은 날카롭게 구별되며, 알라야식이 소멸했을 때 의지체의 전환은 성취된다고 설명된다. 여기서 알라야식은 "잡염의 근원"으로서 취착을 수반한 것(sopādāna)이고, 추중을 수반하며. 번뇌의 생기의 원천이다. 이런 부정적인 알라야식의 소멸을 위해 요청되는 것은 선법의 수습에 의한 선근의 종자의 증대와 사성제의 증득, 그리고 법계의 통달이다.

그런데 알라야식에 있는 모든 종자가 그처럼 변재하는 추중에 포함되어 있다면 알라야식 자체에는 어떠한 청정한 종자의 존재도 인정되지 않는 것처럼 보인다. 그렇다면 어떻게 선법의 수습은 가능하며 나아가 어떻게 출세간법이 이와 같이 전적으로 염오된 알라야식에 저장된 종자로부터 생겨날 수 있겠는가 하는 의문이 제기될 것이다. 왜냐하면 선법의 수습에 의해 생겨난 선법의 종자도 결국 알라야식 내에 저장될 수밖에 없는데, 어떻게 그것이 알라야식의 염오된 성격을 벗어날 수 있는가가 문제되기 때문이다. 또한 출세간적 통찰은 정법의 청문에 의해서나 또는 진여를 대상적 조건으로 하는 종자로부터 생겨날 수밖에 없는데, 이 경우에도 알라야식의 근본적인 염오성이 출세간의 종자의 작용을 지속해서 방해할 것이다.

이를 해결하려는 두 가지 시도가 유식 문헌 내부에 나타난다. 하나의 방식은 청정한 종자가 알라야식 자체로부터 나오는 것이 아니라 외적인 선법의 수습에 의해서만 가능하다고 보면서, 알라야식을 청정한 출세간법의 종자와 완전히 분리시키는 설명이다. 그 하나의 예가 『섭대승론』의 유명한 법계등류의 설명이다. 『섭대승론』(MSg I.45-46)은 출세간의 통찰은 알라야식과 전혀 다른 근원을 갖고 있다고 설명한다. 청정한 법계에서 흘러나오는 정법의 청문의 훈습(=종자)에 의해 출세간적 통찰이 일어날 때, 그런 문훈습은 알라야식의 염오된 잠재성과 평행하게 진행하지만 마치 우유와 물처럼 알라야식의 일부가 아니며 그것과 완전히 이질적인 것이라는 해석이다. 이는 여래의 지혜를 세간적인 요소와 완전히 분리시키려는 해석이며, 지智(jñāna)와 식識(vijñāna)은 근본적으로 다르다는 불상잡不相雜의 측면에서의 설명이다.

우리는 이런 해석의 한 전형을 제8대 카르마파 미꾀도제(Mi bskyod rdo rje, 1507~1554)의 여래장과 알라야식의 격별적인 해석에서 볼 수 있겠다. 미꾀도제는 출세간의 심은 법계에서 흘러나온(法界等流) 가르침의 청문에서 생겨나는 것으로, 비록 알라야식과 동시에 생겨나지만 그것을 대치하는 종자이기에 다르다고 하는 『섭대승론』(MSg I.45-46)의 설명에 의거해서 알라야식과 출세간의 심을 구별하고 있다. 그는 출세간의 심을 출세간의 지智로 바꾸어 승의勝義는 '모든 것의 토대인 지智(kun gzhi ye shes)'에 근거하고, 세속은 알라야식에 근거한다고 주장하면서 양자를 날카롭게 구별하고 있다.[101]

---

101 Mathes 2017: 239ff 참조. 또한 Higgins(2019: 178ff)의 여래장과 식의 관계에 대한 두 가지 모델 참조. 그는 여래장과 알라야식과 날카롭게 구별하는 관점을

또 다른 방식은 알라야식 내부에 청정한 법의 존재를 인정하는 것이다. 예를 들면 이는 일체종자식에 반열반의 성질을 가진 완성된 종자의 존재를 설하는 「의지意地」(YBh 25,1)의 설명에서 나타난다. 이 설명은 알라야식에 청정한 법의 종자가 포함되어 있음을 함축한다. 슈미트하우젠은 『능가경』에서 알라야식과 여래장의 공존도 이러한 사유의 발전된 형태일 것이라고 이해하는데, 이를 확대하면 『기신론』의 염정화합식染淨和合識도 이런 유형에 해당될 것이다.

외적인 문훈습에 따른 선법의 종자가 알라야식에 들어온다는 『섭대승론』의 설명이나 또는 원래 알라야식 내에 열반의 성질을 가진 종자가 내장되어 있다고 하는 「의지」의 설명은 모두 일체종자식으로서의 알라야식의 성질에서 도출될 수 있다는 점에서 부차적인 문제일 것이다. 보다 본질적인 문제는 내장되어 있는 종자들이 어떤 방식으로 표층적인 6식과 영향을 주며 또 그 영향관계가 동시적인가 아니면 다른 시점에서 순차적으로 이루어지는가의 문제이다. 다른 시점에서 종자와 전6식이 상호작용한다면 이는 상좌부의 유분심有分心(bhavaṅgacitta)과 비슷한 방식으로 문제를 해결하는 것에 지나지 않을 것이다. 그렇지만 알라야식의 종자, 즉 잠재적인 심의 유형이 전6식과 동시에 작동한다는 것은 당시의 주류 전통의 교학적 관점에서 볼

차별모델(differentiation model)로 부르고 여기에 『섭대승론』이 포함되며, 반면 양자를 분리할 수 없는 관계로 보는 것을 통합모델(unity model)로 부르며 여기에 여래장과 알라야식을 동일시하는 『능가경』이나 『대승아비달마경』의 '無始時來界' 게송이 포함된다고 설명한다. 전통적인 용어로 바꾸면 차별모델은 不相雜에, 반면 통합모델은 不相離에 해당될 것이다.

때는 용인되기 어려운 주장이었다.

유부의 관점에서는 하나의 심찰나에 단지 하나의 식만이 가능했다. 어떤 점에서 유부의 이런 입장은 인지 자체의 통일성 때문일 것이다. 만일 한 찰나에 두 개의 상이한 식이 생겨난다면 그 식의 찰나는 두 개의 식에 의해 영향을 받기 때문에 산란하게 되고 그에 따라 어떤 명료한 대상인식도 불가능하다고 생각되기 때문이다. 따라서 이런 교학을 의거한 불교의 주류 전통들은 멸진정 등의 명상 상태에서 비록 현상적 의식작용이 끊어졌다는 사실을 경험적으로 받아들이고 이를 인정했다고 해도 유분심有分心 등 현상적 의식을 잠시 대체하는 식의 존재를 설정함에 의해 이 문제에 본격적으로 대면하기를 회피했을 것이다.

이런 아비달마 학파들의 회피적인 태도에 비해 『해심밀경』(SNS V.4)에서 알라야식과 다른 전식轉識(pravṛttivijñāna) 사이의 동시적 생기의 문제가 물과 파도의 비유나 거울과 영상의 비유에 의해 명확히 확립되었으며, 이는 심층적인 알라야식과 표층적인 전6식의 상호작용의 논증을 위한 결정적 단계였다고 생각된다. 그리고 알라야식의 기능을 설하는 〈유전문〉에서 한 찰나에 두 개 이상의 식의 동시적 발생은 알라야식 존재논증에서 가장 중요한 논점의 하나로 제시됨에 의해 유가행파의 공인된 입장으로 받아들여졌다. 왜냐하면 이를 통해 한 찰나에 하나의 식만이 가능하다고 하는 아비달마 주류학파의 대전제가 부정되었고, 그럼으로써 현상적 의식작용의 찰나적 생멸에도 불구하고 남아 있는 것이 알라야식의 잠재성에 의거해서 재해석될 여지가 있었기 때문이다. 이런 점에서 알라야식과 전식의 동시적 작용의 인정은 하나의 중요한 사상사적 돌파구 역할을 했다고 생각된다.

나는 이러한 알라야식의 잠재성과 전식과의 동시적인 작용이 인정되었을 때, 후대 불교사상이 보여주듯이 심을 자성청정심(prakṛtiprabhāsvara-citta)이나 법성심(dharmatā-citta), 여래장(tathāgatagarbha) 등으로 확장해서 해석할 수 있는 교학적 근거가 마련될 수 있었을 것이라고 생각한다. 알라야식의 심층성이 인정된 이후 이제 단순히 청정한 심의 종자가 염오된 알라야식과 공존하고 있다는 차원을 넘어 심의 본질이 법성심이나 여래장이라는 형태로 심의 내부에 존재한다고 발전적으로 해석될 수 있었다고 보인다. 이제 유가행파의 알라야식 개념에 의해 촉발된 영향을 여래장사상에 대한 영향을 중심으로 간략히 개관해 보자.

유가행파와 여래장사상 간의 밀접한 관련성은 일찍부터 인정되어 왔다. 주지하다시피 『아비달마대승경』의 유명한 '무시시래계無始時來界'(anādikāloko dhātuḥ)가 『보성론』(RGV I.152)에 대한 산문주석(RGVV)에서는 여래장으로, 그리고 『섭대승론』(MSg I.1)에서는 알라야식으로 해석되고 있다. 그리고 후대 진제(Paramārtha, 499~569)의 『섭대승론석攝大乘論釋』(T31: 156c28-157a14)에서 이 게송이 알라야식과 여래장의 두 방향으로 해석되고 있듯이, 유식 문헌과 여래장사상 사이에는 해석상의 차이에도 불구하고 비슷한 인용문과 비유를 공유하는 부분이 많다.

두 사상 사이의 관련성에 대해 다카사키는 용어상의 일치를 위시한 여러 비슷한 점이 많다고 지적하면서, "여래장사상은 대승경전의 형성기에서는 유가행파의 유식사상에 선행해서 그것과 관계없이 전개되었지만, 논서에 의한 학설의 체계화에 있어서는 유가행파의 도움을 받지 않을 수 없었다. 이는 『보성론』에서의 MSA의 인용이나 불신설佛身說에 대한 용어 및 그 외의 다른 주요 개념과 정의에서 유가행파의 텍스트와 공통된 것이 적지 않다는 것에서 추정된다. … 이와 같이 『보성론』은 유가행파의 술어를 사용하고 있지만 그 정의가 반드시 유가행파의 그것과 일치하는 것은 아니다"[102]라고 지적하고 있다. 선행연구에서 두 사상체계의 유사성이 어디에 있는지를 상세히 다루었기 때문에[103] 여기서는 자성청정심과 관련된 논의를 중심으로 중요한 포인트를 요약하고, 또 그 문제의 사상사적 의의를 간단히 덧붙이겠다.

양자의 유사성을 구체적으로 다루기 전에 먼저 여래장계 경전에 있어서 알라야식의 사상사적 의의가 무엇인지를 이해하는 것도 유용할 것이다. CE.250년 무렵에 편찬되었다고 추정되는 여래장계 경전에서 그보다 백년 정도 후에 등장했던 알라야식의 의의를 다루는 것은 조금 생소할지도 모르지만 여래장계 경전인 『승만경』에서 역설적으로 이러한 측면이 나타난다. 왜냐하면 여기서 알라야식 개념이 극복하고자 했던 유부교학의 영향이 보이며, 또 여래장사상에서 이 문제와 어떻게 대결해 나가는지가 나타나기 때문이다.

앞에서 언급했듯이 『승만경』(T12: 222b25ff)은 자성청정심과 객진번뇌염이 동시에 현현하지만 각각의 찰나에 심에서 일어나는 선심은 그 찰나에 존재할 수 있는 유일한 심이기 때문에 다른 번뇌들과 접촉할

---

102 高崎直道 1982: 152.

103 안성두 2017; 2021 참조.

수 없다는 논거 위에서 자성청정심은 염오될 수 없는 것이라고 주장했다. 이 주장은 『승만경』이 편찬될 당시 편찬자들이 유부의 아이디어에서 출발하고 이를 전제하면서도 그들이 경험했던 청정심과 염오심의 동시적 생기가 유부의 교설에 의해서는 해명불가능하다는 사실을 인식하고 있었다는 것을 보여준다. 보다 중요한 점은 이런 모순된 두 가지 심이 한 찰나에 공존할 수 있다는 사실이 오직 붓다에 의해서만 여실히 인식될 수 있다고 주장한 데 있다.

하지만 우리가 알라야식의 기능에서 보았듯이 잠재적인 알라야식과 표층적인 전6식, 또는 『승만경』의 경우 자성청정심과 염오심의 병존과 동시생기의 가능성이 교법의 차원에서 확립되었다면 이는 더 이상 붓다에게만 가능한 인식으로서 간주될 수 없다는 점이다. 물론 유가행파에서 궁극적인 것과 현상적인 요소의 관계는 여전히 불가언설(anabhilāpya)로 간주되지만, 그것은 언어의 한계 때문에 소통의 측면에서 설명되고 전달될 수 없다는 것이지, 그것 자체가 인식의 대상이 될 수 없다는 것은 아니다. 왜냐하면 『해심밀경』의 「승의제상품」이 말하듯이 그것은 "성자의 자내증의 영역"으로 인정되기 때문이다.

자성청정심과 객진번뇌염에 관한 『승만경』의 입장은 여래장사상을 처음으로 체계화시킨 『보성론』에 반영되어 있다. 『보성론』은 범부와 2승이 여래장을 인식하지 못한다는 사실을 설명한 후에 새롭게 대승에 안주한 보살이 여래장을 인식하지 못하는 이유는 그들이 "공성에 대해 산란한 마음을 갖고 있고, 여래장과 관련해 공성의 의미를 올바로 이해하지 못하기 때문"[104]이라고 설명한다. 그들은 두 가지 유형으로서 한 유형은 실재하는 것의 부정과 파괴가 열반이라고 간주한다는 점에서 공성을 부정적으로 이해하며, 다른 유형은 공성의 지각(śūnyatā-upalambha)을 통해 물질과 분리된 공성이라는 존재자를 상정하여 그것을 증득하려는 자이다. 전자가 공성을 부정적으로 이해하는 것으로, 「보살지」의 표현을 빌면 악취공惡取空이라면, 후자는 공성을 다시 존재자로 상정하고 그것을 대상으로 하여 지각(upalambha)하는, 이른바 '공성의 지각'을 비판하는 것처럼 보인다.

여기서 '지각'으로 번역한 upalambha/upalabdhi는 공성에 의해 부정된 현상적 사물의 존재를 다시금 하나의 실체로서 정립하려는 인지적인 태도를 보여준다. 다시 말해 '지각'이란 공성을 대상과 분리해서 존재하는 어떤 형이상학적 원리로서 실체화시키려는 이해를 가리킨다. 『보성론』의 이런 비판은 "비존재의 존재가 공성의 특징"이라고 설명하는 『중변분별론』(MAVBh 22,24-23,1)의 이해를 가리키고 있는 것은 아닌지 모르겠다. 그렇다면 이는 대상의 공성을 인식하면서 마지막에 현상적 존재자들의 공성으로서의 비존재성을 일종의 '묘유妙有'로서 인식하고자 했던 유가행파의 설명이 종종 직면했고 또 오해되었던 측면을 가리킬 것이다.

『보성론』은 공성에 대한 잘못된 이해를 제거하기 위해 두 게송(RGV I.154-155)을 설하는데, 그것에 대한 주석에서 자성청정심과 객진번뇌염, 『소공경』의 인용, 『아비달마대승경』의 무시시래계無始時來界, 무구진여와 유구진여의 구별 등 유가행파 문헌에서도 즐겨 사용하는 여러 개념들이 등장하기 때문에 두 학설의 차이점과 유사성을 이해하

---

104 RGV 75,13-18 참조.

기 좋다.

> 어떠한 것도 감소되어지지 않고 또한 어떠한 것도 증가되어지지 않는다네. 진실은 진실의 견지에서 보아야 하네. 진실을 보는 자는 해탈한다네. (I.154)
> 〔여래〕성은 분리를 특징으로 하는 우연적인 요소들의 공이지만, 무상無上의, 비분리를 특징으로 하는 요소들의 공은 아니라네.[105] (I.155)

이에 대한 주석에서 감소되어지지 않는 이유는 "여래성은 자성청정하기 때문에 〔감소되어야 할〕 잡염의 원인이 〔아니다〕. 왜냐하면 그것은 우연적인 때의 공성을 본질로 하기 때문"이라고 하며, "여기에 증가되어야 할 어떠한 청정의 원인도 없다. 왜냐하면 〔그것은〕 분리되지 않는 청정한 요소를 본성으로 하기 때문"이라고 설명한다. 그리고 『승만경』의 공여래장空如來藏과 불공여래장不空如來藏의 설명을 인용하면서, 「보살지」 선취공의 설명을 빗대어 "이와 같이 어떤 것(B)이 어느 곳(A)에 없을 때 그것(A)은 그것(B)의 공이라고 관찰한다. 그러나 그곳에 남아 있는 것(C), 그것은 여기에 진실로 존재한다고 여실하게 안다. 증익과 손감의 극단을 여의었기 때문에 전도되지 않은 공성의 특징이 이 두 게송에 의해 설명되었다"라고 두 게송을 해석한다.[106]

이 주석에 따르면 공성과 관련해 증익견의 제거는 여래성이 이미

---

105 RGV I.154-155.

106 RGVV 87,5-11 참조.

청정한 요소를 본질로 하기 때문에 수행을 통해 여래성을 청정하게 만들 필요가 없다는 사실을 인식하는 것이다. 반면 공성과 관련해 손감견의 제거는 여래성에서 때(垢)라는 번뇌란 사실상 우연적인 요소에 지나지 않음을 인식하는 데 있다. 이와 같이 『보성론』(RGV I.154-5)에서 증익견과 손감견의 제거는 여래성에게 청정성과 염오성이 동시적으로 구비되어 있다는 사실을 보면서, 그럼에도 염오성이 결코 본질적인 측면에서 청정성을 손상시키지 않는다는 사실을 인식하는 데에서 가능한 것이다.

그렇지만 『보성론』은 이러한 유구진여로서의 여래장이 "즉각적으로 동시에 청정하면서도 염오되었다"[107]는 사실은 불가사의하며, 따라서 여래장이 2승의 인식영역이 아니라고 설한다는 점에서 『승만경』과 맥을 같이하고 있다.

이와 같이 청정성과 염오성의 병존이 보여주는 불가사의한 측면이 우리의 인식능력을 벗어난다고 하면 어떻게 여래장의 존재를 알거나 확신할 수 있는가? 여래장계 문헌은 궁극적인 것에 대한 인지적 접근보다는 일반적으로 믿음을 통한 접근을 강조한다. 루엑은 궁극적인 것의 내재성에 반하는 것으로서 궁극적인 것의 초월성의 문제는 믿음과 밀접히 관련되어 있다고 지적한다. 『보성론』에서 승의는 단지 믿음을 통해서만 인지적으로 접근될 수 있으며, 법성(dharmatā)은 사유나 분별의 대상도 아니며 따라서 믿음의 대상이다.[108]

---

107 RGV 21,17: tatra samalā tathatā yugapad ekakālaṃ viśuddhā ca saṃkliṣṭā cety acintyam. 안성두 역 2011: 269.

108 Ruegg 1989: 46.

그렇지만 이런 접근방식에서 여래장과 유가행파는 근본적인 차이를 보여준다. 유가행파에서 궁극적인 것은 "불가사의"한 것이라기보다는 "불가언설"적인 것이다. 다시 말해 그것은 경험되고 증득될 수 있지만 단지 언어에 의거해 정확히 소통될 수 없는 것이다. 이는 기본적으로 한편에서는 사유와 언어의 비대칭성 때문이고 다른 한편에서는 대상과 인식의 불일치 때문이지, 궁극적인 것 자체가 우리의 인식을 초월해 있기 때문은 아니다. 이런 차이 때문에 유가행파에서는 알라야식의 도입을 통해 우리의 실재인식을 장애하는 것이 무엇인지를 탐구해 들어갔고, 대상과 우리의 인지구조에 대한, 삼성설이라고 하는 새로운 이론적 틀을 고려함에 의해 분별작용과 언설작용이 실재인식에 미치는 영향을 탐구의 대상으로 삼았다. 하지만 『보성론』은 알라야식의 기본구조에 영향을 받았다고 보이지만 심층-표층의 이중구조를 차용해서 궁극적인 것의 내재성을 주장하는 근거로 발전시켰다고 보인다. 그것이 어떻게 발전되었건 간에 알라야식 개념이 제안하고 있는 식의 잠재성이라는 문제의식 없이 여래장사상의 체계화는 어려웠을 것이다.

III. 불교 수행도에서 샤마타와 비파샤나

샤마타(skt. śamatha, pāli: samatha)는 한역 지止나 티벳역 zhi gnas("적정하게 주함")가 보여주듯이 "고요함", "적정"의 의미를 갖고 있으며, 보통 "calm", "tranquility", "serenity" 등으로 영역되고 있다. 반면 비파샤나(skt, vipaśyanā, pāli: vipassanā)는 한역 관觀이나 티벳역 lhag mthong("뛰어난 봄")이 보여주듯이 봄과 관련된 뛰어난 관찰행위로서 "correct insight", "clear seeing" 등으로 영역되고 있다. 이러한 의미의 차이가 보여주듯이 양자는 적어도 다른 심리적 작용과 지향점을 가진 두 개의 구별되는 수행도로 보인다. 게틴(Gethin)은 불교 전통에서 명상은 서로 다르지만 상호 보완적인 샤마타와 비파샤나의 측면에 의해 진행되며, 전자는 깊은 삼매(samādhi)의 상태의 계발을 위해, 그리고 후자는 지혜(prajñā)를 계발하기 위한 것이라고 요약하고 있다.[109]

이러한 지-관의 구별은 기본적으로 아비달마 전통과 대승 전통에서도 타당하겠지만, 현대학계에서는 푸셍(Louis de la Vallee Poussin)의 고전적 연구에 의해 처음으로 제시되었다. 그는 "Musila et Narada"[110]에서 초기불교에서 적정으로 이끄는 샤마타와 사물의 관찰행위를 나타내는 비파샤나가 서로 준별되는 수행도로서 간주되었다고 주장한다. 그에 따르면 무실라는 반야를 통해 아라한의 상태에 도달한 주지주의 전통을, 그리고 나라다는 몸으로 열반을 체득하려는 신비주의 전통을 대변한다. 양자의 기능상의 차이에 의거해서 슈미트하우젠은 비파샤나의 방식을 "부정적-지적 전통"(negative-intellectual tradition)으로, 반면 샤마타에 입각한 방식을 "긍정적-신비적 전통"(positive-mystical tradition)이라고 명명하면서, 각각의 수행 전통이 해탈적 인식을 성취함에 있어 각기 다른 전통을 포괄하는 방식으로 전개되었다고 해석하고 있다.[111]

훼터(Vetter 1988)에 따르면 이런 구분이 이미 최초기 불전 속에 나타나고 있다. 그는 『초전법륜경』에서의 중심적인 수행도는 정삼매에서 정점에 달하는 정려(dhyāna)의 체계이며, 이것이 효과를 거두지 못하자 오온의 무상·고·무아를 관찰하는 비파샤나의 방식이 도입되었을 것이라고 추정한다. 이 방식이 효과를 거두었음은 『무아상경』에서 꼰단야를 위시한 다섯 비구가 오온의 무상·고·무아를 관찰함에 의해 모두 성자의 단계를 획득했다는 설명을 통해 확인될 수 있다. 세월의 경과에 따라 교단 내에서 점차 비파샤나가 샤마타를 압도하는

---

109 Gethin 1998: 174f.

110 Poussin의 논문은 『불교학리뷰』 11(2011)에 김성철/배재형에 의해 번역되었다.

111 Schmithausen 1981: 223ff.

수행도로서 정립되어 갔음을 불교 전통은 보여준다. 그 이유는 아마 샤마타에 비해 비파샤나가 무아의 증득이라는 점에서 보다 쉽게 유효한 결과를 얻을 수 있다는 장점 때문일 것이다. 이러한 이해는 초기불교에서 샤마타와 비파샤나를 서로 구별되는 수행도로 보는 관점에 의거하고 있다.[112]

그렇지만 지-관의 기능상의 차이가 반드시 초기불교에서 양자가 분리되어 수행되었음을 의미하지 않는다고 하는 비판이 근래 팔리어 불교 연구자들에 의해 제기되었다. 그들은 18세기 이후 근대 상좌부 전통에서 명상수행은 『염처경』이나 『청정도론』 등에 의거해서 샤마타를 평가절하하면서 비파샤나에 중점을 둔 수행으로 해석되어 왔지만, 이는 초기불전에서 지-관의 균등한 역할을 설하는 것과 다르다고 비판하고 있다. 예를 들어 타니사로 비구는 "샤마타와 정려, 비파샤나는 모두 동일한 수행도의 부분"이라고 주장한다.

> 불교명상에서 샤마타와 비파샤나의 관계는 무엇인가? 팔리어 경전들을 주의 깊게 읽는다면 우리는 (고전적 해석자들과 현대 해석자들이 보여주듯이) 양자가 분리된 명상법이 아니라 하나의 단일한 통일된 수행의 두 측면임을 보게 된다. 경전들에 의하면 올바른 명상수행은 두 가지 측면을 발전시키고 균형을 유지하기를 요구한다.[113]

---

112 국내에서 초기불교 및 아비달마 문헌에 나타난 지관에 대한 연구로 조준호(2000, 2001, 2024), 임승택(2001; 2004), 김재성(2002; 2005), 정준영(2003; 2005), 김준호(2016, 2021) 등을 참조.

그는 고전 주석자들과 현대 해석자들이 비파사나를 정념수행과 동일시하는 것을 비판하면서 비파사나는 항시 샤마타와 쌍으로 사용되었고 대안적인 수행도가 아니었다고 주장한다. 그의 주장은 초기불교 이래 지-관이 함께 수습되어야 하는 수행도로서, 또는 사성제를 통해 열반의 메시지를 제공하는 한 쌍의 전령으로서 해탈을 위해 불가결한 수행법으로 간주되어 왔다고 설하는 몇몇 경전에 의해 지지될 수 있을 것이다.[114]

지-관의 기능에 대한 이러한 해석은 전통적으로 샤마타를 정려와 동일시하는 관점에 대한 비판을 통해 나타났다. 훼터(Vetter 1988: 10)는 팔정도의 마지막 항목인 정삼매正三昧(samyaksamādhi)를 정려(dhyāna)와 동일시하는데, 이는 삼매가 직전 단계인 정념을 포함하고 있거나 그것을 선행요소로 해서 진행되고 있음을 함축할 것이다. 그렇다면 정려명상을 단순히 샤마타로 간주하기는 어려울 것이다. 실제로 팔정도의 맥락에서 정삼매가 정려를 의미한다면, 정려는 초정려의 기술에서 나타나는 것처럼 좁은 의미에서 대상에 집중하는 명상의 의미를 넘어 제4정려에서 생겨나는 청정한 평정과 정념도 삼매에서

---

113 Thanissaro Bhikkhu 1997: "One Tool Among Many" (https://www.accesstoinsight.org/lib/authors/thanissaro/onetool.html에서 인용).

114 Tatiyasamādhisutta(A 4.94)에서 지-관은 함께 수행되어야 할 것으로서, 그리고 Kimsukasutta(S 35: 204)에서는 신체라는 성을 지키는 識이라는 사령관에게 메시지를 전하는 한 쌍의 전령으로 비유되고 있다. 산스크리트로 남아 있는 Udānavarga(I: 439)에서도 "지혜가 없는 자에게 정려는 없고, 정려하지 않는 자에게 지혜는 없다. 지혜처럼 그에게 정려가 있을 때 그는 열반에 가깝다"고 설하고 있다.

생겨나는 것으로 이해할 수 있을 것이다. 정려에 대한 재평가는 윈(Wynne)에 의해서도 나타나는데, 그는 정려란 삼매처럼 하나의 대상에 집중하는 것이 아니라 지각된 대상들에 대해 초연한 태도를 견지하면서도 정념을 유지하는 것으로 해석하고 있다.[115] 이와 같이 삼매/정려가 정념과 결합되어 있다면 그러한 삼매는 몰입이나 집중의 상태만을 가리키는 것이 아니라 오히려 집중된 상태에서도 그 상태에 대한 주의 내지 알아차림을 놓치지 않는 것이라고 말할 수 있으며 이것이야말로 불교적 특징을 가진 명상일 것이다.

이러한 지적은 초기경전을 붓다고사와 같은 주석자들의 해석에 무비판적으로 따르는 태도를 반성하게 한다는 점에서 의미가 있지만, 동시에 우리의 관점에서 주목되는 점은 샤마타와 비파샤나의 기능과 그 관계에 대한 새로운 문제제기가 유가행파에서의 지관쌍운 개념의 해석과 관련해서 흥미로운 단서를 준다는 사실이다. 우리의 작업의 주목적은 유가행파에 고유한 지관쌍운의 해석을 불교수행론의 맥락에서 살펴보는 것으로, 위에서는 샤마타와 비파샤나가 무엇인지, 그리고 여기서 무엇이 문제되는지를 간단히 살펴보았다. 이제 이 개념과 관련해서 여러 불교 전통에서 이해된 샤마타와 비파샤나 수행에 대해 간단히 살펴보자.

115 Wynne 2007: 106f.

1. 초기불교에서 샤마타와 비파샤나

초기불교에서 지-관 수행의 관계에 대해 논의하는 몇몇 흥미로운 경전이 있다. 그중의 하나가 Yuganaddhasutta("쌍으로 결합된 것에 대한 경")이다. 여기서 경은 지-관과 관련해 네 가지 수행양태를 제시하고 있는데, 경전의 명칭은 세 번째 수행도의 기술에서 따온 것으로 유가행파의 문헌에서 중요한 역할을 하는 지관쌍운이란 용어의 원천으로 보인다. 여기서 불교의 지-관 수행도는 네 가지로 구분된다.

(i) 샤마타를 선행요소로 해서 비파샤나를 수습한다.
(ii) 비파샤나를 선행요소로 해서 샤마타를 수습한다.
(iii) 샤마타와 비파샤나를 쌍으로 결합해서 수습한다.
(iv) 마음이 법에 대해 들떠 있을 때 그의 마음이 오직 내적으로 안주하고 고요히 하고 하나로 되고 집중할 때, 그에게 수행도가 생긴다.[116]

이 설명은 수행자가 지-관을 수습할 때 어떤 방식이든 양자에 의거하고 있음을 명확히 보여준다는 점에서 중요하며, Paṭisambhidā-

---

116 A. II, 157f: (i) samathapubbaṅgamaṃ vipassanaṃ bhāveti. (ii) vipassanā-pubbaṅgamaṃ samatham bhāveti. (iii) samathavipassanaṃ yuganaddhaṃ bhāveti. (iv) dhammuddhaccaviggahitaṃ mānasaṃ hoti. so āvuso samayo, yan taṃ cittaṃ ajjhattaṃ yeva santiṭhati sannisīdati ekodihoti samādhiyate, tassa maggo sañjāyati. Yuganaddhasutta에 대한 Anālayo(2009: 815-817)의 해설 참조.

magga(II, 92)에 전체가 인용되어 있다.[117] 주석은 이것들의 수습이 최초의 출세간도로 이끌며, 이 수행도를 행하고 수습하고 반복한다면 마침내 결박과 잠재적 경향성의 제거로 이끈다고 말한다.

(i)은 샤마타에서 근거를 확립한 후에 비파샤나를 수습하는 것이며, (ii)는 비파샤나를 선행요소로 한 후에 샤마타를 수습하는 것이다. 보통 샤마타 수행이 심이 하나로 집중된 상태와 산란 없음을 가리키고 있고, 반면 비파샤나가 무상·고·무아의 삼법인을 나타내고 있다고 본다면, 두 가지 수행법은 순서의 차이는 있지만 한 요소가 다른 요소의 수습에 의거한 후에 진행된다는 점은 일치한다. 우리는 (i)을 선지후관先止後觀으로 그리고 (ii)를 선관후지先觀後止라 부를 수 있겠다.

(iii)은 지-관을 쌍으로 묶은 후에 수습함을 가리킨다. 주석서(AN-a III.142)에 따르면 초정려를 획득했을 때 그것으로부터 출정하기 위해 제행에 대해 명상하는 것이며, 제행에 대해 명상한 후에 제2정려에 들어가는 것이다. 거기서 출정한 후에 다시 제행에 대해 명상하는 것이며, 이런 방법은 상수멸정에 이르기까지 해당된다. 주석서는 이를 지-관을 쌍으로 결합해서 수행하는 것이라고 부른다.

김재성은 초선에서 비상비비상처에 이르기까지 여러 단계에서 경험한 현상들을 그런 집중된 상태에서는 관찰할 수 없기 때문에 쌍운의 방식은 선정에서 나와서 그 현상들을 관찰하면서 보다 높은 단계의 선정으로 나아가기 위한 것이라고 해석한다. 그런 해석의 근거로서

117 Paṭisambhidāmagga의 우리말 번역과 지관쌍운 부분의 설명은 임승택 역주(2001), 682ff 참조.

샤마타와 비파샤나 수행을 병행하고 있는 사리풋타의 수행법을 설하는 『부단경不斷經』(MN III. 25-29)을 예로 들고 있다. 이 경은 사리풋타 존자가 15일 만에 아라한이 되는 과정을 지속적인 법의 관찰에 의한 것으로 설명하는데, 여기서 여덟 단계의 등지等至(samāpatti)의 구성요소 및 관찰의 대상인 심소법들이 언급되고 있다. 사리풋타 존자는 각각의 등지의 구성요소는 물론 심소법들의 생멸을 관찰함에 의해 번뇌를 끊었다고 설해지고 있다. 김재성은 이와 같이 명상 상태를 얻은 후에 이를 관찰에 적용시키는 것을 쌍운이라 해석한다.[118]

반면 아날라요는 "초정려를 획득했을 때 그것으로부터 출정하기 위해 제행에 대해 명상하는 것"이라는 지관쌍운의 방식은 정려의 획득과 교대로 수행된 비파샤나를 가리킨다고 설명한다. 그리고 (i-ii)와 동일한 용어를 사용해서 샤마타와 비파샤나가 순차적으로 수행되고 있음을 설명하고 있다고 지적하면서, 세 가지 수행에서 표현이 비슷하기에 여기서 지관쌍운은 출세간도의 경험 이전에 계발된 것을 나타낼 것이라고 본다. 세 가지 경우에 공통적으로 사용된 "저 수행도를 행하고 수습하고 반복한다"(taṃ maggaṃ āsevati, bhāveti, bahulīkaroti)라는 문장은 수행도(magga)가 단지 출세간적인 것을 경험하는 순간을 의도한 것이 아니라 오랫동안 계발했던 수행도를 의미할 것이라고 주장한다. 그리고 그는 samathavipassanā yuganaddha라는 용어가 등장하는 『대육처경大六處經』(Mahāsaḷāyatanasutta: MN III, 289)을 언급하면서 비록 이 경우에도 주석서(MN-a. V, 104)는 이 수행을 출세간적인 것이라

118 김재성(2002), 268, fn.35 참조.

고 해석하지만 여기서도 보다 확장된 형태의 발전이 있었을 것이라고 보면서, 주석서에 나오는 지관쌍운에 대한 관점은 지관을 쌍으로 계발하는 과정의 정점으로서 볼 수 있다고 제안한다.[119]

위의 두 가지 해석은 내용상의 차이는 있지만 지관쌍운을 일정한 수행 단계 중에 교대로 수습되어지는 것으로 이해하고 있다. 김재성의 해석처럼 쌍운 개념이 집중 상태를 얻은 후에 심소법의 생멸을 관찰하는 것이라면 그것은 넓은 의미에서 선지후관先止後觀의 범주에 들어가는 것은 아닐까 하는 의문이 들며, 아날라요의 해석처럼 지관쌍운이 순차적이고 적집된 수행과정에서 하나의 정점을 나타낸다면 그것이 이전 단계와 어떤 차이를 갖기에 독립적으로 언급되었는지는 여전히 분명하지 않다.

(iv)는 마음이 법에 대해 들떠 있다는 것은 다섯 가지 덮개(五蓋)에서 도거掉擧와 악작惡作(auddhatya-kaukṛtya)의 경우처럼 비파샤나의 단점(upakkilesa)을 나타낸다. 즉 관찰된 현상적 요소들이 결함이고 무상하다는 것을 알지 못하는 것은 들뜸으로 이끈다. 법에 대한 들뜸을 가진 유형의 수행자에게 수행도가 생기는 경우는 Yuganaddhasutta의 표현을 빌면 "그의 마음이 오직 내적으로 안주하고 고요히 하고 하나로 되고 집중할 때"이다. 이 표현이 샤마타의 양태를 나타내고 있다는 것은 자체로 분명해 보이며, 나아가 후대 9종 심주心住(cittasthiti)에서 심의 점차적 집중 상태를 나타내는 용어들과 유사하다는 점을 고려할 때,[120] 이 단계는 법의 관찰에 의해 마음이 들뜬 수행자가 다시 샤마타

---

119 Anālayo 2009: 816.

120 9종 cittasthiti 중에서 첫 번째 cittasthiti는 adhyātmaṃ cittaṃ sthāpayati("내적

수행에 의해 도(magga)에 들어가는 것을 나타낸다고 보는 것이 타당할 것이다. 이 단계의 수행자는 (ii)의 선관후지先觀後止와 순서는 같지만, 마음이 들떠 있다는 점에서 비파사나를 획득한 자(vipassanālābhī)와 차이가 있을 것이다.

아날라요는 다른 대안적 해석을 제시한다. 하나는 법에 대한 들뜸을 교법을 증득하려는 욕구에 의해 초래된 심적인 흥분으로 해석하는 것이고, 다른 하나는 붓다께서 설하신 법을 듣고 예류에 들어갔다고 할 때 그는 이전에 샤마타와 비파샤나에 대한 훈련을 받지 못한 자이지만 붓다의 방편선교를 갖춘 교법을 들음에 의해 지-관 수행을 통해 오개를 제거하지 않아도 예류에 들어갈 수 있었다고 해석하는 것이다.[121]

이에 비해 김재성은 마지막 수행도를 『무애해도』의 주석서를 인용해서 순관純觀(suddha-, 또는 sukkha-vipassanā)을 닦는 관행자의 수행 과정을 나타낸다고 본다. 여기서 법은 비파샤나 수행자에게 생겨나는 10가지 단점이며, 이런 10종 번뇌 때문에 산란하게 될 때 내적으로 안주하고 고요히 하고 하나로 되고 집중한다는 말은 바로 찰나정刹那定이 생겨남을 가리킨다고 본다.[122]

으로 심을 확립시키는 것")이고 이어 saṃsthāpyate("等住")이고 여덟 번째와 아홉 번째가 각기 ekotīkaroti와 samādhatte이기 때문에 Yuganaddhasutta의 ekodihoti와 samādhiyati와 일치한다. 또한 Dhammasaṅgaṇi(p.16, p.18 etc)에서 samatha를 cittassa ṭhiti saṇṭhiti avaṭṭhiti 등으로 설명하는 것을 참조(김준호 2016: 149에서 인용).

121 Anālayo 2009: 816.

122 김재성 2004: 269-271. 純觀과 찰나정에 대해서는 특히 p.271 이하의 설명

이와 같이 Yuganaddhasutta는 초기불교에서의 샤마타와 비파샤나의 관계에 대한 하나의 중요한 관점을 보여준다. 그것은 샤마타와 비파샤나가 분리된 채 수습되는 것이 아니라, 양자는 상호 보완적이고 연속적인 과정으로서 함께 계발되어야 할 필수적인 동반자라는 사실이다. Yuganaddhasutta로 대변되는 초기불교에서의 샤마타와 비파샤나의 관계는 선지후관이나 선관후지의 방식과 병렬해서 설해졌다는 점에서 지-관의 동시작용을 함축하지만 주석에서는 위에서 보았듯이 달리 해석되었다.

2. 아비달마에서 샤마타와 비파샤나의 역할

샤마타와 비파샤나가 실질적으로 불교수행의 전체라고 본다면 수행론적 체계의 차이를 보여주는 아비달마 학파들의 다양한 이론과 그 해석체계를 요약해 제시하는 것은 사실상 불가능하거나 아니면 지나친 단순화 때문에 의미 없는 작업에 지나지 않을 것이다. 따라서 이하에서는 샤마타와 비파샤나의 작용에 대한 아비달마의 일반적인 관점을 소개하는 것으로 그치겠다.

위에서 보았듯이, 초기경전에서 샤마타와 비파샤나의 이해는 매우 유연했다고 보인다. 양자는 비록 그 실천수행에 있어서는 선후의 차이가 용인되고 있지만 수행을 위해 모두 필요한 것으로 간주되었다. 특히 샤마타 수행을 통해 계발되고 강화된 심적 집중 상태가 여실지견

참조.

의 힘을 키우는 데 적절한 것이라는 점에는 이견이 없으며, 또한 비파샤나를 통해 획득한 현상의 생멸에 대한 통찰이 샤마타의 힘에 의해 견고하게 유지될 수 있다는 점에서 양자의 공동작용의 이점은 의심할 여지가 없겠다.

그렇지만 문제는 초기불교의 실천적인 유연성과 밀접히 연관된 지-관의 교설을 아비달마 학파의 엄격한 법상 규정에 적용시키는 데에서 생겨났다고 보인다. 예를 들어 팔정도의 정삼매(samyaksamādhi)가 정려(dhyāna)와 동일시되고, 또 심일경성과 동의어로 간주되었지만 그 개념들이 함축한 내용상의 차이와 그 내용에 대한 실천적인 적용의 차이 때문에 이것들은 각 학파의 법상 분석에서 각기 다르게 적용될 수밖에 없었을 것이다.

나아가 샤마타와 비파샤나가 열반의 증득을 위해 필수적인 요소로서 기능하는지의 문제도 중요했을 것이다. 주지하다시피 아비달마에서 번뇌의 제거를 위해서 비파샤나의 작용이 결정적이다. 『구사론』이 말하듯이 "법의 요별을 제외하고 번뇌들을 제거할 방법은 없다. 그리고 바로 번뇌들 때문에 세간은 존재의 대해 속에서 윤회한다. 따라서 다르마의 분석(dharmapravicaya)을 위해 교조인 붓다에 의해 아비달마가 설해졌다고 전한다. 아비달마의 교설 없이 제자는 다르마들을 분석할 수 없다."[123] 여기서 법의 분석(dharmapravicaya)이라는 용어가

123 AKBh 2,24–3,2 on AK I.3: yato vinā dharmapravicayena nāsti kleśopaśamābhyupāyaḥ/ kleśāś ca lokaṃ bhramayanti saṃsāramahārṇave asmin/ atas tad hetos tasya dharmapravicayasyārthe śāstrā kila buddhenābhidharma uktaḥ/ na hi vinā abhidharmopadeśena śiṣyaḥ śakto dharmān pravicetum

바로 비파샤나의 작용을 나타내는 전문술어임을 고려할 때 아비달마에서 번뇌의 제거와 이로 인한 자아 존재의 부정을 위해서는 비파샤나의 작용이 일차적이며, 여기서 샤마타의 역할은 종속적이거나 부차적이다. 유부의 이런 사고는 오직 비파샤나를 통해서만 자아의식의 완전한 소멸과 그로 인한 열반의 경험이 가능하고, 정려는 단지 상계에서의 재생으로 인도할 뿐이라는 그들의 교학적 입장에 의거한 것이다. 그럼으로써 초기불교에서 인정되었던 샤마타에 의한 열반의 증득은 용인되기 어려웠을 것이다.[124]

이런 점에서 열반의 증득이라는 최종 목표와 관련하여 상좌부에서 샤마타와 비파샤나의 엄격한 구별은 논서와 주석 전통에서의 엄격한 아비달마 법상에 따른 해석이었을 것이다. 하나의 예를 들면 붓다고사가 정려는 샤마타에 의해 유도되며 그때 정려가 정념으로 고찰되었을 때 정려 자체가 무상·고·무아의 삼법인에 의해 특징지어진다고 설명하는 것이 그것이다. 이렇게 본다면 비록 샤마타가 비파샤나의 관찰 이전에 행해진다고 해도 그것은 후자를 위한 예비과정에 지나지 않게 될 것이다. 상좌부의 이러한 해석 경향은 후대 주석서에서 샤마타의 성취 없이 오직 비파샤나에 의해 열반에 도달하는 "순관행자純觀行

---

iti/.

124 Cox(1994: 84f)는 기존의 비파샤나 중심적 해석에 반대하여 유부아비달마 문헌에서도 지-관의 등가적 작용이 열반의 증득에 필수적이라는 관점이 주로 나타난다고 하는 반론을 제기하고 있다. 그녀는 푸셍의 무실라와 나라다처럼 『대비바사론』(T27: 734b29ff)에서도 비파샤나의 우월성을 주장한 Jīvala(時毘羅)와 샤마타의 우월성을 주장한 Ghoṣavarman(瞿沙伐摩)의 대립되는 관점이 논의되고 있었다고 지적한다.

者”(subhavipassaka) 또는 “메마른 관행자觀行者”(sukkhavipassaka)를 인정하는 데로 이끌었다고 보인다.[125]

사마타와 비파사나의 관계에 대한 흥미로운 설명이 초기 유부 문헌에 나타난다. 『집이문족론集異門足論』(T26: 375b18ff)은 2종의 법수의 예로서 사마타와 비파사나를 들면서, 사마타를 심일경성이며, 비파사나는 법에 대한 간택揀擇, 극간택極揀擇, 최극간택最極揀擇, 해료解了, 등료等了, 근료近了, 변료遍了 등으로 설명하고 있다. 그리고 이를 게송에서 세 가지 경우로 분류하고 있다.

> (가) 지혜가 없을 때 삼매도 존재하지 않는다. (나) 삼매가 없을 때 지혜도 존재하지 않는다. (다) 삼매와 지혜가 모두 있을 때에만 열반을 증득할 수 있다.[126]

(가)에 대해서는 이러한 종류의 지혜가 있을 때 저러한 종류의 삼매의 획득이 있고, 만일 이러한 종류의 지혜가 없다면 저러한 종류의 삼매도 없다고 풀이한다. (나)에 대해서는 지혜는 삼매에서 생겨났고 삼매를 원인으로 하며 삼매에 의해 수반되며 삼매에 의해 촉발된 것으로서, 만일 이러한 종류의 삼매가 있을 때 이러한 종류의 지혜의 획득이 있으며, 만일 이러한 종류의 삼매가 없다면 이러한 종류의 지혜의 획득도 없다고 풀이한다. (다)에 대해서는 양자 중의 어느 하나도 결여했을 때에는 열반을 증득할 수 없다는 의미로 해석하고

---

125 Coussin 1984: 63; 김재성 2002: 269ff 참조.

126 『集異門足論』(T26: 375b24f): 非有定無慧 非有慧無定 要有定有慧 方證於涅槃.

있다.[127]

이 게송과 이에 대한 설명은 Yuganaddhasutta를 연상시킨다. 비록 여기서 이 경의 마지막 항목이 빠져 있지만 그 경의 교설을 인지하고 있다고 보인다. 그렇다면 (가)는 Yuganaddhasutta에서의 선관후지先觀後止에, (나)는 선지후관先止後觀에, 그리고 (다)는 지관쌍운에 해당할 것이다. 만일 이러한 추정이 타당하다면 『집이문족론』의 편찬자는 지관쌍운을 문자 그대로 받아들여 하나의 수행도로 이해하면서 양자가 작용할 때 열반으로 인도한다고 말하는 것이다. 흥미로운 것은 여기에 Yuganaddhasutta의 네 번째에 대응하는 설명이 없다는 점이다. 이는 경의 네 번째 설명이 지-관의 작용과 직접적으로 관련이 없기 때문이라는 데 이유가 있겠지만, 그럼에도 상좌부 주석자들이 이를 순관행자의 경우로 해석하는 것을 고려해 볼 때 유부는 샤마타 없이 단지 비파샤나에 의해서 열반을 증득할 수 있다는 관점을 인정하지 않았다고 해석할 수도 있겠다.

『집이문족론』이 샤마타와 비파샤나의 관계에서 비파샤나를 강조하는 측면은 샤마타와 비파샤나에 대한 두 번째 해석에서 나온다. 여기서는 네 종류의 사람을 구분한다. (i) 내적으로 심의 샤마타(adhyātmaṃ

---

127 『集異門足論』(T26: 375b26-c6): (가) 非有定無慧者. 謂若有如是類慧, 則有獲得如是類定. 若無如是類慧, 則無獲得如是類定. 故說非有定無慧. (나) 非有慧無定者. 謂若有慧是定所生以定爲集, 是定種類由定而發. 若有如是類定, 則有獲得如是類慧. 若無如是類定, 則無獲得如是類慧. 故說非有慧無定. (다) 要有定有慧方證於涅槃者. 愛盡離滅名曰涅槃, 要具定慧方能證得, 若隨闕一 必不能證. 由此因緣故作是說, 要有定有慧方證於涅槃.

cetośamatha)를 얻었지만 증상혜(adhiprajña)에 의한 법의 관찰(*dharmapravicaya)을 얻지 못한 사람, (ii) 증상혜에 의한 법의 관찰을 얻었지만 내적으로 심의 샤마타를 얻지 못한 사람, (iii) 내적으로 심의 샤마타도 얻지 못하고 증상혜에 의한 법의 관찰도 얻지 못한 사람, (iv) 내적으로 심의 샤마타도 얻고 증상혜에 의한 법의 관찰도 얻은 사람이다. 4종의 사람을 풀이하면서 『집이문족론』은 심의 샤마타를 "세간적인 사정려四靜慮"로, 증상혜에 의한 법의 관찰을 "출세간의 성혜聖慧"로 설명한다.[128] 다시 말해 샤마타는 세간적인 것이고 비파샤나는 출세간적인 것으로서, 열반의 획득은 오직 비파샤나에 의해 가능하다는 설명이다. 이 설명은 첫 번째 설명에서처럼 샤마타와 비파샤나의 상보적인 기능을 말하는 대신에 샤마타가 세간적인 정려를 산출하지만 출세간적인 지혜는 오직 비파샤나에서 나올 뿐이라고 하는 차이를 말하고 있다.

법의 관찰이 출세간적인 작용을 한다는 것은 현상적인 법의 생멸을 관찰함에 의해 무상·고·무아를 증득하고 그럼으로써 번뇌를 끊을 수 있기 때문일 것이다. 번뇌의 종류와 그 끊음의 양태는 이미 『집이문족론』에서 후대 유부의 정형적인 형태와 비슷하게 예류과預流果를 설해 88수면을 영단永斷하고, 일래과一來果를 설해 88종의 수면을 영단하고, 불환과不還果를 설해 92종 수면을 영단한다고 서술되기 때문에[129] 우리는 비파샤나에 대한 강조가 이미 유부학파의 성립 초기부

128 『集異門足論』(T26: 375b24f): 375c6-24.

129 『集異門足論』(T26: 464c24ff). 번뇌의 분류와 종류 및 끊음에 대해서는 본서 IV.4 참조.

터 나타나는 특징이라고 말할 수 있다.

『집이문족론』(T26: 464c17ff)은 사문과沙門果의 설명에서 유위의 사문과와 무위의 사문과를 구별함에 의해 번뇌의 끊음을 구별하고 있다고 보이지만, 후대 텍스트에서는 번뇌를 일시적으로 억압된 상태와 완전히 제거된 상태로 구별하고 있다. 『구사론』에서 번뇌가 완전히 끊어진 상태를 불에 태워져서 더 이상 싹을 피울 능력이 없는 씨앗과 비교하고 또 일시적인 산출능력의 억압을 번뇌의 분출(paryavasthāna, 纏)로 설명하는 것이나 또는 『성실론成實論』에서 샤마타의 기능은 번뇌를 막는 것(遮斷)이고, 반면 비파샤나의 기능은 번뇌를 완전히 단멸시키는 것이라는 설명도 번뇌의 소멸과 관련해 유사한 방식으로 지-관의 차이를 보여주는 것이다. 여기서 샤마타에 의한 번뇌의 막음이 탐욕의 막음에 의한 심해탈로, 비파샤나에 의한 번뇌의 소멸이 무명의 단멸에 의한 혜해탈로 제시되고 있다.[130]

이상에서 우리는 아비달마 문헌에서 샤마타에 비해 비파샤나의 작용이 번뇌의 제거나 이에 따른 열반의 증득과 관련이 있으며, 샤마타는 단지 이를 위한 준비과정으로서 심을 적정하게 하거나 또는 번뇌의 작용을 잠정적으로 차단하는 역할을 수행할 뿐임을 보았다. 물론 이는 후대 상좌부의 주석 전통에서의 순관행자처럼 샤마타가 불필요하다고 보는 입장은 아니지만 그럼에도 해탈적 인식의 획득을 위한 샤마타의 역할은 보조적이거나 제한적이라고 말해도 무방할 것이다.

---

130 『성실론』(T32: 358b7ff) 참조. 샤마타가 탐욕을 제거하고 비파샤나가 무명을 제거한다는 설명은 AN I.61에 의거한 것이다. 이에 대해서는 김준호 2021: 13ff 참조.

그리고 CBETA 검색에 따르는 한 아비달마 문헌에서 지관쌍운이라는 용어는 보이지 않는다. 앞에서 보았듯이 "삼매와 지혜가 모두 있을 때에만 열반을 증득할 수 있다"는 『집이문족론』의 설명은 분명 Yuganaddhasutta의 지관쌍운 개념과 연관하여 읽을 소지가 많지만 논서의 편찬자는 이 용어 자체를 회피하면서 출세간도에 이르기 위해 삼매와 지혜의 수행이 필요하다는 점만을 언급하고 있을 뿐이며, 양자가 어떤 방식으로 연관되어 수습되는가에 대해서는 다루지 않는다.

3. 유가행파 문헌에서 지-관의 작용과 지관쌍운의 수행도

유가행파 문헌에서 지-관의 작용은 상세히 설명되고 있지만 그 설명들이 모두 등질적인 것은 당연히 아니다. 최근 이영진(2023)은 주지주의 입장에서 신비주의적 접근을 포괄하려는 시도가 『유가론』에서도 나타난다고 보면서 이를 제견除遣(vibhāvanā) 개념의 분석을 통해 보여주고 있다. 이는 지-관 양자가 쌍으로 결합되어 작동한다는 지관쌍운 개념이 보여주는 그림과는 다른 유형이지만 『유가론』이 여러 자료의 편찬을 거쳐 성립되었음을 고려할 때 보수적인 수행도의 영향 아래 편찬된 부분에서 비파샤나 중심적인 관점이 강조된 것은 충분히 개연적일 것이다. 보수적인 수행도란 위에서 보았듯이 아비달마 학파에서 강조되었듯이 열반의 증득은 오로지 비파샤나에 의해서이지 샤마타에 의해서는 가능하지는 않다는 주장을 가리킨다. 그 이유는 무엇보다 무아의 인식과 그에 따른 번뇌의 제거가 인지적 변화가 아닌, 심의 적정에 의해서 성취된다고 보기 어려웠기 때문일 것이다.

이에 비해 유가행파에서 샤마타의 역할에 대한 평가는 다른 아비달마 문헌이나 선경禪經류 문헌의 그것과는 달리 일면적으로 부정적인 것은 아니다. 유가행파에 특징적인 지-관의 설명은 『유가론』「사마히타지」와 「성문지」에 중점적으로 나타난다. 「사마히타지」(samāhita-bhūmi)라는 명칭에 걸맞게 여기서는 정려와 해탈, 삼매, 등지(samā-patti)에 대한 풍부한 설명이 나타나며, 「성문지」에서는 지-관의 작용에 대한 새로운 해석이 제기되고 있다.

「사마히타지」(samāhitabhūmi)에서는 불교명상의 여러 형태들이 정려(dhyāna)와 해탈(vimokṣa), 삼매(samādhi), 등지等至(samāpatti)의 4종으로 정리되어 있고, 또 이어지는 부분에서 상세히 설명되고 있다. 앞의 두 요소들은 네 가지 정려와 여덟 가지 해탈로 특정되어 있지만, 삼매는 3해탈을 위시해 모두 11종의 다양한 삼매의 유형들로 나열되어 있다.[131] 그리고 등지는 사성제에 대한 5종의 봄(darśana)과 8종 승처勝處(abhibhvāyatanā), 10종 변처遍處(kṛṣṇāyatana)에 대한 등지, 네 가지 무색정無色定(ārūpyasamāpatti), 무상정無想定(asaṃjñāsamāpatti), 그리고 멸진정滅盡定(nirodhasamāpatti)으로 분류되어 있다.

사마히타의 네 가지 범주에서 주목되는 점은 전통적으로 심을 적정하게 하는 요소들이 주를 이루고 있고 지혜의 작용과 관련된 요소는 극히 드물게만 나타난다는 사실이다. 전자에는 4정려와 8해탈, 삼매 그리고 등지에서 사성제에 대한 5종의 봄을 제외한 다른 요소들이

131 11종의 삼매는 (i) 공성(śūnyatā)과 무원(apraṇidhi), 무상(animitta)의 삼삼매를 위시한 것이다. 그 항목과 각각의 삼매에 대한 설명은 안성두 외 역 2023: 268f 및 해당 각주 참조.

모두 포함될 것이며, 후자에는 사성제에 대한 5종의 봄이 포함될 것이다. 만일 「사마히타지」가 「성문지」에 주로 의거하면서도 유가행파의 명상을 정리해 놓은 텍스트라고 한다면 유가행파의 명상은 관찰 작용 대신에 주로 심의 적정에 초점을 맞춘 교설처럼 보일 것이다. 이런 오해를 피하기 위해서는 먼저 『유가론』이 전통적인 개념들에 대해 새로운 해석을 내리고 있으며, 또한 새로운 수행론적 함축성을 가진 용어를 사용하고 있다는 점을 염두에 두어야만 한다.

물론 유가행파 문헌에서 전통적인 아비달마 학파의 방식에 따라 샤마타의 열등성을 전제하는 설명을 보는 것도 드문 일이 아니며,[132] 또한 텍스트의 성립사적 층위의 차이로 인해 유부의 관점과 유가행파의 관점이 섞여서 나타나는 경우도 있을 것이다.[133] 그렇지만 많은 경우 사마타는 비파샤나와 함께 다루어지고 있고, 여기서 샤마타는 단지 비파샤나의 작용을 활발히 이끌어내기 위한 준비과정에 지나지 않는 것이 아니라 해탈적 통찰을 위해 공동으로 작용하고 있다고 보인다. 나는 이것이야말로 유가행파 지-관 수행의 특징을 보여주는 것이라 생각하며, 이를 「성문지」에 등장한 이래 지속적인 재해석을 받은 지관쌍운 개념을 통해 제시하고자 한다.

아비달마 문헌의 오랜 침묵 후에 지관쌍운 개념은 유가행파 문헌에서 다시 등장한다. 특히 유가행파의 최초기 문헌인 『유가론』에서

---

132 이런 유형의 설명은 예를 들어 「섭결택분」에서 샤마타가 기껏해야 번뇌들의 잠재적 경향성들을 억압할 뿐 그것들을 단절시키지는 못한다고 하는 설명과 같은 것이다. 이 부분의 번역은 안성두 외 번역 2023: 765 참조.

133 이에 대해서는 이영진 2022; 2023 참조.

이 개념은 다양한 맥락에서 상당히 풍부한 뉘앙스를 갖고 상이하게 해석되고 있다. 이하에서는 『유가론』에 나타난 자료를 중심으로 지관쌍운 개념이 어떤 맥락에서 나왔는지를 알아보자.

불교에서 수행은 주로 정定(dhyāna)과 혜慧(prajñā) 또는 지止(śamatha)와 관觀(vipaśyanā)의 범주에 포함되기 때문에 불교요가행자들의 수행도 이 범주를 벗어나지 않을 것이다. 그리고 그들이 만일 어떤 새로운 수행체계를 구축했다면 그것은 정-혜 또는 지-관에 대한 새로운 해석에 의해서 가능해졌을 것이다. 우리는 샤마타와 비파샤나가 기능상 서로 구별되는 두 개의 수행도라는 입장에서 시작하고 있지만[134] 수행도의 어느 단계에서 또는 어떤 새로운 관점에서 양자가 상호 보완적 수준을 넘어 통합적으로 작동해야 한다는 인식이 생겨났을 수도 있으며, 이는 특히 유가행파를 유가행파로 만들어준 새로운 패러다임이 제기되고 도입되고 정착되었던 시기에는 더욱 그럴 것이다.

우리는 유가행파의 새로운 패러다임은 바로 지관쌍운 개념에 적용되었을 때 지-관 양자의 기능을 통합하려는 사고의 형태로 출현했다고 생각한다. 「성문지」에 나타나는 지관쌍운 개념의 첫 번째 용례에서는 비록 지-관 양자가 쌍으로 작동한다는 아이디어는 나오지만 여기서는 아직 알라야식이라는 새로운 패러다임이 도입되지 않았기 때문에 어떻게 동시에 쌍으로 작동하는지의 문제는 해결될 수 없었다고 보이

134 최근 Anālayo(2018)는 선정과 지혜를 준별시키는 전통적인 해석에 대해 비판적인 태도를 보여주고 있지만, 과연 "two Paths theory"에 대한 학계의 일반적 동의를 부정할 만큼 강력한지는 의문이다.

지만 그런 방향으로 발전될 여지는 충분히 보여준다고 생각된다.

이 주제는 사상사적 측면에서나 또는 수행론적 측면에서 흥미로운 작업이겠지만, 전제되어야 할 점은 지관쌍운이 선지후관이나 선관후지와 같이 수행상의 선후관계의 문제가 아니라는 것이다. 만일 그랬다면 굳이 새로운 용어를 사용할 필요가 없었을 것이다. 그런 전제에서 시작하면서 나는 유식학파의 지-관 수행은 샤마타라는 일반적 집중상태에 의거해서 아비달마에서 강조된 해탈적 인식으로서의 비파샤나를 결합시켜 단박에 또는 동시에 작동시키는 새로운 명상기법이었을 것이라고 추정하고 있다. 이하에서는 이런 가설에 의거해서 '지관쌍운' 개념이 어디에서 어떤 맥락에서 유래했으며 그것에 대한 상이한 이해가 어떻게 전개되었는지를 『유가론』을 중심으로 한 유가행파 문헌에 의거해서 추적하고 그 의미를 논의하려고 한다. 결론을 선취하면 이 개념은 『유가론』의 여러 부분에서 각기 다른 해석을 받으면서 마침내 「섭결택분」의 단계에서 샤마타와 비파샤나의 작용에 대한 새로운 수행론적 이해가 나타나고 있다는 것이다.

나는 바로 '지관쌍운전도止觀雙運轉道'(śamathavipaśyanāyuganaddhavāhī mārgaḥ) 또는 '지관쌍운止觀雙運' 개념에 의해 그런 시도가 시작되었고 이러한 유가행파의 시도는 바로 『유가론』에서 제시되었다고 생각한다. 앞에서 설명했듯이 지관쌍운 개념은 초기경전인 Yuganaddhasutta(AN II, 157)에서 제시된 samathavipassanaṃ yuganaddhaṃ bhāveti("샤마타와 비파샤나를 쌍으로 묶어 수습한다")라는 표현에 근거하고 있지만, 유가행파 문헌에서 이 개념은 팔리어 주석서의 설명과는 다르게 해석되고 있다.

지관쌍운이란 '샤마타와 비파샤나가 쌍으로 경합되어 진행함'이란 의미이고, 지관쌍운전도는 이를 특정한 수행 단계에 적용시켜 '샤마타와 비파샤나가 쌍으로 결합되어 진행되는 수행도'를 의미한다. CBETA 검색에 따르면 샤마타와 비파샤나의 수행 맥락에서 등장하는 이 용어는 유가행파 최초의 논서인 『유가론』에서 가장 빈번하게 사용되고 있고, 이후 유가행파의 다른 논서에서도 지-관 수행의 맥락에서 등장하며 이를 통해 하나의 전문술어로서 정착되었다고 보인다.[135] 그리고 이 새로운 수행법의 요체는 바로 샤마타와 비파샤나가 어떻게 쌍으로 결합해 있는가를 보여주는 데 있을 것이다.

1) 『유가론』 「성문지」에 나타난 지관쌍운 개념

『유가론』의 성립사적 관점에서 볼 때, 지관쌍운 개념의 연원은 「성문지」에서 이 용어가 유일하게 나타나는 제3유가처(458b6ff; ŚrBh 404,4-405,9)이다. 그 맥락은 심일경성心一境性이라는 주제 하에서 부정관

---

135 CBETA 검색에서 중국에서 찬술된 문헌을 제외하고 인도찬술 문헌에 한정해서 '止觀雙運'이나 '雙運'을 검색하면 『유가론』의 여덟 군데에서 나타난다.(「성문지」 T30: 458b6, 458b13, 「보살지」 527a27; 「섭결택분」 605c25-26, 625a18, 725a24; 「섭사분」 810b6, 842a19) 그리고 이를 언급하고 있는 다른 유가행파 문헌으로는 세친의 『섭대승론석』(T1599)의 한 군데, 무착의 게송에 대한 세친의 산문주석으로 구성된 『六門教授習定論』의 한 군데 그리고 『성유식론』이다. 이를 보다 구체적으로 표현하는 개념인 '雙運轉'(*yuganaddhavāhin)이란 표현은 『해심밀경』에서 한 군데를 포함해서 『유가론』의 세 군데에서만 보인다. 그러나 지-관의 범어 음사어를 사용해서 표현하거나 함축적으로 표시한 곳을 포함하면 더 많이 나타난다.

등 5종 명상대상에 샤마타와 비파샤나를 적용시키려는 것으로, 바로 여기서 지관쌍운에 대한 정의가 등장한다. 「성문지」는 이 용어의 사용을 통해 유가행파의 새로운 지-관 수행도의 특색을 구별해서 보여주고 시도하지만 이 개념이 왜 재도입되었는지를 명시하지는 않는다.

나는 지관쌍운의 설명이 「성문지」 편찬 이후 도입된 알라야식 개념에 의해 영향 받아 점차 발전적으로 해석되어 왔다는 인상을 받는다. 발전적 해석이란 무엇보다 이 개념을 처음으로 제시했던 「성문지」 제3유가처에 보이는 이 개념의 자구 해석에 의해 지지되고 있지만, 이전까지지는 한 찰나에 하나의 식만이 가능하다는 아비달마의 전제 하에서는 고려될 수 없었던 지-관의 동시적 작용의 방향으로 지관쌍운 개념을 해석하는 것이다. 이하에서는 이런 문제의식 하에서 이 개념을 검토해 보자.

(1) 「성문지」 제3유가처에 나타난 지관쌍운 개념

『유가론』에서 지관쌍운 개념은 앞에서 언급했던 것처럼 처음으로 「성문지」의 제3유가처에서 다시 등장하고 있다. 그럼 먼저 이 개념이 등장하는 문장을 인용해 보자.

> 어느 정도로 샤마타와 비파샤나 양자가 섞여 평등하게 작동하는가? 그럼으로써 함께 결합되어 진행하는 도(雙運轉道)라고 불리는가?
>
> 답: 9종 심주에서 9번째의 행상, 즉 사마히타(samāhita)를 얻은

그는 저 완성된 삼매에 의지하여 증상혜를 법의 관찰과 관련해 수행한다. 그때 법들을 관찰하는 그에게 바로 저절로 진행하는 수행도가 의욕작용 없이 진행하게 된다. 바로 샤마타의 수행도처럼 의욕작용 없이 비파샤나는 청정하고 완전히 청정하며, 샤마타에 수순하고, 유연성에 포섭되어 작동한다. 따라서 그에게 샤마타와 비파샤나가 있고, 또 결합된 양자가 평등하게 일어난다. 바로 그것이 샤마타와 비파샤나가 결합된 채 진행되는 수행도이다.[136]

사마타비발사나쌍운전도奢摩他毘鉢舍那雙運轉道(śamathavipaśyanā-yuganaddhavāhī mārgaḥ)란 '샤마타와 비파샤나가 쌍으로 묶여서 진행하는 수행도'로 직역될 수 있다. 지관쌍운이 "샤마타와 비파샤나가 쌍으로 결합되어 진행함"을 의미한다면 지관쌍운전도는 이를 특정한 수행 단계에 적용시켜 '샤마타와 비파샤나가 쌍으로 결합되어 진행되는 수행도'를 나타낸다. 이 개념은 앞에서 설명했듯이 초기경전인 Yuganaddhasutta(AN II, 157)에서 제시된 samathavipassanaṃ yuga-

136 ŚrBh III.102 (ŚrBh 404,4ff=Ch. 358b4ff): tatra kiyatā śamathaś ca vipaśyanā cobhe miśrībhūte samayugam vartete yena yuganaddhavāhī mārga ity ucyate/ āha/ yo lābhī bhavati navākārāyāṃ cittasthitau navamasyākārasya yaduta samāhitatāyāḥ, sa taṃ parinișpannaṃ samādhiṃ niśrityādhiprajñaṃ dharmavipaśyanāyāṃ prayujyate/ tasya tasmin samaye dharmānvipaśyataḥ svarasavāhana eva mārgo bhavaty anabhibhogavāhanaḥ/ anabhisaṃskāreṇa vipaśyanā pariśuddhiā paryavadātā śamathānugatā kalyatāparigṛhītā pravartate, yathaiva śamathamārgaḥ/ tenocyate śamathaś cāsya vipaśyanā cobhe miśrībhūte samayugam vartete/ śamathavipaśyanāyuganaddhavāhī mārgo bhavatīti//. (번역: 안성두 역 2021: 381).

naddhaṃ bhāveti라는 표현에 근거하고 있지만, 여기서는 팔리어 주석서와는 다르게 해석되고 있다.

여기서 「성문지」는 9종 심주의 마지막 단계인 사마히타(samāhita)의 단계에서 법의 관찰을 수행할 때 양자가 "섞여서 평등하게" 생겨나며, 그 양상은 수행자가 이전의 샤마타의 힘에 의해 어떤 인위적인 노력 없이 비파샤나가 자연적으로 샤마타에 수순하고 일치하는 방식이라고 설명하고 있다. 이 설명을 보면 먼저 샤마타의 성취에 의거해서 비로소 비파샤나의 작동이 샤마타에 합치하고 일치하는 방식으로 생겨나며 그런 상태를 지관쌍운이라고 하기 때문에 넓은 의미에서 선지후관先止後觀의 순서에 따른다고 보이지만, 중요한 포인트는 마지막 비파샤나의 작동이 "자연히 어떤 노력도 없이 샤마타에 따르고, 이에 합치되는 완전히 청정한" 것으로 이때 샤마타와 비파샤나가 섞여서 평등하게 진행된다고 하는 기술에 있을 것이다.

이 서술은 언뜻 보면 어떠한 문제도 없는 것처럼 보이지만, 샤마타와 비파샤나가 어떻게 "섞여서 평등하게" 진행될 수 있는가를 생각해 보면 전통적인 지-관의 수행도의 배경 하에서 만족스럽게 답하기는 어려울 것이다. 왜냐하면 샤마타와 비파샤나는 완전히 다른 양태를 보여주는 수행도이기 때문에 양자는 섞여 결합된 상태로 작동한다기보다는 순차적 내지 대안적으로 작동한다고 이해되었기 때문이다. 따라서 샤마타와 비파샤나가 "섞여서 평등하게" 작동한다는 주장은 지-관을 통합적으로 이해하려는 매우 새로운 아이디어라고 보인다. 그럼 「성문지」가 이런 새로운 주장을 하는 근거는 어디에 있는가?

위의 인용문은 장애를 제거하기 위한 대치의 수습을 서술하는 맥락에서 나온다. 불교수행론 일반에서 장애와 번뇌를 제거하는 방법은 샤마타와 비파샤나를 제외하고는 없기 때문에 당연히 여기서도 샤마타와 비파샤나가 대치(pratipakṣa)로서 언급되지만, 그 방식은 전통적 이해와는 달리 샤마타와 비파샤나가 섞여 평등하게 작동한다는 것이다. 이는 샤마타와 비파샤나가 준별되는 수행도라는 점을 고려하면 매우 낯선 접근이라고 보인다. 「성문지」의 편찬자는 이런 새로운 규정의 함축성을 충분히 인식하고 있었다고 보인다. 왜냐하면 「성문지」는 지관쌍운의 수행도가 어떻게 기능할 수 있는지를 보여주기 위해 한편으로는 (가) 지관 양자를 모두 삼매(samādhi)라고 규정하고 있고, 또 다른 한편으로는 (나) 사마타와 비파샤나를 "적시에 가행하는" 방식으로서 양자를 상호 작용하는 것이라고 주장하고 있기 때문이다.

먼저 (가) 「성문지」(T30: 450b14f)가 삼매를 샤마타에 속한 것과 비파샤나에 속한 것의 2종으로 새롭게 규정하는 설명을 보자. 이는 초기불교나 아비달마에서 팔정도의 정삼매가 정려나 또는 심일경성心一境性(cittaikāgratā)으로 정의되고 있음을 고려할 때[137] 매우 상이한 해석이다. 이런 설명은 「문소성지」에도 그대로 이어지기에[138] 『유가

137 샤마타를 9종의 심주(cittasthiti)로 설명하는 것은 Delhey(2009: 68, n.177)에 따르면 근본유부의 문헌은 물론 상좌부의 『맛지마니까야』와 유부의 『중아함경』(MĀ)까지 소급된다.

138 안성두 외 번역 2023: 384f; 393. 『집론』(685b4ff)에서도 4종 法迹의 하나로서 정삼매는 샤마타와 비파샤나를 포함하는데, 샤마타는 9종 심주(cittasthiti)로

론』의 편찬자가 이 새로운 삼매의 정의를 중시했음을 보여준다. 「성문지」가 삼매 내지 심일경성을 2종으로 구분하는 이유는 심일경성의 정의와 그것에 뒤따르는 문답을 통해 추정할 수 있다.

〔심〕일경성(ekāgratā)이란 무엇인가? 답: 수념隨念(anusmṛti)과 유사한 것을 반복해서 인식대상으로 하고, 또 〔심의〕 흐름에서 죄를 여읜 즐거움과 결합된 심의 상속이 삼매나 능숙한 심일경성이라고 불린다.
그중에서 무엇을 반복해서 수념하는가? 답: 포착하고 청문한 법들과 스승들로부터 획득한 교수와 교계와 관련하여 사마히타의 단계에 속한 관념상(nimitta)을 현전화한 후에 그것을 대상으로 하고, 흐름과 결합된 정념(smṛti)을 작동시키고 결합시키는 것이다.[139]

삼매와 동일시되는 심일경성은 이전에 청문했던 교법의 내용을 관념상의 형태로 눈앞에 불러온 후에 이를 대상으로 하고 또 그것을 정념과 결합시키는 것이라고 설명되고 있다. 샤마타란 집중된 심의 흐름에서 교법을 관념상의 형태로 지니는 작용이고, 비파샤나는 정념을 갖고[140] 그것을 관찰하는 작용이라고 보인다. 「성문지」는 샤마타의

그리고 비파샤나는 4종의 관찰작용으로 설해져 있다.

139 ŚrBh III: 24; ŚrBh 362,11=Ch. 450b27 (안성두 역 2021: 346).

140 이 맥락에서 정념은 비파샤나의 작용을 의미하지만 수행도에서 정념이 반드시 비파샤나의 작용을 가리키지는 않으며, 그 기능은 수행도의 각 단계에서 다르다는 점에 주의해야 한다. 예를 들면 「성문지」의 37보리분법에 대한 설명에서 8종 斷行(prahāṇa-saṃskāra) 중의 정념은 9종 심주를 포함한다고 설명되고

작용을 9종 심주(cittasthiti)로 그리고 비파샤나를 4종의 관찰작용이라고 설명하고 있다.[141]

여기서 이런 집중된 심의 흐름에서 이전에 청문했던 교법의 내용을 관념상의 형태로 현전시킨 후에 이를 대상으로 하는 것이 샤마타에 속한 심일경성으로 설명되고 있기에 9종 심주는 점차 강화되는 방식으로 진행되는 명상이라고 말할 수 있다. 이러한 9종 심주는 청문(śruta)과 사유(cintā), 정념(smṛti), 정지(saṃprajanya), 정진(vīrya) 그리고 친숙함(paricaya)이라는 여섯 가지 힘에 의해 원만하게 되는데, 처음 두 가지 힘에 의해서는 내주와 등주(i-ii)가, 정념의 힘에 의해서는 안주와 근주(iii-iv)가, 정지의 힘에 의해서는 조순과 적정(v-vi)이, 정진의 힘에 의해서는 완전한 적정과 하나로 만듦(vii-viii)이, 그리고 친숙함의 힘에 의해서는 마지막 등지가 원만하게 된다.[142]

있기에 샤마타에 속하며, 또 팔정도에서의 정념은 정삼매를 위한 샤마타의 작용이다. (8종 斷行 중의 정념은 ŚrBh 320,6f=ŚrBh II. 218,17f; Ch. 444c13f 참조. 또 팔정도에서의 정념은 ŚrBh II. 234,16; Ch. 445b15f 참조) 반면 7각지 중에서 정념(smṛti)은 샤마타와 비파샤나 양자에 속한 것으로, 이는 「사마히타지」에서도 동일하다. (ŚrBh 325,17ff=ŚrBh II. 230,8; Ch. 445a12).

141 9종 심주는 內住(adhyātmaṃ sthāpayati), 等住(saṃsthāpayati), 安住(avasthāpayati), 近住(upasthāpayati), 조순(damayati), 적정(śamayati), 완전히 적정하게 함(vyupaśamayati), 하나로 만듦(ekotīkaroti) 그리고 等持(samādhatte)이다. 반면 비파샤나의 4종 작용은 4종의 비파샤나에 속한 작의는 순서대로 법들을 사택하고(vicinoti), 간택하고(pravicinoti), 상세히 심사하고(parivitarkayati), 두루 사려한다(parimīmāṃsām āpadyate). 이에 대해서는 ŚrBh III.22 (Ch. 450b27ff); 안성두 역 2021: 347ff 참조. 9종 심주의 정의는 ŚrBh II. 24ff (Ch. 450c18ff; 안성두 역 2021: 347ff) 참조.

반면에 비파샤나의 4종 작용은 내적으로 심의 사마타를 의지한 후에 진행되는 법들의 사택과 간택, 상세한 심사와 두루 사려함이다. 「성문지」는 네 가지 작용을 「성문지」 제2유가처의 〈소연〉 항목과 연관시켜 설명하고 있다.[143] 이에 따르면 제법의 사택은 행위를 정화하는 인식대상과 선교와 관련된 인식대상, 그리고 번뇌를 정화시키는 인식대상을 진소유성盡所有性(yāvadbhāvikatā)에 의해 수행한다. 세 가지 인식대상은 제2유가처에서 분류한 네 가지 인식대상 중에서 뒤의 셋이다. 그리고 「보살지」 〈진실의품〉에서 진소유성은 제법의 전체성으로, 여소유성如所有性(yathāvadbhāvikatā)은 제법의 진실성으로 정의되고 있다. 전자는 예를 들어 온이 5종이며, 처는 12종이라는 것을 나타내며, 여소유성은 그것들의 진여이다. 따라서 제법을 진소유성에 의해 사택하는 것은 청문했던 일체법을 대상으로 해서 고찰하는 것이고, 또 이를 여소유성에 의해 간택하는 것은 청문한 법의 진실성을 관찰하는 것이다. 그리고 상세한 심사가 분별을 수반한 작의에 의해 지어진 관념상을 대상으로 하는 것은 바로 「성문지」 제2유가처의 첫 번째 명상대상인 변만소연에서 유분별영상有分別影像(savikalpaṃ pratibimbam)을 비파샤나의 대상이라고 하는 설명에 다름 아니다. 거기서 유분별영상은 샤마타의 대상으로서의 무분별영상(nirvikalpaṃ pratibimbam)과 한 쌍을 이루기 때문에 여기서도 그 대응관계는 전제되고 있지만, 제3유가처에서는 단지 이를 심일경성의 두 측면이라고 하는 새로운 정의에 의해 함축적으로 표현하고 있는 것이다. 마지막

---

142 ŚrBh II.26f; Ch. 451a19ff; 안성두 역 2021: 349.

143 ŚrBh 367,5ff (Ch. 451b15ff). 안성두 역 2021: 350.

두루 사려함은 관념상의 숙고이다.[144]

이러한 심일경성의 정의의 확장은 비록 비파샤나에 대한 전통적 이해와 일치한다고 보기 어렵지만, 지-관 수행에 대한 새로운 이해를 의도한 것이라고 보인다.[145] 그렇지만 새로운 정의가 어떻게 구체적으로 지관쌍운 개념과 연결될 수 있는지의 단서는 직접적으로 명시되지는 않았다.

(나) 어떻게 샤마타와 비파샤나를 적시에 수행할 수 있는지에 대한 이어지는 설명에서 지관쌍운의 문제의식이 단적으로 나타난다. 「성문지」는 적시에 가행하는 것을 "적시에 샤마타의 관념상과 비파샤나의 관념상과 고무(pragraha)의 관념상과 평정의 관념상을 수습한다. 샤마타와 샤마타의 관념상 샤마타의 때를 알고, 비파샤나와 비파샤나의 관념상 비파샤나의 때를 〔알고〕, 고무와 고무의 관념상 고무의 때를 〔알고〕, 평정과 평정의 관념상 평정의 때를 〔아는 것이다.〕"라고 설명하는데, 우리의 주제와 관련하여 흥미로운 설명은 사마타와 비파샤나와 관련하여 나타난다.

---

144 「성문지」는 이어 세 가지 유형의 비파샤나와 비파샤나의 인식대상을 "행위를 정화하는 인식대상"에 적용시켜 여섯 가지 측면에 따라 상세히 설명하고 있다. 안성두 역 2021: 351ff 참조.

145 이런 설명은 예를 들면 MSA 91,12f에 대한 Sthiramati의 주석인 SAVBh(D) 281b2-4에서도 발견된다. 거기서 定學(samādhi)은 지-관의 동의어이고 지-관은 요가(yoga)를 의미한다고 설해지는 것도 비슷한 맥락일 것이다. SAVBh의 전거는 千葉公慈(1997: 344)의 지적에 의거했다.

샤마타는 무엇인가? 9종 심주이다. … 샤마타의 이미지(śamatha-nimitta)는 무엇인가? 인식대상으로서의 이미지(ālambananimitta)와 인연으로서의 이미지(nidānanimitta) 2종이다. 그중에서 인식대상으로서의 이미지란 샤마타에 속한, 인식되어야 할 사태와 유사한 영상이 인식대상으로서의 이미지이다. 바로 그 인식대상에 의하여 저 마음을 적정하게 하는 것이다.

인연으로서의 이미지란 심이 샤마타에 영향 받았을 때 계속해서 샤마타를 청정하게 하기 위하여 비파샤나를 가행하는 것이 인연으로서의 이미지이다.

샤마타의 때란 무엇인가? 답: 심이 흥분되었을 때나 도거라고 의심될 때 샤마타를 수습하기 위한 때이다. 그와 같이 심이 비파샤나에 영향 받았을 때 심사에 손상 받고 의무의 산란에 의해 손상 받았을 때, 샤마타를 수습하기 위한 때이다.[146]

이 설명에서 특히 주목되는 것은 샤마타의 이미지를 인식대상으로서의 이미지(ālambana-nimitta)와 인연으로서의 이미지(nidāna-nimitta)로 나누면서, 전자를 "샤마타에 속한, 인식되어야 할 사태와 유사한 영상"으로 규정하는 반면 후자를 "심이 샤마타에 영향 받았을 때 계속해서 샤마타를 청정하게 하기 위하여 비파샤나를 가행하는 것"으로 규정하는 점이다. 2종의 이미지가 샤마타의 이미지가 작동하는 두 측면이라고 한다면, 이는 샤마타의 이미지가 한편으로는 인식되어야 할 사태와 유사한 영상으로 나타나고, 다른 한편으로는 샤마타를 청정하게 하기

146 ŚrBh III.76ff (Ch. 456a9ff); 안성두 역 2021: 370f.

위해 비파샤나를 일으키는 원인으로서 작동한다는 것이다. 다른 말로 하면 샤마타의 이미지가 동시에 비파샤나를 일으킨다는 것이다. 이는 비파샤나의 이미지에 대해서도 타당하다.

> 비파샤나란 무엇인가? 네 가지 방식과 3문과 여섯 측면의 차이를 인식대상으로 해서 관찰하는 것이다.
> 비파샤나의 이미지란 무엇인가? 인식대상으로서의 이미지와 인연으로서의 이미지 2종이다. 그중에서 인식대상으로서의 이미지란 비파샤타에 속한, 인식되어야 할 사태와 유사한 영상이 인식대상으로서의 이미지라고 불리는데, 바로 그 인식대상을 통해 지혜를 관찰하는 것이다. 인연으로서의 이미지란 심이 비파샤나에 영향 받았을 때 계속해서 비파샤나를 청정하게 하기 위하여 심의 샤마타를 가행하는 것이다.
> 비파샤나의 때란 무엇인가? 심이 샤마타에 영향 받았을 때 바로 처음으로 인식되어야 할 사태를 여실하게 인지하기 위하여 비파샤나를 수습하기 위한 때이다.[147]

비파샤나의 이미지의 경우에도 인연으로서의 이미지는 인식되어야 할 사태와 유사한 영상으로서 규정되며, 인연으로서의 이미지는 비파샤나에 의해 영향을 받은 심이 비파샤나를 청정하게 하기 위해 샤마타를 일으키는 원인이라는 것이다. 이와 같이 인연으로서의 이미지가 샤마타와 비파샤나 경우에 모두 자체의 청정을 위해 다른 쪽을 가행하

---

147 ŚrBh III.78 (Ch. 456a9ff); 안성두 역 2021: 371f.

는 원인의 역할을 하는 것이라면, 또 그런 인연으로서의 이미지가 또 다른 인식대상으로서의 이미지와 동시적으로 작동한다고 한다면,[148] 이는 적어도 지관쌍운이 요구하는 전제조건을 충족시키고 있다고 말할 수 있다.

이상에서 「성문지」(ŚrBh III.3.4.4)에서 지관쌍운 개념이 등장하는 구절을 검토했다. 이 인용 자체에서는 쌍운이 순차적인지 아니면 동시적 작용을 나타내는지는 확정하기는 어렵지만, 지-관 양자가 심일경성에 속한다는 설명과 양자를 적시에 가행할 때 양자가 서로 영향을 준다는 설명은 매우 시사적이다. 이런 함축성에도 불구하고 여기서는 전통적인 유부교학에서의 수용의 난점 때문에 지관의 동시적 작용을 명시적으로 주장하지는 않는다.

(2) 「성문지」 제2유가처의 〈소연〉 항목

그렇지만 이 개념의 도입을 이해하려면 지관쌍운 개념이 등장하는

---

148 「사마히타지」(Delhey 2009: 213)에서 2종의 이미지에 대해 다음과 같이 설명된다. "관념상(nimitta)들이란 무엇인가? 2종 관념상이다. 인식대상의 관념상과 인연의 관념상이다. 그중에서 인식대상의 관념상은 분별 자체이고, 이러한 인식대상에 의해 입정한다. 인연의 관념상이란 바로 이 삼매의 자량에 의해 입정하는 것이다. 즉, 적합한 교설, 삼매의 자량의 적집, 수습을 동반한 욕구, 심이 염리된 상태, 산란과 불산란에 대한 변지를 지니는 것, 사람 때문이건 사람 때문이 아니건, 또는 소리에 의해서 만들어진 것이건 산란한 행동(vyāpāra)에 의해서 만들어진 것이건 간에, 타인으로부터 손상 받지 않는 것이다."(한역 T31: 342a4ff) 이 설명에 따르면 적어도 양자는 동시적으로 작동하는 것이 아니라 다른 시기에 작동하는 것으로 파악되고 있다.

맥락의 검토가 필수적이다. 「성문지」는 비파샤나의 수습에 의해 샤마타에 속한 심신의 경안輕安이 생겨나며, 그와 같이 심신의 경안과 심일경성이 서로 의지하여 생겨날 때 전의가 획득되고 인식대상에 대한 현량지, 즉 직접지각이 생겨난다고 설명하면서, 먼저 수식관 등의 다른 수행법에 대해 질문한 후에 지관쌍운에 대해 서술하고 있다.

바로 용어의 유사성이나 설명 맥락에서 주목되는 곳이 「성문지」 제2유가처의 〈소연所緣(ālambana)〉 항목으로,[149] 이는 제3유가처의 설명이 〈소연〉 항목을 가리키고 있다는 점에서도 나타난다. 특히 첫 번째 변만소연遍滿所緣(vyāpy ālmbanam)의 설명구조는 지-관 양자

149 〈소연〉 항목의 전체 구조를 요약하면 (1) 遍滿所緣(vyāpy ālmbanam) 4종: (1a) 有分別影像(savikalpaṃ pratibimbam), (1b) 無分別影像(nirvikalpaṃ pratibimbam), (1c) 事邊際性(vastuparyantatā), (1d) 所作成辦(kāryaparinişpatti). (1A) 경증: 『레바타경』의 인용과 설명. (2) 淨行所緣(caritaviśodhanālambana) 5종: (2a) 不淨(aśubha), (2b) 慈愍(maitrī), (2c) 緣性緣起(idaṃpratyayatā), (2d) 界差別(dhātuprabheda), (2e) 阿那波那念(ānāpānasmṛti). (3) 善巧所緣(kauśalyālambana) 5종: (3a) 蘊선교(skandha-kauśalya), (3b) 界선교(dhātu-), (3c) 處선교(āyatana-), (3d) 연기선교(pratyaya-), (3e) 處非處선교(sthānāsthāna-). (4) 淨惑所緣(kleśaviśodhanālambana) 2종: (4a) 세간도에 의한 [정혹], (4b) 출세간도에 의한 [정혹]. 〈소연〉 항목은 크게 (1)과 (2)-(4)의 두 부분으로 구분되며, 그중 『레바타경』(1A)의 설명을 고려할 때 (1) 변만소연에 중점이 놓여 있으며, 반면 (2)-(4)의 항목은 相稱緣(anurūpaṃ ālambanam)으로서 전통적 수행체계에 따라 구성된 것이다. 〈소연〉 항목은 Sakuma(1990)에서 轉依 개념과 관련하여 부분적으로 다루어지고 있으며, 특히 惠敏(1994)은 이 항목 전체를 상세히 다루고 있다.

의 상호작용이 어떤 방식으로 진행되는가를 보여주는 일종의 이론적 도식으로 간주될 수 있다. 이 항목은 유가학파의 독자적인 수행법을 보여주는 것으로서 일찍부터 그 중요성이 인정되어 왔고, 혜민惠敏(1994)에 의해 전체가 상세히 분석되었다. 이하에서는 변만소연遍滿所緣(vyāpy ālmbanam)의 설명이 어떻게 지관쌍운과 관련될 수 있는지를 중심으로 보자.

변만소연은 「성문지」의 독특한 설명으로서, 그 특징은 인식대상을 분별을 수반한 영상(savikalpaṃ pratibimbam)과 분별을 여읜 영상(nirvikalpaṃ pratibimbam)으로 구분하면서 이를 각기 비파샤나와 샤마타에 배대하는 데 있다. 「성문지」는 변만소연의 분류를 알려지지 않은 Revatasūtra의 인용을 통해 경전상의 근거를 가진 것처럼 제시되고 있지만, 사실 그 목적은 지관쌍운의 관법을 새롭게 근거짓기 위한 것이라고 보인다.

『레바타경』에 따르면 변만소연은 상사연相似緣(pratirūpaṃ ālambanam), 어연무도於緣無倒, 불사정려不捨靜慮의 세 항목으로 나뉘는데, 아래 설명에서 각기 (1ab), (1c), (1d)에 해당된다. 요가행자는 정법의 청문에 의거한 후에 이런 인식되어야 할 사태를 승해하는 방식으로 분별을 수반한 영상을 관찰하고(1a), 때로는 그러한 영상을 다시 소거함에 의해 영상을 분별함이 없이(1b) 놓아두는 것이다. 유분별영상(1a)은 비파샤나의 대상이고, 무분별영상(1b)은 샤마타의 대상이다. 이것들이 '상사연'(pratirūpaṃ ālambanam), 즉 유사한 인식대상이라고 불리는 이유는 그것들이 직접지각의 대상과 같은 현실사물이 아니라 선정이나 관상 속에서 나타난 인식대상이기 때문이다. 그런 점에서 유사한 인식대상을 대상 자체에 대한 이차적이고 관념적인 이미지라고 이해할 수 있겠다.

여기서 중요한 포인트는 양자가 어떻게 수행되는가이다. 「성문지」는 일반적인 경우 몸이 피곤한 자에게 심-신의 추중이 일어났을 때 몸의 자세를 다르게 취함으로써 그것을 중지시킬 수 있으며, 또는 과도한 생각 때문에 심-신의 추중이 일어났을 경우 심의 샤마타에 의해 중지시키며, 또는 심의 위축이나 처짐 또 혼침과 졸림에 의해 심-신의 추중이 일어났을 경우 법의 관찰에 의해서나 마음을 맑게 하는 작의에 의해 추중을 중지시킬 수 있다고 말한다.[150] 이는 지-관이 일면적으로 수습될 때 심적 응축이나 과도한 생각 때문에 추중이 감소하지 않고 오히려 확장되는 역효과가 일어나기 때문에 지-관을 교대로 수행할 필요성을 가리킨다.

이는 유분별영상과 무분별영상을 인식대상으로 하는 비파샤나와 샤마타의 경우에도 적용되며, 따라서 양자는 교대로 수행된다고 보는 것이 개연적이지만, 이때 「성문지」가 변만소연이란 주제어로 유분별영상과 무별분영상을 구별했다는 점을 주의하면 좋을 것이다. 다시 말해 샤마타와 비파샤나의 영상이 분별작용의 수반 여부와 무관하게 변만遍滿(sarvatraga)이라는 주제어로 표현되고 있듯이 모든 심일경성의 과정에 참여하고 있다면, 양자는 설사 교대해서 진행되는 경우에도 단순한 교대가 아니라 상대방의 작용 속에 어떤 방식이든 들어가 있다고 이해할 수 있다. 그렇다면 샤마타를 수행할 때에도 그 분별을

---

150 ŚrBh 271,15ff; Ch.437a29ff. 안성두 역 2021: 263 참조.

여읜 영상에 비파샤나의 영상이 잠재적인 방식으로 여전히 남아 있고 그 역도 마찬가지라는 것이다. 이 때문에 변만소연이라는 주제어를 사용해서 지-관의 교대작용에도 상호 포함되어 있다는 점을 표현한 것이라 생각된다.

이렇게 본다면 샤마타와 비파샤나는 서로에게 잠재적인 방식으로 지속적으로 영향을 미치고 있다. 사쿠마(Sakuma 1991: 20f)는 양자의 교대 수행을 동기부여하는 설명이 〈심일경성〉 항목의 설명에서 화가의 비유를 통해 나타난다고 지적하는데,[151] 거기서 지-관의 교대적인 등장인지 아니면 잠재적인 지속적인 영향의 방식으로 해석될 수 있는지의 여부는 논외로 한다고 해도 그의 설명은 〈소연〉 항목과 〈심일경성〉 항목의 유사성에 의거하는 우리의 접근을 지지해 준다고 생각된다. 여하튼 이러한 지-관 수행의 완성은 수행자가 이런 과정을 통해 양자에 충분히 숙달되었을 때 성취될 것이다. 네 번째 단계인 소작성판에서 의지체의 전환과 추중의 제거, 그 결과로서 명상대상에 대한 분별을 여읜 직접적인 지견智見이 "샤마타와 비파샤나에 친숙했기 때문에 생겨난다"고 하기 때문에 적어도 이 단계에서 지관쌍운의 온전한 작용이 나온다고 볼 수 있을 것이다.

(1c) 사변제성事邊際性은 일체법으로서의 진소유성盡所有性(yāvadbhāvikatā)과 제법의 진실성으로서의 여소유성如所有性(yathāvadbhāvikatā)으로 구분되는데, 이를 어연무도於緣無倒라고 부른 것은 이런 2종의 인식대상에 대해 전도되지 않음을 의미할 것이다.

---

151 Sakuma 1990: 20f.

(1d) 소작성판所作成辦이란 영상을 인식대상으로 하는 작의의 완성으로서, 이를 통해 의지체의 전환(=轉依)과 일체 추중의 제거이며, 그 결과 영상을 초월해서 바로 그 인식되어야 할 사태에 대한 분별을 여읜, 직접지각하는 지견智見(nirvikalpaṃ pratyakṣaṃ jñānadarśanam)이 생겨나는 것이다. 여기서 주목할 것은 추중의 제거와 전의轉依 개념이다.[152] 『레바타경』은 이런 과정을 불사정려不捨靜慮라고 부르면서, 여기서 추중의 제거와 의지체의 청정(āśrayapariśuddhi), 인식대상의 청정이 증득된다고 말한다, 의지체의 청정은 소작성판에서 명시한 전의 개념과 내용상 동일하다.[153] 이 단계에서 생겨난 명상대상에 대한 분별을 여읜 직접적인 지견智見은 "샤마타와 비파샤나에 친숙했기 때문에 생겨난다"고 하기 때문에 적어도 양자에 숙달된 자에게 의지체의 전환 등의 결과가 성취됨을 보여준다. 그렇지만 여기서는 쌍운 개념이 전제하는 지관의 작용의 동시성의 여부는 명확히 설명되지는 않았다. 이를 불사정려라고 부르는 이유는 이런 인식은 정려 상태에서 수행되고 있기 때문일 것이다.

이와 같이 '유사한 인식대상'으로서의 변만소연이란 샤마타나 비파샤나의 상태에서 나타나는 영상이 이전에 견·문·각·지했던 것들과 비슷하지만 그것은 단지 사마히타의 단계에 속한 작의에 의해 작의되고(manaskaroti) 분별되고(vikalpayati) 승해勝解되었기에(adhimucyate)

152 전의 개념은 「성문지」 전체에서 두 차례 사용되고 있는데, 다른 한 곳이 바로 지관쌍운의 서술에 앞서 다루어지는 부분이다. ŚrBh II: 98; 안성두 역 2021: 379f를 보라.

153 Sakuma 1990: 29f.

유사한 이미지라는 것이다.[154] 여기서 승해는 사마히타의 단계에 속한 심작용에 의해 산출된 '영상'이나 심적 이미지로서 비파사나의 작용과 연관되어 있다. 그렇게 산출된 영상이 단지 앎(jñānamātra)으로서, 단지 봄(darśanamātra)으로서, 단지 기억된 것(pratismṛtamātra)으로서 나타나고 있을 뿐이라고 보면서, 그럼에도 그 대상들에 심을 묶는 요가행자에게 그 대상은 원래 대상과 유사한 것으로 나타난다는 것이다.[155] 여기서 영상은 승해 개념이 보여주듯이 원 대상의 복제물과 같은 역할을 한다는 점에서 이차적이지만 그럼에도 그 복제물로서의 영상이 의거하고 있는 일차적 대상의 존재성은 부정되고 있지 않다.

2) 『유가론』의 다른 부분에 나타난 지관쌍운의 해석

「성문지」에서 전문술어로서 등장한 지관쌍운은 이후 『유가론』의 다른 부분들에서 발전적으로 해석되고 있지만, 이 개념에 대한 이해는 동일하지는 않다. 이하에서는 이 개념이 등장하는 「사마히타지」와 「섭사분」, 그리고 「섭결택분」의 두 군데를 택해 그 의미를 살펴보겠다.

---

154 勝解 개념에 대해서는 Schmithausen(1982) 참조. 이 논문은 『불교학리뷰』 1(2006)에 번역되어 있다. 이 맥락에서 승해 개념은 정토계 경전과 관련이 깊다고 보이지만, 「성문지」를 제외하고는 『유가론』의 다른 부분에서 '승해' 개념은 거의 발견되지 않는다는 점도 주목된다.

155 Schmithausen(2014: 457-461)은 위의 jñānamātra, darśanamātra, pratismṛtamātra에 나오는 x-mātra의 표현이 후대 『해심밀경』(SNS VIII.9)에 사용되는 vijñaptimātra(唯識) 관념의 형성을 위한 근원적인 자료로서 중요한 역할을 했다고 지적하고 있다.

(1) 「사마히타지」의 지관쌍운 해석

「사마히타지」에서 지관쌍운이란 용어는 비록 명시되지는 않지만 샤마타와 비파샤나의 수습 순서를 네 가지 경우로 설명하는 중에 관련된 표현이 세 번째 정려자의 수행도를 나타내기 위해 사용된다.

> (가) 비구가 초정려 등을 획득했지만 사성제는 아직 보지 못한 비구가 정법의 청문을 행한 후에 삼매에 의지한 후에 고제 등의 현관을 행하는 경우이다.
>
> (나) 고苦 내지 도道를 여실하게 알지만 아직 초정려 등을 획득하지 못한 비구가 제법을 사택하는 경우이다.
>
> (다) 양자 〔즉, 정려와 사제의 현관〕을 획득한 비구에게 샤마타와 비파샤나가 섞여서 평등하게(samayuga) 작동하는 경우이다.
>
> (라) 과거에 초정려 등을 획득했지만 그 비구는 정법의 청문을 행하지 않았고 많이 듣지도 않았다. 그는 〔현재에〕 스승에게서나 또는 어떤 다른 구루에게서 〔사〕성제나 또는 잔존해 있는 결박의 끊음과 관련된 법을 듣고 〔사〕성제를 현관하거나 아라한의 상태를 획득한다. 또는 그는 출리에 의하여 산출된, 광대하고 선한 희열의 환희를 증득한 후에 법의 〔청문〕에 의해 야기된 도거를 완전히 제압한 심을 갖고 앉아 정려에 들어감에 심을 집중시킨다.[156]

위의 문장에서 초점은 샤마타와 비파샤나의 수행 순서이지만, 이는

---

156 4종 수행도는 Delhey 2009: 218,2-223,3을 요약한 것이다. 안성두 외 번역 2023: 348-351 참조.

직전에 설명했던 삼매를 관찰하는 네 가지 측면을 요약한 것이다.[157] 여기서 (가)는 명백히 선지후관先止後觀의 방식이며, 이어지는 해설에서 이를 견도의 산출과 관련되어 있다고 설하는 것은 직전의 문장에서 "이 정려자는 초정려로부터 출정해서 그 정려에 더 이상 들어가려고 원하지 않는다. 그가 그들 행상과 표시와 관념상을 작의하지 않을 때, 욕망을 수반한 관념의 작의들이 설명된 방식대로 현행한다. … 바로 그때 정려자는 삼매의 열등성을 관찰하는 것이다"라고 설명하기 때문이다.

반면 (나)는 선관후지先觀後止의 방식이기 때문에 해설에서 이를 수도修道의 산출과 관련된다고 설하는 것은 "정려자가 출정했을 때 초정려에 적합한 법의 교설을 획득한다. 그는 또한 초정려의 행상들 중에서 적합하고 매우 좋게 관념상을 잘 포착하고, 그와 같이 그에게 이미 획득된 정려가 망실하지 않는 방식으로 주하게" 되기 때문이다.

(라)는 견도와 수도 양자의 산출과 관련된 설명이라고 해설되고 있는데, 왜냐하면 여기서 앞의 부분은 선지후관의 방식을, 그리고 뒤의 부분은 선관후지의 방식을 설하기 때문에 양자의 방식이 모두 인정되고 있기 때문이다. 선행하는 설명에 따르면 "그는 출정했을 때 고제 등과 상응하는 법의 교설을 듣는다. 그것을 들은 후에 그에게 고제 등을 수반하는 관념의 작의들이 결택으로 인도하는 것으로서 현행한다. 그는 바로 그때에 '나의 이 삼매는 가장 뛰어나며, 퇴환하기 위한 것도 아니고, 주하기 위한 것도 아니고, 탁월하기 위한 것도

157 안성두 외 번역 2023: 348f 참조.

아니지만, 그렇지만 결택을 향해 나아가는 것이다'라고 관찰한다."

이제 문제가 되는 (다)의 인용을 보자. "샤마타와 비파샤나가 섞여서 평등하게(samayuga) 작동한다"는 표현은 「성문지」에서 지관쌍운 개념의 작용을 묘사하기 위해 사용된 표현과 동일하다는 점에서[158] 비록 여기서 지관쌍운이란 표현은 나타나지 않지만 「성문지」에서 인용한 것이라 보인다. 여기서의 문제는 이에 대한 해설에서 이 단계를 수도의 산출과 관련되어 있다고 설명하는 점이다. 이 텍스트가 견도와 수도를 구분하는 근거는 선지후관인가 아니면 선관후지인가에 있기 때문에 "샤마타와 비파샤나가 섞여서 평등하게(samayuga) 작동"하는 단계를 수도로, 즉 선관후지로 보는 것이다. 그렇지만 "샤마타와 비파샤나가 섞여서 평등하게(samayuga) 작동"하는 상태에서 기대하는 지관의 동시적 작동 대신에 어떻게 선관후지의 순서로 진행하는가를 대답하기란 어려울 것이다. 나아가 지관쌍운을 수행도의 어느 단계로 해석할 때 뒤에서 설명할 「섭결택분」처럼 보통 견도로 해석하는 것이 일반적이기 때문에 이를 수도의 단계와 관련된다고 해석하는 것은 문제가 있을 것이다.

샤마타와 비파샤나의 순서에 관한 위의 네 가지 설명은 Yuganaddhasutta(AN. II, 157f)에 대한 「사마히타지」 편찬자의 해석이었을 것이라 추정된다. 왜냐하면 경의 서술 순서도 (i) 샤마타를 선행요소로

158 Delhey(2009: 222): tṛtīya ubhayor lābhī bhavati. tasya śamathavipaśyane ubhe miśrībhūte samayugaṃ vartete. 이는 ŚrBh III.102 (ŚrBh 404,4f=Ch. 358b4f)의 표현과 일치한다. tatra kiyatā śamathaś ca vipaśyanā cobhe miśrībhūte samayugam vartete yena yuganaddhavāhī mārga ity ucyate/.

해서 비파샤나의 수습, (ii) 비파샤나를 선행요소로 해서 샤마타의 수습, (iii) 샤마타와 비파샤나를 쌍으로 결합해서 수습, (iv) 마음이 법에 대해 들떠 있을 때 그의 마음이 오직 내적으로 안주하고 고요히 하고 하나로 되고 집중할 때, 그에게 수행도가 생긴다고 서술하고 있어 일치하기 때문이다.

보다 직접적인 관련성은 (iii)의 해석에서 보인다. 이 경의 주석서 (AN-a III.142)에 따르면 지관쌍운의 의미는 초정려를 획득했을 때 그것으로부터 출정하기 위해 제행에 대해 명상하는 것이며, 제행에 대해 명상한 후에 제2정려에 들어가는 것이다. 거기서 출정한 후에 다시 제행에 대해 명상하는 것이며, 이런 방법은 상수멸정에 이르기까지 해당된다. 이 해석에 따르면 지관쌍운은 초정려에 머무는 자가 그것으로부터 벗어나기 위해 제행의 무상·고·무아를 삼매를 비록 동시적이지는 않지만 그 단계에서 관찰하는 것이다. 「사마히타지」의 설명은 이와 유사하다.

> 정려자가 출정했을 때, 제2정려에 적합한 법의 교설을 획득한다. 그것을 들은 후에 그에게 제2정려에 입정하는 수행도를 수반한, 관념에 대한 작의들이 현행한다. 그는 바로 그때 '나의 이 삼매는 보다 더 뛰어난 것이고, 퇴환하기 위한 것이 아니고, 주하기 위한 것도 아니지만, 탁월하기 위해 나아가며, 그렇지만 결택을 위해 나아가지는 않는다'라고 관찰한다.[159]

---

159 안성두 외 번역 2023: 348f.

이 설명은 비록 차이는 있지만 하나의 정려에 머무는 사마타의 상태를 그 정려에 대한 교법을 향한 작의와 관련시키고 있다는 점에서 내용적으로 유사할 것이다. 이렇게 볼 때 「사마히타지」에서의 지관쌍운은 엄격한 의미에서 지-관의 동시적 작용을 말하는 것이 아니라 어떤 삼매의 상태에서 지-관 양자가 공동으로 작용해서 더 높은 삼매로 인도하는 작용을 하는 것으로 여겨지고 있다. 왜냐하면 팔리어 주석서에서 이 방식은 초선에서부터 상수멸정에까지 적용된다고 말하고 있고, 「사마히타지」에서도 정려 상태에 머물지는 않지만 그것의 탁월성을 경험하기 위한 것이며, 그러나 그것은 결택을 위해 나아가지는 않는다고 말하기 때문이다. 따라서 여기서의 서술은 수행도가 아니라 정려의 단계를 교법의 작의와 관련시켜 「성문지」의 지관쌍운을 해석한 경우라고 생각된다.

(2) 「섭사분」의 지관쌍운 해석

「성문지」와 「보살지」와 함께 『유가론』의 가장 오래된 층위에 속한다고 평가되는 「섭사분」에서 지관쌍운 개념은 두 군데에서 언급되지만, 한 곳에서는 쌍운으로만 언급되어 있기에 이를 제외하면 아래에서 인용하는 부분이 가장 중요할 것이다. 이 부분은 최초로 이 개념이 사용된 「성문지」 제3유가처와 용어와 맥락을 공유하고 있어 「성문지」와 비교해 「섭사분」의 편찬 시기를 이해하는 데에도 유용할 것이다.

> 9종 심주에 의해서 한결같이 확정적으로 샤마타에 대해 노력하는 자의 신체(lus)는 경안하고 탐닉이 없기 때문에 잡염이 없다. 혼침

과 수면에 의해 염오되지 않았기 때문에 동요가 없다. 또 한결같이 확정적으로 염주念住(smṛtyupasthana)에 의지함에 의해서 비파샤나에 대해 노력하는 자의 정념은 확립되며, 도거라는 수번뇌를 여의기 때문에 잡염이 없다. 지관쌍운도에 들어간 자의 심은 집중되었고(*samādatte), 두 부분은 하나로 되며, 그것의 방해가 끊어진다. 〔그 심은〕 이 5종의 대치에 의거해서 방해를 변지한 후에 끊으며, 여섯 사태의 차이를 가진, 희열을 수반한 세 가지 삼매를 완성시키기 위해 산출된다.[160]

여기서 앞에서 언급한 「성문지」 제3유가처의 개소와 유사한 단어의 사용이 보인다. 그것은 샤마타는 9심주에 의해 신체의 경안(kāya-praśrabdhi)으로, 그리고 비파샤나는 염주에 의해 정념의 확립으로 이끈다는 말이다. 이는 지관쌍운도 직전에 서술된 심일경성과 경안의 획득, 장애의 청정의 서술맥락을 반영하는 것이다. 그리고 무엇보다 주목되는 표현은 "지관쌍운도에 들어간 자의 심은 집중되었고, 두 부분은 하나로 되며"이다. 여기서 두 부분이 문맥상 샤마타와 비파샤나 양자나 양자와 관련된 심적 작용을 가리킨다고 본다면, 이것들이 하나로 되었다는 언급은 지-관 양자의 통합적 기능을 보다 분명히 표현한 것이다. 이는 "지관쌍운도에 들어간 자의 심이 여섯 사태의 차이를 가진, 희열을 수반한 삼매를 완성시킨다"[161]는 표현에서도 드러

---

160 VastuSg(D): 210a2-6 (=T30: 810b1ff).

161 티벳역은 ting nge 'dzin rnam pa gsum dmigs pa'i gzhi drug gi bye brag can dga' ba dang ldan pa이다. 이 문장에 대한 여러 해석이 가능하겠지만,

난다. 여기서 여섯 사태는 「성문지」 제3유가처에서 언급된 비파샤나의 여섯 측면들을 가리키고 있고 또 희열을 수반한 삼매란 샤마타와 관련된 정려이기 때문에 양자가 하나로 된 심은 동시적이나 또는 섞여 작동하는 상태를 가리키고 있음이 분명하겠다.

이 맥락에서 주목할 점은 「성문지」의 직접적 영향이다. 적어도 여섯 상태가 「성문지」에서 상설된 6종의 비파샤나를 가리키고 있음이 분명하기 때문에 「섭사분」의 이 설명은 「성문지」를 참조하면서도 쌍운의 작동방식을 보다 분명히 표현하고 있다. 그렇지만 여기서 이러한 지관쌍운의 상태가 어떤 수행 단계에 속하는가에 대한 설명은 보이지 않는다. 지관쌍운 개념이 어떤 수행도의 단계에서 나타나며, 그것이 동시적인가 순차적인가 하는 설명은 후대에 편찬된 「섭결택분」에서 비로소 문제시된다.

(3) 「섭결택분」의 제4현관의 기술에서 나오는 지관쌍운 개념

「섭결택분」에는 「보살지」 결택에 포함된 『해심밀경』의 인용 부분을 제외하면 두 군데에서 쌍운도雙運道 내지 지관쌍운止觀雙運이란 용어로 「성문지」의 지관쌍운을 해석하는 부분이 있다. 「섭결택분」의 설명은 지관쌍운을 모두 견도와 관련시켜 설명하고 있는데 「성문지」에서

나는 dmigs pa'i gzhi drug gi bye brag can 및 dga' ba dang ldan pa의 두 구절을 ting nge 'dzin rnam pa gsum을 수식하는 구절이라고 보고 이해했다. 이에 대응하는 한역(於三等持 依六境事所有差別, 喜俱行定)에서도 밑줄친 두 개의 구절이 三等持를 수식한다고 보이지만, 다만 於에 의해 전체 문장을 처격으로 해석하는 차이가 있다.

명백하지 않은 쌍운의 의미를 보다 분명히 보여주고 있다.

> 제4현관(abhisamaya)이란 무엇인가? … 또한 이 〔네 번째〕 현관이 바로 견도이며, 쌍운도라고도 한다. 그와 같이 된 것에서 셋은 비파샤나에 속하고 셋은 샤마타에 속하지만 쌍운이란 점에서 합해서 3심으로 한다. 한 찰나 중에 샤마타와 비파샤나 양자를 모두 지각할 수 있기 때문이다. … 그와 같이 샤마타와 비파샤나의 범주에 속한 세 심에 의해 견소단의 번뇌의 적정을 증득하고 또 일체 번뇌 및 토대를 적정하게 하는 출세간도를 증득하는 것이 현관지제현관現觀智諦現觀(abhisamayajñāna-satyābhisamaya)이다.[162]

제4현관은 견도(darśanamārga)에 해당된다. 여기서 견도를 쌍운도라고 부르는 이유는 이 단계에서 일어나는 세 개의 지智 모두에 샤마타와 비파샤나가 동시에 포함되어 있지만 쌍으로 진행하기 때문에 합쳐서 세 개의 심의 찰나가 되기 때문이다. 이 설명은 자체로 이해하기 어렵지만 『집론』에 나오는 "견도는 지각을 여읜 삼매와 반야 그리고 〔그것들의〕 결합"[163]이라는 견도의 규정과 관련되어 있다.

그리고 세 가지 심이란 『집론』(AS 66,5)에 따르면 견도란 "내적으로

---

162 VinSg(D) 69a4-b6=T30: 605c17-606a5.

163 AS 66,3f: darśanamārgaḥ katamaḥ/ samāsato laukikāgradharmānantaram anupalambhaḥ samādhiḥ prajñā saṃyogaś ca/. 여기서 anupalambhaḥ samādhiḥ prajñā saṃyogaś ca는 ASBh 76,19f에서 nirvikalpaśamathavipaśyanālakṣaṇo ("분별을 여읜 샤마타와 비파샤나로 특징지어지는 것")로 풀이되며 「성문지」 제2유가처의 영향을 보여준다.

중생이란 표식과 법이라는 표식, 그리고 양자의 표식이 제거된 것을 인식대상으로 하는 법지法智(dharmajñāna)"이다. 『잡집론』은 이를 "(i) 스스로의 상속에서 자아의 이미지를 분별하지 않기 때문에 중생이란 표식이 제거된 것을 인식대상으로 하는 법지이며, (ii) 다만 스스로의 상속에서 색 등의 법의 이미지를 분별하지 않기 때문에 법이란 표식이 제거된 것을 인식대상으로 하는 법지이며, 그리고 (iii) 모든 경우에 차별 없이 자아와 법의 이미지를 분별하지 않기 때문에 모든 면에서 두 가지 표식이 제거된 것을 인식대상으로 하는 법지"[164]라고 설명한다.

『집론』의 설명과 비교했을 때 위의 「섭결택분」의 특징은 『집론』에서 대안적 설명으로 간주했던 여러 견도의 규정을 지관쌍운과 연결시키고 있다는 점이다. 이는 마지막 부분에서 두드러진다. 여기서 이제 각기 한 쌍의 지-관으로 구성된 세 가지 심은 출세간도로서의 견도에서 번뇌의 적정의 증득 및 일체 번뇌와 그 토대(upadhi, phung po)를 적정하게 하는 두 가지 기능을 수행한다고 설해진다. 여기서 주목되는 점은 쌍으로 진행하는 지-관이 단순히 심리적인 번뇌뿐 아니라 번뇌가 일어날 수 있는 토대도 적정하게 한다는 점이다. 여기서는 양자 중의 어떤 것이 번뇌를 제거하고 어떤 것이 토대를 적정하게 하는지가 명시되지는 않았지만, "한 찰나 중에 샤마타와 비파샤나 양자를 모두

---

164 ASBh 76,22-25: kathaṃ pratyātmam apanītasattvasaṃketālambanadharmajñānaṃ tena sva⟨sa⟩ntāne ātmanimittāvikalpanāt, kathaṃ pratyātamam apanītadharmasaṃketālambanadharmajñānam tena svasaṃtāna eva rūpādidharmanimittāvikalpanāt, kathaṃ sarvato 'panītobhayasaṃketālambanadharmajñānaṃ sarvatrāviśeṣeṇātmadharmanimittāvikalpanāt.

지각할 수 있다"면 적어도 그 찰나에서는 양자가 동시적으로 작동하고 있음을 전제하고 있다고 보인다.

(4) 「섭결택분」의 9심 찰나의 견도설의 맥락에서 지관쌍운 개념이 등장한다. 여기서도 지관쌍운은 견도를 설명할 때 등장하지만 그 맥락은 다르다.

> 견도에 의해 제거되어야 할 번뇌의 잠재적 경향성(anuśaya, 隨眠)은 2종으로 규정된다. 그것은 민감한 물질(prasādarūpa)에 부착되어 있기 때문에, 또 심과 심적 요소들에 부착됨에 의해서이다. 견도에서 샤마타와 비파샤나는 쌍운이기 때문에 성제자들은 두 유형의 잠재적 경향성, 즉 샤마타에 의해 제거되어야 할 것과 비파샤나에 의해 제거되어야 할 것을 단박에 제거한다. 그때 첫 번째 〔잠재적 경향성의 부분〕은 비파샤나에 의해 제거될 수 있고, 두 번째는 샤마타에 의해 제거될 수 있다. 따라서 견도는 완전히 성취되었다고 말해진다.[165]

이 단락은 지관쌍운이 견도의 완성이라고 말함에 의해 이 개념을 명시적으로 견도의 단계에 배정하고 있으며, 그것이 번뇌의 제거에서 어떤 기능을 하고 있는지를 보다 분명히 보여준다. 샤마타와 비파샤나는 2종의 번뇌의 잠재적 경향성(anuśaya)을 단박에 제거하는 작용을 하는데, 민감한 물질(prasādarūpa)[166]에 부착된 번뇌의 잠재적 경향성은

---

165 VinSg(D) 118b3-7=「섭결택분」 T30: 625a16ff.

비파샤나에 의해 제거되고, 심과 심소에 부착된 잠재적 경향성은 샤마타에 의해 제거된다는 것이다. 여기서 두 종류의 번뇌의 잠재성이 샤마타와 비파샤나에 의해 단박에(cig car, *sakṛd) 제거된다는 언급은 적어도 샤마타와 비파샤나가 한 찰나에 동시적으로 작동하고 있음을 의미할 것으로, 「성문지」 제3유가처(§ 3.1. 참조)의 설명에 비해 명확히 양자의 동시적 작용을 인정하고 있다.

그렇지만 왜 비파샤나가 이런 민감한 물질적 신체에 부착된 번뇌의 잠재적 경향성을 제거하고, 심과 심소에 부착된 번뇌의 잠재적 경향성은 샤마타에 의해 제거된다고 말하는가는 분명치 않다.[167] 오히려 그 역의 관계가 더 일반적이지 않은가 하는 의문도 든다. 보다 기본적인 문제는 이 설명이 슈미트하우젠(1987: § 2.13.4)이 구분한 신체를 유지시키고 또 심심소의 염오된 종자를 저장하는 알라야식의 두 가지 기능과 매우 유사하다는 점이다. 만일 그렇다면 이 설명은 알라야식의 명시적인 언급을 회피하면서도 알라야식이 실제로 담당했던 두 가지 기능을 고려하고 서술되었다고 생각되며, 따라서 알라야식의 기능과 관련하여 보다 깊이 논구될 필요가 있다고 생각된다.

---

166 티벳역 dang ba'i gzugs과 한역 '淸淨色'은 prasādarūpa의 번역어로서, 자극에 반응하는, 지각능력이 있는 5종의 감각능력을 말한다. 그런 점에서 청정색은 눈이 아니라 색의 자극에 반응하는 시각적인 신경망이며, 귀가 아니라 소리에 반응하는 청각적인 신경망을 의미한다.

167 이 설명은 알라야식 도입 이전에 경량부에 귀속된 色心互熏說과는 관련이 없다고 보인다. 왜냐하면 여기서의 논의는 지관쌍운의 맥락에서 샤마타와 비파샤나에 각각의 잠재적 경향성을 제거하는 역할이지, 색심호훈설이 말하듯 신체와 심심소가 서로 상대방의 종자를 포함하고 있다는 주장이 아니기 때문이다.

마지막으로 지관쌍운이 견도의 완성이라는 표현의 의미를 고찰해 보자. 이 논의의 맥락은 광포성교도리廣布聖教道理라는 세간적인 교설의 관점에서 지관이 견도에서 어떻게 작용하는가이다. 이에 따르면 견도는 점차적 인식의 관점에서 4종의 법지法智(dharmajñāna)와 4종의 유지類智(anvayajñāna)로 이루어진 8심의 찰나로 구성되며, 8심의 찰나 직후에 오로지 샤마타로 구성되는 제9의 심찰나가 있다. 각각의 비파샤나에 대응하는 각각의 샤마타가 존재해야 하지만 샤마타의 등질적인 성질 때문에 하나의 사마타로 인식되며, 따라서 9심 찰나가 견도의 완성이라는 것이다.[168] 이 설명에 대응하는 유부의 16심 찰나의 견도설[169]이 사제 각각에 대해 법지인法智忍(dharmajñānakṣānti)과 법지法智, 그리고 유지인類智忍(anvayajñānakṣānti)과 유지類智의 16찰나로 이루어졌으며, 이들 16심 찰나가 모두 비파샤나에 속한다는 점을 고려할 때 9심 찰나는 16심에서 각각 4종의 법지인과 유지인을 제외하여 8심을 비파샤나에 배대하고, 나머지 1심은 샤마타의 단계에 배대한 것으로 지관쌍운의 관점에서 유부의 견도설을 재해석한 것이다.[170]

---

168 「섭결택분」 T30: 625a8ff: 依初建立 增上力故, 說法智品 有四種心, 種類智品 亦有四心. 隨爾所時 八種心轉, 卽爾所時 總說名一無間所入 純奢摩他所顯之心. 如是總說 有九種心, 見道究竟. 隨爾所時 如所施設 苦諦之相 了別究竟, 卽爾所時 說名一心.

169 유부의 16찰나의 견도설에서 법지와 유지, 忍과 智의 구분에 대해서는 안성두(2002) 참조. 또한 9심 찰나의 견도설에서 忍(kṣānti)의 단계가 불필요한 것으로 제외되었는가의 이유는 분명치 않지만, 견도가 지관쌍운이라면 이 단계에서 대상에 대한 직접적인 앎이 성취되기 때문일 것이다.

170 『성유식론』(T31: 50b6ff)도 이 설명을 16심 찰나의 견도설과 비슷하게 相見道로

이와 같이 지관쌍운에 의한 견도의 해석은 견도의 단계와 연결된 무분별지의 획득을 위해 비파샤나뿐 아니라 샤마타도 공동으로 작동한다는 아이디어를 제시한 것이다. 지관쌍운에 관한 「섭결택분」의 이러한 새로운 아이디어는 「성문지」의 내용에 비해 매우 발전된 해석을 보여준다. 그 차이는 이 개념을 명시적으로 견도 단계에 배정하면서 지-관 양자를 각기 심이나 신체에 있는 잠재적 경향성의 제거를 위해 동시에 작용한다는 점에 있다.

3) 다른 유가행파 문헌에서 지관쌍운의 해석

『유가론』 외에 지관쌍운 개념을 가장 확장해서 논의하고 있는 문헌은 『대승장엄경론』에 대한 안혜安慧(Sthiramati)의 주석(SAVBh)이다. 이에 대해서는 크라머(Kramer 2019: 69ff)가 샤마타와 비파샤나의 정의 부분에서 기초적인 자료를 제시하고 있어 유용하다. 이하에서는 그녀의 자료에 의거해 지관쌍운 개념이 이 문헌에서 어떻게 다루어지는지를 살펴보겠다.

먼저 비파샤나는 "제법의 의미를 전도 없이 아는 무분별지"이고 샤마타는 "삼계에 속한 것은 모두 유심이며, 심과 독립한 다른 것은

간주한다. 왜냐하면 견도의 정의상 止觀雙運에도 불구하고 觀은 견의 의미와 일치하는 데 비해 止는 그렇지 않기 때문에, 止의 과정을 총합해서 하나로 보기 때문이다. 이런 방식에 따르면 관은 세분되고 지는 요약된 것으로서 등가적으로 간주되지 않았다. 만일 유부의 16찰나의 견도설을 이에 대입시킨다면 각각 8개의 法品과 類品에서 각각 네 개의 忍과 類의 단계를 하나로 묶으며 8심 찰나로서 觀에 해당되며, 지관쌍운이라는 전제 하에서 이러한 觀의 찰나에 상응하는 止가 존재해야 하기 때문에 하나의 止의 찰나를 설정하는 것이다.

없다고 심이 하나로 집중된 상태"라고 규정되고 있다.[171] 크라머는 비파샤나의 작용에 의해 모든 현상이 단지 식작용에 지나지 않는다는 유심의 증득이 나온다고 기대되는데 왜 여기서는 샤마타에 그런 작용을 부여하는가에 대해 의문을 표시하면서 그렇지만 무성석(SAVBh)에도 비슷한 구절이 나온다고 지적한다. 이어 크라머는 우리의 지관쌍운의 맥락에서 매우 흥미로운 안혜의 해석을 제시하고 있지만, 지관쌍운이 함축하는 문제맥락은 다루고 있지 않다.[172]

〔그가〕 오직 샤마타를 수습할 때 비파샤나의 작은 부분이 그때 부분적으로 수습된다고 한다. 이와 같이 무색정에서 수습이 있다. 무색정에서는 샤마타가 크고 비파샤나는 작다. 오직 비파샤나만을 수습할 때 샤마타의 작은 부분도 부분적으로 수습된다고 한다. 이와 같이 색계에서 초정려와 제2정려, 제3정려에서의 수습이 있다. 저 셋을 〔수습할〕 때에 비파샤나는 크지만 샤마타는 작다. 샤마타와 비파샤나가 쌍으로 결합된 수습은 〔양자의〕 부분을 갖지 않은 것이며, 색계의 제4정려에서 수습할 때이다.[173]

여기서 "샤마타와 비파샤나가 쌍으로 결합된"(zhi gnas dang lhag mthong zung du 'brel par)이란 표현은 앞에서 보았듯이 śamathavipaśanā-yuganaddha에 대응하며 이 개념의 연원이 「성문지」에 있다는

---

171 SAVBh tsi 125a4f.

172 Kramer 2019: 69f 참조.

173 SAVBh 125b2-4 on MSA XIV.50. Kramer 2019: 70f를 보라.

것은 분명하겠지만, 이러한 지관쌍운이 적용되는 영역을 제4정려라고 간주하고 있다는 점에서 이를 명시하지 않는 「성문지」나 또는 이를 견도의 단계라고 설명하는 「섭결택분」과 구별된다. 지관쌍운을 정려의 단계와 관련시켜 이해하는 것은 안혜가 9종 심주心住(cittasthiti)의 의미에서의 주住(sthiti)와 증상심학(adhicittaṃ śikṣā), 삼매(samādhi), 샤마타를 동의어로 제시하고 있고, 비파샤나와 분석(vicaya), 증상혜학(adhiprajñaṃ śikṣā)을 동의어로 설명하고 있는 데에서 유래할 것이다.[174]

이와 같이 안혜가 지관쌍운을 정려와 관련시키고 있음을 보여주면서, 크라머는 안혜의 또 다른 주목할 만한 설명을 제시하고 있다. 그 설명은 『대승장엄경론』(MSA XVI.5)에 대한 주석에서 나타난다.

> 마지막 정려바라밀과 반야바라밀 양자에 의해 분별을 여읜 삼매를 성취한다. 어떻게? 양자에 의해 샤마타와 비파샤나가 쌍으로 결합된 정려를 수습하기 때문이다. 이 맥락에서 정려는 샤마타이며, 반야는 비파샤나이다.[175]

---

174 SAVBh mi 281b3f.

175 SAVBh tsi 7a7-b1: tha ma'i bsam gtan dang/ shes rab kyi pha rol tu phyin pa gnyis kyis ni rnam par mi rtogg pa'i ting nge 'dzin sgrubs ste/ ci'i phyir zhe na/ de gnyis kyis zhi gnas dang lhag mthong zung du 'brel pa'i bsam gtan bsgoms pa'i phyir ro// de la bsam gtan ni zhi gnas so// shes rab ni lhag mthong ngo//. Kramer 2019: 71 참조. Nagao(2007c: 14)는 첫 문장을 정려바라밀과 반야바라밀로 읽지만, tha ma'i bsam gtan에서 tha ma 때문에 "마지막 정려" 즉, 제4정려로 읽는 것이 구문상 적절하지 않을까 생각된다.

위에서 지-관을 정-혜 개념으로 대체함에 의해 지관쌍운은 이제 정려바라밀, 특히 마지막 제4정려의 단계에서 반야바라밀과 결합하여 작동해서 분별을 여읜 삼매를 성취하는 것으로 설명되고 있다. 이러한 안혜의 설명은 샤마타와 비파샤나 양자가 동시에 작동하는 것을 명확히 전제하고 있지만 어떻게 분별을 여읜 삼매가 이런 방식으로 성취할 수 있는지는 분명치 않다고 보인다. 왜냐하면 제4정려가 정의상 모든 거칠고 미세한 사유작용이 끊어진 상태라면, 여기서는 분명한 형태의 지적 활동이나 대상을 확인하는 작업이 가능하지 않을 것이기 때문이다. 그렇다면 그 자체는 이미 '삼매'와 유사할 것인데, 여기에 굳이 '분별을 여읜'(nirvikalpa)이라는 수식어를 붙일 필요가 없을 것이다.

따라서 여기서 무분별이란 오히려 비파샤나의 작용이 진행되지만 그것이 승화된 형태로서 파악된 대상에 대해 어떠한 판단도 내리지 않는 것을 의미할 것이며, 이는 판단을 내리지 않는 방식으로의 판단이라는 의미에서 "반야바라밀"이란 말로 표현되었을 것이라고 생각한다. 그런 반야의 측면이 바로 비파샤나로서 무분별지의 인식으로 이끌 것이라고 안혜는 이해했다고 보인다.[176] 안혜의 설명은 지관쌍운과 정혜쌍수가 교환 가능한 개념이며, 이는 제4정려의 상태에서 반야바라밀의 동시적인 수습방법이라는 점을 보여준다. 이는 「섭결택분」이

다만 양자(gnyis)라는 말 때문에 정려바라밀과 반야바라밀로 읽는 나가오의 읽기가 더 자연스러울 수도 있겠다.

176 SAVBh tsi 125a5: chos gang rnams kyi don phyin ci ma log par shers pa'i rnam par mi rtog pa'i ye shes la lhag mthong zhe bya ste. ("제법의 의미를 전도됨이 없이 아는 무분별지에 대해 비파샤나라고 한다.")

지관쌍운을 주로 견도에서의 샤마타와 비파샤나의 동시적 작동으로 해석한 데 비해 이 개념을 정려의 맥락에서 다시 해석했다는 점에 특징이 있다.

쌍운도에 대한 또 다른 설명이 『대승장엄경론』「교수품教授品」(MSA XIV.8-9)에 보인다. 11종의 작의(manaskāra)를 나열하는 중에 네 번째에서 여섯 번째까지 세 개의 작의를 샤마타의 수행도(śamathamārga), 비파샤나의 수행도(vipaśyanāmārga), 쌍운의 수행도(yuganaddhamārga)로 부르고 있다. 게송에서 샤마타의 수행도는 법의 명칭을 압축해서 관찰하는 것이며, 비파샤나의 수행도는 그 〔명칭의〕 의미들을 검토하는 것이고, 쌍운의 수행도는 압축된 저 〔명칭과 의미〕를 〔관찰하는 것〕으로 간략히 설해져 있다. 세친은 이를 각기 샤마타의 작의(śamathamanaskāra)와 비파샤나의 작의(vipaśyanāmanaskāra) 그리고 쌍운의 작의(yuganaddhamanaskāra)라고 부르고 있을 뿐 다른 설명을 하지 않지만, 안혜에 따르면 첫 번째 작의란 예를 들면 반야바라밀이란 명칭에 의해 반야바라밀의 많은 명칭과 단어들을 요약하는 것으로 이를 통해 토대의 작의를 설한 것이다. 두 번째 작의에 의해서는 경장의 명칭과 문장들이 지시하는 대상(義, artha)을 검토하는데, 그것들의 자상과 공상을 분석하고 전도되지 않게 아는 것이라고 설명한다. 마지막 쌍운의 작의에서는 샤마타에 의해서는 명칭과 문장을 대상으로 하고, 비파샤나에 의해서는 〔그 명칭이 지시하는〕 대상을 인식대상으로 하는 것이거나 또는 명칭과 대상을 개별적으로 지각하지 않고 그 양자를 하나로 묶어 동질적으로 연결시켜 지각하는 것이라고 설명하고 있다.[177]

이 설명은 지관쌍운을 유가행파에 특징적인 법法(dharma)과 의義(artha, 여기서는 대상)에 대한 명상에 적용시키고 있다. 안혜는 샤마타의 작의를 경전의 명칭과 문장에 집중하는 것으로, 그럼으로써 명상의 토대 역할을 한다고 해석한다. 반면 비파샤나의 작의는 그 명칭이나 문장이 지시하는 대상을 자상이나 공상의 방식으로 분석하는 것이다. 지관쌍운의 작의는 법과 대상이 명상과정에서 하나로 합쳐져서 지각되는 것이라고 해설한다. 이 설명은 『해심밀경』에서 제시된 법과 의에 대한 명상을 매우 구체적으로 샤마타와 비파샤나 그리고 쌍운에 적용시키고 있다는 점에서 흥미롭지만 지-관에 대한 다른 설명들과는 확연히 구별된다는 점에서 지관쌍운 개념의 추가적인 확장으로 보인다.

『대승장엄경론』에 대한 주석서 외에 지관쌍운 개념이 등장하는 유가행파의 문헌에는 『섭대승론무성석』(T1598.31: 403a12)과 『육문교수습정론六門教授習定論』(T31: 776b29), 『성유식론』(T1585.31: 50b10) 등이 있다. 그중에서 『육문교수습정론』은 부분적인 삼매란 사마타나 비파샤나가 단독으로 작동하는 경우이며, 반면에 샤마타와 비파샤나 양자가 동시에 작동하는 것은 두 부분을 갖춘 삼매라고 간략히 설하고

---

177 SAVBh(D) mi 266a3-7. 이 설명은 MSA XIV.4-6에서 설한 6종의 심작용(citta)과 관련이 있다. "이 수행자는 먼저 처음으로 無二의 의미를 명확히 하는 經 등의 법과 관련해 경 등의 제목에 심을 결합시켜야 한다." (XIV.4). "그 후에 그는 차례로 문장의 종류를 관찰하고, 그 의미를 스스로 올바로 분석한다." (XIV.5), "그리고 그는 그런 의미를 결정하고, 다시 법으로 요약해야 한다. 그리고 그 의미를 증득하기 위해 希求하지 않으면 안 된다." (MSA XIV.6). 6종의 심작용은 차례대로 根本心, 隨觀心, 伺察心, 決定心, 總聚心, 希求心이다.

있을 뿐 다른 특별한 설명은 없다. 또 『성유식론』은 9심의 견도설을 상견도라고 설하는 맥락에서 견도를 지관쌍운이라고 규정하면서, 그렇지만 견도에 봄(darśana)의 의미가 강하기에 샤마타보다 비파샤나가 보다 견도의 의미에 부합한다고 지적하고 있을 뿐, 위의 「섭결택분」의 설명에 비해 진전된 내용은 없다. 그리고 『섭대승론무성석』에서 지관쌍운의 해석은 앞에서 언급한 『집론』에서의 결합(saṃyoga)의 의미에 의거하고 있다.[178] 『무성석』은 "공한 대상과 결합하기에 또 사성제라는 대상과 결합하기에 지관쌍운이며, 따라서 이를 〔지-관의〕 결합(saṃyoga)이라 한다. 저것들과 결합하기에 수습이라 한다"[179]고 주석하고 있다. 지관쌍운의 수행도를 결합(yoga)라고 부르는 것은 안혜의 『대승장엄경론석』에도 나오기 때문에[180] 후대 주석자들에게 잘 알려진 해석이었던 것처럼 보인다. 그렇지만 이러한 해석은 「섭결택분」의 해석을 넘어선 것은 아니라고 보인다. 따라서 유가행파 문헌에서 지관쌍운 개념에 대한 해석은 「섭결택분」을 거쳐 『대승장엄경론』의 주석서에서 거의 완결되었다고 보인다.

---

178 AS 66,4에서 견도를 "세제일법 직후에 지각을 여읜 삼매이며, 지혜이고, 또 〔양자의〕 결합"(laukikāgradharmānantaram anupalambhaḥ samādhiḥ prajñā saṃyogaśa ca)이라는 정의 참조.

179 『섭대승론무성석』(T1598.31: 403a11-13) 所言修者 空境相應, 或四聖諦所緣相應, 止觀雙運, 故名相應. 與此相應 故名爲修.

180 SAVBh 189a4: zhi gnas dang lhag mthong zung du 'brel par bsgom pa ni rnal 'byor ces bya ste.

4. 지관쌍운에 의해 제거되는 번뇌

불교 전통에서 샤마타와 비파샤나가 수행의 핵심요소라고 한다면 그것들의 수습에 의해 번뇌들은 제거될 것이다. 불교수행의 목적이 번뇌의 제거이기 때문에 아비달마에서도 샤마타와 비파샤나의 작용이 강조되었지만 앞에서 반복해서 지적한 것처럼 양자 중의 어느 하나가 단지 다른 쪽을 완성시키는 조건으로서의 역할을 수행하느냐 아니면 양자의 공동작용이 번뇌 전체의 제거를 위해 필수적인가 하는가의 차이에 주목해야 한다고 생각된다.

이런 점에서 처음으로 상박相縛(nimittabandhana)과 추중박麤重縛(dauṣṭhulyabandhana)이라는 한 쌍의 개념을 샤마타와 비파샤나의 작용과 관련시키는 『해심밀경』(SNS VIII.32)[181]의 설명은 주목을 요한다. 이 한 쌍의 용어는 『유가론』「본지분」에는 나오지 않고 『해심밀경』에서 처음으로 등장하며 또한 「섭결택분」에서 알라야식의 환멸문의 설명을 위해서도 사용되고 있다. 「섭결택분」에서는 번뇌의 제거란 관념상의 결박과 추중의 결박으로부터 벗어나는 것이라고 설명하면서, "샤마타와 비파샤나를 수습한 후에 추중의 결박과 관념상에의 결박으로부터 벗어난다"는 게송을 인용하고 있다.[182] 이제 관념상과

---

181 SNS VIII.32.

182 안성두 외 번역 2023: 808 참조. 그리고 이 게송은 SNS III.7에 나오며, 『수습차제』(BhKr III 1,8f)에서 산스크리트 원문이 인용되고 있다. nimittabandhanāj jantur atho dauṣṭhulyabandhanāt/ vipaśyanāṃ bhāvayitvā śamathañ ca vimu(cyata iti).

추중이 무엇인지를 먼저 살펴보자.

상박과 추중박 개념은 『해심밀경』에서 유래한 개념이기 때문에 대승적 관법의 영향을 보여준다고 보이지만, 슈미트하우젠은 상박 개념은 성문승의 방식으로도 이해될 수 있다고 지적한다.[183] 그는 「섭결택분」의 환멸문에 나오는 상박을 논의하면서 상相, 즉 관념상(nimitta)은 외적 현상들이 분별에 의해 조건 지어진다는 대승의 존재론의 맥락에서 환상과 같은 것이라고 해석할 여지도 있지만 모든 대상적인 현상이 결박이라는 관념은 전통적인 성문승의 관점에서도 유효하다고 지적한다. 왜냐하면 현상적 대상의 특징적인 표식을 이해하는 것은 불선한 심적 상태로 들어가도록 야기할 것이며 외부현상은 '나의 것'이라는 잘못된 관념을 일으킬 소지가 크기 때문이다. 그런 점에서 "심은 색 등의 대상영역의 현상적 이미지들에 대한 요별의 결박(vijñaptibandha)에 의해 〔묶여 있다〕"고 하는 설명은 관념상/현상적 이미지의 결박을 묘사한 것이다.[184] 이러한 상박으로부터 벗어나는 길은 아비달마의 방식에 따르면 사성제의 방식에 의거해서 모든 현상을 무상·고·무아의 방식으로 통찰하는 것이다. 이런 방식은 무분별지에 의해 일체 관념상을 여읜 대승의 경험으로 이끌지는 못하지만 사태를 자신과 동일시함에 의해 생겨난 욕망이나 집착을 벗어나는 데로 이끈다.

반면 대승의 방식에 따른 상박의 이해는 외부대상이 존재한다는

---

183 이하 설명은 Schmithausen 1987: 201f, n.1229 참조.

184 SNS VIII.34.4; Schmithausen 1987: n.1294 참조. 「문소성지」 번역은 안성두 외 번역 2023: 404 참조.

오랜 관념을 극복하는 데에서 가능하다. 「섭결택분」의 환멸문은 이 맥락에서 염오의(kliṣṭaṃ manaḥ) 개념을 언급하고 있다. 왜냐하면 마나스가 소멸되지 않는 한 마나스에 의거한 제6의식도 현상적 이미지가 외부대상을 반영하고 있고 그에 따른 존재에 대한 집착으로부터 벗어나지 못할 것이기 때문이다. 이러한 법집으로부터 벗어나는 길은 법이 자성을 갖지 않고 있다는 통찰에서 가능할 것이다.

이제 추중박 개념을 보자. 추중이란 악함(evilness), 비유연성(stiffness), 비활동성(lack of controllability), 불편함(uneasiness), 불안정성(unsafeness)의 의미를 내포하고 있으며, 심층적으로 일반인들의 심신복합체(ātmabhāva)를 끊임없이 관통하고 있는 심층적인 요소이기 때문에 일종의 내재적인 불만족스러움으로서 심층적인 불쾌함이다.[185] 추중은 잠재성의 뉘앙스에 의거해 종종 종자라고도 설명되고 있다. 이때 추중은 번뇌에 속한 종자와 이숙異熟에 속한 종자의 의미를 가진다. 전자가 윤회생존으로 이끄는 잠재적인 작용을 하는 데 비해 후자는 행고성行苦性의 의미에서 신체에 달라붙어 있는 중립적인 종자 일체를 가리킨다. 이러한 추중에 의해 중생들의 심신복합체가 구성되어 있기 때문에 이를 행고성이라고 부르는 것이다.[186]

추중박은 번뇌에 속한 종자를 의미하기도 하지만, 신체에 달라붙어 있다는 의미에서 보다 근원적인 장애로 간주되었다고 생각한다. 이는 「섭결택분」(Ch. 581b27ff)에서 성문이나 보살이 정성이생定性離生(samyaktvaniyāma)에 도달해서 일체법의 법계와 알라야식을 인식했을

---

185 Schmithausen 1987: 66f.

186 YBh 26,11-17. 안성두 외 번역 2023: 32.

때, 자신이 외적으로는 상박相縛에 의해, 내적으로는 추중박에 의해 묶여 있음을 통찰한다는 설명에서도 나타난다.[187] 『해심밀경』은 이 경우의 추중을 추중의 더미라는 의미에서 추중신麤重身(dauṣṭhulya-kāya)이라고 표현하는데 그런 추중의 더미에 의해 '이것은 나다'라는 아만(asmimāna)을 일으키기 때문이다. 또는 추중에 의해 영향을 받는 의지체란 의미에서 추중소의麤重所依(dauṣṭhulyāśraya)라고도 하는데,[188] 이는 의지체가 추중에 달라붙어 있거나 추중으로 구성된 것이라는 의미에서 추중에 의해 영향 받고 있음을 나타낸다. 이런 점에서 "심은 신체에 대한 집수의 결박(upādānabandha)에 의해 묶여 있다"[189]는 「문소성지」의 설명은 추중박을 나타낼 것이다. 그런 추중이 알라야식과 관련되고 또 알라야식이 개체존재의 근본적 구성요소라고 간주되었을 때, 추중의 의지체는 알라야식으로 해석될 수 있었다.

샤마타와 비파샤나에 의해 상박과 추중박이 제거될 때 추중박의 경우 심신복합체나 의지체에 부착된 종자가 문제되기 때문에 이 개념은 필히 알라야식과 연결될 것이다. 반면 상박의 경우 그 제거방식은 아비달마와 대승에서 차이가 난다. 단순하게 말한다면 유가행파는

---

187 「섭결택분」 T30: 581b27ff. samyaktvaniyāma는 "올바른 상태로 결정"이라는 의미로 성문승의 경우에는 예류에 들었을 경우, 보살의 경우에는 무분별지를 얻어 보살초지를 얻은 경우에 해당된다.

188 이에 대해서는 Schmithausen 1987: 497f, n.1330을 보라.

189 SNS VIII.34.5: gal te nang gi mtshan ma la brten nas byung ba'i tshor ba la gnas ngan len gyi lus kyis nga'o snyam du rlom sems su byed na de ni gnas ngan len gyi rnam par g.yeng ba yin no//. Schmithausen 1987: n.1294 참조. 「문소성지」의 설명은 안성두 외 번역 2023: 404.

이런 차이를 번뇌장과 소지장의 구별에, 또 안립제와 비안립제의 구별에 적용시키고 있다고 말할 수 있다. 아비달마에서 현상적 이미지는 번뇌장과 관련이 있고 또 그것의 제거는 개념적으로 범주화된 안립제로서의 사성제에 의해 이루어지며, 반면 보살에 있어서 현상적 이미지는 소지장과 관련되며 그것의 제거는 어떤 개념적 범주에 속하지 않는 비안립제로서의 진여의 인식에 의해 가능한 것이다.

5. 맺는말

샤마타와 비파샤나 양자는 그 기능상의 차이 때문에 초기불교 이래 대안적이고 상호 보완적인 수행방법으로서 간주되어 왔고, 따라서 수행자에 따라 선지후관先止後觀이나 선관후지先觀後止의 방식으로 수행되었지 양자가 동시에 작동한다고 생각되지는 않았다. 쌍운(yuganaddha)이란 용어가 처음으로 등장하는 Yuganaddhasutta의 경우에도 그 의미는 분명치 않지만 주석 문헌에 따르면 적어도 한 찰나의 심에서 동시에 작용한다고 이해되지는 않았다. 무아의 증득은 샤마타에 의해서는 가능하지 않고 오직 비파샤나에 의해서만 가능하다고 보았던 아비달마 시대에서는 비록 양자의 교대 수행이 설해진 경우에도 샤마타의 종속적 성격은 당연시되었다. 어떤 점에서 이는 하나의 찰나에 하나의 식만이 가능하다는 아비달마 주류 전통의 근본적 관점에서 볼 때 당연한 귀결이었을 것이다.

그렇지만 성립사적 관점에서 『유가론』의 가장 오랜 층위를 이루는 「성문지」에서 우리는 번뇌의 잠재적 경향성(隨眠, anuśaya)과 번뇌의 표층적인 분출(纏, paryavasthāna)이 구별되고 있음을 본다. 예를 들면 갈애의 잠재적 경향성(anuśaya)은 '의지체에 부착된 것'(āśraya-sanniviṣṭa)으로서 '그것에서 생겨난 분출'(纏, paryavasthāna)과 명시적으로 대비되고 있다. 이 구절은 수면을 의지체에 부착된 것으로 보고, 또 번뇌의 분출을 그 〔번뇌의 수면〕에서 생겨난 것으로 대비시킨다는 점에서 수면隨眠과 전纏을 분리시키는 해석이다.[190] 또 '의지체에 부착된 것'은 알라야에 대한 갈애로서 열반하지 못하는 성질을 가진 개아의 첫 번째 표징으로 간주되는데, 슈미트하우젠(1987: 67, n. 480)에 따르면 이 구절은 신체에 부착된 추중이나 잠재적 번뇌와 관련해서 알라야식의 유래를 논의하는, 그런 생리학적 해석을 공유하고 있다. 이렇게 번뇌의 잠재적 경향성이 신체에 부착되었다고 하는 「성문지」의 설명은 비록 알라야식이라는 명칭을 사용하지 않더라도 「의지意地」에서 알라야식의 신체적 성격으로 기술된 그런 특징을 갖고 있음을 보여준다. 따라서 이 구별은 알라야식의 도입과는 직접적인 관련은 없지만 그럼에도 알라야식의 도입을 위한 필요성을 보여준다는 점은 부정할 수 없을 것이다.

지-관 수행의 맥락에서 우리의 관심은 이러한 신체에 부착된 번뇌의 잠재적 경향성을 제거하기 위해서는 기존의 표층의식의 제거를 위해 사용했던 방법과는 다른 방법이 요청된다는 데 있다. 아비달마에서는 번뇌의 잠재성의 문제가 배제되었기 때문에 번뇌의 잠재력까지 제거할 수 있기 위해서는 전통적인 수행론이 설하지 못한 새로운 측면이나

---

190 「성문지」에서 anuśaya와 paryavasthāna의 구별의 의미는 안성두 역 2021: 29ff 참조.

다른 수행론적 관법을 고려하지 않으면 안 되었을 것이다. 그것이 무엇이든 간에, 새로운 수행은 신체에 부착된 번뇌의 잠재성의 제거를 겨냥해야만 했을 것이다.

나는 이를 위한 '새로운' 수행법이 지관쌍운의 관법이 아니었나 생각한다. 이는 최초기 유가행파 문헌인 『유가론』의 여러 곳에서 지관쌍운도止觀雙運道, 지관쌍운, 쌍운 등 연관된 용어로 샤마타와 비파샤나라는 전혀 다른 지향점을 가진 이질적인 수행을 하나의 심찰나에서 동시적으로 작동하는 것으로 파악함으로써 양자를 통합하려는 시도로 나타났다고 생각된다.

나는 이런 발전적 해석의 진행을 보여주기 위해 『유가론』에서 '지관쌍운' 용어가 나타난 주요한 단락을 검토했다. 먼저 「성문지」 제3유가처에서 다시 등장한 지관쌍운 개념의 의미와 그 도입 맥락을 다루었다. 여기서 "샤마타와 비파샤나가 쌍으로 결합된 채 진행되는 수행도"는 양자가 교체되는 것이 아니라 섞여서 고르게 작동하는 것임을 분명히 하며, 그럼으로써 비록 명시하지는 않았지만 이런 섞인 작동이 한 찰나에서 동시에 진행되고 있음을 암시한다. 무엇보다 중요한 것은 이런 섞인 작용을 가능케 하는 심적 상태가 심일경성(cittaikāgratā)=삼매(samādhi)로 규정되고 있다는 점이다. 다시 말해 비파샤나도 삼매로서 간주됨에 의해 이제 양자가 함께 삼매 속에서 공동으로 작동하는 것이 원리적으로 가능해졌다. 그리고 지관쌍운의 이론적 근거로서 「성문지」 제2유가처의 〈소연所緣〉 항목을 논의했다. 왜냐하면 〈소연〉 항목은 서술구조나 용어의 사용 등에서 제3유가처의 설명과 비슷한 점을 보여주기 때문이다. 여기서는 비록 샤마타와 비파샤나의 교대적인 수행이 전제되고 있다고 보이지만 샤마타의 작용이 진행될 때에도 비파샤나의 분별을 수반한 영상이 거기에 동시에 있을 수 있음을 암시하고 있다. 여기서 유분별영상과 무분별영상의 구별을 통해 제시되듯이 만일 양자가 동시적으로 진행된다고 한다면, 수행자는 현상적으로 제법의 관찰을 행하는 비파샤나의 명상 속에서도 동시에 잠재적으로 샤마타의 대상인 분별을 여윈 영상을 인식대상으로 할 수 있을 것이며, 그럼으로써 그것의 작용을 억압할 수 있을 것이다. 역으로 수행자가 어떠한 표층적인 인식대상도 영상의 형태로 취하지 않는 샤마타 수행을 하고 있고 따라서 현상적인 측면에서 어떤 현상적 법의 이미지를 인식대상으로 갖고 있지 않다고 해도, 비파샤나의 인식대상인 분별을 수반한 영상이 동시에 잠재적으로 수행자의 심층에서 마치 점선처럼 의식되고 있을 것이며, 따라서 분별을 수반한 영상의 작동을 통해 샤마타의 삼매 속에서도 대상의 인식이 가능해질 것이다. 그렇게 본다면 지관쌍운의 수행도는 단지 현상적 번뇌의 작동을 제거하는 것만을 목표로 하는 것이 아니라 그것이 의식의 대상이 되지 않을 때에도 심층 차원에서 작동하는 번뇌의 잠재력을 제거하는 문제와도 연관된다고 해석될 수 있다.

그렇지만 〈소연〉 항목의 기술에서 쌍운 개념이 전제하는 지관의 작용의 동시성의 여부는 명확히 설명되지 않았고, 단지 암시에 그치고 있다. 그 이유는 동시작용이 함축하는 식의 잠재적 층위의 존재가 아직 「성문지」에서는 인정되지 않았기 때문이다. 만일 샤마타와 비파샤나가 동시찰나에 존재한다는 것을 인정한다면, 이는 아비달마의 주류에서 인정하는 한 찰나에 하나의 식의 존재만을 허용하는 입장과는 벗어난 해석일 것이다. 따라서 「성문지」의 〈소연〉 항목에서는 이런 사실은 함축적으로만 남아 있었고 명시적으로 설해지지는 않았다.

그리고 『유가론』의 다른 부분에 나타나는 지관쌍운 개념을 검토했다. 이 개념이 지-관의 동시적 작동의 의미에서 발전적으로 해석되기 시작한 곳은 『유가론』 「섭사분」과 「섭결택분」에서이다. 「섭사분」(III.2)에서 지-관 양자의 통합적 기능이 "지관쌍운도에 들어간 자의 심은 집중되었고, 두 부분은 하나로 되며" 등의 표현에 의해 보다 분명히 나타나고 있다. 특히 이 부분은 "여섯 사태" 등 전문술어의 인용에 의해 「성문지」 제3유가처를 전제하며, 지관쌍운 개념을 지-관의 동시적 작용으로 새롭게 해석하고 있다.

그러한 동시적 작용이 수행도의 어떤 단계에서 가능한가를 보여주는 곳이 바로 「섭결택분」이다. 「섭결택분」의 두 설명은 지관쌍운을 모두 견도와 관련시키고 있다는 데 특징이 있다. 여기서 지관쌍운을 심-신의 종자의 제거와 관련시켜 설명하고 있는데, 거기서 비록 알라야식을 명시하는 것은 회피하면서도 알라야식이 실제로 담당했던 두 가지 기능을 고려하여 서술하고 있다는 인상을 준다. 예를 들어 지-관이 각기 심과 심소에 부착된 번뇌의 잠재적 경향성(anuśaya) 및 청정색(prasādarūpa)에 부착된 번뇌의 잠재적 경향성을 제거한다는 설명의 경우 이는 슈미트하우젠이 구분한 알라야식의 두 가지 기능, 즉 생물학적 신체유지 기능과 염오된 종자의 저장소로서의 기능과 매우 유사하다는 점에서 보다 깊은 연구를 요구한다. 알라야식의 생명유지 기능과의 유사성이 암시하듯이, 지관쌍운이란 새로운 수행도는 초기 유식사상이 보여주는 신체성에 대한 깊은 관심을 반영하고 있으며, 또 신체성이 함축하는 문제에 대한 반성 위에서 발전된 것은 아닌가 하는 생각이 든다. 물론 지관쌍운 개념이 처음 등장한 「성문지」에서 알라야식이라는 명칭은 보이지 않지만 신체에 부착된 번뇌의 종자라는 표현은 이미 신체화된 번뇌의 형태에 대한 반성이 충분히 무르익어 있다는 인상을 준다. 「섭결택분」에서 알라야식의 존재증명과 그 기능 및 소멸 등의 문제가 처음으로 체계적으로 논의되고 있음을 고려할 때 지관쌍운이 함축하는 문제도 알라야식의 맥락에서 반성되었을 가능성도 충분히 고려할 수 있을 것이다. 이렇게 본다면 지관쌍운전도止觀雙運轉道라는 용어로 표현되고 있는 실천적 관법은 단순히 이론적 요청에 의한 것이 아니라 유가행파에게 매우 중요한 잠재성의 문제가 가진 명상수행론적인 함축성을 선취해서 표현한 것이거나 또는 알라야식의 등장을 가능케 한 여러 심-신 문제의 상황을 반영하고 있다고 생각된다.

반면 『유가론』의 여러 다양한 설명을 제외하면 다른 유가행파 문헌들에서 지관쌍운에 대한 논의는 드문 편이다. 그중에서 『대승장엄경론』에 대한 안혜의 주석에서 새로운 해석상의 발전이 보이지만 이를 제외하면 다른 문헌에서의 언급은 주로 「섭결택분」의 내용에 의거하고 있으며 특기할만한 새로운 내용은 없다고 보인다.

이와 같이 나는 샤마타와 비파샤나가 기능상 서로 구별되는 두 개의 수행도라는 입장에서 시작했지만 수행도의 어느 단계에서 또는 어떤 새로운 관점에서 양자가 상호 보완적 수준을 넘어 통합적으로 작동해야 한다는 인식이 생겨났을 수도 있으며, 이는 특히 유가행파를 유가행파로 만들어준 새로운 패러다임이 제기되고 도입되고 정착되었던 시기에는 더욱 그럴 것이라고 생각한다. 유가행파의 새로운 패러다임이 바로 지관쌍운 개념에 적용되었을 때 지-관 양자의 기능을 통합하려는 사고가 출현했다고 생각된다. 「성문지」에 나타나는 지관쌍운 개념의 첫 번째 용례에서는 비록 지-관 양자가 쌍으로 작동한다는 아이디어는 나오지만 여기서는 아직 알라야식이라는 새로운 패러다임이 도입되지 않았기 때문에 어떻게 양자가 하나의 심찰나에서 동시에 쌍으로 작동할 수 있는가의 문제는 해결될 수 없었다고 보이지만 발전적 해석의 여지는 충분히 보여준다고 생각된다.

이 주제는 사상사적 측면에서나 또는 수행론적 측면에서 흥미로운 작업이겠지만, 강조하고 싶은 점은 지관쌍운이 선지후관先止後觀이나 선관후지先觀後止와 같이 수행상의 선후관계의 문제가 아니라는 것이다. 만일 그랬다면 굳이 새로운 용어를 사용할 필요가 없었을 것이다. 그런 전제에서 시작하면서 나는 유식학파의 지-관 수행은 샤마타라는 일반적 집중 상태에 의거해서 아비달마에서 강조된 해탈적 인식으로서의 비파샤나를 결합시켜 단박에 또는 동시에 작동시키는 새로운 명상기법이었다고 추정하고 있다.

IV. 수행도의 차제와 번뇌의 제거

1. 유가행파 문헌에서 수행도의 종류와 그 특징

앞에서 살펴본 것처럼 불교의 수행은 샤마타와 비파샤나로 요약될 수 있다. 그것은 수행자의 정신적 성취의 정도에 따라 여러 단계로 구분되고 그런 단계가 바로 수행도의 체계일 것이다. 그렇지만 불교의 수행도나 또는 그에 관한 교법체계를 마치 하나의 이론이라고 간주하는 태도가 일반인에 있어서뿐 아니라 우리나라 수행자들에게도 자주 나타난다. 불교를 선禪과 교敎로 나누고 전자를 실천수행(practice), 후자를 이론구조(theory)로 단순화시키고 대립구조로 파악하는 설명도 이에 속할 것이다. 우리는 이 문제가 넓은 맥락에서 불교에서 교설과 수행과의 관계를 어떻게 이해해야 하는가와 관련되어 있다고 생각한다. 양자의 관계에 대한 보다 반성적인 논의가 최근 슈미트하우젠의 저서에서도 독립적인 항목에서 언급되었다.[191] 따라서 수행도를 다루기 전에 교설이나 교법에 대한 이러한 오해를 간단하게나마 지적하는 것이 필요할 것이다.

나는 불교 전통에서 교법은 결코 실천과 분리된 하나의 이론으로 여겨지지 않았다는 점을 강조하고 싶다. 이는 너무나 당연한 말이지만 우리 불교 전통에서 너무나 쉽게 그렇게 오해되어 온 것이기도 하다. 예를 들어 초기불교 이래 삼법인으로 잘 알려진 제행무상과 일체개고라는 명제를 보자. 슈미트하우젠(2014: 631)은 이 명제가 모든 중생에게 타당한 보편적인 명제로 간주되고는 있지만 그것들은 이론적 반성에서 귀결되는 교리적 입장이라기보다는 일상생활의 실존적 느낌을 설명하면서 정신적 발전을 위해 그것을 심화하고 확장하려는 명상을 위한 지침이었다고 생각한다. 감각기관과 감각대상들이 무상하다고 설하는 경전의 서술도 마찬가지로 이는 명상수행을 확립시키고 발전시키기 위한 일종의 관법 역할을 수행하는 것이지, 현실경험을 이론화시킨 것은 아닐 것이다. 이는 아비달마뿐 아니라 대승에서도 마찬가지라고 생각된다. 이렇게 본다면 교법이란 자신과 사물을 이런 방식으로 관찰하고 명상할 때 탐욕을 극복하고 해탈을 얻을 수 있다고 수행자들에게 보여주는 일종의 관법이나 지침서 역할을 하도록 고안된 것이라고 말할 수 있다.

선불교와 밀교에 속한 몇몇 수행자들의 극단적인 경우를 제외하면—그리고 그런 경우조차 나는 교육적 목적 하에서 예시되었다고 생각하지만—교법을 등한시하거나 배척했던 어떤 불교 전통도 존재할 수가 없는

---

191 Schmithausen 2014: 629-641.

것이다. 왜냐하면 이는 자가당착이기 때문이다. 궁극적인 것의 불가언설에서 시작했던 유가행파조차 교법이란 『해심밀경』의 표현을 빌리면 "성자의 경험에 의거한 것이기 때문"이다. 다시 말해 교법은 경험을 사람들에게 전달하고 그럼으로써 그들을 원하는 구제론적 목표로 이끌기 위해 고안된 언설적인 가르침이다. 이는 무아설이나 사성제처럼 매우 잘 알려진 기본 가르침에 대해서 타당할 뿐 아니라 다른 이차적인 중요성을 가진 교법에 대해서도 마찬가지다.

우리는 불교사를 통해 교법의 타당성 여부는 그것을 명상 속에서 경험한 수행자들의 체화된 이해에 일차적으로 의존하고 있었음을 확인할 수 있다. 니시 기유(西義雄)는 『대비바사론』에서 아비달마의 복잡한 교설조차도 유가사(Yogācāra)의 경험에 의거하여 수정되었음을 보여주었다. 이렇게 볼 때, 불교에서 교법은 실천(practice)과 분리된 의미에서의 이론(theory)이 아니라 어떻게 여실지견할 것인지를 탐구하는 하나의 관법이라고 보는 것이 타당할 것이다.

CE. 300년 이후 본격적으로 편찬되기 시작했던 유가행파 문헌은 한편으로는 이전까지의 대승의 수행도와 다른 한편으로는 아비달마의 수행체계를 수용하면서 다양한 수행 단계와 수행도를 설하고 있다. 대승의 수행 단계는 보살십지이고 수행도는 6바라밀 내지 10바라밀을 떠나 생각할 수 없겠지만 유가행파는 이를 전통적인 수행 단계와 수행도 체계와 결합시켜 다양하게 제시하고 있다. 슈미트하우젠은 『팔천송반야경』과 같은 초기 대승경전에 나타나는 소위 "대승적 환영주의"(Mahāyānist illusionism)가 전통적인 수행론에 의거해서 발전되었다는 점을 강조하고 있다. 그는 전통적 수행론 중에서 특히 삼해탈문에서 나타나는 초현상적인 것의 경험 및 욕망의 대상을 순간적이고 허위적이며 비실체적이며 환幻과 같은(māyopama) 것이라고 기술하는 명상의 영향 아래서 이런 대승의 관법이 발전할 수 있었을 것이라고 생각한다.[192] 그렇지만 이를 다루기 전에 궁극적인 것은 언설로 표현될 수 없다고 주장하는 유가행파에서 왜 수행도의 체계를 상세히 구축했으며 그런 체계가 의미하는 바는 무엇인지를 먼저 생각해 보는 것도 좋을 것이다.

유가행파 문헌에서 궁극적인 것이 불가언설이라는 표현은 쉽게 발견된다. 「보살지」에서 진실의 특성은 개념적인 확립의 관점에서 존재(有, bhāva)와 비존재(無, abhāva)의 불이不二(advaya)로 특징지어진다고 설명하고 있다. 여기서 존재란 예를 들어 색 등의 오온이라는 명칭 내지 언어 표현에 대응하는 어떤 외적 존재자가 있다는 이해를 가리키며, 비존재란 그런 오온이라는 언어 표현에 대응하는 어떤 근거나 원인도 없다는 것이다. 「보살지」는 이러한 존재와 비존재라는 파악을 두 개의 극단이라고 부르면서 불이의 이해를 위없는 중도라고 말한다.[193] 승의(paramārtha)가 불이의 〔智의〕 대상이라는 설명은 『대승장엄경론』에서도 발견된다. 거기서 승의의 특징은 5종으로 제시된다. (i) 존재하는 것도 아니고 존재하지 않는 것도 아니며, (ii) 같지도 아니고 다르지도 않으며, (iii) 생기는 것도 아니고 소멸하는 것도 아니며, (iv) 감소하지도 않고 증대되지도 않는 것이며, (v) 청정해지는 것도 아니고 청정해지지 않는 것도 아니라고 말하고 있다.[194] 세친은

192 Schmithausen 2014: 636ff.

193 BoBh 39,1ff; 안성두 역 2015: 79f 참조.

불이가 바로 승의를 가리킨다고 주석하고 있다.

궁극적인 것과 언어 표현 사이의 간극에 대해서 『해심밀경』은 「승의제상품勝義諦相品」(SNS I-IV)에서 상세히 설명하고 있다. 여기의 주제는 승의勝義의 불가언설성이고 불이이다. 그런데 특히 주목되는 설명은 궁극적인 것이 언어 표현될 수 없으며, 따라서 그것이 유-무의 어떤 것으로서 파악될 수 없다면 붓다께서 무엇 때문에 일체법을 유위와 무위로 구분해서 설명하셨는가의 문제를 다룬 제1장(SNS I.)이다. 이 문제에 대한 답은 유위나 무위의 범주는 스승께서 가설하신 문장에 지나지 않으며, 그 문장의 언어 표현은 단지 개념적으로 구성된 것이기에 이는 스승의 경험 내용과 완전히 일치하지 않는다는 것이다. 여기까지의 설명은 붓다의 교설을 포함해서 모든 구성된 것의 허구성을 해체시키려는 시도로 『반야경』 이래의 대승 전통을 이어받고 있다고 보인다. 만일 여기서 『해심밀경』의 설명이 끝났다면 공성의 통찰은 드러나겠지만 언어적인 소통을 통해 구성된 중생들의 생활세계에서 어떻게 대승적인 해탈이 가능할지는 답해지지 않았을 것이다.

『해심밀경』은 유위나 무위라는 언어 표현 내지 교설은 성자들의 자내증의 경험에 의거하고 있기 때문에 완전히 근거를 갖지 않는 것은 아니라고 설명한다. 이는 교설은 경험과 일대일 대응관계에 있는 것은 아니지만 그럼에도 성자들의 실재성 경험에 대한 기술인 한에서 궁극적인 진실을 지시하는 기능은 갖고 있음을 보여준다.

---

194 MSA VI.1: na san na cāsan na tathā na cānyathā na jāyate na vyeti na cāvahīyate/ na vardhate nāpi viśuddhyate punar viśudhyate tat paramārtha-lakṣaṇam//.

그렇지만 이런 주장보다 더욱 중요한 지적은 불가언설의 법성을 그럼에도 언어 표현하려는 것은 성자의 경험을 타인들에게 이해시키기 위해서 유위나 무위로 교설한다는 설명이다. 다시 말해 교설의 근거는 이를 통해 깨닫지 못한 중생들을 깨달음의 세계로 인도하기 위한 연민심이라는 것이다. 이와 같은『해심밀경』「승의제상품」의 첫 번째 주제(SNS I.)는 궁극적인 것의 불가언설성과 그럼에도 교법의 존재 이유에 대한 유가행파의 이해를 요약한 것으로서 사상사적으로 가장 중요한 챕터의 하나라고 생각한다. 왜냐하면 이 설명은 붓다께서 정등각을 얻으신 후에 깨달음의 경험의 심오성과 그에 따른 언어적 전달의 어려움에 의거해서 세상을 위해 가르침을 펴달라는 범천의 권청을 처음에 거절하였다는 일화에 담긴 의미를 대승적으로 재해석한 것이기 때문이다.

「승의제상품」의 다른 세 가지 주제들은 승의와 언어 표현에 의거한 이해의 차이를 구체화시킨 것으로 승의와 개념적 이해의 차이(SNS II.), 승의제로 특징지어지는 것이 제행과 동일한지 아니면 완전히 다른지의 문제(SNS III.), 그리고 승의는 마치 허공처럼 일체처에서 일미로 특징지어지기 때문에 증상만을 가진 자들의 부분적인 이해에 의해 승의의 일미성은 파악될 수 없다는 내용(SNS IV.)이다.

여기서 궁극적인 승의와 현상적인 제법 사이의 관계는 유가행파의 전형적인 표현처럼 "같지도 않고 다르지도 않다(非一而非不異)." 만일 양자가 같다면 현상세계의 인식이 그대로 승의의 인식이 될 것이며, 반대로 완전히 다르다면 승의의 세계는 현상세계를 완전히 초월하고 있기 때문에 현상의 인식에 의해서 결코 도달할 수 없는 것으로 될 것이다. 그렇지만 불교 특히 대승의 특징은 승의와 현상세계를 단순히 분리하는 데 있지 않다. 승의를 허공에 비유하는 설명에서처럼 승의는 모든 분할성을 초월한 것이어야만 하지만 동시에 그런 허공은 우리의 부분적인 인식에 의해 분할된 세계인식의 근저에도 존재해야만 하기 때문이다. 만일 우리가 분할되고 한정된 우리의 대상인식의 상태를 직관하면서 그런 대상인식의 무상·고·무아를 통찰함에 의해 인지된 대상의 존재성을 해체시키고, 있는 그대로의 세계, 허공과 같이 분할되지 않은 세계 자체를 경험할 수 있을 것이다.

이런 경험이 붓다에 의해 완전히 성취되기 때문에 유가행파는 물론 대승 일반은 이미 초기부터 삼아승기겁이라는 오랜 세월 동안의 수행을 통한 성불을 전제하고 있다. 왜냐하면 이런 사고의 배경에는 보살이 최고의 수행 단계에 이르렀다고 해도 이를 붓다와 엄격히 구별하려는 관점이 놓여 있기 때문이다. 이런 차별적인 관점은 여래장계 문헌에서 강조되고 있지만, 유가행파 문헌의 수행도의 기술에서도 나타나고 있다. 예를 들어 「보살지」에는 구경으로 가는 단계에 안주한 보살과 여래에게 어떤 지혜의 차이가 있는가의 문제를 제기하면서, 그 보살은 어떤 형태를 볼 때 마치 얇은 천에 의해 덮여 있는 것처럼 보지만 여래의 인식은 어떤 것에 의해서도 덮여지지 않은 것이라고 설명하면서 이어 보살과 여래의 지혜의 차이와 신체의 차이 그리고 심의 차이를 강조하고 있다.[195]

물론 인도에서도 7세기 이후 발전한 밀교 전통에서는 삼아승기겁의

---

195 BoBh 406,3-407,4; 안성두 역 2015: 429f 참조.

오랜 기간 대신에 현생에서 완전한 깨달음을 성취하려는 즉신성불卽身成佛의 이상이 나타나고 있고 또 동아시아의 선불교에서도 그러한 경향이 보이고 있지만 이는 대승의 주류 전통의 해석은 아니다. 오랜 시기에 걸친 보살의 수행에서 전제가 되는 것은 바로 그에 준하는 방대한 수행도의 구축이다. 수행도란 수행자를 올바른 방식으로 나아가게 하기 위한 일종의 안내서와 같은 역할을 한다. 안내서 자체가 실제 여행에서 우리가 마주치게 되는 모든 것을 담을 수는 없지만, 그럼에도 그것이 『해심밀경』이 말하듯이 그 길을 먼저 걸어갔던 성자들의 내자증의 경험을 반영하고 있다면 뒤따르는 수행자들이 자신의 해탈 경험을 반성하는 데 있어 더할 나위없는 도움이 될 것이다.

2. 대승 보살도의 토대와 유가행파의 수행도

1) 보살의 종성과 발심

수행도란 원하는 목표로 인도하는 길이다. 성문승의 아라한의 목표와는 달리 대승의 목표는 붓다의 상태에 도달하는 것이기 때문에 이를 위해 단지 번뇌의 제거뿐 아니라 일체지자의 상태에 필수적인 일체중생에 대한 대비심이 요구되었다. 초기 대승경전은 『본생담』의 모델에 따라 이를 실천하는 수행자를 보살(bodhisattva)이라고 불렀다. 그 의미는 '보리를 향한 중생'이나 '보리에 헌신하는/매달리는 자' 또는 '보리를 향한 힘이나 에너지, 용기를 가진 자'로 풀이될 수 있다. 유가행파 문헌은 이런 보살의 이상을 실현시키기 위해서는 먼저 보살의 종성과 발심을 전제하고 있으며, 「보살지」에서 두 항목은 첫 두 장을 차지할 정도로 보살행을 위한 토대 중의 토대이다.

(1) 종성 개념

종성(gotra)은 BHSD에 따르면 '가문(family), 종교적 공동체', '광산(mine)', '원천(origin)', '종류, 유형(kind, class)' 등의 다양한 의미를 가진 단어이다. 「보살지」는 종성이 대승의 깨달음을 위해 노력하는 보살들의 '근거'라고 하면서, 종성의 동의어로 유지(upastambha), 원인(hetu), 의지(niśraya), 기반(upaniṣad), 선행요소(pūrvaṃgama), 잠재요소(nilaya)를 들고 있다.[196] 이와 같이 종성이란 보살행의 근거나 지지물 역할을 하는 것으로서 이런 근거가 확보되었을 때 비로소 보살행이 시작될 수 있기 때문이다. 이러한 종성 개념은 원래 불교수행자들이 어떤 목표를 향해 나아가는 데 적합한지를 성향의 측면에서 정한 것으로 보이지만, 초기 대승경전에서 삼승의 구도가 제시된 이래 삼승의 수행자에 따른 분류로 발전했을 것이다. 이때 성문의 종성은 성문의 수행도에 적합한 근거나 성향을 가리키며, 보살종성은 보살의 수행에 적합한 근거나 성향을 가리킨다.

『유가론』에서는 종성을 삼승의 종성에 더해 부정종성不定種性과 무종성無種性의 5종으로 구별하는데, 부정종성이란 삼승의 어느 쪽으로도 아직 결정되지 않은 종성이고, 무종성이란 아직 어떠한 종성도 갖지 않은 상태를 말한다. 무종성자의 의미는 『보성론』에 잘 표현되어 있는데, 그는 '열반의 종성을 갖지 않은 자'(aparinirvāṇa-gotraka)로서

196 안성두 역 2015: 45f.

해탈로 이끄는 수행도를 싫어하는 마음을 갖고 오직 윤회만을 원하지 열반을 원하지 않는 자이거나 또는 불교도이지만 대승의 가르침에 대해 적대적인 자로 일천제一闡提(icchantika)라고 설명된다.[197] 전자의 경우 윤회세계의 초월이나 열반이라는 정신적인 구제 문제에 대해 하등의 관심도 갖지 않은 자를 가리키지만, 그들의 반구제론적 태도조차 완전히 결정된 것이 아니라 단지 그들의 관심이 세속적 욕망을 향하고 있는 한 그렇다는 의미로 이해해야 하는 것이다. 반면 후자는 대승에 대해 적대적인 태도로 일관하는 자로서, 아마 카라시마가 해석한 『대승열반경』에서의 일천제의 의미에 해당될 것이다.[198]

이렇게 본다면 종성론은 교육학적 목적에 따른 수행자의 분류 이상의 것이 아니다. 여러 성향을 가진 사람들 중에서 대승에 관심을 가진 사람들을 불종성 내지 보살종성으로 구별해서 그들에게 불성의 성취로 이끄는 적합한 가르침을 제공하려고 하는 목적이 종성론의 밑바닥에 깔린 의도이다. 우리는 이런 실천적 구별이 실제로 「성문지」나 실크로드에서 발견된 소위 '요가교의서'에서 교육학적 목적에서 실행되었음을 발견할 수 있다. 따라서 교육학적 목적에 따라 수행자의 성향과 관심, 능력에 따른 구별을 마치 존재론적 차이로 해석해서

---

197 안성두 역 2012: RGV I.33에 대한 해설 참조.

198 Karashima(2007: 73ff)는 一闡提(icchantika) 개념은 『대승열반경』과 『보성론』, 『능가경』 등 여래장사상에 친숙한 경전에 등장한다고 지적하면서, 『대승열반경』에서 그들은 전통적인 (대승의) 가르침을 따르던 존경받던 보수적인 승려들로서 경의 여래장의 설명에 동의하지 않았던 "악한 비구들"이었을 것이라고 추정한다.

무종성자에게는 영원히 해탈의 가능성이 결여되어 있고, 이는 여래장의 보편적 성불론과 모순된다고 비판하는 것은 종성론에 대한 그릇된 이해이거나 인도불교에서 종성론의 문제맥락과는 전혀 무관한 것이다.

「보살지」에서 종성은 본성적으로 존재하는 종성(本性住種姓)과 습소성종성習所成種姓의 2종으로 나누어진다. 본성주종성은 "보살이 가진 내적인 6처(內六處)의 특별한 양태이며, 그와 같은 양상으로 연속적으로 내려온 것이고, 무시이래로 자연적 성질에 따라 획득된 것"으로 규정되는데, 흥미로운 것은 여래장 문헌이 이러한 본성주종성을 내재하는 여래장의 존재에 적용시킨다는 점이다. 반면 습소성종성은 이전에 선근의 반복연습에 의해 후천적으로 획득된 것이다.

(2) 발심과 서원

자신의 종성을 확인한 후에 대승의 수행자에게 요구되는 것은 발심과 서원이다. 엄밀히 말하면 보리에는 성문의 보리와 연각의 보리, 불보리가 있기에 여기서의 의미는 당연히 붓다의 보리를 향한 마음을 일으킨다는 뜻이다. 붓다의 보리는 무상정등보리無上正等菩提, 즉 위없는 완전한 깨달음을 가리키며 이성二乘의 보리와는 구별된다. 구별되는 이유는 이승이 자리自利(svārtha)를 위해 열반의 증득을 목표로 하는 반면, 보살은 '상구보리上求菩提 하화중생下化衆生'이란 표제어로 잘 알려져 있듯이 일체지자의 상태를 증득하기 위한 자리와 일체중생의 제도라는 타리他利(parārtha)를 동시에 수습하기 때문이다. 자리를 위해서는 공성의 통찰이 필요하지만, 이러한 통찰은 오직 올바른 발심에 근거할 때 작동하기 때문에 발심은 위없는 깨달음의 뿌리라고 하는 것이다. 그리고 타리를 위해서는 대비의 실천이 요구되지만 그것도 올바른 발심에 의거하지 않는다면 가능하지 않기 때문에 발심은 대비심에서 나온다고 하는 것이다. 대비심의 최고의 형태는 일체중생을 위없는 깨달음으로 이끌겠다는 열망으로 이것이 바로 원보리심願菩提心이며, 이를 실천하는 것이 행行보리심이다.

여기서 나는 발심과 관련해 세 가지 점에 주목할 필요가 있다고 생각한다. 첫 번째는 상구보리와 하화중생이라는 두 가지 목표는 서로 상반된 방향성을 보여준다는 점이다. 위에서 말했듯이 수행자가 이 세상에는 집착할만한 어떤 것도 없다는 공성의 인식을 증득했을 때 그는 윤회세계로부터 떠나게 되고, 반대로 고통받는 중생에 대해 큰 연민심을 일으킬 때 그는 다시 윤회세계로 돌아오기 때문이다. 수행자가 이런 두 가지 목표를 동시에 실천할 때 대승은 이를 무주처열반의 이념과 연결시킨다. 다시 말해 공성의 통찰을 통해 모든 집착의 대상으로부터 벗어나지만 동시에 대비심 때문에 윤회세계에 머물면서 중생들의 이익을 위해 실천한다는 것이다.

두 번째는 일체지자의 상태의 추구와 일체중생의 구제라는 목표에서 선후의 관점에서 후자에 중점이 놓여 있다는 사실이다. 완전한 붓다의 상태를 증득하려는 자리自利가 목표로서 설정되어 있지만 그 목표는 사실상 일체중생의 구제라는 대비심의 실천 없이는 성취될 수 없다고 대승은 일관되게 주장하고 있기 때문이다. 그렇지만 동시에 자타의 평등성에 대한 근본적인 통찰이 바로 공성의 이해를 통해서만 가능하다면 대비심의 완성은 자신의 성숙 없이는 이루어질 수 없다는 사실도 분명할 것이다.

세 번째는 바로 자리와 이타의 상반된 방향성이 바로 발심 자체의 힘에 의해 이끌려지고 있다는 점이다. 이는 종종 간과되어 왔던 것이지만 나는 이런 발심의 힘이 보살이 수행과정에서 직면하는 여러 모순된 실존적 상황을 내면에서 극복하게 하고 또 보살행을 유지시켜 주는 원천으로 작동하고 있다고 생각한다.

2) 유가행파의 여러 수행도

초기불교에서 사용된 수행도의 범주로서 가장 잘 알려진 것이 유루도有漏道(sāsrava-mārga)와 무루도無漏道(anāsrava-mārga)이다.[199] 루漏(āsrava)란 염오된 요소의 유입("influx")을 의미하며, 유루有漏란 루漏를 수반한 것이고 무루無漏란 루를 여읜 것이다. 이 한 쌍의 개념은 후대에 세간도와 출세간도의 범주와 함께 사용되었다. 이러한 기본적 도식 위에서 유가행파는 앞에서 언급했듯이 한편으로는 십지와 바라밀, 유식성과 같은 대승의 고유한 수행도 전승에 의거하고, 다른 한편으

199 āsrava(한역: 漏 또는 流)는 불교와 자이나교가 공유하는 관념으로 "influx"로 영역되고 있듯이 염오된 요소들의 유입을 뜻하지만 그 의미는 다르다. 자이나교에서는 업을 야기하는 요소들이 몸과 영혼에 유입하는 것을 의미하지만, 초기불교는 업의 유입 대신에 심리적으로 번뇌를 야기하는 요소들의 유입의 의미로 사용되었다. 루에는 욕루(kāmāsrava)와 유루(bhavāsrava), 무명루(avidyāsrava)의 3종이 있다. 欲漏는 감각적 욕망의 흐름이며, 有漏는 재생을 향한 흐름이고, 無明漏는 모든 번뇌에 수반되는 무명이라는 흐름을 가리킨다. 그러므로 유루란 윤회재생과 관련된 심적 요소들을 수반한 흐름을 의미할 것이다. 반면 무루란 이런 요소들로부터 벗어난 심적 상태로서 열반을 향한 심적 상태이다.

로는 아비달마로부터 전해진 수행도 체계에 의거하면서 양자를 통합한 새로운 수행도 체계의 구축을 위해 노력했다. 그 과정에서 여러 유가행파 문헌에서 다양한 수행도들이 제시되고 있다. 이하에서는 그중에서 대표적인 몇 가지를 간략히 제시하겠다.

(1) 첫 번째는 「보살지」에서 설한 일곱 단계의 수행도와 13종의 보살의 수행(bodhisattvavihāra)으로서 주로 10지地에 의거해 구분되고 있다. 일곱 단계는 종성지種姓地, 승해행지勝解行地, 정승의락지淨勝意樂地, 행정행지行淨行地, 결정지決定地, 결정행지決定行地 그리고 도구경지到究竟地이며,[200] 13종의 보살의 수행은 주住(vihāra)라는 말로 표현되어 있다. 양자의 대응관계를 보면, 종성주와 승해행주는 각기 종성지와 승해행지에 대응하며, 보살초지에 해당하는 환희주歡喜住는 정승의락지에 대응한다. 증상계주增上戒住와 증상심주增上心住 양자와 세 증상혜주增上慧住 및 노력을 수반하고 상을 여읜 주가 행정행지이다. 노력을 여의고 현상적 이미지를 여읜 주가 결정지로서, 이 단계는 제8 「보살지」에 해당된다. 제9 「보살지」에 해당하는 무애해주無礙解住가 결정행지이다. 최고의 〔보살의〕 주와 여래에 속하는 주住가 도구경

200 각 단계의 명칭은 한역만으로는 이해하기 어렵지만, 그 의미를 설명하면 種姓地(gotrabhūmi)는 종성의 단계이고, 勝解行地(adhimukticaryābhūmi)는 승해가 행해지는 단계이며, 淨勝意樂地는 뛰어난 의향이 청정해진 단계이고, 行淨行地는 청정이 행해지는 단계이며, 決定地는 세 번째 결정성에 떨어진 확정된 단계, 決定行地는 [보살의] 행동이 결정된 단계이며, 마지막 到究竟地는 구경에 이른 단계이다.

지에 대응한다.[201]

(2) 두 번째는 『대승장엄경론』과 『집론』에서 설해진 5종의 요가의 단계(yogabhūmi)이다. 『대승장엄경론』(MSA 65,16ff)에서 5종은 능지能持(ādhāra), 소지所持(ādhāna), 경상鏡像(ādarśa), 명오明悟(āloka), 그리고 의依(āśraya)라는 키워드로 제시되어 있다. 안혜의 『대승장엄경론석』에 따르면 능지(ādhāra)는 보리를 위한 자량을 적집하기 위해 2종 무아의 가르침을 듣고 사유하는 것이다. 소지(ādhāna)란 청문한 진리를 대상으로 하는 여리작의이다. 안혜는 이 단계를 사선근위의 네 단계에 배대해서 설명하고 있다. 경상(ādarśa)이란 인식대상이 단지 의언(manojalpa)에 지나지 않는다고 관찰하는 삼매로서 견도에 해당하는 단계이다. 이 단계에 도달했을 때 보살은 마치 거울처럼 진실을 있는 그대로 반조하면서 삼계유심의 도리를 깨닫는다. 명오(āloka)란 존재와 비존재를 나누어 그 본질을 통찰하는 단계이다. 안혜는 이 단계를 수도修道에 배대하고, 존재와 비존재를 삼성으로 해석하고 있다. 마지막 의(āśraya)란 최종적인 의지체의 전환을 성취한 것으로 수행도의 완성이다. 이런 5종 요가의 단계는 오위五位의 수행도와 실질적으로 동일한 수행과정을 묘사하고 있다고 간주된다. 이 수행도의 특징은 능-소의 비지각에 포인트가 맞추어져 있다는 점에서 입무상방편상의 수행도와 연관되어 있다고 보인다. 델레아누는 5종 요가의 단계가 "구조적으로는 성문승 계열의 다섯 단계에 의거하면서도 내용적으로는 유식관을 체험시키는 일련의 선정수습이 그 중심에

201 BoBh(D) 253,1ff 참조. 이 대응관계는 제3유가처의 제3장 地品의 앞부분에 설해져 있다.

놓여 있다"고 평가하고 있다.[202]

(3) 세 번째는 「성문지」의 수행도에서 중요한 위치를 차지하는 7종 작의作意(manaskāra)이다. 7종 작의는 요상작의了相作意, 승해勝解작의, 원리遠離작의, 섭락攝樂작의, 관찰觀察작의, 가행구경加行究竟작의 그리고 가행구경과加行究竟果작의이다.[203] 이것들은 『유가론』「성문지」에서 세간적인 수행도와 출세간적인 수행도를 분류하는 틀로서 사용되고 있고, 「사마히타지」에서는 정려는 물론 해탈과 삼매, 등지를 아우르는 근본작의로서 언급되고 있다. 이 개념은 「사소성지」와 「섭결택분」 등 『유가론』의 다른 부분에서도 언급되고 있으며, 『집론』(AS 68,22ff)에서도 4정려와 관련하여 언급되고 있다.

수행도의 차제로서 언급되는 작의는 당연히 심소법의 분류에서 변행심소에 속하는 작의와는 전혀 다른 기능을 한다. 변행심소란 "일체의 심에서 생겨나며, 일체의 지地에 속하며, 일체 시에 모두 생겨나는" 심작용으로서, 여기서 작의는 "심의 작동(ābhoga)"[204]으로

202 델레아누 2014: 159f.

203 7종의 명칭을 풀이하면 특징을 요지하는 작의(lakṣaṇapratisaṃvedī manaskāraḥ), 승해를 일으키는 작의(ādhimokṣiko manaskāraḥ), 원리로 이끄는 작의(prāvivekyo manaskāraḥ), 즐거움을 포섭하는 작의(ratisaṃgrāhako manaskāraḥ), 관찰하는 작의(mīmāṃsā-manaskāra), 가행의 구극에 도달한 작의(prayoganiṣṭho manaskāraḥ), 그리고 가행의 구극을 결과로 가진 작의(prayoganiṣṭhāphalo manaskāraḥ)이다.

204 YBh 59,21-60,1. ābhoga는 한역에서 發動, 發, 發悟 등으로 심이 대상을 향해 발동하는 측면을 가리키며, 작의의 정의에서 보통 사용된다. 예를 들어 AS(G) 15,38: manaskāraḥ katamaḥ/ cetasa ābhogaḥ/ ālambane cittadhāraṇakarmakaḥ; PSk 5,5에서의 작의도 AS와 동일하다.

정의되고 있다.

그러나 수행의 맥락에서 작의는 샤마타와 비파샤나를 포함해 넓은 의미에서 수행도를 나타내고 있다. 그리피쓰는 작의는 초기경전 시기부터 전승된 정려나 무색정과는 반대로 불교명상의 정적인 형태에 속하는 것이 아니라 분석적 관찰의 기법에 속한다고 지적한다. 그러나 이 개념이 정적인 명상에 접합한 것이 아니기 때문에 그는 명상 단계의 체계에서 작의 개념을 도입한 이유는 유가행파가 이런 정적인 명상 형태에 대해 어떠한 구제론적 가치도 부여하지 않았다는 데 있다고 추정하고 있다.[205] 그렇지만 「성문지」에서 7종 작의는 출세간도에 대해서 뿐 아니라 세간도에 대해서도 적용되고 있기 때문에 그의 주장은 작의가 정적인 명상이라는 주장을 위한 충분한 근거가 되지는 못할 것이다. 또한 유가행파에서 작의는 결코 비파샤나의 작용에만 제한된 것은 아니다. 「사마히타지」에서 작의는 샤마타와 비파샤나의 작용을 포함하고 있으며,[206] 이는 「성문지」에도 타당하다. 이와 같이 초기 유가행파 문헌에서 지-관의 공동작용이 여러 곳에서 언급되고 있는데, 이는 심을 적정하게 하는 기법으로서 샤마타에 대한 전통적인 평가절하와는 다른 것이다.[207] 델하이는 정려와 무색정에서 정점에 달하는 7종 작의의 단계는 심리학적으로 실천가능한 것으로 추정된,

---

205 Griffiths 1983: 560ff.

206 「사마히타지」의 40종의 작의의 나열에서 작의는 지-관의 작용뿐 아니라 수행도 위에서 진행하는 갖가지 작용도 나열하고 있다. 안성두 외 번역 293ff 참조.

207 유부아비달마에서 열반의 증득을 위한 사마타의 보조적인 역할에 대해서는 Cox 1994 참조.

변화된 의식작용의 획득과정을 모사하고 있다고 하는 다른 해석을 제시하고 있다.[208]

(4) 네 번째는 유가행파의 5위의 수행도로서[209] 『성유식론』에 따르면 자량위資糧位(sambhārāvasthā), 가행위(prayogāvasthā), 통달위, 수습위, 구경위이다. 이 단계는 유부의 수행도 체계에 의거한 것으로 유부는 이를 순해탈분順解脫分, 순결택분順決擇分, 견도見道, 수도修道, 무학도無學道라고 불렀다. 『구사론』에 따르면 순해탈분의 단계에서는 청문으로 이루어진 지혜와 그것에 대한 사유로 이루어진 지혜 양자를 얻으며, 난煖(ūṣmagata), 정頂(mūrdhan), 인忍(kṣānti), 세제일법世第一法(lokāgradharma)의 네 단계로 이루어진 순결택분에서는 수습으로 이루어진 지혜를 얻고, 견도에서는 사성제의 관찰을 통해 무루의 지혜를 얻었기 때문에 봄에 의해 제거되어야 하는 번뇌들이 제거되고, 수도에서는 사성제의 반복적인 관찰에 의해 제거되어야 하는 번뇌들이 제거되며, 마지막 무학도는 최종적인 수행의 목표로서 제시되어 있다.

순해탈분이란 해탈을 불러일으킬 수 있는 〔수행도〕란 의미로 자량위에 해당되며, 순결택분이란 확정적인 인식을 불러일으킬 수 있는 〔수행도〕로서 가행위에 해당된다. 그리고 견도는 통달위에, 수도는

---

208 Delhey 2009: 42. 이러한 델하이의 제안은 검토될 가치가 있을 것이다. 나는 7종 작의가 사마타와 비파샤나 양자를 포괄하고 있다는 측면을 보다 적극적으로 지관쌍운 개념의 발전과 관련하여 해석할 여지가 있다고 보며, 따라서 작의 개념의 확대 사용은 앞에서 논의했던 유가행파의 지관 개념의 특징과 관련이 있을 것이라고 생각한다.

209 5위에 대해서는 Hayashima 1982: 146-172; Nagao 1987: 95-101 참조.

수습위에, 무학도는 구경위에 해당된다. 이와 같이 유부와 유가행파의 오위五位의 수행도는 비슷한 구조로 되어 있지만 가장 큰 차이는 유가행파는 순결택분의 단계에서 입무상방편상을 위치시키고 견도와 수도에 보살10지를 배정하고 무학도를 구경위로 설정한 데 있다.

네 가지 수행 단계 중에서 「보살지」의 그것은 보살10지를 중심으로 구축된 것으로 가장 오래되었다고 보이지만 「보살지」를 넘어 널리 활용되었다고 보이지 않는다. 두 번째 『대승장엄경론』과 『집론』 등에 나오는 5종 요가의 단계는 유식관의 확립을 위해 제시된 수행 단계이며, 그런 한에서 유가행파의 수행도를 규정하는 데 특징적이지만, 두 문헌 사이에 차이가 보이는 등 아직 일관된 해석체계로 발전했다고 보이지는 않는다. 세 번째 7종 작의의 수행도는 지-관의 작용을 염두에 두면서 세간도와 출세간도를 아우른다는 점에 특색이 있지만 초기 유식 문헌을 넘어 널리 사용되지는 않았다. 마지막 5위의 수행도는 유부의 수행도를 이었다는 점에서 사상사적으로 가장 널리 알려져 있다. 따라서 이하에서는 마지막 수행도를 중심으로 서술하겠다.

3. 다섯 단계(五位)의 수행도

5위의 수행도는 『유가론』 「섭결택분」에서 번뇌의 제거의 맥락에서 언급되고 있다. 예를 들어 "번뇌들은 〔먼저〕 전제조건들을 완전히 증득했고, 가행의 단계에 들어가고, 견도의 단계에 도달하고, 수도의 단계에 충실히 익숙했을 때 끊어질 수 있다. 구경의 단계에 도달했을 때 번뇌들은 끊어졌다고 설해질 수 있다"[210]는 설명은 5위에 따른 설명이다.

이하에서는 유가행파의 독특한 해석을 보여주기 위해 문헌에 나오는 각 단계에 대한 일반적 설명을 제시한 후에 이를 유식성의 증득과 관련한 수행도의 맥락에서 설명하는 문헌을 보충하겠다. 그리고 유식성의 증득과 관련해 요약적으로 설명을 이끌어내기 위해 『대승장엄경론』(MSA VI.6-10)에서 5위의 수행도를 설하고 있다고 이해되어 왔던 다섯 게송을 각 단계에서 제시하겠다.[211] 이 게송들은 『섭대승론』(MSg III.18)에서도 인용되고 있어 유가행파에서 그 중요성이 인정되었다고 보인다. 다만 『섭대승론세친석』(MSgBh)과 『섭대승론무성석』(MSgU)에서 이 게송들은 5위를 설하는 것으로 해석되지만 가행도와 견도를 어디에 배정하는가에 대한 해석은 조금씩 다르다.

1) 자량도(sambhāramārga)

자량도資糧道란 the path of accumulation이라고 번역되듯이 수행자는 이 단계에서 교법에 대한 학습을 축적하고 해탈로 이끄는 복덕의 자량(puṇya-sambhāra)과 지혜의 자량(jñāna-sambhāra)을 축적하기 때문에 자량도라고 불린다. 이와 같이 자량도에서 복덕과 지혜의 두 가지 자량을 쌓는다고 할 때, 어떤 방식으로 이를 축적할 수 있는지를

---

210 「섭결택분」(Ch. 628b20ff). 안성두 외 역 2023: 807 참조. 또한 「섭결택분」(Ch. 624c22)의 다른 곳에서 구경도를 제외한 네 수행도가 제시되고 있는데, 특히 13종의 자량도와 4종의 선근들은 「성문지」를 인용하고 있다.

211 Nagao 1987: 95-101 참조.

수행의 맥락에서 구체적으로 나열하고 있는 곳이 「성문지」 제1유가처이다. 여기서 13종의 자량도가 상세히 설해지고 있는데, 그것들은 전통적인 승원생활에서 요구되었던 항목들로서 특히 계율과 명상을 준수하기 위한 예비수행의 성격이 강하다. 그 설명을 간단히 요약하면 다음과 같다.[212]

(1) 자신의 원만이란 사람의 몸으로 됨, 중심부에서 태어남, 감각기관이 결여되지 않은 상태, 〔뛰어난〕 영역에 대한 맑은 믿음, 업이 전환되지 않은 상태이다.

(2) 타인의 원만이란 제불의 출현, 정법의 교설, 교설된 정법의 존속, 존속하는 법들의 일어남, 그리고 타인으로부터의 연민이다.

(3) 선법에의 욕구란 법을 들은 후에 믿음을 얻고 이를 훈련하고 이어 출가하고 정행을 통해 올바로 수행하는 것이다.

(4) 계의 율의란 출가한 자가 계를 갖추고 주하며, 별해탈율의에 의해 보호되어 있으며, 행위의 영역을 갖추고 있으며, 작은 죄들에 대해서도 두려움을 보고, 훈련항목들을 수지하고 훈련하는 것이다.

(5) 근의 율의란 계의 율의에 의거한 후에 정념을 보호한 자가 되며, 정념이 견실하며, 정념에 의해 그 마음이 지켜지며, 평등한 상태에서 행하는 것이다. 내6처에 의해 외6처를 대상으로 한 후에

212 「성문지」 제1유가처의 중심은 ŚrBh 36,11ff (Ch.402a10ff)에서의 13종의 자량의 설명이다. 그중에서 앞의 여덟 요소는 열반할 수 있는 성질을 가진 자의 두 가지 조건 중에서 부차적 조건의 설명에도 간략히 정의되고 있다. 이하의 설명은 13종의 설명을 요약한 것이다.

주요 특징과 부수적 특징을 취하지 않는다. 불선한 법들을 억제하기 위해 정행하며 의근意根을 보호하고 의근에 의해 제어를 하는 것이다.

(6) 음식에 대해 양을 아는 것이란 감각기관이 제어된 수행자는 바른 사유를 통해 음식을 먹는다. 그는 자부심이나 취하기 위해서나 미용 때문이나 또는 장식 때문에 먹는 것이 아니라, 신체를 유지하고 존속하기 위해, 기갈을 면하기 위해, 범행梵行에 도움이 되기 위해서 먹는 것을 말한다.

(7) 이른 밤과 늦은 밤에 깨어서 수행함이란 낮이나 이른 밤, 밤의 후반부에 모두 경행과 앉아 있음에 의해 장애를 일으킬 수 있는 법들로부터 심을 정화하는 것이다.

(8) 정지를 갖고 주함이란 왕래할 때에 정지를 갖고 주한다. 관찰하고 반조할 때, 〔신체를〕 펴고 구부릴 때, 승복과 의발을 지닐 때, 먹고 마시고 씹고 음미할 때, 잠에 의해 피곤을 제거할 때, 행주좌와하고 깨어 있고 말하고 침묵할 때에 정지에 주하는 것이다.

(9) 선우의 상태란 잘 훈련받은 자가 조언하고, 기억하게 하고, 교수하고, 교계教誡하고, 법을 설하는 것이다.

(10) 정법의 청문과 사유이다. 정법의 청문은 경·율·론을 수지하는 것이고, 정법의 사유는 제법을 자상과 공상의 측면에서 사유하는 것으로, 숫자를 헤아리고 또 도리를 관찰하는 두 가지 방식에 의해 교설을 올바로 숙고하는 것이다.

(11) 무장애란 내적이고 외적인 장애들로부터 벗어나는 것이다. 이는 다시 병이나 생활필수품의 결여로 인해 수행하지 못하는 가행의 장애, 세상의 일에 대한 관심과 무리지어 생활하는 것을 좋아함에

의해 아란야에 주하지 못하는 원리의 장애 그리고 샤마타와 비파샤나를 행하지 못하는 적정의 장애로 구분되고 있다.

(12) 보시란 괴로워하는 자, 은혜를 준 자, 사랑하는 자, 뛰어난 자에게 탐욕을 여읜 생각으로 믿음을 갖고 존중하면서 보시하는 것이다.

(13) 사문의 장엄이란 승려를 승려답게 만드는 17종의 특성을 가리킨다. 그것들은 정신正信, 속이지 않음, 병이 적음, 용맹정진하는 부류, 지혜로움, 욕구가 적음, 만족, 잘 부양함, 잘 지탱함, 두타행의 공덕, 쾌활함, 〔음식의〕 양을 아는 것, 진실한 자의 가르침을 지님, 학자의 특성을 갖추고 있음, 감내함, 부드러움, 그리고 온유함이다.

이와 같이 「성문지」에서 설해진 13종의 자량도는 전통적인 승원생활에서 요구되었던 항목들로서 특히 계율과 명상을 준수하기 위한 예비수행의 성격이 강하다. 그중에서 (10) 문사정법聞思正法 항목은 12분교를 관찰 대상으로 하면서 법의 청문은 문자와 의미 파악의 둘로 나누고 있지만, 여기서는 이후 유가행파 문헌의 특징인 의언意言(manojalpa)을 통한 관찰은 언급되고 있지 않다.

이에 비해 「섭결택분」(Ch. 624c24f)에서 자량도를 "심의 흐름을 성숙시키는 대치"라고 설명하고 있는 것처럼 다른 유가행파 문헌에서 자량도의 설명은 5위 수행도의 일부로 명확히 설해지고 있다. 특히 이를 상세히 설하고 있는 『대승장엄경론』(MSA VI.6)에 의거하여 살펴보기로 하자. 앞에서 언급했듯이 『대승장엄경론』의 이 게송은 『섭대승론』(MSg III.18)에도 인용되어 있어 유가행파에서 중시되었는데, 여기서의 핵심적인 키워드는 의언意言이다.

> 보살은 복덕과 지혜의 자량을 무한히 적집한 후에 법에 대한 사유가 잘 확정되었기 때문에 대상의 이해는 의언意言을 수반한다고 안다.[213]

세친은 이 게송의 의미를 세 가지로 나누어 "(가) 자량이 적집되었다는 것과, (나) 삼매에 의거해서 수습하기에 법에 대한 사유가 잘 결정되었다는 것, 그리고 (다) 의언(manojalpa)에 의해 저 법들이 대상으로서 현현하고 있음을 증득함에 의해 그것에 들어감을 보여주었다"고 설명한다. (가) 자량의 적집은 복덕과 지혜의 두 자량의 적집을 가리킬 것이다. 경전의 청문이 복덕의 자량이고 그 의미의 이해가 지혜의 자량이라는 『해심밀경』의 해석을 원용하면 이는 법의 청문과 청문한 법의 의미에 대한 사유를 가리킬 것이며, 문聞(śruta)과 사思(cintā)의 단계에 해당될 것이다. (나) 삼매에 의거한 수습에 의해 법에 대한 사유가 잘 결정된다는 것은 수습修習(bhāvanā)의 단계에 해당될 것이다. 그리고 (다) 의언意言에 의해 저 법들이 대상으로서 현현하고 있음의 증득이란 문聞·사思·수修의 결과 생겨난, 대상의 언어적 성격에 대한 이해를 가리킨다고 보인다.[214] 이를 요약하면 복덕과 지혜의

---

213 MSA VI.6.

214 이 게송 전체가 자량도를 묘사하고 있다는 주석의 설명은 전적으로 타당하지는 않을 것이다. 왜냐하면 법과 그 의미, 그리고 의언을 설명하고 있는 『대승장엄경론』(MSA XI.6-7)에 대한 주석에서 세친은 게송의 주제인 '법을 대상으로서

두 자량을 적집한 보살이 무상·고·공·무아를 수습하는 삼매에 의지해서 12분교 등의 가르침을 무상·고·공·무아로서 사유하고 또 그러한 것으로서 결정적으로 이해하는 것이다. 이 설명은 심과 대상 간의 관계에서 대상을 언어에 의해 그렇게 현현하는 것으로 본다는 점에서 유가행파의 관점을 충실히 따르고 있다.

여기서 청문과 사유의 과정에서의 중심 역할을 하는 것이 바로 의언(manojalpa)으로서 사유(saṃkalpa)라고 풀이되고 있다.[215] 나가오는 의언 개념이 비록 제6의식의 범주에 속하는 것으로 주석에서 설명되고 있지만, 그것은 명료하게 의식되어진 것은 아니고 현행하는 제6의식의 전단계로서 반은 무의식적인 생각의 상태일 것이라고 이해한다. 그는 『섭대승론』(MSg III.1)을 제시하면서 이 개념은 유식성에 들어가는 것 자체는 아니지만, 거기에 들어가는 수단으로서 가장 중심적 위치를 차지하고 있으며, 유식성에 들어가기 직전의 상태라고 설명하고 있다.[216]

자량도에서 교법의 청문과 올바른 사유, 그리고 그에 따라 확정적 인식이 일어나는 방법은 『대승장엄경론』(MSA XIV.1-14)에서 6종의 심과 11종의 작의, 9종 심주心住의 구분에 의해 상세히 설해지고 있다. 이하에서는 청문과 사유와 관련해 핵심적 의의를 지녔다고 생각되는 6종심의 기술을 그에 대한 주석의 설명을 중심으로 살펴보겠다.

획득함'(dharmālambanalābha)이란 설해진 대로 대상이 있다고 믿는 자에게 의언들에 의해 저 [법]이 획득된다고 말하고 있기 때문이다.

215 MSA 56,5: manojalpair iti saṃkalpaiḥ.

216 Nagao 2007b: 36.

그 후에 저 수행자는 무이無二의 의미를 명확히 하는 경 등의 가르침에 대해 먼저 처음으로 경 등의 명칭에 심을 결합시켜야 한다. (XIV.4)
다음으로 그는 차례로 문장(pada)의 차이들에 대해 고찰하고, 그것의 의미를 내적으로 이치에 맞게 고찰해야 한다. (XIV.5)
그 의미들을 결정한 후에, 가르침과 관련해 다시 모아야 한다. 그 후에 그것의 의미를 증득하기 위해 희구를 행해야만 한다. (XIV.6)[217]

이 세 게송은 유가행파에서 어떻게 법에 대한 명상이 수행되는가를 6종의 심작용(citta)의 구별을 통해 요약적으로 보여준다. 6종의 심작용에서 XIV.4는 근본심根本心(mūlacitta)을 가리키며, XIV.5ab는 수행심隨行心(anucaracitta)을, XIV.5cd는 관찰심觀察心(vicāraṇācitta)을, XIV.6a는 결정심決定心(svadhāraṇacitta)을, XIV.6b는 총취심總聚心(saṃkalanacitta)을, 그리고 마지막 XIV.6cd는 희망심希望心(āśāsti-citta)을 가리킨다.

세친에 따르면 (i) 근본심이란 교법을 듣거나 또는 혼자 생각한 후에 경을 비롯한 법들의 명칭을 대상으로 하는 것이다. (ii) 수행심이란 그것에 의해 명칭의 관점에서 대상화된 경 등에서 문장의 차이를 이해하는 것이다. (iii) 관찰심이란 그것에 의해 의미와 문자를 고찰하는 것이다. (iv) 결정심이란 이해되고 관찰된 대로 그것에 의해 그것의 이미지를 결정하는 것이다. (v) 총취심이란 그와 같이 고찰된 의미를

217 MSA 90,18-23=MSA XIV.4-6.

근본심에 축약한 후에 완전히 섞여진 형태로 된 것이다. (vi) 희망심이란 그가 삼매를 위해서나 그것을 완성시키기 위해, 또는 사문과를 위해서나 〔보살〕지에 들어가기 위해, 또는 특별함에 이르기 위해서건 간에 그 목적을 위해 노력할 때 그것에 대한 욕구를 수반하는 것이다.[218]

이러한 6종 심작용이 단계적으로 진행된다는 것은 분명하겠다. 여기서 법은 수트라(sūtra)를 위시한 응송(geya) 등의 12분교를 가리키고 있기 때문에, 이러한 법에 대한 명상은 본질적으로 텍스트에 대한 명상이라고 말할 수 있다. 이를 수습하는 방법은 먼저 근본심에 의해 '이 경의 제목은 능가경이다'라고 경의 제목에 심을 집중하고, 이어 수행심에 의해 처음부터 끝에 이르기까지 경전에 나오는 모든 단어를 관찰하는 것이다. 관찰심이란 각각의 말의 의미를 검토하고 오류 없이 이해하는 것이며, 결정심이란 '경의 의미는 이런 것이고 다른 의미는 아니다'라고 결정하는 것이다. 총취심이란 여러 경전의 핵심을 공성이라는 하나로 요약해서 이해하는 것이며, 희망심이란 정려 등을 얻기를 바라는 것이다. 여기서 근본심에서 결정심까지의 4심에 의해 경의 제목이나 어구, 그 의미가 탐구되는 것이라면, 총취심에 의해서는 경의 핵심이 압축되어 이해되는 것이며, 희망심에 의해서는 그 이해를 통해 새로운 정신적 단계로 이르기를 바라는 것이다.

주목되는 것은 세친이 6종심을 유식의 관점에서 해석하고 있다는 점이다. "바로 심이 인식대상으로서 현현하는 것이지, 심과 독립해 있는 또 다른 인식대상은 존재하지 않는다고 아는 자에게나 또는

---

218 MSA 91,4-17.

유심을 알지 못하는 자에게나 바로 심이 인식대상이지 다른 것이 아니다"[219]라는 설명은 이미 6종심이 유식성에 대한 이해를 위한 것으로 규정되고 있음을 보여준다.

2) 가행도(prayogamārga)

가행도는 유부의 문헌에서 〔사성제의〕 관통으로 이끄는 네 가지 선근인 난煖(ūṣmagata), 정頂(mūrdhan), 인忍(kṣānti), 세제일법世第一法(laukikāgradharma)의 단계로 설해지고 있다. 이런 네 가지 선근이 생겨나면 직후에 무루無漏의 견도위見道位를 이끌어낸다. 『구사론』은 4선근의 단계를 순결택분(nirvedhabhāgīya)이라고 하면서 이를 다음과 같이 어원적으로 풀이한다. "순결택분이란 어떤 의미인가? 결택(nirvedha)이란 성스런 도이다. 그것에 의해 의심이 제거되었기 때문이며, '이것이 고통이며 내지 이것이 도이다'라고 〔4〕제를 구별해 이해했기 때문이다. 그것의 부분은 견도의 일부이다. 그것으로 인도引度하는 것으로서 〔그것에〕 도움이 되기에 순결택분들이다."[220]

『유가론』도 이 명칭을 그대로 차용하고 있지만, 이 단계가 견도의 선행단계로서 유식성의 증득과 관련되어 있기 때문에 특히 중요하다. 「섭결택분」은 이 단계에서 번뇌들은 비록 완전히 끊어진 것은 아니지

---

219 MSA 91,17ff: cittam eva hy ālambanapratibhāsaṃ vartate na cittād anyad ālambanam astīti jānato vā cittamātram ajānato vā cittam evālambanaṃ nānyat/.

220 AKBh 346,3ff. Cf. 『비바사론』 29c24-30a4. 순결택분의 사전적 설명으로는 BHSD nirvedha와 nirvedha-bhāgīya 항을 볼 것.

만 거의 끊어진 상태로 되기 때문에 순결택분의 선근을 근단대치近斷對治라고 부르면서, 이 해석은 「성문지」에 의거한다고 말하고 있다.[221] 여기서 지시된 「성문지」는 네 가지 선근을 7종 작의 중에서 두 번째 단계인 승해작의勝解作意에 배정해서 설하고 있는 제4유가처를 가리킨다.[222]

「성문지」는 먼저 왜 이 단계를 승해작의(ādhimokṣiko manaskāraḥ)라고 부르는지를 설명한다. 증성도리(upapattisādhanayukti)를 통해 사성제에 대한 확정성을 얻을 때 요가행자는 청문과 사유로 이루어진 작의를 초월한 후에 섞여 일어나는 것을 한결같은 수습의 측면에 의해 승해勝解한다(adhimucyate). 그는 고제와 집제와 관련하여 끝없는 인식을 얻으며, 그것에 의해 무상無常을 무상이라고 생각하는 무상의 끝없음을 승해하며, 이어 고통과 공·무아의 끝없음을 승해한다. 하지만 그에게 '나는 윤회하고 있다'는 등의 거친 아만(asmimāna)이 현행하기 때문에, 이 맥락에서는 윤회하는 '나'의 존재를 여전히 붙잡고 있기 때문에 그러한 자아의식의 소멸로서의 열반에 들어가지 못한다고 서술하고 있다. 그렇지만 사성제를 이해했을 때 그에게 능연과 소연이 완전히 평등한 정지正智(samasamālambyālambakaṃ jñānam)가 생겨나는데, 「성문지」는 이 정지를 약·중·강의 세 단계로 나누어 각기 난(ūṣmagata), 정(mūrdhan), 인(kṣānti)에 배정하고, 특히 마지막 인을

221 「섭결택분」 624c25f: 如聲聞地已具說, 煖頂忍世第一法, 決擇分善根, 名近斷對治. 『성유식론』(49a28f)도 "이 네 가지는 순결택분이라고 불린다. 왜냐하면 그것들은 견도에 근접해 있기 때문이다"라고 비슷하게 설명한다.

222 이하의 설명은 ŚrBh 495,15ff(=Ch. 475a6ff=안성두 역 2021: 475ff)에 의거했다.

'〔사〕제와 상응하는 인'(satyānulomā kṣāntiḥ, 諦順忍)이라고 부른다. 그 후에 심을 관찰하는 의욕작용(abhisaṃskāra)을 버리고 분별을 여읜 심을 의욕작용이 없는 상태로 확립시키는 것이 세제일법의 단계라고 설명하고 있다.

위의 설명에서 가장 특징적인 것은 '승해勝解'(adhimokṣa)라는 용어이다. 슈미트하우젠은 「성문지」의 맥락을 언급하면서, 명상수행의 맥락에서 승해는 "어떤 대상에 특정방식으로 집중하다", "의도적으로 (많은 경우 자의적으로) 특정방식으로 관념 속에서 현전화하거나 관상觀想하다"라는 특별한 의미로 사용되고 있다고 지적한다.[223] 이런 점에서 「성문지」의 이 용어는 유가행파의 중요한 명상기법을 보여준다고 생각된다. 실제로 승해작의의 중요성은 제4유가처의 주제인 세간도와 출세간도의 구조를 반영하는 7종 작의 중에서 두 번째 작의로서 설해지고 있다는 점에서도 입증될 것이다. 이는 7종 작의를 근본작의로 부르고 다른 40종의 작의를 나열하는 「사마히타지」에서도 마찬가지다. 여기서 승해작의(adhimuktimanaskāra)는 진실작의(bhūtama-

---

223 한역 勝解는 adhi-mokṣa/adhi-mukti의 기계적인 번역어로서 이 단어의 의미와는 무관하다. 승해는 심소법의 분류에서 별경심소의 하나로서 포함되고 있지만 이때 그 의미는 "결정된 사물에 대해 바로 동일하게 확정하는 것"(PS 5.9f: adhimokṣaḥ katamaḥ / niścite vastuni tathaivāvadhāraṇam)으로 관상수행의 유형으로서의 승해명상과는 구별된다. 명상대상을 마음에서 산출하는 것으로 승해를 이해하는 것은 Schmithausen 1982: fn.34 참조. ŚrBh에서의 승해 개념의 용례에 대해서는 특히 1982: 408-409를 보라. (한글 번역: 슈미트하우젠 2006 참조).

naskāra)와 대조되는 한 쌍의 개념으로 나열되고 있는데, 승해작의는 정려자들이 원하는 대로 관념상이라는 사태를 승해하는 것으로, 그리고 진실작의는 자상과 공상의 측면에서 여리하게 법들을 작의하는 자의 작의로서 정의되고 있다.[224]

그렇지만 승해작의로서의 이 명상법이 「보살지」 등 대승적 관법을 보여주는 『유가론』의 다른 부분에서 나타나지 않는 것은 사상사적 관점에서 주목을 요한다. 왜냐하면 관상법(visualization)으로서의 승해는 티벳불교의 수행론이 보여주듯이 일반적으로 대승의 수행법이라고 간주되어 왔지만,[225] 막상 초기 유식사상을 집대성한 『유가론』에서는 드물게 나타나며 더욱 아비달마의 수행론을 설명하는 맥락에서 등장하기 때문이다.[226] 따라서 슈미트하우젠은 「성문지」에서 사용되는 이 기법이 대승의 그것과 유사하지만 소승적 명상기법이라고 간주한다.

승해가 명상에서 어떻게 기능하는가는 「성문지」에서 즐겨 사용되는 화가의 비유에서 잘 드러난다. 여기서 샤마타와 비파샤나의 순차적 수습의 과정은 화가가 그림 그리는 일에 비유되고 있다. 화가가 그림을

224 안성두 외 번역 2023: 293f 참조.

225 Deleanu 1993; Yamabe 1999: 76 참조.

226 아비달마 문헌에서의 승해(adhimukti/adhimokṣa) 개념에 대해서는 Dhammajoti 2019 참조. 또한 禪經류 문헌에서의 승해 명상에 대해서는 Schlingloff 1964, Yamabe 1999 참조. 「성문지」의 순결택분의 묘사에서 煖(ūṣmagata), 頂(mūrdhan), 順諦忍(satyānulomaḥ kṣāntayaḥ), 世第一法(laukikāgradharma)을 마른 가지를 마찰시켜 불을 피우는 과정에 비유하고 있는데, 이는 매우 시각적인 것이다. 『수행도지경』(T15: 217b5ff)과 『좌선삼매경』(T15: 279b18ff)에서 煖位를 번뇌를 태우는 불의 징조인 온기로 비유하는 것도 관련성을 보여준다.

지우고 또 다시 그림에 의해 마침내 원본보다 더 실재적인 그림을 완성하듯이, "그는 반복해서 승해하고 또 계속해서 제견除遣(vibhāvanā)하기 때문에, 그의 승해는 인식되어야 할 사태의 직접지각에 이를 때까지 더욱 청정하고 더욱더 명료한 것으로 생겨나기 때문이다."[227] 여기서 제견이란 명상대상을 의도적으로 산출하는 승해의 반대개념으로 마치 화가가 앞서 그린 그림을 다시 지우는 것처럼 대상의 이미지를 소거하는 것을 말한다. 이렇게 본다면 「성문지」는 승해와 제견이라는 기법을 통해 명상대상을 실재의 대상보다 더욱 리얼하게 마음속에서 창출하는 것을 삼매의 작용이라고 간주하는 것이다.

비록 승해작의에 의해 원 대상보다 더 리얼하고 생생한 이미지를 창출한다고 해도 그것이 진실 자체의 인식은 되지 않을 것이다. 그렇다고 「성문지」는 여기서 원 대상의 인식을 진실 자체의 인식이라고 간주함으로써 이 문제를 인식론 내지 지각론의 맥락에서 설명하는 데 만족하지 않는다. 만일 그랬다면 우리는 변형된 형태의 유부나 경량부의 지각론에 따른 설명과 만나게 되었을 것이다. 「성문지」가 진실 자체의 인식이나 또는 진실로 향한다고 간주한 것은 앞에서도 언급했듯이 승해작의와 대비되는 진실작의(bhūtamanaskāra)이다.

진실, 즉 실재하는 것(bhūta)이란 승해작의를 통해 보고 기억한 것들이 승해하는 인식 자체를 넘어 모든 경우에 타당한 현상이라고 이치에 맞게 집중하는 것이다. 「성문지」는 두 가지 작의의 방식을 소위 오정심관의 수행에 적용시켜 설명하고 있다.[228] 예를 들어 부정관

---

227 ŚrBh III.86 (=ŚrBh 397,1ff), 안성두 역 2021: 376.

228 비파샤나의 방식으로 부정관을 수습하는 경우(ŚrBh 419,17; Ch. 461a29), 자애관

수행에서 수행자가 시체가 부패해 가는 것에 집중해서 그것이 온 세상에 가득 차 있다고 관상하는 것이 승해작의이다. 진실작의란 이런 이미지에 의지한 후에 "내가 승해한 푸르게 변한 〔시체〕들 내지 뼈의 연쇄들을 승해한 것보다 나의 전생과 관련해서는 더 무량하다. … 만일 누가 그것을 모은다면 그 때문에 틈이 있는 어떤 대지도 틈이 없을 것이다"[229]라고 사유하는 것이다. 이런 점에서 진실작의는 직접지각이나 증성도리에 의한 추론, 또는 성언량에 의거하여 승해작의에서 경험한 것이 어떤 경우에도 이치에 맞는다고 확인하는 사유일 것이다.[230]

가행도에 대한 「성문지」의 설명에서 주목할 또 다른 점은 "소연所緣과 능연能緣이 완전히 평등한 정지正智"(samasamālambyālambakaṃ jñānam)라는 용어이다. 소연(alambya)이란 인식되는 것이며, 능연

의 수습(ŚrBh 427,12; Ch. 463a5), 연성연기에 대한 관찰(ŚrBh 429,10; Ch. 463b11), 계차별에 대한 관찰(ŚrBh 430,14; Ch. 463c2) 등에서 승해작의의 방식과 진실작의의 방식이 대조되어 설명되고 있다. 출세간도에 따른 승해작의의 정의는 ŚrBh 495,15ff(Ch. 475a6ff) 참조.

229 ŚrBh III.136 (=ŚrBh 419,1ff), 안성두 역 2021: 395.

230 「성문지」의 승해 개념에 대해서는 보다 상세한 연구가 필요하지만, 승해작의에 의해 비록 실재하는 사물보다 더욱 리얼한 이미지가 만들어질 수 있다고 해도 그것은 삼매의 힘에 의해 창출된 것이라고 이해되었고, 따라서 이치에 맞는 진실작의가 보다 구제론적 의미를 가진다고 이해된다. 왜냐하면 「성문지」에서 제법의 진실성으로서 여소유성은 진여와 도리로 설명되는데, 후자는 특히 증성도리로 이해될 수 있기 때문이다. 이는 『구사론』이나 『청정도론』과도 일치할 것이다.

(alambaka)이란 인식작용을 의미한다. 『집론』에서 견도의 특징으로 사용되는 이 용어가 여기서는 난煖·정頂·인忍의 세 가지 선근을 특징짓는 상태로 설명되고 있다.[231] 인忍을 '〔사〕제와 상응하는 인忍'(satyānulomā kṣāntiḥ, 諦順忍)으로 앞의 두 상태와 구별한 것은 이전의 아비달마 문헌과 공통된 요소이지만, 이 용어가 대승적 뉘앙스를 함축하고 있다는 점도 지적될 수 있다.[232]

그렇다면 인식되는 것과 인식작용이 완전히 평등한 정지란 무엇인가? 슈미트하우젠에 따르면 명상행위에 있어 선행하는 심의 찰나는 그것을 뒤따르는 심의 찰나에 의해 소멸된다고, 즉 그것들도 무상하고 고통스럽고 무아라는 사실을 명확히 인식할 때, 그것은 주관과 객관이 완전히 동일한 그러한 인식으로 이끈다. 왜냐하면 자체 무상하고 고통스러운 이 관찰행위는 바로 직전의 그러한 성질을 가진 관찰행위를 대상으로 하기 때문이다.[233] 또는 우리는 이 용어를 심일경성心一境性이라는 삼매의 정의에 따라 삼매 상태에 들어간 자에게 이전 찰나에서 무상한 것으로 인식했던 것을 지금 찰나에서도 역시 무상하게 인식함에 의해 전후 찰나의 인식이 동일하다는 점을 가리킨다고 생각할 수도 있겠다.

---

231 이는 Schmithausen(1983: 262)에서 지적되었다.

232 유부 문헌과 소위 禪經류 문헌에서 4선근의 기술에 대해서는 안성두 2003 참조. 이는 「섭사분」에서 보살의 正行道로서 제시된 諦察法忍(*dharmanidhyānakṣānti)이 세간도의 인식으로서 4선근위에 해당되는데, 만일 이것이 諦順忍과 연관된다면 대승적 아이디어의 영향으로 간주할 수 있겠다. 이에 대해서는 특히 안성두 2003: 270-274 참조.

233 슈미트하우젠 2006: 150.

여하튼 간에 정지正智를 능연과 소연이 완전히 평등한 것으로 이해한다면, 이는 관찰행위가 삼매에 의거하거나 또는 삼매를 전제하고 진행되고 있지, 관찰과 삼매가 시간적인 선후로 각기 수습된다는 것을 의미하지 않는다. 우리가 삼매를 샤마타와 비파샤나 양자 모두에 속한 것으로 해석하는 「성문지」의 특색과 관련시켜 이해한다면, 이는 아비달마 문헌에서 샤마타의 역할에 대한 낮은 평가와 양립할 수 없으며, 또한 선정에 의지하는 길을 유루도로 간주하는 『수행도지경』이나 4선근의 단계를 비파샤나의 작용에 의거하여 무루도를 획득하는 직취열반도直趣涅槃道로 평가하는 『좌선삼매경』의 관점과 궤를 달리하는 것이다.[234] 이런 점에서 비록 「성문지」가 선경류 문헌의 영향을 받았지만[235] 「성문지」의 사상적 발전 내지 특징이 인정될 수 있다고 생각된다.

위에서 「성문지」를 중심으로 가행도를 설명했다. 이제 그것이 『대승장엄경론』에서 유식성의 증득과 관련해서 어떤 역할을 하는지를 보자.

그는 대상들을 의언뿐(jalpamātra)이라고 요지한 후에
그것으로 현현하는 유심에 안주한다.[236]

---

234 안성두 2003a: 17ff.

235 슈미트하우젠(2006: 129, fn.14)은 비슷한 맥락에서 세간도와 출세간도의 구별을 제시하는 衆護(Saṅgharakṣa)의 『수행도지경』이 있다는 荒牧典俊을 언급하고 있다.

236 MSA VI.7ab. arthān sa vijñāya ca jalpamātrān saṃtiṣṭhate tannibhacittamātre/

세친은 대상들이 의언뿐임을 안 후에 그 〔대상〕으로 현현하는 유심에 주하는 것이 보살의 순결택분의 상태라고 명시한다.[237] 그렇지만 의언 개념을 포함해서 순결택분의 네 단계에 대해 상세한 설명은 『대승장엄경론』 교수교계품(MSA XIV.23-26)에서 나타난다. 이 게송에 대한 세친의 주석은 자체로 네 단계의 의미를 분명히 보여주기 때문에 이를 번역, 제시할 가치가 있을 것이다.

> 순해탈분順解脫分 후에 (i) 그와 같이 집중된 마음을 지닌 보살은 자상과 공상으로서 현현하는 일체법이 의언意言을 벗어났다고 보지 않는다. 오직 의언만이 현현하는 것이 난煖의 단계이다. 이 〔현현〕이 광명(āloka)이다. 그것에 대해 회하경灰河經에서 광명이란 법의 숙고에 의한 체인體認이라고 설했다. (ii) 그는 저 법의 광명을 증대시키기 위하여 지속적으로 활동함에 의해 용맹정진을 시작하며, 법의 광명의 증대에 의해 유심에 주함이 정頂의 단계이다. 왜냐하면 그는 이것이 바로 심이라고 관통하기 때문이다. (iii) 그는 바로 심이 일체의 대상으로서 현현하며, 심과 독립한 대상은 없다고 본다. 그때 그에게 소취의 산란이 끊어졌고, 단지 오직 능취의 산란만이 남아 있다. 이것이 인忍의 단계이다. (iv) 그때 그는 신속하게 직후에 삼매에 접촉하는데, 이것이 세제일법의 단계이다.[238]

---

237 MSA 24,9ff. manojalpamātrān arthān viditvā tadābhāse cittamātre 'vasthānam iyaṃ bodhisatvasya nirvedhabhāgīyāvasthā.

238 MSA 93,14-22.

먼저 여기서 법(dharma)이란 자상과 공상으로서 현현하는 것이기에 교법이 아니라 존재자 내지 현상을 의미한다는 점에서 시작해야 하겠다. 이렇게 자상과 공상으로 현현하는 일체법이 단지 의언에 지나지 않는다는 인식이 첫 번째 난위煖位에서 생겨나며, 이렇게 법으로서 현현하는 것이 법의 광명을 의미한다고 말한다. 이는 'x-현현'을 'x-광명'으로 대체한 것으로, 후에 삼성설의 변계소집성의 설명에 적용된 것이다. 그리고 정위頂位에서 증대된 법의 광명에 의해 유심唯心에 주한다고 하는데, 이는 『대승장엄경론』(MSA VI.7ab)에서 요약된 순결택분의 내용이다. 흥미로운 것은 인위忍位에서 소취는 제거되었지만 능취는 남아 있다고 하는 설명으로, 이는 『중변분별론』이나 『집론』에서 인위를 능취와 소취가 모두 사라진 상태로 설명하는 것과는 차이가 있다.

이와 같이 난·정·인의 세 단계가 입무상방편상의 실천단계로서 설해지고 있지만, 『중변분별론』과 비교해 주목되는 점은 의언(mano-jalpa) 개념의 역할이다. 의언이 언어활동과 관련되어 있기에 『대승장엄경론』에서 유식관법은 언어활동에 대한 반성을 포함하고 있다고 보인다. 언어활동의 주요한 역할이 아비달마의 방식으로 구성된 문헌에서 강하게 나타나기 때문에 『대승장엄경론』은 그 영향을 받아 미륵논서에 고유한 입무상방편상 등의 사상을 재구성해서 포현하고 있다고 생각된다.

3) 견도(darśanamārga)

견도(darśanamārga)는 대승의 수행도에서 결정적인 중요성을 가진 단계이다. 순결택분에 있어서처럼 견도의 증득과 관련해서도 유가행파 문헌의 설명은 크게 두 가지로 나뉜다. 하나는 이 단계에서 번뇌들이 실질적으로 제거된다고 설명하는 문헌과 다른 하나는 견도를 유식성의 증득과 관련해 설명하는 문헌이다.

먼저 견도에서 번뇌들의 제거를 중심으로 하는 설명을 보자.[239] 이런 유형의 설명은 『유가론』을 위시한 아비달마적 성격을 가진 문헌에서 많이 발견된다. 견도에서 번뇌들이 실질적으로 제거되기 시작하며, 따라서 여기서는 일부의 번뇌들이 끊어진다.[240] 견도에서 끊어지는 번뇌들을 사제의 봄에 의해 끊어질 수 있는 번뇌라는 의미에서 견소단의 번뇌(darśanaheyaḥ kleśaḥ)라고 부르는데, 이런 표현은 수소단의 번뇌(bhāvanāheyaḥ kleśaḥ)와 짝을 이루어 『유가론』 도처에서 발견된다. 양자의 차이는 "강력한 수도는 지속적인 반복수행에 의해 번뇌들을 끊으며, 반면 오직 지혜(jñāna)와 결부된 견도는 단지 지혜의 생기에 의해서만 번뇌들을 끊는다"[241]는 데 있다. 「성문지」 제4유가처의 출세간도에 의한 7종 작의의 설명에서 견도는 원리작의遠離作意에 해당되는데, 순결택분에서 관찰했던 사성제에 대해 바로 점차적으로 확정하는 정지(niścayajñāna)와 현전하는 정지(pratyakṣajñāna)가 생겨나며 그런 지혜의 생기에 의해 삼계에 속한 견도소단의 번뇌의 일부와 의지체에 부착된 추중이 끊어진다고 설명되고 있다.[242]

---

239 번뇌들의 종류와 성격에 관해서는 4절 참조.

240 「섭결택분」 624c27: 見道名一分斷對治.

241 ŚrBh 330,11; 안성두 역 2021: 313.

242 ŚrBh 500,11ff=Ch. 475c27ff. 안성두 역 2021: 480f 참조.

이에 비해 견도를 유식성의 증득과 관련해 설명하는 유가행파의 문헌에는 『유식삼십송』이나 『섭대승론』도 있지만, 여기서는 『대승장엄경론』에 나타난 설명을 보자.

그 후에 두 개의 특징으로부터 벗어난
법계가 현량의 상태로 온다. (VI.7cd)
심을 벗어난 것은 존재하지 않는다고 지혜에 의해 안 후에
따라서 심의 비존재성도 이해한다.
양자의 비존재성을 이해한 후에
현자는 그 〔대상〕의 이해에 속하지 않는 법계에 안주한다. (VI.8)[243]

세친은 "저 〔가행도〕 이후에 현량의 측면에서 법계가 이해될 때 양자의 특징, 즉 능취와 소취의 특징과 연결되지 않는 것이 견도의 단계"[244]라고 명시하고 있기 때문에 이에 따라 VI.7cd를 견도의 설명에 포함시켰다. 이는 『섭대승론세친석』(MSgBh)에서도 마찬가지다.[245] 여기서는 견도의 단계의 특징을 법계의 직접지각과 또 대상과 심 양자의 비존재성을 이해한 후에 법계에 안주하는 것이라고 지적한다.

견도의 단계에 대한 설명은 『대승장엄경론』 교수품(MSA XIV 28-33)

---

243 MSA VI.7cd-8.

244 MSA 24,11f.

245 이에 비해 MSA VI.6-10을 5위로 인용하고 있는 『섭대승론무성석』(MSgU)은 VI.7cd를 加行位로 배정하고 있다. 진제의 『섭대승론석』(T31: 212c15-17)도 MSgU를 따르지만, 현장의 『섭대승론석』은 MSgBh와 동일하게 번역하고 있다.

및 그에 대한 세친의 주석에서 발견된다. 그는 견도가 능취와 소취와 결합하지 않았기 때문에 두 가지 파악과 분리되었으며, 승乘 중에서 최고이기 때문에 위가 없고, 능-소의 분별과 분리되었기 때문에 분별을 여의고 있으며, 견소단의 번뇌를 끊었기 때문에 때를 여읜 것이라고 말한다.[246]

초지에서 보살의 전의가 성취된다고 한 후에(XIV 29), 그때 보살은 법계의 동일성(samatā)을 통달한 후에 일체중생에 대해 5종의 동일성에 의해 항시 자신과 동일하다는 생각을 얻는다. 5종의 동일성이란 (i-ii) 자타의 상속 속에서 무아와 고통 양자는 차이가 없기 때문에 무아라는 점에서의 동일성과 고통이라는 점에서의 동일성이며, (iii) 자신과 타인들이 고통을 끊으려고 한다는 점에서 동일하기 때문에 행해져야 할 것의 동일성이며, (iv) 바로 자신에게서처럼 타인들에게도 보답을 구하지 않기 때문에 보답을 떠남의 동일성이며, (v) 다른 〔보살〕들에 의해 현관된 것처럼 자신도 그와 같이 현관하기 때문에 그와 다른 보살들의 동일성이다.[247] 그리고 이러한 법계란 능-소의 비존재의 존재로서 견소단의 번뇌들로부터 분리되었다고 보았을 때 견도가 획득되었다고 말하는 것이다(XIV.33).

『성유식론』에서도 견도를 통달위通達位라고 명명하면서 다음과 같은 비슷한 설명이 보인다.

보살이 무분별지에 의해 다양한 희론의 특징을 취하지 않기 때문에

246 MSA 94,1-4 (commentary on MSA XIV.28).

247 MSA 94,12-16 (commentary on MSA XIV.30-31).

인식대상에 대해 지각하지 않을 때, 그는 진실로 승의성勝義性으로서의 유식성唯識性에 주한다고 말할 수 있으니, 바로 진여를 〔대상으로 하는〕 지智와 진여의 완전한 동일성을 증득한다. 왜냐하면 그는 능취와 소취로 특징지어지는 것을 벗어났기 때문이다. 능취와 소취는 모두 분별이다.[248]

이와 같이 견도를 유식성의 증득의 맥락에서 능-소의 분별을 떠나고, 법계의 직접지각과 일체중생과의 평등성에 대한 통찰의 의미로 해석하는 『대승장엄경론』의 이해는 견도를 번뇌의 끊음으로 설명하는 『유가론』의 입장과 명확히 대비된다고 보인다. 우리는 양자가 다른 수행론적 맥락에서 출발한, 견도의 증득을 위한 두 가지 접근 방식이라고 간주할 수 있다.

4) 수도修道(bhāvanāmārga)

수습(bhāvanā)이란 사성제의 반복적인 수습이거나 청문하고 사유했던 것을 반복해서 수행하는 것이다. 따라서 견도에서 부분적으로 끊어진 번뇌들이 이 단계에서 완전히 끊어졌기 때문에 수도(bhāvanāmārga)는 〔번뇌들의〕 완전한 끊음으로 이끄는 대치이다.[249] 수도의 단계는 보통 보살의 제2지에서 제10지까지에 해당된다.

---

248 『성유식론』 T31: 49c14ff: 次通達位. 其相云何? … 若時菩薩 於所緣境無分別智都無所得, 不取種種戲論相故. 爾時 乃名實住唯識眞勝義性. 卽證眞如智與眞如平等平等, 俱離能取所取相故 能所取相俱是分別.

249 「섭결택분」 624c27: 修道名具分斷對治.

「성문지」에서 금강유정은 수습에 의해 제거되어야 할 번뇌를 남김없이 끊기 위한 최후의 훈련단계로서 설해지고 있다. 따라서 이것은 모든 유학의 삼매들 중에서 최고이고 최상이며 가장 견고한 것으로 모든 번뇌들을 제압하지만, 〔다른〕 수번뇌들에 의해 제압되지 않는 것으로서 가행의 구경에 이른 작의에 해당된다.[250] 반면에 「보살지」에서는 구경도에서 보살은 140종의 붓다의 고유한 속성(buddhadharma)[251]들을 완성시키며, 그때 소지장에 속한 추중을 남김없이 제거했기 때문에 위없는 의지체의 전환을 얻는다고 말한다.[252]

수도의 단계에 대해 『대승장엄경론』(MSA VI.9)은 다음과 같이 요약한다.

> 항시 보편적으로 평등함을 따르는 분별을 여윈 지혜의 힘에 의해 현자에게 밀림과 같은 결함이 적집된 그의 의지체는 마치 양약에 의해 독이 제거되듯이 제거된다.[253]

세친은 이 게송의 의미를 "수도의 단계에서 의지체의 전환에 의해 승의적인 지혜에 들어감을 제시했다. 항시 모든 곳에서 평등성에

---

250 ŚrBh 506,10ff; 한역 476c28ff. 안성두 역 2021: 487-491의 설명 참조.

251 붓다의 속성(buddhadharma)은 「보살지」 建立品(BoBh 384ff)에서 십력과 4무외, 세 가지 염주, 세 가지 덮어주지 않음, 大悲, 정념을 잃지 않음, 습기의 영단, 일체종지 등 붓다만이 지닌 140종의 고유한 성질을 가리킨다.

252 BoBh 405,8ff. 안성두 역 2015: 428f 참조.

253 MSA VI.9.

따르는, 분별을 여읜 지혜의 힘에 의해, 〔즉〕 평등성에 따르는 저〔지혜〕가 의타기성 속에 있는 그때에 오랫동안 들어와서 단점이 적집되고 추중으로 특징지어진 의지체가 마치 독이 좋은 약에 의해 없어지듯이 없어지는 것"[254]이라고 풀이한다. 여기서 의지체의 전환은 분별을 여읜 지혜에 의해 추중으로 특징지어지는 의지체가 없어지는 것으로 설명되고 있다. 나가오는 의지체가 알라야식이라면 그것이 소멸된 것은 멸지滅智·무생지無生智를 얻은 아라한의 상태에서이고, 대원경지가 생겨났다는 도식이 성립한다고 해설하고 있지만,[255] 멸지 등은 수도보다는 구경도에 배정하는 것이 타당할 것이다.

『대승장엄경론』(MSA XIV.42-45)에서 수도에 대해 보다 구체적으로 서술한다. 수도에서 그리고 나머지 「보살지」들에서 2종의 지혜(jñāna)를 수습하는데, 그것은 붓다의 속성을 정화하기 위한 무분별지 및 중생들을 성숙시키는, 여실하게 건립된 지혜이다.(게송 42-43) 두 개의 무수겁을 채웠기 때문에 수습의 능숙함과 또 최후의 수습에 이른 후에 보살은 관정을 받는다.(게송 44) 분별에 의해 파괴되지 않는 금강유정과 또 모든 장애의 때가 없는 최후의 의지체의 전환에 이른다.(게송 45)[256]

네 개의 게송이 차례로 수습의 단계를 밝히고 있다는 것은 게송 44에서 두 개의 무수겁을 채웠기에 또 관정을 받는다는 말에 의해서

---

254 MSA 24,16-20.

255 Nagao 2007a: 139.

256 MSA XIV.42-45=MSA 96,7-14. Nagao(2007b: 282)는 게송 46도 수도에 포함시키지만 내용상 구경도에 해당될 것이다.

확인될 수 있다. 두 개의 무수겁이 충족되는 단계가 보살7지까지이고, 보살10지에서 관정을 받는다는 점을 고려하면 게송 42, 43은 보통 제2지에서 제7지까지 보살의 수습을 가리킬 것이다. 세친은 2종 지혜 중에서 무분별지에 의해 스스로 붓다의 속성들을 정화하고, 여실하게 건립된 지혜는 출세간지 이후에 얻어진 세간적인 지혜로서, 이를 통해 중생들을 성숙시킨다고 주석한다.

5) 구경도(niṣṭhāmārga)

「성문지」는 구경도를 가행의 구경을 결과로 갖는 작의로서 최고의 아라한과에 포섭되는 작의에 배정한다. 그 단계에서 금강과 같은 삼매의 직후에 모든 번뇌에 속한 추중의 종자를 영단했기 때문에 궁극적으로 심은 해탈되고, 또 종성의 청정을 획득하며, 번뇌들이 끊어졌을 때 멸지滅智(kṣayajñāna)가 생겨난다. 원인이 소멸했기 때문에 미래에 고통이 모든 방식으로 출현하지 않을 때 무생지無生智(anutpādajñāna)가 생겨난다. 구경도의 설명에서도 최종적인 단계는 주로 번뇌의 종자의 영단에 의거한 것이다.

반면에 『대승장엄경론』(MSA VI.10)에서 구경도의 설명은 번뇌로부터의 청정보다는 법계의 증득에 초점이 맞추어져 있다.

존자께서 가르치신 좋은 법에 잘 안주하는 그는
근본[심]으로서의 법계에 지혜를 놓은 후에
정념의 이해가 단지 분별뿐임을 깨달은 후에
현자는 공덕의 바다의 피안에 속히 이른다.[257]

세친에 따르면 이 게송은 승의의 지혜의 위대성을 주제로 한 것이다. 여기서 문제는 근본〔심〕으로서의 법계(mūladharmadhātu)라는 표현이다. 세친은 이를 근본심(mūlacitta)이라고 덧붙여 이해하는데, 근본심은 MSA XIV.4-6에서 제시된 6종의 심(citta) 중에서 첫 번째 심을 가리킨다.[258] 그것은 교수를 들은 후에 경 등 법들의 명칭을 대상으로 하는 의식작용이거나 또는 무상·고·공·무아를 이치에 맞거나 맞지 않게 혼자 사유하는 의식작용이다.[259] 이렇게 근본심을 이해한다면 근본심으로서의 법계(dharmadhātu)란 '교법의 요소'를 의미하지 여래장사상의 맥락에서 법의 근원이란 의미는 아닐 것이다. 근본심처럼 다른 5종의 심도 모두 청문한 어구語句나 그 의미 등을 대상으로 하는 의식작용이기 때문에, 여기 구경도에서는 붓다께서 설하신 좋은 가르침에 안주하는 보살이 승의의 지혜에 의해 자신이 듣고 이해하고 사유하고 확정한 가르침조차 "단지 분별뿐"(kalpamātra)이라고 이해해야 함을 말하고 있다. 세친은 심이 바로 대상으로서 현현하는 것이지, 심과 독립해 있는 또 다른 인식대상이 존재하는 것은 아니라고 아는 자에게나 또는 유심을 알지 못하는 자에게도 대상은 오직 심이라는 것을 보여주는 것이라고 말한다.[260]

이상에서 우리는 5위의 수행도가 한편에서는 『유가론』에서 번뇌를 제거하는 단계로 설해지고 있고, 다른 한편에서는 『대승장엄경론』에

---

257 MSA VI.10.

258 Nagao 2007b: 247f의 해석에 따랐다.

259 MSA 91,4f.

260 MSA 91,17f.

의거해 유식관을 증득하고 이를 확장시키는 순서로 설해지고 있음을 살펴보았다. 두 유형의 설명에는 의지체의 전환이라는 공통된 요소도 나타나지만, 거기서 의지체가 무엇을 의미하는지는 각기 다르다고 보인다. 『유가론』에도 알라야식이 도입된 이후의 문헌과 그 이전의 문헌 사이에 차이가 보이지만, 『대승장엄경론』과 같은 미륵 논서들이 알라야식이란 용어의 사용을 회피하고 있는 것도 흥미로운 현상일 것이다.[261] 따라서 두 유형의 문헌이 매우 다른 기원을 갖고 있다는 점은 분명해 보이며, 이는 구별되는 수행론적 관심을 보여주는 것이라고 이해된다.

4. 번뇌의 제거

수면 또는 번뇌는 업과 함께 중생을 윤회시키는 근본원인으로서[262] 불교의 여러 학파들의 교리체계 구축에서 매우 핵심적 역할을 수행해 왔다. 그들에게 번뇌의 분류는 번뇌의 제거를 위한 수행도의 건립과 밀접한 관련을 갖고 있기에 번뇌의 숫자와 그 분류의 문제는 단순한 현학적 관심의 소산은 아니다. 번뇌의 수와 그 분류에 관해 여러 설명이 있지만 가장 잘 알려진 것은 유부의 108종의 번뇌설이다. 이것은 98종의 수면隨眠(anuśaya)에 10종의 전纏(paryavasthāna)을 더

---

261 이는 많은 학자들에 의해 지적되고 있지만, 최근 Schmithausen(2013:)은 유가행파 문헌에서 알라야식과 유식성 개념의 관련성에 대한 논의의 출발점으로 삼고 있다.

262 AS 43,10 (『집론』 T31: 676c16-17); AKBh 277,3ff+333,8-10 참조.

해 이루어진 것이다.

유부의 번뇌설은 이미 최초기의 논서인 『법온족론』에서 함축적으로 제시되고 있다. 예류과預流果를 설해 88수면을 영단永斷하고, 일래과一來果를 설해 88종의 수면을 영단하고, 불환과不還果를 설해 92종 수면을 영단한다고 하는 기술은[263] 내용적으로 볼 때에 비록 명시하지는 않더라도, 사제를 봄에 의해 제거되는, 즉 견소단見所斷의 88종 수면을 전제하고 있고 또 욕계에 속한 수소단修所斷의 네 가지 번뇌를 불환과에 포함시킴에 의해 삼계에 속한 수소단의 10종 번뇌를 함축하고 있다는 점에서 이미 98종 수면의 분류체계가 완성되었음을 보여준다. 『법온족론』이 유부의 초기 논서이기 때문에, 번뇌의 분류체계는 이미 유부교학의 초기에 수행론의 핵심적인 문제로서 성립되었음을 보여준다. 이러한 유부의 번뇌설의 큰 골격은 후대 『구사론』에 이르기까지 변함없이 유지되었고 이를 통해 우리는 98종의 번뇌 분류가 유부의 교학에서 갖는 의미를 추정할 수 있다.

반면 유가행파의 128종의 수면설은 이런 유부의 번뇌설에 의거하면서도 이를 달리 분류한 데에서 성립한다. 그것은 유가행파의 최초기 논서인 『유가론』「본지분」의 「유심유사지」에서 제시되어 있고 뒤이은 논서[264]들에서 유가행파의 정통설로서 수용되었다.

이러한 번뇌의 분류에는 각 학파의 수행론이 반영되어 있으며, 따라서 다양한 분류가 나타난다. 예를 들어 『성실론』(T32: 323c11-25)은 번뇌의 분류에 있어 98수면설과 함께 122종의 분류를 제시하고

---

263 『법온족론』 T26: 464c-465a.

264 『집론』 678c9-14 (D 84b3ff); 『현양성교론』 T31: 485b13-15; āĀ 98,23ff.

있는데, 이는 견소단의 112종의 번뇌에 관해서는 유식학파의 분류를 따르고, 수소단의 10종에 관해서는 유부의 분류에 따른 것이다. 이하에서는 『유가론』의 128종 수면설에 나타난 자아의식에 대한 이해의 차이를 중심으로 설명하겠다.

1) 번뇌의 분류 형식

번뇌의 분류에서 중요한 기준은 번뇌의 종류를 10종으로 확정하고, 이를 삼계와 사제에 의거한 견소단과 수소단으로 분류하는 것이다. 먼저 번뇌의 종류는 유부와 유가행파에서 모두 10종으로 구분된다. 10종 번뇌란 유신견有身見, 변집견邊執見, 사견邪見, 견취見取, 계금취戒禁取, 탐貪, 진瞋, 만慢, 무명無明, 의疑이다. 여기서 앞의 5종은 견見의 성질을 가진 번뇌로서 그러한 견이 취하는 측면(行相, ākāra)의 차이에 따라 5종으로 분류된다. 여기서 견의 행상의 차이란 『입아비달마론』의 설명에 따르면 유신견은 아견과 아소견을, 변집견은 단斷·상常을, 사견은 비존재를, 견취는 〔이 견해가〕 뛰어나다는 집착을, 계금취는 〔이 견해가〕 청정하다는 집착을 행상으로 해서 생겨난다는 것을 의미한다.[265] 이러한 10종의 분류는 초기경전에 나오는 욕탐, 진瞋, 유탐有貪, 만慢, 무명, 견見, 의疑의 7종 분류와 비교할 때, 번뇌 중에서 인식의 성질을 가진 견에 보다 방점이 놓아지고 있음을 보여준다. 그리고 15부部(prakāra)란 욕계, 색계, 무색계의 삼계에 따라 일차적으

---

265 『入阿毘達磨論』(T28: 983c2-5): 見隨眠具有界行相部別. 行相別者, 謂我我所行相轉者 名有身見. 斷常行相轉者 名邊執見. 無行相轉者 名邪見. 勝行相轉者 名見取. 淨行相轉者 名戒禁取.

로 분류한 후에 다시 사성제에 관한 인식에 의해 제거되어야 할 네 가지 번뇌들과 또 사성제의 반복수습에 의해 제거되어야 할 수소단의 번뇌들을 배정한 것이다.

『유가론』「유심유사지」에서의 번뇌의 새로운 분류의 의미는 유부의 98종의 번뇌의 분류체계가 어떻게 형성되고 있는지를 비교해 볼 때보다 분명히 드러난다. 유가행파의 분류체계는 형식적 측면에서 10종 번뇌를 3계界와 5부部(prakāra, nikāya)에 배정하는 방식으로 구성되어 있기 때문에 유부에 의거하고 있다.[266] 유부는 욕계에서 각기 고제·집제·도제·멸제에 대해 미혹하기 때문에 생겨나는 번뇌를 각기 10종·7종·7종·8종으로 분류한다. 집제와 멸제의 경우는 10종에서 유신견과 변집견, 계금취의 3종이 빠지며, 도제의 경우는 유신견과 변집견이 빠진다. 또 수소단의 번뇌로 탐·진·치·만의 4종을 든다, 따라서 욕계에서 고제에 미혹하기에 생겨난 번뇌는 모두 36종이다. 색계에는 진에(pratigha)가 없기 때문에 따라서 9종·6종·6종·7종에 수소단의 3종을 합쳐 31종의 번뇌이며, 무색계도 색계와 마찬가지다. 이렇게 98종의 수면이 제거되어야 할 것이다. 이에 비해 유가행파의 번뇌 분류는 욕계에서 사성제에 대해 미혹하기 때문에 생겨나는 번뇌를 모두 10종으로 분류하고, 수소단으로서 탐·진·치·만에 유신견과 변집견을 더해 6종으로 분류한다. 따라서 욕계에서 고제에 미혹하기에 생겨난 번뇌는 모두 46종이다. 색계와 무색계에는 진에가 없기 때문에 각기 41종으로 삼계에 속한 번뇌는 모두 128종이 된다.

---

266 유부의 98수면설의 성립과 그 분류방식에 관해서는 櫻部健 1955 참조.

또 다른 104종의 수면설이 『유가론』「섭결택분」(623c16-624c5)에 설해져 있다. 그것도 10종 번뇌를 3계와 5부에 따라 배정하는 방식이지만, 배정의 방식의 차이에 따라 94종의 견소단의 번뇌와 10종의 수소단의 번뇌가 더해 104종이 된다. 『유가론기』(T42: 677b28f)에 따르면 104종의 번뇌설은 경량부에 귀속된다.

유부와 유가행파의 번뇌설의 차이는 구체적으로 유신견과 변집견, 그리고 계금취에 대한 이해의 차이에서 나오지만 그중에서 가장 큰 차이는 유신견에 대한 이해에 있다. 유신견은 자아라는 견해와 자아에 속한 것이라는 견해인데, 유부는 유신견을 단지 고제의 진리의 인식에 의해 제거될 수 있는 견고소단이지, 다른 세 가지 진리들의 인식에 의해 제거될 수 있는 것이 아니라고 간주한다. 왜냐하면 유신견은 결과로서 현존재에게 속한 것이지, 고통의 원인을 봄에 의해서나 또는 고통이 소멸된 상태나 또는 그것으로 인도하는 도를 봄에 의해 제거될 수 있는 것이 아니기 때문이다. 또한 그것은 일회적인 진리의 인식에 의해 제거될 수 있는 것으로 예류에 든 성자에게는 존재하지 않는다고 간주되었다.

반면 다른 두 가지 번뇌인 변집견과 계금취는 유신견처럼 결정적인 역할을 수행하지는 못한다. 변집견은 유신견과 밀접히 연관된 번뇌이기 때문에 번뇌의 분류에서도 유신견의 제거방식에 따라 분류되고 있다. 왜냐하면 「유심유사지」에 따르면 변집견도 유신견과 마찬가지로 동일한 5취온을 향하고 있지만, 다만 유신견에 의지해서 자아로서 취착된 5취온을 영원(常)하다거나 죽음과 더불어 궁극적으로 단멸되는 것(斷)으로 간주되기 때문이다.[267] 이와 같이 변집견은 유신견에 의존하기 때문에 유부에서는 견고소단으로, 유식에서는 모든 사제의 인식에 의해 제거될 수 있는 번뇌로 간주된다. 그리고 계금취戒禁取(śīlavrataparāmarśa)란 오직 자신이 속한 승원의 생활규칙(śīla)이나 준수사항(vrata)을 열반으로 이끄는 것이라고 집착하는 것이다. 유부는 계금취를 견고소단과 견도소단에만 한정시키는 데 비해, 「유심유사지」와 「섭결택분」에서는 모든 사제의 인식에 의해 제거되어야 하는 번뇌로 간주한다.[268]

그럼 자아의식의 핵으로서 유신견의 성격에 대한 각 학파의 이해의 차이를 보자.

2) 유가행파에서 유신견의 해석

유신견有身見에 대한 이해의 차이는 그 개념에 대한 정의에 나타나 있다. 『구사론』에서 유신견은 다음과 같이 정의된다.

> 유신견(satkāyadṛṣṭi)은 아견과 아소견이다. sat(有)란 파괴된다는 것이다. kāya(身)란 더미로서, 적집된 온이란 의미이다. 이 satkāya는 파괴되고 또 더미라는 것으로 집착의 대상인 오온이다. 영원이라는 관념과 단일자라는 관념을 포기시키게 하기 위해 불려졌다.[269]

---

267 YBh 162,15-16 (T30: 313c3-5): antagrāhadṛṣṭiḥ katamā / … pañcopādānaskandhān ātmato gṛhītvā śātśvatato vocchedato vā samanupaśyato … (변집견이란 무엇인가? 5취온을 자아로서 파악한 후에 [이를] 영원하다든가 또는 단멸적이라고 보는 사람의 …).

268 이 문제에 대해서는 안성두 2003a: 74ff 참조.

269 AKBh 281,20-22=『구사론』 T29: 100a1-4.

이 설명의 근거는 Cūḷavedallasutta(MN i 299)에서 sakkāya를 오취온으로 설명한 데에서 찾을 수 있다. 『구사론』에서 유신견이란 5취온으로서의 신체가 영원하다거나 또는 단일체로 존재한다고 보는 것으로, 이런 관념이 5취온에 대해 아我와 아소我所라는 집착을 일으키기 때문이다. 즉 satkāya는 잘못된 견해의 내용이 아니라 그것의 대상으로 파악되고 있다.[270] 영원성이나 단일체의 관념은 고제에서 무상과 무아의 행상을 관찰함에 의해 제거되기 때문에 유신견은 다만 견고소단으로 간주되게 된다.

이에 비해 유식 문헌에서 유신견은 조금 다르게 정의된다. 먼저 「유심유사지」의 정의를 보자.

> 유신견이란 무엇인가? 진실하지 않은 사람과 친하고 정법이 아닌 것을 듣고 이치에 맞지 않는 작의에 의거하거나 또는 저절로 정념을 잃음에 의거해서, 오취온을 자아나 자아에 속한 것으로 보는 자에게 있어서 확정된(nirdhārita) 또는 확정되지 않은(anirdhārita) 염오된 지혜(kliṣṭā prajñā)이다.[271]

이 설명을 다른 번뇌들의 정의와 비교할 때 단어들이 매우 일관되게 사용되고 있음을 발견하게 된다. 예를 들면 "확정된(nirdhārita) 또는 확정되지 않은(anirdhārita)"이란 수식어는 10종 수면의 정의에서 다만

270 유신견에 대한 한역의 설명은 Poussin의 AKBh의 번역 (Leo Pruden 영역) V장 fn. 27과 28 참조.

271 YBh 162,11-14.

6종의 수면, 즉 유신견, 변집견, 탐, 진, 아만, 그리고 무명의 경우에만 사용되고 있는 반면에, "확정된"이란 수식어는 다른 네 개의 수면의 정의에만 나타난다. 6종 수면이 『유가론』의 번뇌설에서 수소단을 가리킨다는 점을 고려할 때, "확정되지 않은"이란 단어는 사제의 인식에 의해 아직 끊어지지 않은 수면을 가리키며, "확정된" 것은 사제의 인식에 의해 제거될 수 있는 수면을 가리킨다.[272] 다시 말해 이 표현에 의해 유신견이 『구사론』에서처럼 단지 고제의 인식에 의해 제거될

---

272 이 표현은 명시되지는 않지만 사실상 "parikalpita(kun brtags pa, 分別起)와 sahaja(lhan cig skyes pa, 俱生)를 가리키고 있다. 왜냐하면 「섭결택분」(VinSg(P) 113a5f)은 여기서 brtags pa/ma brtags pa 대신에 kun brtags pa/kun brtags pa ma yin pa를 사용하기 때문이다. 만일 이런 이해가 바르다면, 6종 수면은 각기 분별에 의해 생겨난 것(=nirdhārita/parikalpita)과 俱生인 것(=anirdhārita/sahaja)이라는 두 종류로 나누어지게 된다. 주의할 것은 10종 번뇌들이 모두 견소단이라고 간주되었기 때문에, '分別起'와 '구생'의 구분과 무관하게 사제에 대한 잘못된 인지에서 나왔다는 점이다.

두 종류의 satkāyadṛṣṭi가 모두 염오된 것은 틀림없지만, 그것들의 도덕적 성질에 대해서는 학파마다 달리 설명하고 있다. 유부는 번뇌들이 불선한 것(akuśala)과 도덕적으로 중립적인 것(avyākṛta)으로 나누어지며, 욕계의 번뇌는 불선하지만, 상계의 번뇌와 욕계에서 satkāyadṛṣṭi는 중립적인 것이라고 보는 반면에 경량부는 모든 번뇌는 불선하다고 간주한다(『대비바사론』 196a17f). 이에 대해 「섭결택분」은 sahajā satkāyadṛṣṭiḥ는 중립적인 것이지만, 유부의 그것은 parikalpita로 평가될 수 있고, [욕계에서] 불선한 것이라고 주장한다. 이와 관련해서 흥미로운 것은 『구사론』(AKBh 290,20f)에서 sahajā satkāyadṛṣṭiḥ가 중립적인 것이며, 반면 parikalpitā satkāyadṛṣṭiḥ는 불선한 것이라고 하는 설명을 先軌範師에 귀속시키고 있다는 점이다. 袴谷憲昭(1986: 861)는 AKBh의 선궤범사를 yogācāra와 동일시한다.

수 있는 것이 아니라 사제 각각의 인식에 의해 제거될 수 있으며, 나아가 수소단의 번뇌라고 말하는 것이다.

「유심유사지」에서 유신견이 모든 사제의 인식에 의해 제거될 수 있다고 간주된 이유는 명확하지는 않지만, 일체의 번뇌가 7종의 방식을 통해 견도와 수도의 장애가 됨을 나열하는 가운데 제5방식과 제6방식이 이에 대한 이유로서 제시될 수 있다. 제5방식이란 〔10번뇌가〕 그것들의 (즉 苦와 集) 원인이고 〔고와 집은〕 그 〔10번뇌〕를 근거와 터전으로서 가지기 때문이며, 제6방식이란 〔모든 번뇌가〕 저 〔滅과 道에〕 대해 대한 공포를 일으키기 때문이다.[273]

이 구절에 대해 『잡집론』은 다음과 같이 설명한다. 여기서 모든 10번뇌는 고제와 집제의 원인(nidāna)이며, 이것들은 이 번뇌들을 근거와 터전(padasthāna)으로 하기 때문에 미혹되게 된다. 또한 모든 10번뇌는 멸제와 도제에 미혹되어 있기 때문이며, 또한 멸제와 도제에 미혹되어 있기 때문에 우리는 이 두 진리에 대해 우리가 무화無化되어 버리지는 않을까 하는 두려움을 갖게 되는 것이다.[274]

모든 10번뇌는 고와 집의 원인이고 고와 집은 10번뇌를 터전으로 하며, 또한 멸과 도에 대한 공포를 일으킨다고 보는 이러한 설명을 통해 우리는 유가행파가 왜 10번뇌를 견고소단뿐 아니라 다른 3부의 진리를 봄에 의해 제거될 수 있다고 간주했는지를 이해할 수 있다.

---

273 YBh 165,8 (Ch. 514a21f): tannidānapadasthānataḥ taduttrāsasaṃjananataḥ. 또한 tannidāna-padasthāna에 대한 설명은 「섭사분」(T30: 830a26-b9; D 252b2ff) 참조.

274 『집론』 678b9-11; ASBh 60,15-17.

유신견을 멸제와 도제의 인식에 의해 제거되어야 할 것으로 보는 것은 열반에 대해 미혹해 있는 사람은 자아나 자아에 속하는 것으로서 집착된 5취온의 소멸을 궁극적 소멸로 보기 때문에 멸제와 도제에 대해 공포를 갖기 때문일 것이다.

반면 104종의 번뇌를 설하는 「섭결택분」에 유신견에 대한 또 다른 정의가 보인다. 유신견의 정의는 여기서도 10종 번뇌의 나열 중에서 첫 번째로 등장한다.

> 유신견(satkāyadṛṣṭi)이란 무엇인가? 오취온을 자아나 자아에 속한 것으로 보고, 〔그것에〕 집착하고, 마음에 상정하는[275] 것이다. 이것은 구생俱生(sahaja)과 변계된 것(parikalpita)의 2종으로 이해될 수 있다. 구생인 것은 일상인과 나아가 금수의 〔유신견〕이며, 변계된 것은 비불교도의 〔유신견〕이라고 알아야 한다.[276]

104종의 번뇌에서 견소단은 94종이며, 수소단은 10종이다. 이 분류는 다만 계금취가 집제와 멸제의 인식에 의해 제거되어질 수 있다는 것을 빼고는 유부와 동일하다. 따라서 여기서도 유신견은 유부에서처

---

275 "마음에 상정하는"이란 티벳역(sems la 'jog pa)에 따라 번역한 것이다. 현장역은 增益으로 번역한다. 증익이 samāropa이기에 산스크리트어가 sam-ā-ruh에서 파생된 samāropaṇa라고 추정된다. 이는 티벳역과도 부합할 것이다. 이 단어는 일반적으로 없는 것을 더해서 상상하는 samāropa 개념과는 달리 samāropika("증익하는")와 apavādaka("부정하는, 손감하는")의 두 가지 뉘앙스를 모두 포함하고 있다.

276 『유가론』 623c16ff (=P 120a5ff).

럼 단지 견고소단이다. 「섭결택분」에서는 왜 유신견이 오직 고제와 관련되고 집제 등과는 관련되지 않는지는 언급되지는 않지만, 고제에 대해 미혹해 있다는 것이 5취온取蘊, 즉 고제를 자아나 자아에 속하는 것으로 파악하는 것이라는 설명을 통해 『구사론』과 비슷하게 파악하고 있음을 보여준다. 『성유식론』은 「섭결택분」의 이 귀절을 다음과 같이 해석한다. "유신견과 변집견의 두 〔번뇌〕는 오직 결과(=고제)로서의 〔諸行의〕 경우에만 생겨나고, 또한 그것을 구성하는 '〔이것은 자아의〕 공空이다', '〔이것은〕 자아가 아니다'라고 〔파악하는 慧는〕 특별히 고제에 속하기 때문이다."[277]

그런데 『구사론』(AKBh 260,21f)에서 유신견을 구생俱生(sahaja)과 분별에서 일어난 것(vikalpita)의 2종으로 구별하는 것은 선궤범사(pūrvācārya)의 이론으로 간주되고 있다.[278] 여기서 '구생'의 유신견은 일상인과 동물에게 해당된다고 간주되는데, 이는 자연적으로 태어남과 동시에 갖게 되는 본능적 자아의식을 가리킨다고 말할 수 있다. 반면 분별에서 일어난 유신견이 비불교도의 그것이라면, 이는 후천적으로 획득된 자아의식을 가리킬 것이다. 「섭사분」(799c26f)은 이를 전통적으로 20가지 점으로 표현된 아견과 아소견이라고 설명한다. 20가지 점이란 5종의 아견과 15종의 아소견으로서, 각각의 색·수·상·행·식을 자아라고 보는 5종이 아견이고, 나머지 15종이 아소견으로,

---

277 『성유식론』 T31: 33a11f: 身邊二見 唯果處起, 別空非我屬苦諦故.

278 AKBh 260,21f: sahajā satkāyadṛṣṭir avyākṛtā/ yā mṛgapakṣiṇāṃ api varttate/ vikalpitā tv akuśaleti pūrvācāryāḥ/. 『유가론』의 선궤범사에 대해서는 권오민 2014a, 2014b 참조.

각각의 오온에 대해 "오온은 자아를 갖고 있다", "오온은 자아에 속한다", "오온 속에 자아가 있다"고 보는 것이다.[279] 비록 위의 「섭결택분」의 구절에서 「섭사분」(779c10-25+788a26ff)의 설명에서처럼 구생의 아견이 단지 금수에게만 해당되는 것으로 말해지고 유학의 성자와 관련되었다는 내용은 찾을 수 없다. 그렇지만 20종의 아견과 아소견을 분별에서 생겨난 유신견과 관련시키는 해석에 따라 「섭결택분」의 구절을 해석하면, 견고소단으로서의 분별에서 일어난 유신견은 전통적인 의미에서 예류과를 획득하기 이전에 제거되는 자아의식을 가리키며, 반면 구생의 유신견은 여전히 예류의 성자에게도 남아 있는 미세하고 본능적인 자아의식을 가리킬 것이다. 그렇지만 이러한 미세하고 본능적인 자아의식은 「섭결택분」의 104종의 번뇌설에서 특별히 '번뇌'로서 간주되지는 않았다. 왜냐하면 유신견은 여기서 단지 견고소단일 뿐 수소단의 번뇌에는 포함되지 않았기 때문이다.

이와 같이 세 가지 번뇌설의 구조를 볼 때 가장 핵심적인 차이는 유신견에 대한 이해에 놓여 있다. 유부에 따르면 견見의 성질을 가진 모든 번뇌는 사성제의 인식에 의해 단박에 제거될 수 있다. 어두운 밤에 새끼줄을 뱀으로 착각해서 생겨난 그릇된 인식은 밝은 낮에 이를 올바로 관찰함에 의해 완전히 제거되듯이, 잘못된 인식은 올바른 인식이 생겨날 때 완전히 제거된다. 유신견도 견見(dṛṣṭi)인 한 견소단일 뿐이다. 따라서 잘못된 인식으로서의 유신견은 사성제의 올바른 인식에 의해 바로 제거된다. 이런 파악은 유신견을 5하분결下分結

279 ASBh 7.3ff 참조.

(avarabhāgīyasaṃyojana), 또는 3결結의 하나로서 예류豫流(srotaāpanna)에서 끊어진다는 이론으로 정형화되고 있다.

반면에 『유가론』에서는 유신견을 단지 견의 성질을 가진 번뇌로 보는 대신에 견의 성질을 가진 모든 번뇌의 근거라는 사실이 누누이 강조되고 있다.[280] 이런 표현은 왜 유신견이 모든 사제의 인식에 의해 제거되어야 할 번뇌로 간주되었는지를 보여주는 매우 유력한 내용적 근거이다. 만일 유신견이 다른 견이나 견의 성질을 가진 다른 번뇌의 근거라면, 유신견은 유부에서와 같이 단지 견고소단으로 간주될 수는 없을 것이다. 왜냐하면 유신견이란 근거가 이미 없어졌는데도, 이에 의거하고 있는 다른 견이 견집소단 등으로서 계속 존속하고 있다는 것은 타당하지 않기 때문이다. 따라서 모든 사제의 인식에 의해 제거되어야 하는 것으로서 유신견을 파악하는 유가행파의 이해의 배후에는 자아의식의 근원적 염오성에 대한 새로운 인식이 놓여 있는 것이다.

이런 맥락에서 후라우발너의 소위 '현관론現觀論'(abhisamayavāda)에 대한 논의는 주목을 요한다. 후라우발너는 유부에 있어 유신견의 염오성에 대한 인식이 점차 증대되어 왔다는 사실을 지적하면서 이런 파악의 배후에는 '현관론'(abhisamayavāda)에 대한 점증하는 관심이 놓여 있다고 주장한다.[281] 이러한 지적은 매우 계발적이지만, 그럼에도

---

280 예를 들어 『유가론』 621c2-3; 626b7-9; 799b14; 841a24-26; AS 7,9-10. 「섭사분」 794b25ff에서 見雜染을 다른 잡염의 근거로 보는 해석도 여기에 포함될 수 있다. AKBh 461,4 (ātmagrāhaprabhavāś ca sarvakleśāḥ)도 이런 해석의 연장선 상에 있다.

281 유부의 現觀論(abhisamayavāda) 사유의 중요성에 관해서 E. Frauwallner 1971

유부의 98종의 번뇌 분류에서 유신견에 대한 강화된 인식이 어떻게 발전되어 왔는가는 명확하지 않고 또한 현관론적 인식과 관련해 유신견의 기능이나 성격도 명백하지 않다. 유부에서처럼 유신견이 견고소단으로만 간주되는 한, 그것은 현관론적 사유에서 핵심적 요소로 기능할 수 없을 것이다. 후라우발너가 지적했던 현관론적 사유의 특성은 유부의 번뇌론보다는 오히려 유가행파의 번뇌설에서 더욱 전형적으로 나타난다고 보인다. 번뇌에 있어 인지적 요소의 강조, 그리고 이와 더불어 유신견을 모든 사제에 배당시키는 것은 『유가론』「본지분」에서 처음으로 명백히 제시되었고, 이는 유신견을 모든 번뇌의 근원으로 간주하는 설명으로 발전되었다.

나아가 「유심유사지」의 128종의 번뇌설에서 유신견은 사제의 인식에 의해 단박에 제거될 수 있는 번뇌라는 성질을 넘어 수소단으로서 간주된다. 앞에서 설명했듯이 「유심유사지」의 유신견의 정의에서 '불분별不分別'(anirdhārita)이란 표현이 사용되며, 또한 그 근거로서 자발적이고 정서적인 (즉 비인지적인) 수소단의 번뇌의 특성을 보여주기 위해 임운실념任運失念(naisargikaḥ smṛtisaṃpramoṣaḥ)[282]이란 표현이 사용되고 있다. 이런 표현은 모든 수소단의 6종 번뇌를 기술하는 중에 나타나기 때문에 「유심유사지」가 이를 의도적으로 사용하고 있음은 분명하다. 중생의 정념 깊숙이 뿌리내린 수소단의 번뇌는 사성제의 일회적 통찰에 의해서는 완전히 제거되지 않기 때문에,

---

참조. (이 논문은 『불교학리뷰』 2에 번역되었다.)

282 YBh 162,12 이하 유신견, 변집견, 탐, 진, 만, 무명의 6종 수소단 번뇌에 대한 정의 참조.

이를 제거하기 위해서는 사성제에 대한 반복된 관찰이 필요한 것이다. 이런 수소단의 성격이 이제 유신견 및 이와 연관된 변집견에도 적용되는 것이다.

『잡집론』[283]은 유신견이 수소단이라는 주장을 '구생俱生'(sahaja) 개념과 관련시키고 있다. 슈미트하우젠은 이에 의거하여 『잡집론』에서 '구생의 유신견'(sahajā satkāyadṛṣṭiḥ) 개념의 사용이 『크세마카경』(SN 22. 89; 『잡아함』 103)과 관련된 문제맥락에서 왔다고 보고 있다.[284] 여기서 크세마카 비구는 자기는 오온이 자아나 자아에 속하는 것이 아니라는 것은 깨닫고 있지만 그럼에도 아직 아라한은 아니라고 말한다. 왜냐하면 그에게는 아직 '[이것은] 나이다'라는 미확정적 형태의 애착이나 자만심, 잠재의식이 남아 있기 때문이다.[285] 즉 아직 아라한은 되지 못했지만 사성제를 관찰해서 성인의 위치에 오른 유학有學에게도 미세한 심층적 자아의식이나 그것의 훈습에서 생겨난 영향이 아직 남아 있다는 것이다. 그런데 이러한 이 경의 설명방식은 유신견이 예류豫流(srotaāpanna)에 든 성자에게서 끊어지며, 아만我慢은 5하분결上分結의 하나로 아라한에게서 비로소 끊어진다고 간주하는 유부의 이해와 모순된다. 유부에 따르면 유학의 성자에게 유신견은 끊어졌지

---

283 ASBh 62,3f: sahajā satkāyadṛṣṭiḥ kā </> bhāvanāprahātavyā / yām adhiṣṭhāyotpannadarśanamārgasyāpy āryaśravakasyāsmimānaḥ samudācarati / ("유신견이란 무엇인가? 수소단이다. 견도에 들어간 고귀한 성문들에게조차 그 [유신견]에 의지해서 我慢은 현행한다."). 이어 『잡집론』은 Kṣemakasūtra를 인용하고 있다.

284 Schmithausen 1979; 1987: 148 참조.

285 SN III 128; 130. 산스크리트 문장의 표현은 ASBh 62,5-7의 인용 참조.

만 아만은 아직 남아 있다.

그렇지만 구생의 유신견 개념은 견도에 들어간 성자에게도 잔존해 있다고 보는 『잡집론』의 설명은 이 개념이 처음으로 등장했던 「섭결택분」의 설명 맥락과 다르다. 앞에서 보았듯이 '구생의 유신견' 개념은 「섭결택분」(621b7-9)에서 명시적으로 사용되고 있지만 이는 일반인과 동물들에게 생겨나는 것으로서 수소단으로 간주되지 않는다. 다시 말해 구생의 유신견은 유학의 성자와 관련되지 않는다. 이런 사실은 구생의 아견이 언급되는 「섭사분」의 두 설명에서도 동일하다.[286] 슈미트하우젠은 『유가론』에서 『잡집론』에 이르는 발전과정을 다음과 같이 추정하고 있다. 그는 「섭사분」에 나오는 유신견의 습기(vāsanā)라는 개념과 구생의 아견이라는 개념이 『유가론』의 새로운 층에 속하는 「유심유사지」에서 불확정된 것(anirdhārita)으로서의 유신견을 수소단으로 간주하게끔 하는 데 토대 역할을 했다고 생각한다.[287] 이런 구생의 유신견의 도움으로 『잡집론』은 『크세마카경』의 의미에서 유학에 있어 아만의 존재를 설명할 수 있게 되었지만, 사상사적으로 보면, '구생' 개념과 그것이 수소단이라는 설명은 원래 유학의 아만과 관계없이 사용되었을 것이라고 지적한다.

---

286 「섭사분」 779c10-25 (P 'i 162a5ff); 788a26ff (P 'i 184a4-6)의 기술에 있어 구생의 아견에 성자가 관련되었다는 어떤 진술도 없다.

287 「섭사분」 797c9-798a5 (P 'i 210a1ff)에 있어 薩伽倻見의 습기가 유학의 성자에게도 잔존해 있다고 서술되고, 779c10-25 (P 'i 162a5ff)에 있어 구생의 아견은 금수들에 이르기까지 일어난다고 서술되고 있다. 후에 살가야견의 습기설은 방기되고 구생의 아견이 유학의 성자에 결부됨에 의해 수소단으로 간주되게 되었다. 이에 대한 상세한 논의는 Schmithausen 1979; 1987: 146ff 참조.

5. 맺는말

우리는 유가행파의 최초의 논서인 『유가론』을 중심으로 해서 왜 유가행파가 128종의 번뇌의 분류를 새롭게 구성했는지를 살펴보았다. 유신견을 4부의 견소단에 배속시킨 이유는 모든 잡염의 근거로서의 유신견의 발견에 있다고 보인다. 물론 『유가론』에서는 유부의 교학적 의미에서 유신견이 견도에서 제거된다고 하는 기술도 발견되고 있지만,[288] 이미 「섭사분」에서 잡염을 2종으로 나누고 이 중에서 견잡염이 보다 근본적이라고 하는 언명에서 우리는 이런 발전에의 싹을 찾을 수 있을 것이다. 또한 유신견이 수소단으로 배분된 이유는 슈미트하우젠에 따르면 『크세마카경』에서 제기된 '〔이것은〕 나이다'라는 미세한 자아의식이 유학의 성자에게 잔존해 있다는 기술이 단초가 되어 「섭사분」에서 유학의 성자에게 나타나는 유신견의 습기설과 동물들에게 나타나는 구생의 아견설이 「유심유사지」의 단계에서 종합되어 수소단으로서의 불분별의 유신견(anirdhāritā satkāyadṛṣṭiḥ)으로 표현되었다. 이것은 「유심유사지」보다 초기의 층에 속하는 「섭결택분」의 해당 개소에서 구생 개념이 아직 수소단과 관련됨이 없이 설명되고 있는 데서도 드러난다.

이에 비해 104종의 수면을 설하는 「섭결택분」의 분류는 유부와 「유심유사지」와의 중간적 발전단계에서 나왔거나 또는 다른 학파의 이해를 반영하고 있다고 보인다. 여기서 유신견은 단지 변집견의

---

288 「섭결택분」 668a20; 「성문지」 424c26-29 (ŚrBh 177,8-11).

근거로서만 명시될 뿐, 다른 견이나 번뇌의 근거라고 하는 파악은 나오지 않는다. 따라서 수소단도 유부의 이론처럼 10종으로 한정될 뿐이다.

이렇게 볼 때 우리는 유가행파의 128종의 번뇌의 분류에서 가장 결정적 역할을 하는 것이 유신견의 기능에 대한 새로운 이해임을 알 수 있다. 이것이 번뇌설의 맥락에서 유가행파의 이론을 유부의 그것과 뚜렷이 구분시켜 주는 일종의 표지석이다. 「유심유사지」에서 유신견이 특히 수소단으로 확립되었을 때, 비록 이 단계에서 '염오의染汚意'(kliṣṭa-manas)라는 용어는 등장하지 않지만, '염오의'설의 도입을 위한 가장 중요한 조건, 즉 염오의를 항시 수반하는 4종의 구생번뇌 중에서 가장 우선적인 구생의 아견의 존재라는 조건을 충족시키게 되었을 것이다.

V. 유가행파에서 법무아

1. 불교에서 2종의 무아(anātman)

무아설이 불교의 가장 핵심적인 교설이나 교법이라는 데에 이의를 제기할 사람은 없을 것이다. 무아설은 오온설이나 12처설, 18계설 등의 모든 기본적인 가르침에 포함되어 있으며, 연기설의 핵심으로 간주되고 있다. 그렇지만 이러한 핵심적인 교법조차 계속해서 재해석과 발전의 과정을 보여준다. 이하에서는 무아설의 의미가 무엇이며, 또 불교사상사에서 나타난 두 가지의 무아설의 의미와 그 차이 등을 다루겠다.

붓다의 최초의 설법의 하나로 평가되는 『무아상경無我相經』에서 무아(anātman)가 설해진 이후 제법무아諸法無我는 제행무상諸行無常과 일체개고一切皆苦와 함께 삼법인의 하나로서, 또는 열반적정涅槃寂靜을 포함하여 사법인의 하나로서 불교의 가장 중요한 교설로서 인정되어 왔다. 여기서 무아의 의미는 오온으로 환원되는 개아는 궁극적인 의미에서 존재하지 않는다는 것을 의미한다. 이 개아의 비존재를 전통적으로 인무아人無我(pudgala-nairātmya)라고 부르는데, 초기불교와 아비달마 시대에 대표적인 무아의 교설로 발전했다. 반면 기원 전후에 편찬되기 시작했던 『반야경』 등의 대승불전에서는 이런 개아의 비존재를 넘어 모든 요소들이나 현상들이 궁극적으로 어떤 본질도 갖지 않는다고 주장했는데, 대승에서 이를 법무아法無我(dharma-nairātmya)라고 불렀다. 대승의 법무아를 이해하기 위해서는 먼저 인무아가 무엇인지를 설명하는 것이 필요할 것이다.

1) 인무아(pudgalanairātmya)

무아(anātman)의 교설은 『무아상경』(Anattalakkhaṇasutta)에서 처음으로 등장한 이후 불교의 핵심적인 사상으로 발전되었다. 무아無我로 번역한 an-ātman은 자아(ātman)의 비존재나 또는 자아가 아닌 것을 의미한다. 여기서 무아가 무엇인지를 이해하기 위해서는 그 반대인 자아(ātman)가 어떻게 이해되고 있는지를 아는 것이 필요할 것이다. 자아는 초기 우파니샤드에 속하는 브리하드아란야카 우파니샤드(Bṛhadāraṇyakopaniṣad)에서 모든 개체의 내적 본질로서 윤회하는 개체의 생사를 초월해 있고 개체의 경험에 영향을 받지 않는 불변자로 간주되었다. 이러한 개체의 내적 본질이 아트만이라는 사실을 인식할 때 해탈은 성취된다는 것이 우파니샤드의 가르침이었다. 하지만 붓다는 『무아상경』에서 바로 이러한 아트만의 존재를 부정한 것이다.

데카르트 이래 근대 서양철학에서 행위의 수행자로서 또는 의식작용의 주체로서 자아 관념은 철학에서 핵심적인 요소이다. 데카르트는 그런 자아에 코기토(cogito)로서의 실체성을 부여함에 의해 근대철학을 열었다. 굳이 철학을 거론하지 않더라도 상식적 차원에서 행위자나 행위의 주체를 자아라고 부르는 것은 용인될 것이다. 그런데 불교는 무아설에 의해 그 상식에 도전한다. 행위의 주체자나 행위자가 존재하지 않는다는 주장이 무아설로서 불교를 베다에 의거한 여섯 철학 전통이나 동일한 사문 전통에 속한 자이나교와도 구별시키는 가장 큰 특징이다. 이런 철저한 반실체론 내지 반본질주의 관점을 통해 불교는 인도사상의 발전에 결정적인 영향을 주었다. 그렇지만 이런 무아의 주장은 불교의 핵심적 통찰이면서도 일상인들이 불교를 이해하려고 할 때 직면하는 어려움이며, 또 후대 불교사상을 철학적으로 해석할 때에 어려움을 안겨준 점이기도 하다.

『무아상경』에서 붓다는 무아를 설명하기 위해 매우 분석적(analytical)이고 지적(intellectual)인 방법으로 접근한다. 분석적 방식이란 개체존재가 무엇으로 구성되었는지를 보여주기 위해 개념과 범주에 의거해 환원적으로 설명하는 것이다. 이는 『초전법륜경』에서 설했던 팔정도의 실천명상과는 다른 방식이다. 팔정도에서 가장 핵심적인 정념과 정삼매는 정려와 같은 집중명상에 의거하여 해탈 경험을 얻으려는 수행법이다. 이에 비해 무아의 교설은 전혀 다른 분석적인 방법에 의거하여 경험의 본질은 무엇이고 궁극적인 것은 무엇일 수 있는지를 묻는다는 점에서 불교의 특색을 보여주고 있다. 이제 붓다가 무아를 어떤 새로운 방식으로 접근하고 있는지를 보자.

> (가) 비구들이여, 색色(rūpa)은 자아가 아니다. 만일 색이 자아라면, 이 색은 고통으로 이끌지 않아야 할 것이며, 색에 대해 다음과 같이 말하는 것이 가능해야만 할 것이다. '나의 색은 이렇게 되기를, 나의 색은 이렇게 되지 말기를.' 그러나 그것이 고통으로 이끌고, 또 색에 대해 '나의 색은 이렇게 되기를, 나의 색은 이렇게 되지 말기를'이라고 말할 수 없는 것은 바로 색이 자아가 아니기 때문이다. 〔이어 오온 중의 다른 네 요소인 受(vedanā), 想(saññā), 行(saṃkharā), 識(viññāṇa)에 대해 동일하게 반복된다.〕
>
> (나) 비구들이여, 너희들은 어떻게 생각하는가? 색은 영원한가 아니면 무상한가? 세존이시여, 무상합니다. 그렇다면 무상한 것은 고통스러운 것인가 아니면 즐거운 것인가? 세존이시여, 고통스러운 것입니다. 그렇다면 무상하고 고통스럽고 변하는 성질을 가진 것에 대해 '이것은 나의 것이다. 이것이 나다. 이것이 나의 자아다'라고 여기는 것은 타당한가? 세존이시여, 타당하지 않습니다.[289]

붓다는 무아를 설명하기 위해 두 단계의 이론적 세팅을 한다. 첫 번째로 오온이라는 범주를 확정하고 모든 개아가 오온으로 구성되어 있음을 보여준다. 두 번째로 개체와 오온의 관계를 두 가지로 분석적으로 고찰한다. (가) 개체존재가 오온에 대해 어떤 자재성도 갖지 못한다는 사실, 그리고 (나) 오온이 무상하고, 고통스럽고, 자아가 아니라는 방식으로 관찰하는 것이다.

---

289 Vin I.13-14; cf. MN I.231ff. Vetter 1988: 9장 참조. 여러 학파들의 문헌에 나타난 무아설의 형태에 대해서는 Wynne 2011 참조.

붓다는 먼저 개아를 오온이라는 다섯 가지 구성요소로 환원시킨다. 오온은 물질적 요소인 색과 심리적 요소인 수·상·행·식이다. 오온은 원래 우파니샤드에서 제시된 두 가지 범주인 명색(nāmarūpa) 개념을 세분화한 것이다. 다만 우파니샤드에서 명名(nāman)은 문자대로 명칭을 가리키고, 색은 물질을 가리키고 있지만, 붓다는 심리적 요소의 중요성에 입각하여 명을 수·상·행·식의 넷으로 세분한 것이다. 따라서 붓다는 오온의 범주에 의해 모든 중생들은 물질적인 요소와 심리적인 요소의 복합체라고 설명하는 것이다. 이렇게 개아는 오온이라는 물질적, 심리적 요소들로 구성되어 있다고 확정한 후에, 그런 오온 속에 아트만이라는 영원한 본질은 존재하지 않음을 보여주기 위해 두 가지 논증을 한다.

(가) 첫 번째는 오온에게 자재성이 없음을 통한 무아의 논증이다. 만일 오온이 아트만이라면, 우파니샤드에서 말하듯이 내적 조정자로서 자아는 오온의 본질일 것이고 따라서 오온은 아트만의 본래적인 속성을 가져야만 할 것이라는 주장이다. 따라서 만일 오온이 아트만이며, 또는 오온 속에 아트만이 본질로서 내재해 있다면, 그 아트만은 모든 내적 기관들을 지배하는 것이기 때문에 오온은 조정자로서의 아트만에게 충실히 복종해야 한다는 것이다. 붓다는 이를 다음과 같이 표현하고 있다. "신체는 자아가 아니다. 만일 신체가 자아라면 그것은 병으로 인도할 수 없는 것이어야만 할 것이다. 왜냐하면 '나의 신체가 이렇게 되기를, 나의 신체가 이같이 되지 않기를'이라고 말할 수 있을 것이기 때문이다. 그러나 신체는 자아가 아니기 때문에 그것은 병으로 이끌며, '나의 신체가 이렇게 되기를, 나의 신체가 이같이

되지 않기를'이라고 말할 수 없을 것이다."[290]

만일 나의 신체가 아트만이라면, 또는 나의 신체에 아트만이 본질로서 내재한다면, 나는 오온의 본질로서의 아트만에 기대어, 나의 신체의 병듦과 노쇠를 거부하고 다시 오온에게 영원한 청춘을 명령할 수 있을 것이고, 그때 오온은 내적인 조정자로서의 아트만의 명령에 따라야만 할 것이다. 여기서 아트만 개념은 오온을 조정하는 내적 행위자로서 나머지 세계와 구별되는 지속적인 실체로서 파악되고 있음을 보여준다. 하지만 이러한 아트만의 존재성은 오온의 현상적인 작용에 비추어 볼 때 가능하지 않음은 자명할 것이며, 따라서 붓다는 오온이 아트만이라는 주장을 부정하는 것이다. 오온에 대한 자재성의 부재에서 나온 무아의 주장은 우파니샤드적 자아 개념의 허구성을 향하고 있다.

(나) 두 번째 무아의 논증은 오온을 무상·고·무아의 세 가지 측면에서 관찰하면서 오온은 무상하며, 따라서 고통스럽고 (또는 불만족스러운 것이고), 따라서 그러한 성질을 가진 오온은 아트만과 동일시될 수는 없다는 비동일시에 따른 방식에 의해 수행되고 있다. 여기서 경험적인 이해에 근거하고 추론에 따르는 불교의 특징이 잘 드러난다. 이 논증은 사상사적으로 이후 불교사상의 형성에 커다란 영향을 끼쳤고 또 불교의 핵심적인 정신적 가치를 보여주고 있다고 평가받는다. 이러한 관찰이 어떤 의미를 가지는지 보자.

우리는 태어났을 때나 지금이나 '자아'가 동일하다는 믿음을 갖고

---

290 SN iii. 66-67.

있다. 개아가 심리적 요소와 신체적 요소들로 이루어져 있고 그중에서 신체는 변덕스러운 심리적 요소보다는 오래 지속하는 것처럼 보이지만 그럼에도 그것이 일정 시간이 지나면 변화하고 쇠퇴한다는 점은 부정하기 어렵다. 이러한 신체는 물질적인 요소로 이루어져 있다. 예를 들어 머리털도 시간이 지나면 흑색의 윤기가 흐르는 상태에서 점차 백발의 상태로 변하며, 또 활발히 작동했던 신체의 기관들도 점차 노쇠해지고 약해진다. 신체성과 관련하여 신체를 구성하는 세포를 보자. 생물학자들에 따르면 인간의 세포는 수십조 개이며 더욱 놀라운 것은 그 많은 체세포가 매 6년마다 완전히 교체된다. 그렇다면 1초에 체세포 몇 만개가 생멸하는 셈이다. 엄격한 동일성이라는 시각에서 본다면 이렇게 변하는 신체를 불변하는 아트만의 신체라고 말할 수는 없을 것이다. 그런데 우리는 6년 전의 나를 변함없이 나라고 생각한다. 붓다가 문답을 통해 보여준 것은 바로 이런 맥락에서 개아의 심신의 구성요소는 끊임없이 변하고 있다는 사실이다.

이렇게 심신의 구성요소들이 모두 무상하다는 것을 확인한 후에 붓다는 이런 무상한 것이 즐거운가 아니면 고통스러운 것인가를 묻는다. 최소한 인도적인 사유맥락에서 영원하지 않은 것은 고통스러운 것이다. 따라서 제자들은 "영원하지 않은 것은 고통스럽다"고 대답했다. 이 대답의 저변에 깔린 아이디어는 "아트만과 다른 것은 모두 괴로운 것"이라는 우파니샤드의 관념이다. 세 번째 질문은 이렇게 무상하고 고통스러운 것을 아트만과 동일시할 수 있느냐이다. 우파니샤드의 아트만 개념을 전제했을 때, 이 질문의 의미는 명확할 것이다. 아트만은 영원히 불변하는 존재로서, 모든 생명체 속에 내재한 본질이며 그런 한에서 오온 속에도 아트만은 존재해야만 할 것이다. 그렇지만 앞에서 무상과 고의 경우에 보았듯이 우리가 오온 속에서 발견하는 것은 이런 아트만의 성질에 부합하는 초현상적인 것이 아니라 오히려 무상하고 불만족스러운 오온 자체의 경험적 성질뿐이다. 아무리 오온을 분석해 보아도 영원하고 불변하고 즐거운 것으로서 경험되는 그런 요소를 찾을 수 없다. 따라서 제자들은 신체를 구성하는 모든 요소들은 모두 무상하고 고통스러운 것으로서 아트만에 대응하는 그런 성질은 찾아볼 수 없기 때문에 신체에 아트만은 존재하지 않거나 또는 신체는 아트만이 아니라고 대답할 수밖에 없었다.

바로 여기서 불교에서 가장 특징적이고 인상적인 무아의 교설이 제시된다. 윤회가 아무리 지속되든 간에 심신의 본질인 아트만은 그것에 전혀 좌우되지 않는 순수한 존재이며, 순수의식이고, 순수축복이라는 우파니샤드의 주장은 이제 붓다의 오온의 분석에서 더 이상 타당하지 않은 가설이거나 또는 경험 속에서 확인될 수 없는 형이상학적인 사변으로 간주되었다. 붓다는 관찰에 의거한 경험과 분석적인 추론에 의거해 오온을 그런 아트만과 동일시할 어떤 근거도 없음을 보여준 것이다. 그렇다면 제자들이 개아를 구성하는 오온이 무상하고 따라서 고통스럽고 따라서 자아에 대응하는 어떤 것도 없다고 관찰했을 때, 그들이 보고 깨달았던 것은 무엇이었을까?

> 따라서 비구들이여, 모든 색은 과거든 미래든 현재든, 내적인 것이든 외적인 것이든, 거칠거나 미세하거나, 열등하거나 뛰어나거나, 멀거나 가깝거나 간에, 정견에 의해 다음과 같이 여실하게

> 인식되어야 한다. '이것은 나의 것이 아니다. 이것은 내가 아니다. 이것은 나의 자아가 아니다.' … 비구들이여, 이와 같이 보는 현명하고 성스러운 제자는 색에 대하여 이욕하고, 감수에 대하여 이욕한다 … 이욕함에 의해 그의 탐욕은 소멸하며, 탐욕이 소멸함으로써 그의 마음은 해탈한다. 해탈했을 때 '해탈했다'고 알고, '태어남이 다하고, 성스러운 삶을 살았고, 해야 할 바를 이미 다 했으며, 이생 이후에 다시 생이 없다'고 안다.[291]

이 설명은 무아의 경험이 우리를 이욕離欲으로 이끌며 탐욕의 소멸로 이끌며, 그럼으로써 심해탈의 상태로 이끈다고 말한다. 경전은 왜 이러한 무아의 경험이 수행자들을 그런 이욕의 상태로 이끌었는지를 말해주지는 않지만, 우리는 그 이유를 쉽게 추론할 수는 있다. 다섯 비구들은 우파니샤드의 아트만 개념이 함축하듯이 영원성과 불멸성을 추구하고 있었을 것이며 이를 실현시키려는 종교적 열망에 차 있었을 것이다. 그렇지만 이제 오온의 분석을 통해 이제까지 그들이 그토록 추구해 마지않던 아트만이라는 불변자는 존재하지 않는다는 사실을 깨달은 것이다. 이렇게 깨달았을 때, 그들은 역설적으로 회의주의나 염세주의에 빠진 것이 아니라, 오히려 그들이 그토록 추구했던 불변하는 아트만이 실제로는 나르시시스트적인 갈망의 대상이었을 뿐이며, 그것에 대한 욕망을 끊었을 때 비로소 그들의 마음에 내적인 평화와 적정이 생겨났음을 경험한 것이다. 사성제의 집제에 따라 갈애가 실은 자아의 본성에 대한 무지에 근거하고 있으며, 오온이 어떤 본질도

---

291 Vin I.14; Vetter 1988: 37f 참조.

지니고 있지 않다는 무아의 인식을 통해 비로소 자아에 대한 끈질긴 욕망이 적정해졌음을 발견한 것이다.

이와 같이 우파니샤드에서 긍정적인 목표로서 제시된 아트만을 붓다는 역설적으로 영원성에 대한 우리들의 욕망과 무지에 의하여 투사된 형이상학적 갈망이라고 통찰한 것이다. 형이상학적 존재로서 추상화된 아트만이 사실은 오온 속에서 경험적으로 찾을 수 없는 것이며, 그것에 대한 추구는 형이상학적 갈망이라는 점을 붓다는 지적한 것이다. 어떤 의미에서 이것은 사고방식의 코페르니쿠스적 전회이다.

이러한 무아설의 구제론적 효과는 매우 지대했다고 한다. 다섯 제자들은 모두 붓다가 원하던 구제론적 목표에 도달했다. 이와 같이 무아의 인식을 통해 갈망의 제거와 해탈의 증득이라는 목표에 도달하려는 관찰방식은 이후 불교에서 지배적인 경향으로 발전했다.

『무아상경』에서 설해진 무아의 의미는 이후 여러 중요한 교설에서 다른 범주에 의거해서 설해졌다. 불교에서 오온과 함께 가장 널리 알려진 교법에 12처와 18계가 있다. 12처는 안·이·비·설·신·의라는 6종의 내적 감각능력과 이에 대응하는 색色·성聲·향香·미味·촉觸·법法이라는 6종의 외적 대상이다. 여기서 내6처들은 감수의 경험이 생겨나는 문門(āyadvāra)의 의미로 사용되었고, 외6처들은 대상을 분별하는 경험이 생겨나는 문의 의미로 사용되었다. 여기서 이러한 내적, 외적 경험들이 발생하는 문의 의미를 바로 처處(āyatana)라고 설하는 것은 이러한 12처의 작용에 의해 경험들이 생멸하는 것일 뿐임을 보여주려는 것이다. 또 다른 중요한 교법인 18계界(dhātu)는 안계眼界~의계意界의 6종과 색계~법계의 6종, 안식계~의식계의 6종이다. 이 교법은 중생들의 인식이 6종의 인지기능과 그것들에 대응하는 6종의 인식대상에 의거해서 일어나는 것이지, 그것들과 독립해 존재하는 행위자에 의거하여 인식이라는 결과가 생겨나는 것이 아님을 보여주려는 것이다. 즉, 이들 18개 요소의 상호작용을 떠나 어떤 독립된 자아가 경험의 주체로서 존재하지 않는다.

이 교법들은 기본적으로 삼매와 같은 집중명상에 의거하고 있다기보다는 내외의 요소들에 대한 분석과 관찰에 의거하고 있다는 점은 분명하겠다. 관찰에 의거한 수행법은 온·처·계에 대한 관찰을 넘어 다른 대상의 관찰에도 적용되었다. 예를 들어 12지 연기설도 어떤 단일하고 영원한 행위자가 없이도 윤회과정을 설명할 수 있음을 보여주는 도식이다.

『밀린다왕문경』에서 무아의 의미는 정형화된 방식으로 나타난다. 여기서 개아와 개아를 구성하는 심신의 구성요소들의 차이는 마차와 마차의 부품의 비유를 통해 제시되고 있다. '마차'라는 단어가 바퀴나 마차의 몸통, 깃발 등을 가리키기 위한 명칭일 뿐이며, 표현이고 유용한 기표로서 작용하듯이, '나가세나'라는 이름도 머리카락이나 머리, 색·수·상·행·식을 가리키기 위한 명칭일 뿐이며, 표현이고 유용한 기표로 작용한다. 이때 마차와 마차의 부품의 실재성을 나누는 기준은 마차가 부품들로 구성된 '명칭적' 존재인 데 비해, 부품은 마차를 실질적으로 구성하는 존재라는 점이다.

이 설명에서 환원론적 방법은 보다 존재론적 맥락에서 사용되고 있다. 부품으로 환원되는 마차는 단지 명칭적 존재로서 전통적으로

'세속제'로 불린 것이고, 반면 환원하는 요소는 더 이상 환원되지 않는 최종적 존재로서 '승의제'라고 불린 것이다. 아비달마 시기에 무아설은 기본적으로 이러한 환원론의 방법에 의거하여 설명되었다. 그럼으로써 아비달마 학파는 심의 작용이 어떤 기본적인 범주로 환원되며 그 범주들 사이의 인과 작용을 분석하는 데 집중했다. 여기서 개아의 역할은 심에 의해 대체되었다.

2) 법무아(dharmanairātmya)

『반야경』에서는 모든 법은 고유한 본성을 갖지 못한 것으로서 『금강경』에서 말하듯이 꿈이나 환幻(māyā), 물거품, 영상 등과 비슷한 존재론적 상태에 있다. 환화란 마술사가 기와조각이나 나뭇조각 등을 주문에 의해 코끼리부대나 기병부대, 보병부대, 금은보석으로 만드는 것을 의미한다. 여기서 코끼리부대 등으로 나타나는 것은 사실은 코끼리로서의 존재성을 가지고 있지 않으며, 또는 사막에서 물을 찾는 사람의 눈에 나타나는 아지랑이와 같은 그런 상태이다. 이 비유에 의해 『반야경』이 말하고자 하는 것은 인무아설에서 실재한다고 간주된 오온이나 다른 현상적 구성요소로서의 '법'은 궁극적 실재성을 갖지 못한다는 것이다.

그렇다면 법을 아비달마와는 달리 실재하는 요소로 파악하지 않고 꿈이나 마야와 같다고 하는 이해는 어디서 나왔는가? 우리는 사유와 언어에 의거해서 이 세계를 하나의 의미세계로서 만들어가고 있지만, 바로 그러한 세계는 의미부여 행위에 의해 실재한다고 파악된 것에 불과한 것이며, 그 존재론적 상태는 마치 마술사의 주문에 의해 만들어진 것과 같다는 것이다. 이렇게 인식하는 수행자가 직면하는 세계는 어떤 토대나 근거도 없이 단지 조건에 의해 끊임없이 생멸하는 사건들의 연속일 것이다.

하지만 이런 해석이 당시 불교의 주도세력이었던 아비달마 논자들에게 단지 허무주의의 선언으로 보였다는 것은 놀라운 일은 아니다. 왜냐하면 어떤 것이 공하기 위해서는 공하지 않은 어떤 것이 있어야만 하는데, 만일 법무아의 설명처럼 일체법이 공하다면, 대체 무엇에 의거해서 어떤 것을 공하다고 말할 수 있겠는가 하는 의문이 생겨날 것이기 때문이다. 따라서 일체의 토대를 부정하는 법무아의 교설은 아비달마 논자들에게는 자기모순적인 주장이거나 또는 허무주의에 지나지 않았을 것이다. 바로 법무아에 대한 이러한 오해와 비판에 새롭게 대응하기 위해 유가행파의 법무아설이 제시되었다고 하는 점에 전통적 해석이나 현대학자들의 해석은 일치한다고 보인다.

『유가론』에서 성립사적으로 가장 고층古層에 속한다고 평가받는 「섭사분」에는 「보살지」의 이해나 또는 일반적인 유가행파의 인무아와 법무아에 대한 해석과는 다른 이해가 나타난다.

> 인무아와 법무아라는 모든 무아는 요약하면 공성이라고 한다. 그중에서 인무아란 조건 지어져서 생겨난 제행과 구별되는 대상인 자아는 존재하지 않기 때문이다. 법무아는 조건 지어져서 생겨난 제행 바로 그것이 무아이다. 왜냐하면 무상하기 때문이다. 그 양자를 하나로 묶어 설한 것을 대공大空(mahāśūnyatā)이라고 한다.[292]

「섭사분」의 무아의 설명은 연기를 설명하는 맥락에서 설해진 것이다. 인무아를 조건 지어져 생겨난 제행과 독립해 존재하는 자아가 없다는 것으로, 또 법무아를 바로 이 제행 자체가 본질이 없다는 2종 무아를 연기설에 적용시켜 설명하고 있다. 이 설명이 성문승의 체계에 따른 것이라는 점은 아공과 법공을 묶어 대공大空이라고 하는 설명에서 확인된다. 왜냐하면 『대지도론』에 따르면 성문체계에서 법공은 대공을 의미하고, 노사老死는 생을 조건으로 하는데 노사를 수반한 사람은 아공이며, 노사 자체는 법공으로 설명하고 있는데,[293] 이는 「섭사분」의 설명과 같기 때문이다. 이에 반해 대승체계에서는 대공은 시방은 시방의 특징의 공이라고 설명되고 있다. 왜냐하면 공간 자체가 크기 때문이다. 『중변분별론』은 "기세간은 토대로서의 사태이다. 연장되었기 때문에 그 〔기세간〕의 공성이 대공이다"[294]로 정의한다. 진제의 『십팔공론十八空論』에서도 대공(mahāśūnyatā)은 신체가 의탁하는 것, 즉 바로 시방에 무량하고 무변한 기세간의 공이라고 설명되고 있어[295] 대승의 체계를 따르고 있다.

---

292 「攝事分」 T30: 833b15-20=VastuSg(D) 259b5-7: 復次 一切無我無有差別, 總名爲空. 謂補特伽羅無我及法無我. 補特伽羅無我者, 謂離一切緣生行外別有實我不可得故. 法無我者, 謂卽一切緣生諸行 性非實我, 是無常故. 如是二種, 略攝爲一彼處說此名爲大空.

293 Skorupski 2008: 35f.

294 MAVBh 25,5f: pratiṣṭhā-vastu bhājanalokaḥ / tasya vistīrṇatvāc chūnyatā mahā-śūnyatety ucyate /.

295 『十八空論』 T31: 861b14ff: 第四大空 謂身所栖託, 卽器世界 十方無量無邊, 皆悉是空, 故名大空.

그렇지만 유가행파 문헌에서 등장한 '새로운' 법무아의 해석은 존재론적 차원에서 대상존재를 '유有'나 또는 '비유非有'로서 일면적으로 해석하기를 거부하고, 법무아를 유와 비유를 초월한 중도로 이해하거나, 또는 의식과 대상 간의 관계에 대한 새로운 고찰을 통해 식의 본성에 대한 혁신적인 이해로 나타났다고 생각된다. 전자의 경우는 유가행파의 최초의 문헌인 『유가론』 중에서 가장 초기저작으로 평가되는 「보살지」 〈진실의품〉에서의 논의를 통해 나타났고, 후자의 경우는 『중변분별론』(MAV I.1)의 첫 번째 게송에서 허망분별과 공성의 관계를 해석하는 방식에서 잘 드러나고 있다.

이하에서 나는 유가행파의 법무아 관념이 어떤 사상사적 맥락에서 『반야경』의 법무아 관념을 지양했으며, 또 어떤 이론적 수행론적 구조 하에서 그것을 증득할 수 있는지를 「보살지」 〈진실의품〉을 위시한 『해심밀경』 등 초기 유가행파 문헌에 의거해서 설명하고자 한다. 왜냐하면 바로 이들 문헌에서 유식학파의 법무아에 대한 새로운 이해가 표현되고 있기 때문이다.

2. 유가행파 문헌에서 법무아의 해석

유가행파 문헌에서 2종의 무아설은 교학의 바탕으로서 널리 사용되고 있으며, 특히 법무아法無我(dharma-nairātmya) 개념은 인무아人無我(pudgala-nairātmya) 개념에 비해 보다 근본적인 '대승적' 통찰로 이해되고 있다. 인무아가 자아에 대한 집착(=我執)을 제거하는 반면, 법무아는 모든 현상적 요소(dharma)들의 궁극적인 존재성에 대한 집착(=法

執)을 제거하기 위한 것이라는 정형화된 이해는 유식 문헌 곳곳에서 나타난다. 「보살지」〈보리분품菩提分品〉에서는 '제법무아'를 2종 무아로 구분하면서, 그 각각의 특징을 다음과 같이 설명한다.

> 보살은 유위와 무위의 일체제법의 무아성을 개아의 무아성(pudgalanairātmya)과 법의 무아성(dharmanairātmya)의 2종으로 여실하게 안다. 그중에서 개아(pudgala)는 존재하는 법이 아니며, 존재하는 법과 분리된 다른 개아가 존재하는 것도 아니라는 것이 개아의 무아성이다. 모든 언설될 수 있는 사태들 속에 모든 언설될 수 있는 것을 본질로 하는 법(dharma)은 존재하지 않는다는 것이 법의 무아성이다. 이와 같이 보살은 일체법은 무아라고 여실하게 안다.[296]

여기서 무아란 자아의 비존재를 의미한다고 명확히 설해진다. 2종의 무아에서 인무아는 개아의 비존재를 가리키며, 반면 법무아는 언설된 사태와 관련하여 언설을 본질로 하는 법의 비존재이다. 법무아에 대한 이런 해석은 법이란 불가언설(anabhilāpya)이라는 정의의 연장선상에 있는 것으로, 아비달마적 의미에서 궁극적인 일차적 존재자를 의미했던 법이 단지 언설적 차원에서만 유효한 이차적 존재자로 간주되는 것이다.

『해심밀경』에서 이러한 2종의 무아의 통찰은 일반적으로 사상사적 발전의 맥락에서 이해되고 있다. 초기불교의 사제설은 '유有'를 설하는

---

296 BoBh(D) 190,17-22. 안성두 역 2015: 308.

첫 번째 법륜으로, 『반야경』의 일체법 무자성의 교설은 '비유非有'를 설하는 두 번째 법륜으로, 그리고 『해심밀경』의 삼무자성의 교설은 '비유이비비유'를 설하는 최종적인 세 번째 법륜으로 해석되고 있다. 이는 「보살지」 〈진실의품〉에서 불가언설로서의 중도를 유도 아니고 비유도 아니라는 설명을 발전시킨 것이다.

그런데 2종의 무아설이 어떤 작용을 하는가에 대해 후대 안혜安慧(Sthiramati)의 『유식삼십송석唯識三十頌釋』은 2종의 장애와 상대되는 쌍으로서 설명하면서 다음과 같이 설하고 있다. 서두에서 안혜는 세친(Vasubandhu)이 『유식삼십송』을 저작한 목적은 "인무아와 법무아 이 두 가지에 대해 무지한 자들 혹은 잘못된 견해를 지닌 자들에게 전도되지 않은 인무아와 법무아에 대해 이해시키려는 것"이라고 설명하면서, 이를 세 가지로 구분하고 있다. 그중에서 첫 번째 목적은 각기 번뇌장과 소지장을 제거하기 위한 것이며, 두 번째는 유식을 이해하기 위함이며, 세 번째는 인식대상이 실체적으로(dravyataḥ) 존재한다거나 식이 단지 세속적으로만(saṃvṛtitaḥ) 존재한다는 견해를 부정하기 위한 것이다. 첫 번째 설명은 다음과 같다.

> 그런데 인무아와 법무아를 이해시키려는 것은 번뇌장과 소지장을 제거하기 위해서이다. 왜냐하면 탐 등의 번뇌는 아견으로부터 일어난 것이며, 그리고 인무아에 대해 깨달음은 유신견을 대치하기 때문에, 그 〔아견(ātmadṛṣṭi) 내지 유신견(satkāyadṛṣṭi)〕을 끊기 위해 출발하는 자는 모든 번뇌들을 제거한다. 반면 법무아에 대한 인식으로부터 소지장이 제거된다. 왜냐하면 〔법무아의 인식은〕

소지장을 대치하기 때문이다.

또한 번뇌장과 소지장의 제거는 해탈과 일체지의 상태를 증득하기 위함이다. 왜냐하면 번뇌는 해탈의 획득에 있어 장애이기 때문에 그 〔번뇌〕들이 제거되었을 때 해탈이 증득된다. 또한 소지장은 인식대상 일체에 대한 지혜가 생겨나는 것을 방해하기는 〔하지만〕 염오되지 않은 무지이다. 그것이 제거되었을 때, 모든 형태의 인식대상에 대해 집착이 없고 또 장애가 없는 인식이 생겨나기 때문에, 일체지자의 상태가 증득된다.[297]

안혜의 설명은 〈인무아 → 번뇌장의 제거 → 해탈〉로, 〈법무아 → 소지장의 제거 → 일체지성의 증득〉으로 연결시키는데, 이는 번뇌장의 제거로부터 성문들에게 해탈신이, 소지장의 제거로부터 보살들에게 법신이 증득된다는 『유식삼십송』(TrBh 142,9-12)의 설명이나 『해심밀경』(SNS X.2)의 설명과 같은 맥락이다. 또한 이는 바로 법무아를 설하는 목적을 변계된 법에 대한 분별이 일체지성一切智性을 장애하는 것으로 보는 『석궤론釋軌論』의 설명과 일치할 것이다.[298] 이들 유식 문헌이 보여주듯이 법무아의 인식은 '대승적인' 궁극적인 상태의 획득을 위해 필수적인 통찰로 여겨졌다고 보인다.

『유식삼십송석』의 두 번째 설명은 어떻게 법무아를 증득할 것인가

---

297 TrBh 38,5-14.

298 VyY 234, 21-24 (=P Si, 127a7-8; D Zi 109a5). 이 게송은 Asvabhāva의 MSgU(P 244b5-6; D 199b3)에도 인용되어 있다. 이에 대해서는 堀内俊郎 2005: 844-843 참조.

이다. 안혜는 이에 대해 "또는 개아와 법에 대해 집착하는 자들은 유심唯心을 여실하게 알지 못한다. 따라서 법무아와 인무아를 제시함에 의해 결과를 수반한 유식唯識 속에 차례로 들어가기 위해 이 논서를 시작한다"[299]고 하는 대안적 설명을 보여준다. 그의 설명에 따르면 이 논서의 저작 목적은 유식성의 이해에 차례로 들어가기 위한 것이다. 여기서 주목되는 것은 유식에 들어가는 두 가지 단계로서 "차례로(anupūrveṇa)" 인무아와 법무아를 제시하고 있다는 점이다. 이런 저작 목적을 텍스트 전체의 구성에 적용시키면, 적어도 식전변과 알라야식의 구조를 설명한 제1~3송 및 제4~16송까지는 유식학에서 알라야식이라는 잠재적 식의 도입과 관련된 문제점을 다룬 것으로 넓게는 아비달마적 식의 구조로 법무아를 해석하는 것이며, 반면 제17송 이후는 유식성의 관점에서 법무아를 해명하려는 것이라고 생각된다. 『유식삼십송석』에서는 그러한 두 단계의 유식이 무엇인지는 명확히 설명되지는 않지만 진제가 『십팔공론十八空論』에서 설한 정관유식과 방편유식의 구별이 이에 해당된다고 보인다.

제3 유식唯識 진실을 밝히는 것은 일체제법이 단지 정식淨識임을 판별하는 것이다. 이에 의심하는 것도 없고 의심되는 것도 없다는 것을 『유식론』에서 상세히 설했다. 유식의 의미에 둘이 있다. 하나는 방편〔유식〕이란 먼저 다른 인식대상은 없이 오직 알라야식뿐(*ālayavijñānamātra)이라고 관찰한 후에, 다음으로 망식이 이미

---

299 TrBh 38,15-17.

완전히 제거된 것을 제외하고(*nānyatra) 인식대상(境)과 지智 양자가 모두 공하다는 것을 지각한 것을 방편유식이라 한다. 두 번째는 정관유식을 밝힌 것이다. 생사를 버리고 허망한 심식 및 그 대상이 한결같이 모두 이미 청정해진 아말라〔*amala〕라는 〔자성〕청정심뿐이다.[300]

여기서 진제는 유식을 방편유식과 정관유식의 두 단계로 명확히 구분한다. 여기서 방편유식은 안혜의 설명처럼 알라야식이 제거된 상태와 관련되고 있다. 임시적인 유식성의 통찰로서의 방편유식이란 먼저 어떤 인식대상도 갖지 않은 알라야식뿐이라는 사실을 본 후에, 다음 단계에서 대상 없이 그것에 마주해 있는 인식은 성립할 수 없음을 통찰하여 인식대상의 비존재를 통해 그것을 인식하는 지智도 존재할 수 없음을 인식하는 것이다. 하지만 여기서는 『유식삼십송』(Tr 27ab)이 말하듯이 '이것이 바로 유식이다'라는 지각은 남아 있기 때문에[301] 여전히 스스로의 상태를 지각하는 식이 남아 있고 따라서 그러한 식은 여전히 능-소의 방식으로 작동한다는 것이다. 이에 비해 정관유식은 허망한 심식과 대상이 완전히 청정해진 상태로서 그의 고유한 술어인 아말라(amala)를 사용해서 "유유아마라唯有阿摩羅 청정심淸淨

---

300 『十八空論』(T31: 864a22-28): 第三 明唯識眞實 辨一切諸法 唯有淨識. 無有能疑亦無所疑, 廣釋如唯識論. 但唯識義有兩. 一者方便 謂先觀唯有阿梨耶識 無餘境界 現得境智兩空 除妄識已盡 名爲方便唯識也. 二明正觀唯識 遣蕩生死 虛妄識心及以境界 一皆淨盡 唯有阿摩羅 清淨心也.

301 Tr 27ab: vijñaptimātram evedam ity api hy upalambhataḥ/.

心"(*amalaṃ prabhāsvaracittamātram)이라고 부르고 있다. 방편유식의 설명과 비교해서 이해한다면, 이 정관유식은 의식대상과 의식작용 자체를 초월한 순수한(amala) 의식 상태를 가리키며, 이는 삼성설의 도식에서 변계소집성과 의타기성을 초월한 것으로서 불변하는 원성실성을 가리킨다.[302]

1) 「보살지」 〈진실의품〉에서 법무아의 해석

앞에서 「보살지」 〈보리분품〉의 설명을 인용해서 인무아와 법무아가 어떻게 요약될 수 있는지를 보았다. 그렇지만 이에 대해 보다 상세히 설명하고 있는 부분은 「보살지」 〈진실의품眞實義品〉이다. 〈진실의품〉은 크게 두 부분으로 구성되어 있는데, 전자는 진실이 무엇인가를 설명하는 이론 부분이며, 후자는 그것을 증득하기 위한 실천관법을 다루는 부분이다.[303] 두 부분은 단지 병렬적으로 나열된 것이 아니라 실천관법의 기술은 전반부에서 설명한 이론 부분의 설명과 내용적으로 깊이 연관되어 있다고 보인다. 전반부의 주제는 불교에서 진실인 대상(tattvārtha)이란 무엇이며, 여러 진실(tattva) 중에서 어떤 진실이 최고의 대상이며, 그것이 최고의 대상으로 불리는 이유는 무엇인가를 다루고 있다. 후반부의 주제는 어떻게 최고의 진실을 증득할 수 있는가이다. 유식에서 파악하는 진실이 당연히 여기서 최고의 진실로 이해된

---

302 진제의 설명에 대해서는 안성두 2015: 136ff 참조.

303 전반부는 BoBh 37,1-50,21 (BoBh(D) 25,1-35,21)이고, 후반부는 BoBh 50,22-57,5 (BoBh(D) 35,22-39,3)이다. 「보살지」(2015) 번역에서 § 1-5 (pp.77-93)가 전반부이고, § 6-9 (pp.93-100)가 후반부이다.

다는 것은 말할 필요도 없지만, 이를 위해 〈진실의품〉은 불교사상사에서 처음으로 소지장(jñeyāvaraṇa) 개념을 법무아와 관련하여 도입하고 있어 궁극적인 것에 대한 유식학파의 해석이 상당히 체계적으로 제시되고 있다는 인상을 준다. 그럼 여기서 최고의 진실이 무엇인지의 논의를 살펴보자.

〈진실의품〉에서 진실은 두 방식으로 나열된다. 하나는 진실을 교법과 관련하여 분류한 것으로, 진실을 여소유성如所有性(yathāvadbhāvikatā)과 진소유성盡所有性(yāvadbhāvikatā)으로 분류하는 방식이다. 현장의 이 번역어들은 산스크리트어의 직역이기 때문에 한역에만 의거해서는 그 의미를 이해하기 어렵지만, 여기서는 그것들은 각기 "법들이 존재하는 방식에 관하여 법들의 진실성과, 〔법들이〕 존재하는 한도에 관하여 법들의 전체성"[304]으로 풀이되고 있다. 이 간략한 설명은 이 용어가 다른 곳에서 차용되었음을 보여준다. 그 다른 곳이란 「성문지」로서, 거기서 양자는 명상대상(ālambana)의 맥락에서 사태의 구극성(vastuparyantatā) 아래 포함되어 있다.

> 사태의 구극성(vastuparyantatā)이란 무엇인가? 인식대상의 진소유성(yāvadbhāvikatā)과 여소유성(yathāvadbhāvikatā)이다. 그중에서 진소유성이란 무엇인가? 그것을 넘어선 다른 것은 존재하지 않는 것으로서, 색온, 수온, 상온, 행온, 식온이라는 5종 법들에 의해 모든 유위의 사태를 포섭하는 것이며, 〔18〕계와 〔12〕처에

304 BoBh 37,1-3: yathāvadbhāvikatāṃ ca dharmāṇām ārabhya yā bhūtatā, yāvadbhāvikatāṃ cārabhya dharmāṇāṃ sarvatā.

의해 일체법을 포섭하는 것이다. 또 사성제에 의해 일체 인식되어야 할 사태를 포섭하는 것이다. 이것이 진소유성이라 설해진다. 여소유성이란 무엇인가? 인식대상의 진실성인 진여이며, 관대도리觀待道理와 작용도리作用道理, 증성도리證成道理와 법이도리法爾道理라는 4종 도리(yukti)에 의해 도리를 갖춘 상태이다.[305]

「성문지」의 설명에 따르면 진소유성은 교법을 탐구할 때, 온은 5개이며, 계는 18개, 처는 12개이며, 이를 넘어선 다른 것은 없다고 하는 방식으로 법의 전체성을 대상으로 하는 수행이다. 반면 여소유성이란 그러한 교법의 진실성으로서의 진여이며 또한 그것을 이치에 맞게 파악하게 하는 도리라고 설명되고 있다.

〈진실의품〉에서는 2종의 진실에 이어 진실을 종류의 차이에 따라 4종으로 분류하고 있다. 그것은 (가) 세간에서 인정된 진실, (나) 도리에 의해 인정된 진실, (다) 번뇌장이 청정해진 지혜의 영역인 진실, (라) 소지장이 청정해진 지혜의 영역인 진실이다.[306]

(가)는 세간 사람들이 어떤 사태에 대해 언어약정(saṃketa)과 상식(saṃvṛti), 관습(saṃstavana)과 전승(āgama)을 이해하는 인식에 의해 동일한 견해를 가지는 것을 가리킨다. 그것은 지수화풍이나 일상사물에 대해 "'이것은 이것이고 저것이 아니다, 이것은 이와 같고 다른 것이 아니다'고 하는 결정된 확신의 영역이다. 그 사태는 모든 세간

---

305 안성두 역 2021: 209.

306 이하 4종의 분류는 BoBh 37,4-38,28 참조. 이하의 인용은 안성두 역 2015: 77-79.

사람들에게, 서로 공유하는 관념(想)에 의해 스스로의 분별에 의해 인정된 것"으로 설명된다. (나) 도리에 의해 인정된 진실은 "현량과 비량, 성언량에 의지하여 지혜로운 자, 논리적 의미에 능통한 자, 총명한 자, 논변가, 사변가, 논변에 속한 단계(bhūmi)에 머무는 자 … 범부의 단계〔에 머무는 자〕들이 사태를 명백한 증거에 의한 증명이라는 도리(證成道理)[307]에 의해 확정하고 〔개념적으로〕 확립한 인지의 대상"으로 설명된다. 이 진실에는 부정적인 측면과 긍정적인 측면이 모두 포함되어 있다. 부정적인 측면은 이 논리적 추론이 논변가나 사변을 좋아하지만 여전히 일상세계에 대한 관심에 의해 지배되는 자들의 인식대상이라는 측면이고, 긍정적인 측면은 이 단계에서 명백한 증거에 의한 증명이 수행되며 그에 따른 개념적인 이해가 성취된다는 점이다. 여소유성에 도리가 포함된 것은 당연히 후자의 의미에서이다.

(다) 번뇌장이 청정해진 지혜의 영역인 진실은 성문과 연각들의 인식대상으로서의 사성제이다. 왜냐하면 그러한 인식대상에 의해 번뇌장으로부터 지智가 청정해지며, 또한 미래에 장애가 없는 상태에 머물기 때문이다. (라) 소지장이 청정해진 지혜의 영역인 진실은 인식대상에 대한 지의 막힘이라는 장애(āvaraṇa)로부터 벗어난 지의 영역인 진실로 정의되어 있다.

(다)와 (라)의 두 가지 진실은 번뇌장과 소지장을 제거한다는 점에서 불교의 구제론적 목적을 가리킨다. 전자가 소위 성문승의 목표라면

---

307 SNS의 증성도리(upapattisādhanayukti)에 대해서는 Yoshimizu 1996 참조.

후자는 대승의 목표로 제시되어 있다. (라)는 법무아와 관련하여 다음과 같이 설명한다.

> 소지장이 청정해진 지의 영역인 진실은 무엇인가? 인식대상에 대한 지의 막힘이 장障이라고 불린다. 그 인식대상의 장애로부터 벗어난 지의 영역과 대상이 소지장이 청정해진 지의 영역인 대상이라고 알아야 한다. 그런데 그 〔진실〕이란 무엇인가? 모든 법이 언어로 표현될 수 없는 본질을 갖고 있다는 사실과 관련해서 보살과 불세존들은 가설된 언어가 자성을 갖고 있다고 분별하지 않는 것과 같은 지에 의해—그 지가 이미 이해되었거나 또는 극히 청정하거나 간에— 법무아성을 이해하기 때문에 〔불가언설의〕 영역인 대상이다. 그것은 최상이고 무상無上이며 인식대상의 궁극인 진여이다.[308]

여기서 주목되는 것은 소지장所知障(jñeyāvaraṇa)의 제거와 법무아의 인식이 밀접히 연관되어 있다는 점이다. 「보살지」는 소지장이란 인식대상에 대한 지의 막힘과 장애이며, 그것을 제거하는 지혜는 바로 가설된 언어가 어떠한 본질도 갖지 않는다는 사실을 인식하는 것이며, 그러한 지혜에 의해 바로 모든 법의 본질이 없다는 사실이 이해되는 것이라고 말하고 있다. 바로 이러한 법무아에 의해 소지장이 청정해진 지의 영역인 진실은 불가언설의 영역이라고 간주되는 것이다. 이러한 점에서 이평래가 후나하시(舟橋尙哉)를 인용하면서 소지장이란 용어는 『아비달마대비바사론阿毘達磨大毘婆沙論』에서도 사용되

308 안성두 역 2015: 79.

지만, 대승의 소지장 개념과는 동일한 의미를 가진 것이 아니라 다만 불염오무지不染汚無知와 관련하여 논해지고 있으며, 비로소 『유가론』에서 소지장과 법무아의 관계가 분명히 연관된 것으로 설해진다고 지적한 것은 매우 적절하다고 생각된다.[309]

〈진실의품〉은 일체법이 불가언설의 본질을 갖고 있는 이유는 법을 '유有'(bhāva)와 '비유非有'(abhāva)의 어떤 것으로도 규정할 수 없기 때문이라고 부연해서 설명한다. 여기서 '유'는 "가설을 자성으로 하는 것"으로서, 세상에서 널리 받아들여진 것이고 또한 오온이나 18계 또는 유위나 무위 등의 법상으로서 범주화된 교설을 가리킨다. 이렇게 본다면, 유有는 4종 진실 중에서 앞의 세 가지 진실에 모두 해당될 것이다. 반면 '비유'란 오온 등으로 언설하는 교설에 근거가 없다는 것이다. 이러한 설명은 〈진실의품〉이 '유'를 아비달마의 방식에 따른 법의 존재성으로 이해하고 있고, '비유'를 법상의 존재성의 이해에 반대해서 일체법의 토대 내지 근거를 부정하는 가르침으로 이해하고 있음을 보여준다. 그것이 공성에 대한 용수의 이해를 가리키는 것인지 여기서는 명시하지 않지만 법은 언설화된 교법에 대응하는 어떤 존재론적 토대도 갖지 않는다는 이해를 말하고 있음은 분명할 것이다. 반면에 (라) 소지장이 청정해진 지의 영역인 진실은 유·비유의 규정을 초월해 있는, "위없는 중도"라고 선언되고 있다.

이런 법무아의 지혜를 통해 보살이 모든 법들이 불가언설의 본질을 갖고 있음을 여실하게 이해했을 때, 그에게 인식대상에 대한 단계적인

---

309 이평래 2004: 5-8.

인식의 변화가 일어난다고 〈진실의품〉은 말하고 있다.

> 실로 그 보살은 오래전부터 이해한 법무아의 지에 의해, 모든 법들이 불가언설의 본질을 갖고 있음(離言自性)을 여실하게 알고 난 후, '오직 사태일 뿐(唯事, vastumātra)', '오직 진여일 뿐(唯眞如, tathatāmātra)'이라고 파악하는 것을 제외하고는 어떠한 법도 결코 분별하지 않는다. 나아가 이 〔보살〕은 이와 같이 "이것은 오직 사태일 뿐, 오직 진여일 뿐"이라고 생각하지도 않는다. 오히려 그 보살은 〔최고의〕 대상을 실천한다. 최고의 대상을 실천하면서, 모든 법들이 그 진여와 동일하다고 여실하게 반야를 통해 본다.[310]

위의 인용문을 읽는다면 이런 상태에 도달한 보살은 마치 궁극적인 목표에 도달한 것처럼 보이지만, 이어지는 「보살지」의 설명을 보면 이런 통찰에 도달한 보살은 다음 단계에서 비로소 최고의 평정심을 갖고 모든 학문분야에 대한 능숙함을 얻기 위해 그리고 중생들의 성숙을 위해 노력한다고 말하고 있어, 이 상태는 진정한 보살행이 시작되는 지점을 묘사해 놓은 것처럼 보인다. 아니 어떤 점에서 보살이 이런 심적 성질들을 갖추었을 때 비로소 자리와 이타의 실천이 가능해진다는 점을 말하는 것이라 보인다.

〈진실의품〉의 설명을 요약하면 (i) 법무아의 인식 → (ii) 일체법이 불가언설의 본질을 갖고 있음의 통찰 → (iii) 인식작용에서 유사唯事/유진여唯眞如를 제외한 다른 지각대상의 비지각 → (iv) 유사/유진여라

310 안성두 역 2015: 82.

는 인식 자체의 비지각 → (v) 최고의 목적을 실천하면서, 현상적 요소들과 그것들의 진여의 동일성을 인식하는 것이다.

만일 이러한 순서가 인정된다면, 적어도 법무아의 인식이 일체법이 불가언설의 본질을 갖고 있음을 통찰하기 위한 근거라고 인정할 수 있겠다. 그리고 이어지는 세 가지 단계의 설명은 어떤 점에서 『중변분별론』에서 설한 입무상방편상入無相方便相의 초기 버전(version)처럼 보인다. 왜냐하면 (iii)에서는 "오직 사태일 뿐(唯事, vastumātra), 오직 진여일 뿐(唯眞如, tathatāmātra)"이라는 인식을 제외하고는 어떤 대상도 지각하지 않는다는 점에서 인식대상의 비지각에 해당되며, (iv)는 그러한 인식 자체도 더 이상 지각하지 않는다는 점에서 인식작용의 비지각을 나타내기 때문이다. 그리고 (v)의 현상적 요소들과 그것들의 진여의 동일성의 인식이란 인식대상과 인식작용의 평등성에 의거한 유식성의 증득과 바로 연결될 수 있을 것이다.

2) 『해심밀경』에서 법무아의 해석

주지하다시피 『해심밀경』은 붓다의 교설을 세 단계로 배정하고, 첫 단계에서는 사성제의 교설에 의해 법의 존재를 설했고, 두 번째 단계에서는 일체가 공하다는 『반야경』의 교설에 의해 법의 비존재를 설했으며, 세 번째 최종적인 단계에서는 『해심밀경』의 삼무성의 교설에 의해 법을 존재와 비존재로 파악하는 일면적 해석을 지양하고 중도로서의 법의 이해를 확립했다고 하는 교판을 제시했다. 그리고 이런 구별을 경전에서의 붓다의 말씀을 재해석을 필요로 하는 것인가 아니면 해석할 필요 없이 그대로 이해해도 좋은가에 따라 미요의(neyārtha)

와 요의(nītārtha)로 구별했다. 당연히 앞의 양자는 재해석을 필요로 하는 미요의경이고, 후자는 그 의미가 완전히 드러난 요의경이다. 이러한 세 단계의 이해의 차이는 「보살지」 〈진실의품〉에서 법을 존재(bhāva)라고 설하는 입장과 비존재(abhāva)라고 설하는 입장, 그리고 불가언설이라고 설하는 입장에서 이미 드러나 있지만 『해심밀경』의 특징은 이를 요의·미요의의 범주에 의해 설명하는 데 있다.

『해심밀경』의 법무아의 이해의 특징은 두 번째 단계의 『반야경』의 법무아에 대한 비판에서 찾아볼 수 있다. 『해심밀경』은 이 교설을 "일체법一切法 무자성無自性, 무생無生·무멸無滅, 본래적정本來寂靜, 자성열반自性涅槃"[311]으로 요약하고 있는데, 그 의미는 '일체법은 자성이 없고, 생겨나지도 않았고 소멸하지도 않았으며, 본래부터 적정하며, 본성적으로 소멸해 있다'는 것이다. 여기서 명시되듯이 『반야경』에서 법의 무자성은 핵심적인 명제로서 제시되는데, 실제로 이 네 항목이 그대로 제시되지는 않지만 비슷한 표현들이 『대반야경』에서 발견된다.[312] 유가행파는 이 명제가 『반야경』의 핵심을 요약하고 있다고 이해한다. 이는 『집론』에서 이 명제를 『방광경』에서 설한 밀의로 해석하면서 그 온전한 이해는 삼무자성에 의해 해명된다고 해석하고 있고, 『섭대승론』도 이를 삼성에 의거해 설하는 데에서 확인된다.[313] 그럼 『해심밀경』에서 『반야경』의 법무아가 어떻게 해석되고 어떤

311 AS 84,11ff에서 이 문장의 산스크리트가 제시되어 있다. niḥsvabhāvāḥ sarvadharmā anutpannā aniruddhā adiśāntāḥ prakṛtiparinirvṛttāḥ.

312 『大般若波羅蜜多經』 T6: 954a2ff; 1045c14ff.

313 AS 84,11-19; 『섭대승론』 T31: 351a1ff.

면에서 비판되는지를 보자.

『해심밀경』「무자성상품無自性相品」(SNS VII.)은 앞에서 언급했듯이 사성제와 『반야경』의 교설 사이에 명백한 모순이 보인다는 점을 지적하면서, 붓다께서 이런 모순된 교설을 다양하게 설하셨을 때 거기에 어떤 숨겨진 의도(abhisandhi)가 있는가를 질문하고 있다. 이에 대해 경은 붓다께서 일체법은 무자성이고, 무생·무멸하며, 본래적정하고, 자성열반이라고 설했을 때에 숨겨진 의도는 삼무자성이었다고 말한다. 다시 말해 일체법은 무자성이라는 표층진술은 일체법이 세 가지 측면에서 무자성이라고 구별해서 설명하기 위한 선행단계의 이해로서 아직 완성된 공성의 이해가 아니라는 것이다.

그렇다면 『해심밀경』은 『반야경』의 이러한 법무아의 부정적 이해가 어떻게 극복될 수 있다고 보는 것인가? 그것은 무차별적으로 일체가 공하다고 보는 대신에 어떤 것이 무엇의 공인지를 구별해서 공성에 적용시키는 것이다. 이를 분석적인 적용을 위해 삼무자성이 필요하다는 것이다. 먼저 삼무자성이 무엇인지를 보자.

> 제법의 상무자성성이란 무엇인가? 변계소집상이다. 그 이유는? 왜냐하면 그것은 명칭과 표식으로서 확립된 것으로 특징지어지는 것이며, 자상으로서 안주하는 것으로 〔특징지어지는 것〕은 아니기 때문에 이를 상으로서의 자성이 없는 것이라고 한다. (SNS VII.4)
> 제법의 생무자성성이란 무엇인가? 제법의 의타기상이다. 그 이유는? 왜냐하면 그것은 조건의 힘에 의해 생겨난 것이지, 자체적으로는 〔생겨난 것은〕 아니기 때문에 생으로서의 자성이 없는 것이라

한다. (SNS VII.5)

제법의 승의무자성성이란 무엇인가? 연기법이 생무자성성으로서 자성이 없다는 것이 승의무자성성으로서 무자성이다. 그 이유는? 제법에 있어 청정의 대상을 나는 승의라고 설한다. 의타기상은 청정의 대상이 아니기 때문에 승의로서의 자성이 없는 것이라고 한다. 또한 제법의 원성실상을 승의무자성이라고 한다. 그 이유는? 제법의 무아성을 그것들의 무자성성이라 하는데, 그것은 승의이며, 승의는 일체법의 무자성으로서 특징지어지기 때문에 승의로서의 자성이 없는 것이라 한다. (SNS VII.6, 축의 번역)

위의 설명에서 보듯이 삼무자성은 변계소집상과 의타기상, 원성실상의 세 자상自相이 어떤 자체적인 특징도 갖지 않는다는 점을 보여주기 위한 것으로 삼상과 삼무자성은 사실상 동일하다. 실제로 이 삼무자성의 정의는 「일체법상품」에서 변계소집상은 "언설을 사용하는 한, 제법의 자성이나 차별을 명칭과 표식으로 확립하는 것"이고, 의타기상은 "제법이 연기하고 있는 것"이며, 원성실상은 제법의 진여 및 올바른 수행이라는 설명과 관련되어 있지만,[314] 여기서는 그것들의 무자성이 강조되고 있다는 점에 차이가 있다.

변계소집상이 상무자성인 이유는 명칭과 표식으로서 확립된 것은 '허공의 꽃'(SNS VII.7)처럼 명칭으로만 있지, 실제로는 존재하지 않기 때문이다. 의타기상이 생무자성인 이유는 원인과 조건에 의해 산출된 것은 마치 환상에 의해 만들어진 형상처럼 자상으로서 존재하지 않기

---

314 SNS VI.4-6 참조.

때문이다. 그리고 원성실성이 승의무자성인 이유는 법무아로서 그것은 마치 허공처럼 물질적인 존재의 특징을 벗어나 있기 때문이다.

이렇게 삼무자성이 무엇인지를 구별해서 설명한 후에 『해심밀경』(SNS VII.8-9)은 『반야경』의 핵심 명제인 "일체법一切法 무자성無自性, 무생無生·무멸無滅, 본래적정本來寂靜, 자성열반自性涅槃"의 교설이 오직 상무자성과 승의무자성 양자를 의도해서 설해졌다고 하면서, 생무자성에 대해서는 이 교설을 적용시키지 않는다. 상무자성을 의도해서는 "자상으로서 존재하지 않는 〔법〕은 생겨나지 않았고, 생겨나지 않은 〔법〕은 멸하지도 않았으며, 생겨나지도, 멸하지도 않은 〔법〕은 본래 적정하며, 본래 적정한 〔법〕은 자성적으로 소멸되었다. 자성적으로 소멸된 〔법〕에게 소멸하게 하는 어떤 것도 없다." 상무자성이 허공의 꽃과 같은 것으로 단지 명칭과 표식에 의거해서 사용되는 것에 지나지 않는다면, 그것에 자신만이 가진 어떤 고유한 특징도 없을 것이며, 그런 법에게 생겨났다거나 멸했다고 기술할 어떤 근거도 없을 것이다. 따라서 그런 법은 처음부터 개념의 소산이며, 그 언어화된 진술 내에서만 의미를 가질 뿐이다. 이는 언어와 개념에 의해 구성된 법들에 대한 판단에 모두 적용될 것이다.

반면 승의무자성을 의도해서도 일체법 무자성의 교설이 설해지지만 그 적용 영역은 완전히 다르다. 여기서는 법무아로 특징지어지는 승의무자성은 언제나 안주하고 있고, 제법의 법성으로서 무위이고 일체 번뇌와 분리되었다고 설해진다. 따라서 항시 법성에 안주하고 어떠한 유위적인 작용을 벗어난 무위적인 것에 대해 생멸이라는 말을 적용할 수 없을 것이다. 또한 무위적인 것으로서 그 법은 일체 번뇌와 분리되어 있기 때문에 본래 적정하고 자성적으로 소멸되었다고 말할 수밖에 없다.

이와 같이 상무자성에 적용되었을 때에 "일체법 무자성, 무생·무멸, 본래적정, 자성열반"의 교설은 언어적 구성물의 비존재라는 의미에서 부정적인 방식으로 이해되지만, 승의무자성에 적용되었을 때에는 이 교설은 법성에 안주하는 어떤 것 또는 무위적인 측면에서 번뇌라는 유위적 작용과 본래부터 격절된 것의 존재성을 가리키고 있다. 따라서 공성 또는 무자성에 의해 부정되어야 하는 것을 구별하지 않는다면 우리는 부정하지 말아야 할 법성이나 궁극적인 열반조차 부정하게 되는 잘못에 빠지게 되기 때문에 『해심밀경』에서 무자성을 구별해야 할 필요성을 제기한 것이라고 보인다. 아마 이런 점 때문에 유가행파에서 일체개공一切皆空의 선언으로 만족하지 않고 『대반야경』 계통에서의 공성의 분류에 따라 공성을 16공이나 18공으로 세분해서 적용하는 관법이 발전되었을 것이다.[315]

『해심밀경』은 이어서 삼무자성을 분석적으로 이해하지 못했을 때의 단점을 말하고 있다. 중생들이 의타기성과 원성실성을 변계소집성으로 증익한 후에 증익한 대로 그렇게 언설한다면 그런 언설에 의해 훈습된 심은 언설이나 언설의 잠재적 경향성 때문에 의타기성과 원성실성을 변계소집성으로 특징지어지는 것으로서 집착한다. 그 후에 의타기성을 일으켜서 번뇌잡염과 업잡염, 생잡염에 의해 윤회하게 된다.[316]

---

315 SNS VIII.29; MAVBh 24,15ff; 진제의 『십팔공론』(T31: 861a17ff) 참조. Cf. 『대지도론』(T26: 285b6-287c24). 안성두 2019 참조.

『해심밀경』은 세 가지 무자성의 의미를 첫 번째 법륜에서 법상으로서 존재한다고 했던 교설과 관련시켜 다음과 같이 설명한다. 상무자성은 "변계소집상의 근거이고 제행의 관념상(saṃskāra-nimitta)인 분별의 대상에 대해 '이것은 색온이다'라는 자성의 상이나 차별상으로 명칭과 표식으로 확립된 것은 … 변계소집상이다. 이에 의지한 후에 세존께서는 제법의 상무자성성을 언설로서 표시하셨다." 이에 비해 생무자성은 "변계소집상의 근거이며 제행의 관념상인 분별인 의타기상"에 의지한 후에 언설로서 표시된 것이며, 승의무자성은 "변계소집상의 근거이고 제행의 관념상(nimitta)인 분별 바로 그것이 변계소집상 위에 존재하지 않고, 또 바로 그 자성으로서 자성을 여읜 것이며 법무아이며 진여이며 청정의 대상인 원성실성"에 의지해서 언설로 표시한 것이다.[317]

세 가지 무자성 중에서 가장 중심적인 역할을 하는 것이 생무자성이다. 그것은 제행의 관념상(saṃskāranimitta. 行相)이고 분별의 대상이며 변계소집상의 근거라고 설명되고 있다. 제행의 관념상은 승의제상품(SNS I.5)에서도 "분별에서 생겨난 것"(rnam par rtog pa las byung ba)이나 "환화와 같은 것"(sgyu ma lta bu)으로 설해지고 있는데, 그러한 "분별의 대상"이 모든 언설과 표식에 의해 진행되는 "변계소집상의 근거"가 되는 것이다. 이런 의미에서 연기법은 분별, 즉 의식작용이며, 이런 의식작용이 변계소집상이라는 언어적 파악대상의 근저에 놓여 있다는 것이 "변계소집상의 근거"라는 표현의 의미일 것이다. 그것은 본질적으로 찰나적인 의식작용이지만 그 위에서 언어작용이 수행되는 토대가

316 SNS VII.10.

317 SNS VII.25.

된다는 의미에서 존재자이며, 궁극적인 측면에서 존재하지는 않는 환화(māyā)와 같은 존재론적 상태이지만 그럼에도 현상적으로 현현하는 것이다.

바로 이러한 제행의 관념상 위에서 언설과 표식에 의거해서 '이것은 x다'라고 우리가 지각하고 판단하는 것은 모두 변계소집상에 떨어지는 것이다. 그런데 그런 판단, 그런 지각이야말로 감각기관과 대상에 의존해서 일어나는 일상적인 식의 작용이며 분별작용 자체라고 한다면, 우리의 일상적인 지각 자체는 대상 자체가 아니라 대상에 대한 명칭에 의거해서 진행되는 것에 지나지 않는다는 것이다.

반면에 승의무자성이란 "제행의 관념상(nimitta)인 분별 바로 그것이 변계소집상 위에 존재하지 않는 상태로서 법무아이고 진여이며 청정의 대상인 원성실성"이라는 설명은 『유식삼십송』(Tr 21cd)에서의 원성실성의 정의를 연상시킨다. 안혜가 이를 "불변이의 완성으로서"(avikāra-parinişpattyā)라고 주석하듯이[318] 이 진여의 상태는 언어의 구성작용으로부터 벗어나 있는 한에서 본래부터 청정한 것이다. 진여는 정의상 사물의 있는 그대로의 모습으로서 사물의 본래성과 관련되어 있기 때문에 제법의 본질로서의 무위적 측면을 가리킨다. 사물의 본래적 모습이란 점에서 진여는 사물에 대한 언어적, 개념적 이해 이전의 사물 자체를 가리키며, 이것이 개념적 파악의 산란성을 떠났다는 점에서 사물 자체의 부동한 측면, 또는 불변이성(avikāratva)을 가리킬 것이다.

---

318 TrBh 124,7f: nişpannas tasya pūrveṇa sadā rahitatā tu yā // avikāraparini-şpattyā sa parinişpannaḥ / (고딕체 Tr 21cd).

3) 법무아를 설하는 목적

앞에서 말했듯이 대승은 인무아와 법무아의 2종 무아를 구별한다. 이런 구별의 근거로서 성문승은 인무아의 증득을 목표로 하는 반면 대승은 법무아의 증득을 추구한다는 점이 지적된다. 인무아의 증득이 주로 번뇌의 제거, 특히 자아의식의 소멸에 달려 있고, 이는 자아가 비존재한다는 무아설에 따른 필연적인 귀결일 것이다. 모든 번뇌와 자아의식의 제거는 위대한 정신적 성취임에는 틀림없지만, 초기 대승경전에서는 이미 자아의식을 제거할 때 보살이 직면하는 정신적인 위험에 대해서 경고하고 있다. 그것은 보살이 윤회세계에 대한 지극한 염리심을 일으키고 여기서 고통받는 중생들을 외면하면서 자신만을 위한 열반을 추구하고 열반에 들어가려는 의향이다. 따라서 우리는 초기 대승경전에서 아라한의 수행도를 따르는 자들에 대해 "윤회의 고통을 두려워하고, 다른 중생들에 대한 연민심이 없는 자들"이라는 정형화된 비판을 접하는 것이다.

세친의 『석궤론』은 이에 대해 "만일 보살이 성문들과 유사하게 '무상하고, 고통스러우며, 따라서 무아'라고 오직 인무아의 행상만을 작의한다면, 그런 수행에 익숙해지기 때문에 그는 윤회에 대한 강한 염리심을 가진 심적 흐름에 의해 오로지 열반을 적정한 것으로 보고, 유정들에 대한 연민심을 버리고, 오직 신속하게 '루의 소멸'만을 현증하게 되지, 여래에 속한 적정한 삼매의 부류인 심삼매는 획득하지 못하게 될 것"[319]이라고 경고하고 있다. 만일 그가 '루의 소멸'을 현증한다면

---

319 VyY 234,9ff.

그는 아라한이 되어 열반에 들어감이 확정되었기에 윤회세계에 머물면서 자신과 중생들의 성숙을 위해 헌신할 수 없기 때문이다. 그렇기 때문에 보살은 윤회에 수많은 결점이 있다고 보고 그것을 단절하기 위해 노력하지만, 모든 행위를 적정하게 하지는 않으리라는 결의를 일으키도록 요구받는 것이다.

이런 새로운 대승보살의 이념은 초기 대승경전인 『팔천송반야경』에서 제창된 이래 대승이 지향하는 일체지자의 상태와 일체중생의 구제라는 목표의 실현으로 인도하며, 그 목표는 오로지 법무아의 인식에 의해 도달될 수 있다고 주장되고 있다. 하지만 이를 위해 『반야경』이 주창한 일체법의 무자성과 일체개공의 교설은 시대가 지남에 따라 지나치게 부정적인 해석으로 여겨지게 되었다. 이는 일체법 무자성에 대한 아비달마, 특히 유부의 비판에 의해 설명될 수 있겠다.

주지하다시피 유부는 일체의 존재를 실유實有(dravyasat)와 가유假有(prajñaptisat)로 구분했다. 실유란 자신만의 고유한 성질, 즉 자성(svabhāva)을 가진 것으로 부분으로 해체될 수 없는 것이다. 만일 어떤 것이 다른 요소와 섞이고 구성된 것이라면 그것은 부분으로 해체되기 때문에 자체적으로 실유가 아니라 단지 구성적 차원에서 언어 표현에 의거해 존재하는 것, 즉 가유에 지나지 않는다. 유부는 이런 실유를 이 세계를 구성하는 일차적 존재자라는 의미에서 법(dharma)이라고 불렀다. 반면 언설적 존재란 이런 법들의 조합과 구성에 의해 성립된 이차적 존재자로서 단지 개념적 구성의 차원에서만 그 존재가 인정되기 때문에 자신만의 고유한 성질을 갖지 않은 것, 즉 자성이 없는 존재이다. 따라서 실유-가유 구별에 의거한 유부의 이해에서 볼 때 일체법 무자성의 주장은 일체가 언어적 구성물이고 이차적 존재자라는 것으로 귀결되며, 따라서 모든 것은 어떤 토대도 없이 진행되는 환상과 같은 존재에 지나지 않는 것이다. 이렇게 이차적 존재자만으로 이루어진 환상과 같은 세계는 허무주의의 귀결을 피할 수 없을 것이다.

이런 아비달마의 비판은 근거라는 측면에서 일체법 무자성이 함축한 철학적 문제와 수행론적 위험성을 비판한 것이지만, 이제 유가행파에서는 일체법 무자성에 대한 아비달마의 비판을 피해가면서도 『반야경』의 법무아의 이해에 부합할 수 있는 새로운 설명모델을 제시해야만 했다. 그것이 『해심밀경』이 3종 법륜을 제창한 사상자적 배경일 것이다. 그리고 아비달마가 제기한 문제점에 대한 대승적 관점에서의 답변이 세친의 『석궤론』에서 제시된 것이다.

『석궤론』은 만일 법무아를 교설하는 것 없이도 번뇌들을 제거할 수 있다면, 무엇 때문에 보살들에게 법무아를 교설하는가 하는 질문을 제기함으로써 법무아의 이상이 인무아를 넘어서는 점이 무엇이며, 또 유가행파의 주장이 무엇을 향하고 있는가를 요약해서 보여준다. 『석궤론』은 이를 세 가지로 제시한다. 보살이 법무아를 신해하고 그것에 대한 올바른 인식을 한다면, (가) 윤회에 대해 염리하지 않으며, (나) 염오되지 않고 모든 관념상을 여읜 적정한 심삼매를 획득하며, 그리고 (다) 적정한 삼매를 성취하고 금강유정金剛喩定의 획득 직후에 모든 번뇌장과 소지장을 제거함으로써 모든 법에 대한 일체종지를 획득한다.[320]

그중에서 나는 (가)는 대승의 법무아가 제기된 이유, 즉 윤회의 고통에 대한 회피와 중생들에 대한 연민의 결핍을 보여준 것이라 생각한다. (나)는 바로 『반야경』이 목표로 했던 무상삼매無相三昧(ānimittasamādhi)를 통한 법무아의 증득을 가리킬 것이다. 그리고 (다)는 소지장을 명시함에 의해 유가행파의 법무아의 증득을 말하고 있다고 생각된다. 여기서 흥미로운 것은 적정한 삼매의 성취와 금강유정의 상태가 번뇌장과 소지장의 제거와 함께 언급되고 있다는 점이다. 삼매와 금강유정이 샤마타 수행에 의해 성취된다는 점을 고려할 때 이는 유가행파의 법무아의 증득을 위해서는 샤마타와 비파샤나의 수행이 함께 요청되고 있다는 점을 분명히 보여준다고 생각된다. 그리고 이는 앞에서 설명한 지관쌍운의 수행과 관련이 있을 것이다.

3. 법무아의 증득을 위한 수행법

1) 4종 심사와 4종 여실변지

「문소성지」에서 대승에 설한 고유한 주제로서 4종 심사尋思(paryeṣaṇa)와 4종 여실변지如實遍智(yathābhūta-parijñāna)가 나열되어 있다.[321] 두 가지 주제는 「보살지」 〈진실의품〉에서 처음으로 제시된 이래 『섭대승론』(T31: 351a27ff=MSg III.7ab), 『현양성교론』(T31: 507c14ff), 『성유식론』(T31: 49b1ff), 『삼무성론』(T31: 875b5ff) 등의 유가행파 문헌에서 법무아를 증득하기 위한 중요한 수행법으로 널리 사용되고 있다.

---

320 VyY 233,15-234,9.

321 안성두 외 번역 2023: 370.

〈진실의품〉에서 전반부의 설명은 유부의 언어실유론과 『반야경』의 공성 이해에 대한 비판을 통해 유식학파가 목표로 하는 불가언설로서의 진여를 어떻게 인식할 수 있는가를 보여준다. 여기서 진여의 인식을 방해하는 소지장의 제거를 위해 분별작용이 어떻게 대상의 이미지를 산출하며, 언어나 명칭이 그 과정에서 수행하는 역할이 경증과 이증의 형태로 요약적으로 설해져 있다. 이를 통해 법집의 형성에 있어 명칭과 개념, 그리고 언어의 역할이 무엇인지를 간략히 보여준다. 이 요소들은 「섭결택분」의 〈오사장〉에서 상相(nimitta), 명名(nāman), 분별(vikalpa), 진여(tathatā), 정지正智(samyagjñāna)의 다섯 범주(五事, pañca-vastu) 중에서 앞의 세 요소에 해당되지만 〈진실의품〉의 설명은 오사의 범주에 따른 설명보다 시기적으로 앞선 것으로 보인다.

그런데 〈진실의품〉의 후반부에서 어떻게 실천적인 수행과정에서 소지장이 제거될 수 있는지의 방법이 상세하게 제시되어 있다. 그 방법이 바로 4종 심사尋思와 4종 여실변지如實遍智로서, 이 교설은 유가행파 문헌 중에서 법무아의 증득방법을 조직해서 설하는 최초의 설명으로 보인다. 〈진실의품〉은 4종 심사와 4종 여실변지가 제거해야 하는 것이 무엇인지를 먼저 보여준다. 그것은 바로 8종의 분별(vikalpa) 및 3종의 사태(vastu)이다.

> 바로 이 진여가 이와 같이 변지되지 않았기 때문에 어리석은 사람들에게 그것을 원인으로 하는 여덟 가지 분별(vikalpa)이 세 가지 사태(vastu)를 일으키는 것으로 작용한다. 작용하는 그 〔여덟 가지 분별〕은 모든 유정세간有情世間과 기세간器世間을 생성한다.[322]

8종 분별은 ①자성에 대한 분별(svabhāva-vikalpa), ②차이에 대한 분별(viśeṣa-vikalpa), ③단일자로서 파악하는 분별(piṇḍagrāha-vikalpa),[323] ④'나'라는 분별(aham iti vikalpa), ⑤'나의 것'이라는 분별(mameti vikalpa), ⑥좋아하는 것에 대한 분별(priya-vikalpa), ⑦좋아하지 않는 것에 대한 분별(apriya-vikalpa), ⑧그 두 가지 모두와 상위한 분별(tadubhayaviparīto vikalpaḥ)이다. 그리고 3종 사태는 (i) 분별의 토대인, 희론이라는 사태, (ii) 유신견과 아만이라는 사태, (iii) 탐·진·치라는 사태이다.

〈진실의품〉은 분별과 사태의 관계에서 ①~③은 (i) 분별의 토대인, 희론이라는 사태를 산출하며, ④~⑤는 (ii) 유신견(satkāyadṛṣṭi)과 아만(asmimāna)이라는 사태를 산출하고, ⑥~⑧은 (iii) 탐·진·치라는 사태를 산출한다고 그 관계를 정리하고 있다. 그중에서 (iii) 탐·진·치가 다양한 번뇌를 압축해서 표현하는 용어로서 전통적 의미에서 심을 염오시키는 요소라고 한다면, (ii) 유신견과 아만은 『유가론』에서 번뇌의 새로운 분류를 위해 중요한 역할을 수행하고 있는 요소로서, 양자는 자체적으로 번뇌일 뿐 아니라 다른 번뇌들의 근거로서의 심층적인 자아 관념으로서 해석되고 있다는 점을 반영하고 있다고 보인다.

---

322 BoBh(D) 35,22f=안성두 외 번역 2023: 691.

323 "단일자로서 파악하는 분별"이란 piṇḍagrāhavikalpa에 대한 현장역은 '總執分別'이다. 진제는 『삼무성론』(T31: 869b16)에서 이를 '聚中執一分別'로 번역한다. 풀이하면 "모인 것을 단일자로서 파악하는 분별" 정도일 것이다. 위 번역은 그에 따른 것이다. Schmithausen(1987: 515, n.1414)의 번역 "a solid unit"도 비슷하다.

반면 (i) 분별의 토대인, 희론이라는 사태는 직접적으로 심을 염오시키지는 않는 '불염오不染污 무지無知(akliṣṭam ajñānam)'로서 〈진실의품〉의 주제인 소지장의 제거와 관련된 항목이다. 그것은 비록 자체적으로 염오된 것은 아니지만 법에 대한 분별작용과 그로 인한 실체화로 인해 가장 근본적인 윤회의 원인으로 작용하고 있음을 지적하려는 것이다.

〈진실의품〉은 8종 분별과 3종 사태를 요약하면 분별(vikalpa) 및 분별의 의지처이며, 분별의 인식대상인 사태(vastu)로 요약할 수 있다고 덧붙이는데,[324] 따라서 세 가지 분별과 그것의 토대와 인식대상의 관계를 이해하는 것이 법무아의 증득을 위한 필수적인 과제일 것이다. 그럼 앞의 세 가지 분별에 대해 살펴보자.

①자성분별은 "색 등의 명칭을 가진 사태에 대해 '이것은 색이다'라는 등의 분별"로 정의된다. 〈진실의품〉은 자성에 대해 상세한 설명을 하지 않지만, 「섭결택분」(T30: 703c19-704a6)이나 『섭대승론』(MSg II.19=T31: 139c13-18), 『삼무성론』(T31: 869a5-b5) 등에서 오온 등의 사물이 어떻게 명칭에 의거해서 5종으로 분류되는지가 설명되고 있다.[325] 용어의 차이가 어떻든 간에 유부의 사유에서 법을 법으로서 인식하게 하는 자성이 이제 유가행파 문헌에서 단지 사유의 소산으로

324 안성두 외 번역 2023: 695.

325 용어상의 차이: 〈진실의품〉에서 '分別'(vikalpa)이라고 부른 것을 「섭결택분」 등에서는 삼성설의 용어를 사용하여 '遍計'(parikalpa/parikalpyate)라고 부르고 있다.

서, 분별작용으로서 파악되고 있음을 알 수 있다.

「섭결택분」에 따르면, 5종의 자성분별은 변계소집성에 따른 파악으로서 (a) 명칭에 의거해 대상의 자성을 변계하는 것, (b) 대상에 의거해 명칭의 자성을 변계하는 것, (c) 명칭에 의거해 명칭의 자성을 변계하는 것, (d) 대상에 의거해 대상의 자성을 변계하는 것, (e) 명칭과 대상에 의거해 명칭과 대상의 자성을 변계하는 것이다.[326]

이에 대한 설명은 다음과 같다. (a)는 이 색이라는 사물의 명칭은 색을 자체로 하는 것으로서 존재한다고 변계하는 것이며,[327] (b)는 이 사물의 명칭은 색이지만, 이 사물은 색이 아니다. (c)는 사물을 알지 못하는 자가 색이라는 명칭을 분별할 때의 변계이다. (d)는 명칭을 알지 못하는 자가 색이라는 사물에 대해 명칭을 지각하지 못하기 때문에 분별할 때의 변계이다. (e)는 색을 자체로 하는 이 사물의 명칭은 색이라고 한다고 변계하는 것이다.[328] 이런 변계작용은 명칭과 그것이 지시하는 대상이 관련되는 방식을 5종으로 나누어 그 결합관계를 자의적으로 변계하는 것이다.

---

326 「섭결택분」(T1579.30: 703c19-22): 復次 遍計所執自性, 當知復有五種. 一依名遍計義自性, 二依義遍計名自性, 三依名遍計名自性, 四依義遍計義自性, 五依二遍計二自性.

327 한역(703c23f: 云何依名遍計義自性. 謂遍計此色事名有色實性.). 티벳역(D 20a3: de la ming la rten pa'i don gyi ngo bo nyid la yongs su rtog pa ni 'di lta ste/ gzugs kyi dngos po 'di ni gzugs kyi bdag nyid kyis yongs su grub pa yin no zhes yongs su rtog pa dang/ …)에 한역의 밑줄 친 名에 해당되는 단어가 빠졌지만, 한역에 따라 보충했다.

328 「섭결택분」(703c23ff; D 20a3ff).

②차별분별은 바로 자성분별에 의거하여 색 등의 명칭을 가진 사태에 대해 유색有色/무색無色, 견見/불견不見 등의 무수한 법상의 차이를 통해 대상을 다른 방식으로 분별하는 것으로 설명된다.

③단일자로서 파악하는 분별은 "바로 이 색 등의 명칭을 가진 사태에 대해 아我, 유정有情, 명命, 인人이라는 명칭과 표식에 의해 초래된 것이 단일한 많은 법들에 대해 〔단일한〕 전체로 파악하는 원인으로서 작용한다. 또한 집, 군대, 숲 등과 음식, 음료, 수레, 옷 등에 대해 그것의 명칭과 표식에 의해 초래된 것"으로 설명된다.

여기서 분별은 한편으로는 자아나 유정 등의 개아를 이차적인 복합체가 아니라 마치 단일한 존재처럼 파악하는 것으로, 또 다른 한편으로는 집 등의 외부사물을 명칭에 의해 산출하는 것으로 설명되고 있다. 진제도 『삼무성론』(T31: 869b21)에서 '자아, 유정' 등의 명칭에 의해 복합체를 단일체로 파악하는 것은 인집이며, 반면 '집, 군대' 등의 명칭에 의해 복합체를 단일체로 파악하는 것은 법집이라고 구별해서 설명하고 있다.

이렇게 3종 분별을 설명한 후에 그것들이 어떻게 (i) 분별의 토대이며, 분별과 희론의 인식대상인 사태를 산출하는가를 다음과 같이 설명한다.

> 자성에 대한 분별과 차이에 대한 분별, 그리고 단일자로서 파악하는 분별이라는 이들 세 가지 분별은 분별과 희론의 토대이며, 분별과 희론의 인식대상인 사태(vastu)를 색 등의 개념적인 것으로서 산출한다. 사태에 의지해서 명칭(nāma), 개념(saṃjñā), 언어

(abhilāpa)에 의해 포함되고, 명칭, 개념, 언어에 의해 훈습된 그 분별은 바로 그 사태에 대해 다양하게 희론(=개념화)하면서, 무수하고 다양한 종류로 사변적으로 작용한다.[329]

이 설명을 요약하자면, 첫째 3종 분별이 색 등으로 개념화된 사태를 산출하며, 둘째 바로 그 사태에 의지해 분별 자체가 명칭(名, nāma)과 개념(想, saṃjñā), 언어(abhilāpa)에 의해 영향 받으면서 역으로 그 사태를 다양하게 개념화한다는 것이다. 설명의 요점은 분별과 사태가 상호 영향을 주고받으며, 그 과정에 명칭 등이 영향을 미친다는 것이라 보인다.

명칭과 개념, 언어가 분별작용과 관련해 수행하는 역할은 「보살지」〈역종성품〉에서도 나타난다. 여기서 이들은 언설인言說因(anuvyavahārahetu)의 세 가지 구성요소로서 그것들의 관계는 명칭이 근본이 되고, 그것에 의존해서 관념이, 또 관념에 의존해서 언어가 나오는 것으로 설명되고 있다.[330] 그렇다면 세 가지 분별 자체가 순차적인 의존관계이기 때문에, 이들 요소들은 세 가지 분별에 순차적으로 대응한다고 보인다. 실제 『삼무성론』은 "개념과 언어라고 하는 것은 이 명칭에 대한 심적 이미지이며, 이 명칭에 대한 언설이기에 개념과 언어라고 말한다. 이것은 분별이 개념과 언어를 근거로 한다는 것이다. 지금 여기서 개념과 언어를 설정하는 것은 명칭과 문자를 아우른 것으로, 명칭과 문자에 세·추가 있음을 보여주고자 한 것이다. 명칭은

---

329 BoBh(D) 35,1ff=안성두 외 번역 2023: 692.

330 BoBh(D) 69,4f.

미세하고 개념은 조금 조야하고, 언어는 가장 조야하다. 따라서 이들 세 가지 명칭을 사용하여 세 가지 분별을 지목한 것"[331]이라고 말함으로써 이 해석을 확인시켜 준다.

이러한 설명을 통해 "분별이 모든 유정세간과 기세간을 산출한다"는 표현이 바로 분별과 사태의 상호적인 영향관계를 보여주는 것임을 이해할 수 있을 것이다. 언뜻 "산출한다"는 표현은 삼계유심이나 『유식이십론』의 외계부정론처럼 마음에 의해 모든 것이 산출된다는 것을 의미하는 일종의 불교적 관념론의 주장처럼 들리지만, 이런 이해는 〈진실의품〉의 맥락에는 거의 부합되지 않을 것이다. 슈미트하우젠(1973: 167)은 분별이 대상세계를 산출한다는 이런 사고를 "특수한 형태의 대승적 환상론(Sonderform des mahāyānistischen Illusionismus)"이라고 부른다. 우리는 분별과 사태의 상호작용의 맥락에서 분별작용 및 이와 연결된 언설작용이 대상세계의 창출에 깊이 연관되어 있다는 의미로 이해할 수 있다고 생각한다.[332]

〈진실의품〉은 이러한 8종 분별과 세 가지 사태들을 해체시키는 방식을 구체적으로 4종의 심사와 4종 여실변지로 제시한다. 먼저

---

331 『삼무성론』(T31: 870a): 云想言者. 謂心想此名 言說此名, 故云想言. 此則分別爲想言所依止. 今此中立想言者 並是名字. 欲顯名字有麤細. 名則爲細, 想則小麤, 言爲最麤. 是故用此三名, 目三分別.

332 관념론적 해석을 선호하는 학자들도 적어도 초기 유식 문헌의 주장을 관념론적이라고 부르지는 않을 것이다. Schmithausen(2005)은 『성유식론』의 주장을 외계대상의 실재성을 부정하는 것이라고 간주한다. 반면 언어비판적인 배경이 그 주장에 놓여 있다고 주장하는 학자들도 있다. 이에 대해서는 안성두(2016b) 참조.

(a) 4종 심사는 (a1) 명칭에 대한 심사, (a2) 사태에 대한 심사, (a3) 자성으로 가설된 것에 대한 심사, (a4) 차별로 가설된 것에 대한 심사이며, 그리고 (b) 4종 여실변지는 (b1) 명칭에 대한 심사에 의거한 여실변지, (b2) 사태에 대한 심사에 의거한 여실변지, (b3) 자성으로 가설된 것에 대한 심사에 의거한 여실변지, (b4) 차별로 가설된 것에 대한 심사에 의거한 여실변지이다.

심사와 여실변지의 관계는 각 항목의 이름 자체가 보여주듯이, 후자는 전자의 관찰에 의해 획득된 지혜로 보인다. 여실변지는 그 내용이 명칭과 사태의 일치성 여부에 대한 명확한 이해라는 점에서 법무아를 증득하기 위한 수행관법으로 간주될 수 있을 것이다. 이제 4종 심사의 내용을 보자.

> (a1) 보살이 명칭에 대하여 '다만 명칭일 뿐이다'라고 보는 것이 명칭에 대한 심사이다.
> (a2) 마찬가지로 사태에 대하여 '다만 사태일 뿐이다'〔라고〕 보는 것이 사태에 대한 심사이다.
> (a3) 자성으로 가설된 것에 대하여 '다만 자성으로 가설된 것일 뿐'이라고 보는 것이 자성으로 가설된 것에 대한 심사이다.
> (a4) 차별로 가설된 것에 대하여 '다만 차별로 가설된 것일 뿐'이라고 보는 것이 차별로 가설된 것에 대한 심사이다.[333]

「보살지」에 따르면 4종 심사의 목적은 "명칭과 사태의 특징이 분리되

333 안성두 역 2015: 96.

었거나 결합되었다고 보고, 자성으로 가설된 것과 차별로 가설된 것을 명칭과 사태의 결합에 의지한 것으로서 통달"하는 것이다. 여기서 (a1)과 (a2)는 명칭과 그 명칭에 대응한다고 간주된 사태를 분리시켜 "단지 명칭뿐" 또는 "단지 사태뿐"이라고 보는 것이며, (a3)과 (a4)는 명칭과 사태의 결합에 의거하면서도 그것을 "단지 자성으로서 가설된 것" 또는 "단지 차별로서 가설된 것"이라고 보는 것이다.

우리는 이러한 구별의 의미를 다음과 같이 해석할 수 있을 것이다. 분별작용이 일반적으로 명칭과 사태를 1:1 대응관계로 이해하는 것이라면, 분리해서 관찰하는 방식은 이런 결합관계를 해체시켜 다시 명칭 자체(nāmamātra, 唯名)나 사태 자체(vastumātra, 唯事)로 각각 환원시키는 것에 해당될 것이다. 반면에 (a3)과 (a4)는 어떤 '자성'이나 '차이'를 본래적으로 지닌 것으로 간주된 명칭과 사태의 결합 관계를 단지 언어적 차원에서만 타당한 것으로 인정하는 것이다. 여기서 자성과 차별이란 아비달마적인 법상法相에 따라, 예를 들어 색色의 자성이란 변괴變壞하는 것이며, 색의 차별이란 유색有色/무색無色, 유대有對/무대無對 등으로 색을 구별해서 파악하는 이해일 것이다. 명칭과 표식에 의해 자성과 차별로서 가설된 법을 실재시하는 것이 『해심밀경』에서의 변계소집성의 정의이기 때문에, 비록 (a3)과 (a4)에서 변계소집성이란 말이 사용되고 있지는 않지만, 그 문장의 의미를 변계소집성의 부정으로 이해할 수도 있을 것이다.[334]

그런데 이러한 '분리'와 '결합'에 의거한 관찰방법을 〈진실의품〉

334 이는 앞에서 인용한 법무아를 변계된 법의 비존재로 해석하는 『석궤론』의 설명과도 상응할 것이다.

앞부분에서 설명한 존재와 비존재를 여읜 '불이지법不二之法'의 특징과 관련시켜 이해한다면, 분리시켜 이해하는 방식은 모든 가설의 근거가 없다는 견해를 부정하기 위한 것으로 해석할 수 있다. 왜냐하면 명칭은 모든 방식으로 비존재하는 것이 아니라 단지 명칭만이 있다는 방식으로 관찰이 진행되기 때문에 일체의 비존재성이라는 허무주의적 관점을 극복할 수 있기 때문이다. 그렇다면 결합시켜 이해하는 방식은 언설적으로 확립된 가설이 진실로 '존재'한다고 주장하는 아비달마의 법실유론의 견해를 부정하기 위한 것이라고 해석될 수 있다. 왜냐하면 오온 등은 자성과 차별로서 가설된 한에 있어서 결국 존재하는 것이 아니라 언어적 구성물에 지나지 않기 때문이다.

〈진실의품〉은 4종 심사를 다룬 후에 4종 여실변지로 넘어가는데, 그 내용이 길지만 이를 인용해 보자.

> (b1) 명칭에 대한 심사에 의거한 여실변지란 무엇인가? 실로 그 보살이 명칭에 대하여 '다만 명칭일 뿐인 것'으로 심사한 후에 그 명칭을 다음과 같이 여실하게 인식한다. 즉 '이것은 명칭이다'라는 의미를 … 사태에 대해 정립한다. 만약 '색' 등의 명칭을 가진 사태에 대하여 '색'이라는 명칭을 정립하지 않는다면, 어떠한 사람도 결코 그러한 사태를 '색'이라고 알지 못할 것이다. 〔'색'이라고〕 알지 못하는 사람은 증익의 관점에서 집착하지는 않을 것이다. 〔증익의 관점에서〕 집착하지 않는 사람은 언어로 표현하지 않을 것이다. 이와 같이 여실하게 인식하는 것이 명칭에 대한 심사에 의거한 여실변지라고 설해진다.

(b2) 사태에 대한 심사에 의거한 여실변지란 무엇인가? 그로부터 보살이 사태에 대하여 '다만 사태일 뿐인 것'이라고 심사한 후, 그 색 등의 사태를 모든 언어 표현으로부터 분리된 것이자 언어로 표현할 수 없는 것으로 보는 것이 두 번째 사태에 대한 심사에 의거한 여실변지이다.

(b3) 자성으로 가설된 것에 대한 심사에 의거한 여실변지란 무엇인가? 그로부터 보살은 색 등이라고 명명된 자성으로 가설된 사태에 대하여 '다만 자성으로 가설된 것'이라고 심사한 후, 그 자성의 가설을 통해 그 〔색을〕 자성으로 하지 않는 사태가 그 〔색을〕 자성으로 해서 현현하고 있다고 여실하게 통달하고 잘 인식한다. 그 〔색 등의〕 자성을 변화와 영상, 메아리, 신기루, 물에 비친 달, 꿈과 환화와 비슷하다고 보고 있는 그에게 있어 그것으로 나타난 것은 그것으로 이루어진 것이 아니다. 이것이 매우 심오한 대상을 인식영역으로 하는 세 번째의 여실변지이다.

(b4) 차별로서 가설된 것에 대한 심사에 의거한 여실변지란 무엇인가? 그로부터 보살이 차별로 가설된 〔사태〕에 대하여 '다만 가설로 존재하는 것'으로 심사한 후, 그 색 등의 명칭을 가진 사태에 대하여 차별로 가설된 것을 불이不二의 의미로 본다. 그 사태는 존재하는 것도 아니고 존재하지 않는 것도 아니다. 언어로 표현될 수 있는 성질로서는 존재하는 것이 아니기 때문에 존재하는 것이 아니지만, 언어로 표현될 수 없다는 성질로서 〔가설로〕 규정되었기 때문에 존재하지 않는 것도 아니다. 이와 같이 궁극적 진리의 관점에서는 '형태'를 가진 것(有色)이 아니지만, 세속적 진리의 관점에서는

그것에 대해 '형태'라는 비유적 표현 때문에 형태를 갖지 않은 것도 아니다. …[335]

여실변지가 바로 직전에 언급된 4종 심사와 어떤 관련이 있는지에 대해서 텍스트에는 언급되지 않지만, 서술 자체에 의거해 볼 때, 각각의 여실변지는 앞에서 언급된 4종 심사에 의거하여(-gata) 진행되는 것으로, 보다 발전된 통찰로 보인다. 그렇다면 각각의 여실변지가 어떤 점에서 발전된 관찰인지를 보자.

(b1)은 (a1)에 따라 명칭에 대하여 '다만 명칭일 뿐인 것'으로 심사한 후에, 그 명칭을 사태에 대해 정립할 때에, 그렇게 이름 붙여진 사태와 명칭의 관계를 분명히 아는 것으로 설명되고 있다. "만약 '색' 등의 명칭을 가진 사태에 대하여 '색'이라는 명칭을 정립하지 않는다면, 어떠한 사람도 결코 그러한 사태를 '색'이라고 알지 못할 것"이라는 주장은 김춘수가 그의 시 〈꽃〉에서 "내가 그의 이름을 불러 주기 전에는 그는 다만 하나의 몸짓에 지나지 않았다. 내가 그의 이름을 불러 주었을 때, 그는 나에게로 와서 꽃이 되었다"고 읊은 것처럼, 대상인식은 명칭과 밀접한 관계를 갖고 있는 것이지만, 그것은 대상 자체에 없는 것을 명칭을 통해 덧붙인 것(=增益, samāropa)[336]에 지나지 않는 것이라고 보는 것이다. 하지만 보살이 (a1)의 심사를 통해 '다만 명칭일 뿐인 것'이라고 통찰했다면, 그는 꽃이란 명칭은 '하나의 몸짓'으로

335 이하는 『보살지』(2015: 96)에서 조금 표현을 수정해 인용했다.

336 이러한 증익견의 오류에 대해서 〈진실의품〉(안성두 역 2015: 85f)은 세 가지를 제시하고 있다.

그에게 이해된 것을 타인에게 전달하기 위해 덧붙여진 것에 지나지 않으며, 따라서 '꽃'이라는 명칭이 '하나의 몸짓'과 일치한다고 보지 않고, 그럼으로써 '꽃'이라는 명칭에 대응하는 존재자가 실체적으로 있다고 집착하지도 않는다는 것이다. 이렇게 본다면, (b1)의 내용은 (a1)에서 함축된 명칭과 대상의 분리성이라는 사실을 명칭의 측면에서 다시 확인하는 작업이라고 생각된다.

반면 (b2)의 인식은 '다만 사태일 뿐인 것'이라는 (a2)의 심사 후에 사태가 모든 종류의 언어 표현과 분리되었다는 것, 그것은 불가언설이라는 사실을 이해하는 데 있다. 앞의 '꽃'을 예로 들면, 여기서는 '하나의 몸짓'이 '꽃'이라는 명칭 등에 의해 파악될 수 없는 어떤 본질을 갖고 있다고 아는 것이다. 여기서의 기술상의 특징은 비록 '불가언설'이라는 표현이 나오기는 하지만, (a2)에서 함축된 명칭과 대상의 분리성이라는 사실을 대상의 측면에서 다시 확인하는 것이라고 생각된다.

(b3)는 (a3)의 심사에 의거한 후에, 그러한 가설 때문에 x를 본질로 갖지 않은 사태가 마치 x를 본질로 가진 것처럼 현현하는 것이라고 이해하는 것이다. 여기서는 그러한 현현의 예로 "변화와 영상, 메아리, 신기루, 물에 비친 달, 꿈과 환화"를 제시하면서, 이러한 것들은 어떤 본질을 갖고 있는 것이 아니라 그렇게 현현하는 것에 지나지 않는다고 말한다. 이들 비유가 전형적인 의타기성의 비유이며, 또 "그것으로 나타난 것은 그것으로 이루어진 것이 아니다"라는 표현이 식의 미란성(bhrānti)을 나타내는 것임을 고려할 때, (b3)은 『중변분별론』(MAV I.3)의 식의 x로서의 '현현'이나 『대승장엄경론』(MSA XI.13)에서의 '미란迷亂' 개념을 분별작용과 관련하여 제시하고 있는 것이다.

여기서 주목되는 것은 이러한 방식의 여실변지가 "매우 심오한 대상을 인식영역으로 한다(sugambhīrārthagocara)"는 설명이다. BoBhVy의 해석에 따르면 그 의미는 "그와 같이 사태의 행상(ākāra)도 영상(pratibimba)과 비슷한 것으로 변계소집성으로서 이해되어야 한다. 변계소집성을 떠난 것을 보는 그것이 매우 심원한 대상을 인식영역으로 한 것이다."[337] 이 해석은 삼성설의 방식에 따라 x로서 현현하는 영상을 변계소집성이라고 보면서, 바로 x라는 식의 현현에서 x-영상의 비존재를 보기 때문에 심원하다고 여기는 것이다. 반면 진제는 그 이유를 "앞의 첫 번째 심사는 단지 명칭을 제거할 뿐으로 미약한 것이며, 두 번째 심사는 사태를 제거하는 것으로 중간단계라고 할 수 있고, 이 세 번째 심사는 명칭과 사태를 모두 제거할 수 있기에 심원한 대상을 영역으로 한다고 말하는 것이다"[338]고 상중하에 따른 방식으로 앞의 구문과 관련시켜 해석한다. 이 해석에 따르면 심원함은 이 관법에 의해 변계소집성과 의타기성을 모두 제거하기 때문일 것이다.

(b4)는 (a4)의 심사에 의거한 후에, "색이라는 명칭을 가진 사태"에 대해서 '그 색은 형태를 가진 것'이나 '그 색은 저항력을 가진 것' 등의 법상의 차별로 언표된 것은 승의적인 관점에서 보면 있는 것도 아니고, 세속적인 관점에서 보면 없는 것도 아닌 것으로, '불이不二'라고 보는 것이다. 비록 여기서 '불이'라는 술어가 이제二諦의 의미에서 사용되고

---

337 BoBhVy(P 89a1-3, D 76b6-7). Takahashi 2005: 177, fn.43를 보라.

338 『三無性論』(T31: 876b9-11): 釋曰. 前一尋思, 但遣於名, 此則爲淺. 第二尋思, 次遣於類, 可得居中. 今第三尋思, 能名類俱遣, 故言甚深義爲境也.

있다고 해도, 이 관법은 법의 자성이 아니라 법의 차별(viśeṣa)을 대상으로 하기 때문에, (b3)에 의거하는 이차적인 통찰로 간주될 수밖에 없을 것이다.

이 단계가 수행도에서 어느 단계에 해당되는가에 대해서는 문헌마다 설명의 차이가 보인다. 「보살지」의 다른 개소에서 바로 〈진실의품〉의 4종 심사와 4종 여실변지를 언급하면서 이것들을 12종의 보살주 중에서 10번째 단계인 '의욕작용이 없고 의도적 노력 없이 수행도가 진행되는, 현상적 이미지를 여읜 〔보살의〕 주住'로 배정하고 있다. 그 단계는 보살10지 중에서 제8지로서 여기서 무생법인無生法忍(anutpattikadharmakṣānti)이 증득되기 때문에 보살행에서 결정적인 의의를 가진 단계이다. 이를 무생법인에 배대하는 이유를 다음과 같이 설명하고 있다.

> 네 가지 심사에 의해 보살이 일체법을 심사한 후에, 바로 네 가지 여실변지에 의해 변지할 때, 그때 그는 제거된 모든 삿된 분별과 집착들 속에서 일체법이 현재에 일체의 잡염의 불생에 적합하다는 사실을 본다. 앞의 삿된 분별과 집착을 원인으로 해서 생겨난 법들이 미래에도 모든 방식으로 남김없이 생하지 않음을 본다.[339]

위에서 4종 여실변지에 의해 모든 삿된 분별과 집착들이 제거되었을 때 현재세에는 일체법이 잡염으로 생겨나지 않음을 보고 또 현재세의

339 BoBh(D) 239,12ff=안성두 역 2015: 372.

삿된 분별과 집착을 원인으로 해서 생겨난 법들이 미래세에도 완전히 생겨나지 않음을 본다는 설명은 〈진실의품〉에서 분별과 사태의 관계에 대한 설명을 요약한 것과 비슷하다.

> 바로 이것은 간략하게 말하면 분별(vikalpa)과 분별의 의지처이며, 분별의 인식대상인 사태(vastu)의 양자로 나누어진다. 그리고 이 양자는 시작이 없고 상호 원인이 되는 것으로 알아야 한다. 첫 번째 분별은 분별의 인식대상인 현재의 사태가 일어나기 위한 〔원인이며〕, 또한 분별의 대상인 이미 출현한 현재의 사태는 그것을 인식대상으로 하는 현재의 분별이 일어나기 위한 원인이다. 그 경우에 있어서 분별을 변지하지 못함이 미래에 그 〔분별〕의 인식대상인 사태가 일어나기 위한 〔원인이 된다〕. 그 〔사태〕가 일어나기 때문에 계속하여 그 〔사태〕에 근거하고, 그 〔사태〕에 의지하는 분별이 확정적으로 일어나게 된다.[340]

그렇지만 4종 여실변지가 무생법인의 직접적인 인식으로 이끈다는 설명에 초점을 맞추면, 이러한 유형의 무생법인은 『대승장엄경론』(MSA XI.52)의 8종 무생법인 중에서 네 번째 "자상과 관련해 인지적 수용(忍)"(svalakṣaṇe kṣāntiḥ)에 가장 잘 부합된다고 보인다. 세친의 주석에 따르면 "자상과 관련해서 변계소집성의 〔인지적 수용이다〕. 왜냐하면 저 〔변계소집성〕은 언제나 생기하지 않기 때문이다."[341] 이렇

---

340 BoBh 52,21-53,2=안성두 역 2015: 95f.

341 MSA 68,10: svalakṣaṇe parikalpitasya svabhāvasya na hi tasya kadācid utpat-

게 본다면 삿된 분별이나 집착은 마치 허공의 꽃처럼 실재하지 않는 대상을 마치 존재자처럼 말하고 생각하고 집착하는 것에 불과하기 때문에 분별이 가리키는 대상의 생기는 결코 있을 수가 없다는 것이다. 무생법인의 단계가 대승에서 보살8지에 해당되기 때문에 만일 4종 여실변지가 이 단계로 이끈다면, 이는 여실변지의 작용이 가장 완성된 상태를 의미할 것이다.

그렇지만 4종 여실변지의 단계를 가행위에 배정하는 문헌도 있다. 예를 들어 『섭대승론』(MSg III.7ab)에서는 4종 심사와 4종 여실변지에 의해 문자(vyañjana)와 대상(artha)으로 현현하는 의언意言(manojalpa)이 유식성으로서 이해되며, 또 문자에 의거하는 대상 역시 오직 의언뿐인 것으로서 통찰되는 것으로서 설명하는데,[342] 이는 4종 심사와 여실변지를 순결택분의 수행 단계에 배대한 것이다. 진제도 『삼무성론』에서 4종 여실변지를 모두 문혜聞慧와 사혜思慧의 단계에 속한다고 설명하는데,[343] 이는 『섭대승론』의 설명과 맥을 같이하는 것이다.[344]

「보살지」는 이러한 여실지견을 통해 8종 분별이 완전히 인식되었을 때 희론에 속한 사태의 출현이 그치며, 사태의 출현이 그침에 의해 미래에 분별도 출현하지 않는다고 말한다. 그러면서 사태를 수반한

---

tiḥ/. 이 맥락에서 忍(kṣānti)은 '인내, 참음'이 아니라 '인지적 수용'(intellectual receptivity; the being ready in advance to accept knowledge: BHSD)을 의미한다.

342 MSg III.7ab; 김성철 2008: 48+57; 김태우 2016: 67-74 참조.

343 『삼무성론』(T31: 876b19f): 是名尋思得四種如實智, 在聞思慧中也.

344 우리는 이러한 수행도상의 차이가 위에서 인용한 「보살지」(안성두 역 2015: 372)의 구절이 함축하듯이 이 관법이 시작되는 단계와 완전히 청정해진 단계를 가리키는 것으로 이해할 수 있을 것이다.

분별의 소멸이 모든 희론의 소멸이며, 대승의 반열반이라고 결론 내린다.[345] 대승불교가 추구하는 일체 분별의 소멸과 그와 관련된 사태의 제거가 법무아의 증득을 위한 가장 유효한 수행법이며 이를 위한 수행법이 4종 심사와 여실변지라면, 이는 아비달마가 의거하고 있는 자성과 차별, 명칭과 사태를 더 이상 실체적 관점에서 받아들이는 대신에 언어 표현(prajñapti)의 한 형태로 해석하는 것이다. 이는 아비달마가 의존하고 있는 개념이나 범주의 타당성 내지 유효성을 한정하고 이를 대승적 방식으로 해석하고 있다는 점에서 대승아비달마의 방법에 충실하다고 말할 수 있다.

2) 관념상과 명칭, 분별의 제거에 의한 법무아의 증득

이러한 「보살지」의 설명은 법집의 형성에 있어 명칭과 개념, 언어의 역할에 대한 대략적인 그림을 제공해 준다. 이를 보다 발전시킨 것이 『해심밀경』과 「섭결택분」의 〈오사장〉의 설명이다.[346] 〈오사장〉에 이은 삼성설의 설명이 〈오사장〉에서 사용된 개념을 전제로 설해져 있기 때문에 〈오사장〉은 삼성설에 선행해서 성립되었고, 삼성설의 이해를 위해서도 중요한 역할을 한다고 보인다. 오사五事(pañcavastu)란 관념상(nimitta)과 명칭(nāman), 분별(vikalpa), 진여(tathatā), 정지(samya-

345 BoBh(D) 37,24ff. 안성두 역 2015: 32 (§ 7.4); Takahashi 2005: 177.

346 〈오사장〉은 Kramer 2005에 의해 편집되고 번역되어 있다. Takahashi 2005: 49는 5사설은 본래는 「보살지」 〈진실의품〉에서 설해진 언어 표현의 기체이면서 동시에 승의적 실재인 사태(vastu) 개념을 분석하기 위한 체계였을 것이라고 추정한다.

gjñāna)의 다섯 요소이다.

> 관념상(nimitta)이란 무엇인가? 언설된 문장(prajñaptipāda)의 근거(padasthāna)로서의 사태(vastu)이다. 명칭(nāman)이란 무엇인가? 바로 그 관념상에 대한 기술이다. 분별(vikalpa)이란 무엇인가? 삼계에 속하는 심(citta)과 심소법(caitasikā dharmāḥ)이다. 진여(tathatā)란 무엇인가? 법무아를 통해 특징지어지며, 성자의 인식의 영역이며, 어떠한 언어적 표현의 근거가 아닌 사태(vastu)이다. 정지(samyagjñāna)란 무엇인가? 그것은 간략히 전적으로 출세간적인 것과 세간-출세간적인 것의 2종이라고 알아야 한다.[347]

위의 정의에서 사태(vastu)라는 단어로 정의되고 있는 범주는 관념상(nimitta)과 진여뿐이기에 두 개념이 가장 중심적인 역할을 하고 있다고 보이며, 이는 내용적으로도 지지된다. 〈진실의품〉에서 언어 표현의 기체이자 불가언설의 본질을 가진 것으로서 이중적으로 파악되고 있는 사태(vastu)는 여기서는 전자는 관념상으로서, 그리고 후자는 진여로서 구분되고 있다.

여기서 '관념상'으로 번역하고 있는 nimitta는 의미가 매우 다양하기 때문에 정확히 그 의미를 제시하기 어려운 용어이다.[348] 이 단어는

---

347 Kramer 2005: 69=VinSg(D) 287b2ff.

348 nimitta는 한역에서 보통 '相'으로 번역되지만 相이 lakṣaṇa, ākāra 등의 번역어로도 사용되기에 한역만으로 그 의미를 확인하기 어렵다. nimitta는 티벳역에서 mtshan ma, rgyu mtshan, rgyu 등으로 맥락에 따라 상이하게 번역되는데,

아비달마에서 대상의 특질을 의미하며, 특히 관념(saṃjñā)이나 언설에 의해 파악된 대상의 내용(… iti)을 의미한다. 안혜의 『유식삼십송석』에서 관념상은 "저 특수한 〔대상영역〕이고 청靑·황黃 등의 인식대상을 확립하는 원인"[349]으로 정의되고 있다. 원인이란 어떤 사물이 가진 특색이나 형상을 nimitta라고 할 때 그 특색이나 형상이 우리가 그 사물을 '청·황' 등으로 파악하는 원인이라는 의미일 것이다. 그때 그 형상의 근거는 의식 외부에 있는 대상이거나 또는 의식 내부의 심적 이미지이겠지만, 어떤 경우이든 그 이미지가 식에 의해 포착되기 위해서는 언어를 통한 매개가 필요할 것이며 그 점에서 nimitta는 언설을 일으키는 원인이기도 할 것이다. 슈미트하우젠은 명상 맥락에서 nimitta를 크게 '현상적인 상'(Erscheinungsbild)과 현상에 대한 '관념상'(Vorstellungsbild)으로 구분하고 있는데,[350] 여기서는 대승적인 의미에서 심적 이미지를 나타내기 위해 후자를 선택했다. 「사마히타지」는 관념상(nimitta)을 대상의 표식과 언설을 일으키는 원인의 두 측면으로 보면서 인식대상으로서의 관념상(ālambana-nimitta, 所緣相)이란 인식되어야 할 사태에 대한 분별 자체이며, 인연으로서의 관념상(nidāna-nimitta, 因緣相)이란 삼매의 자량이라고 설명한다.[351] 전자는 분별

〈오사장〉에서는 rgyu mtshan으로 번역되어 있다. mtshan ma가 현상적 이미지 내지 현상에 대한 관념상을 의미하는 반면 rgyu mtshan은 그 현상적 이미지나 관념상이 언어 표현을 위한 원인이나 근거로서 작용한다는 점을 나타내고 있다. nimitta 개념에 대해서는 Yokoyama 1976: 92f 참조.

349 TrBh 56,26ff: nimittaṃ tadviśeṣo nīlapītādyālambana-vyavasthākāraṇam.

350 슈미트하우젠 2006: 130, 각주 16 참조.

351 Delhey 2009: 213. 안성두 외 번역 2023: 300 참조.

자체를 인식대상으로 하여 등지에 들어가는 것이고, 후자는 삼매의 자량에 의해 등지에 들어가는 것이다.

〈오사장〉은 분별이 다양한 것처럼 관념상도 다양하다고 설하고 있다.[352] 이는 관념상이란 중생들이 분별하는 대로 생겨난다는 것을 가리킨다. 예를 들어 색이라는 관념상은 '이것은 색이다'라는 분별에서 생겨난 것이고, 이는 불교의 오온이나 12처, 18계, 무위와 유위 등의 교법에 대해서도 적용되며, 또한 오사 모두가 관념상이 될 수 있다. 『해심밀경』「승의제상품」(SNS I.)에서 제시된 무위와 유위 등의 범주도 존재하지 않는다고 했을 때 그 이유는 바로 그런 범주들이 바로 관념상이기 때문이다. 이런 의미에서 nimitta는 관념상이라 번역될 수 있겠다.

관념상과 다른 네 가지 사태(vastu)와의 관계는 같다거나 다르다고 설명할 수 없다. 그 근거는 관념상이 자성(svabhāva)과 차별(viśeṣa)에 따라 가설(prajñapti)된 대로 존재하지는 않지만, 앞에서 보았듯이 일체의 대상을 관념상의 내용으로 가질 수 있기 때문이다. 마찬가지로 관념상과 진여의 관계도 다르다거나 동일하다고 설할 수 없다. 왜냐하면 만일 다르다면 관념상의 승의는 진여로 되지 않을 것이며, 또 요가행자가 관념상에 의존하지 않고도 진여를 추구하게 될 것이며, 또 진여를 완전히 깨달았을 때에도 관념상에 대해 완전한 깨달음을 얻지 못하게 될 것이다. 반대로 만일 진여가 관념상과 동일하다면 진여에 차별이 없는 것처럼 모든 관념상에도 차별이 없게 될 것이며,

352 이하 설명은 안성두 외 번역 2023: 832ff 참조.

또 관념상을 지각했을 때에 진여도 지각하게 될 것이며, 또 진여를 지각하더라도 관념상의 지각에서처럼 청정하지 않게 될 것이라는 오류가 생겨난다.[353]

따라서 〈오사장〉에서 궁극적인 열반의 증득을 위해 가장 긴급한 과제는 이러한 관념상의 제거이다. 그런데 우리가 모든 것에 대해 관념상을 가지고 있고 나아가 모든 것이 우리의 관념상에 지나지 않는다면, 이렇게 관념상이 소멸될 때 모든 것도 함께 소멸하는 것은 아닌가 하는 의문이 제기된다. 이에 대해 〈오사장〉은 "사태는 공통되지 않은(asādhāraṇa) 분별을 원인으로 해서 생겨난 것과 공통된(sādhāraṇa) 분별을 원인으로 해서 생겨난 것이기 때문에, 공통되지 않은 분별을 원인으로 생겨난 것은 소멸하지만, 공통된 분별을 원인으로 생겨난 것은 다른 사람의 분별에 의해 포함되기 때문에 소멸하지 않는다. 그렇지 않고 〔소멸한다면〕 타인의 분별은 무의미하게 될 것"이라고 지적한다. 그렇지만 관념상을 소멸한 자에게 남아 있는 공통의 분별에 의해 남아 있는 세계 자체에 대한 인식은 청정하다고 강조되고 있다.[354]

그럼 어떻게 관념상을 제거할 수 있는가? 그것은 바로 언설의 잠재적 성향(anuśaya, 隨眠)을 끊음에 의해 가능하다. 관념상의 제거와 언설의 잠재력의 제거는 저울의 고저의 방식과 같이 동시적이며, 그림을 지울 때 형태가 사라지는 것처럼 동시적이며, 비문증이 치료될 때

353 안성두 외 번역 2023: 829를 보라. 진여와 관념상의 同異 문제에 대해서는 SNS III.3-5 (『解深密經』 T16: 690b20-691a14) 참조.

354 안성두 외 번역 2023: 861f.

비문증에 의해 생겨난 머리털 등의 현상이 동시에 사라지는 것과 같다.

그렇지만 우리는 단박에 일어나는 이러한 증득을 첫 번째 수행의 단계에서 기대해서는 안 된다. 〈오사장〉은 관념상이 제거되는 이런 수습의 단계를 ① 한정된(prādeśika) 단계, ② 변행하는(sarvatraga) 단계, ③ 동요하는 단계, ④ 의욕작용을 수반한(sābhisaṃskāra) 단계, 그리고 ⑤ 완성된(niṣpanna) 단계의 5종으로 제시한다. 「섭결택분」의 설명에 따르면 ① 한정된 수습은 무상의 관념 등 선법에 대해 작의하는 것이며, ② 변행하는 수습은 일체법은 진여를 일미로 하는 것이라고 작의하는 것이다. ③ 동요하는 수습이란 관념상을 여읜 것의 수습에 들어간 자에게 계속해서 관념상 때문에 중단이 일어나는 것이며, ④ 의욕작용을 수반한 수습이란 바로 저 수습에 들어간 자에게 의욕작용 때문에 관념상에 의한 중단이 일어나지 않는 것이다. 마지막으로 ⑤ 완성된 수습이란 그럼으로써 성문승이나 연각승, 대승에 의해 그의 의지체가 완전히 변화되었고, 모든 법에 대한 자재함을 얻은 것이다.[355]

마지막 완성된 수습이 모든 삼승의 수행자에게 인정되고 있듯이 그들에게 열반의 증득도 당연시되고 있지만, 대승의 열반은 단지 탐·진·치의 소멸이 아니라 청정한 법계로서 해석되며, 나아가 열반이란 번뇌와 고통이 적정해졌다는 의미에서이지 비존재의 의미에서는 아니라고 설해지고 있다. 먼저 열반이란 비존재가 아니라 번뇌와 고통이 적정해졌다는 의미라는 것을 수계水界와 금, 허공의 비유를

355 「섭결택분」 T30: 668b22-c3 참조.

들어 설명하고 있다.[356] 이어서 법계의 청정(dharmadhātuviśuddhi)이란 정지의 수습에 의지한 후에 모든 관념상을 제거하기 때문에 〔증득되는〕 진여(tathatā)라고 정의된다. 이를 "마치 어떤 사람이 꿈에서 자신이 강물에 의해 떠나려가고 있을 때, 저 강물로부터 벗어나기 위해서 용맹정진하기 때문에 깨어나게 되고, 깨어난 후에 저 강물을 다시 보지 못하는 것과 같다"고 비유를 들어 설명하고 있다.[357]

열반이 비존재가 아니라는 지적은 경량부의 유명론적唯名論的(nominalsitic) 해석이나 『반야경』의 공성에 대한 부정적 해석이 초래할 수 있는 위험에 대한 비판일 것이다. 이에 대한 대안으로 제시된 열반의 비유는 비록 관념상이 제거되었다고 해도 이를 증득한 수행자의 체험 속에서 부정될 수 없는 존재론적 근거라는 인상을 준다. 그렇지만 〈오사장〉은 무자성의 논리가 함축하는 수행론적인 위험성에도 경고하고 있다. 제법의 심원함과 무자성을 들은 후에 현재 작동하는 번뇌는 자성적으로 비존재하며 따라서 자신은 이미 병으로부터 벗어났다고 주장하는 일부 보살의 이해란 바로 "대승의 파괴"에 지나지 않는다고 강하게 비판하고 있다.[358]

4. 삼성三性(svabhāvatraya)의 이론

삼성설이 의식작용과 언어, 대상 그리고 실재성의 관계를 다루고

---

356 세 가지 비유에 대해서는 안성두 2017: 제4장 참조.

357 안성두 외 번역 2023: 867f.

358 안성두 외 번역 2023: 871f.

있다는 것은 주지의 사실이다. 그리고 그것이 법무아의 해명과 직접적으로 관련되어 있다는 것은 『섭대승론』(MSg II.)이나 진제의 『삼무성론三無性論』[359] 등의 설명에서도 분명히 제시되어 있기에 의심할 여지가 없을 것이다. 이 이론은 『해심밀경』에서 처음으로 논의된 이래 유식학의 주요한 관법으로 발전되었다.

『해심밀경』〈무자성상품無自性相品〉(SNS VII)이 불교사상사에서 처음으로 붓다의 교법에 대한 해석학적 작업을 소위 3시 교판설로서 제시했는데, 여기서 사성제 등의 초기불교/아비달마의 교법은 제법을 '존재(有, bhāva)의 관점에서 설명하는 것이고, 제2시 법륜인 『반야경』에서는 일체법을 공성의 관점에서 '비존재(非有, abhāva)'로 설명하는 것으로 평가되고 있다. 특히 제2시 법륜의 특징은 '일체법一切法 무자성無自性, 무생무멸無生無滅, 본래적정本來寂靜, 자성열반自性涅槃'[360]의 네 문장으로 요약해서 설해지고 있다. 그리고 제3시 법륜은 이러한 제법의 존재와 비존재를 초월한 중도中道로서의 '승의요의지교勝義了義之敎'라고 선언되고 있다.

존재와 비존재로 법을 설하는 방식은 모두 의미가 확정되지 않은 '미요의(neyārtha)'라고 간주된다. 비록 『반야경』의 해석이 제법의 공

---

359 『三無性論』 867b6-10: 論曰. 立空品中 人空已成, 未立法空. 爲顯法空故, 說諸法無自性品. 釋曰. 前說空品, 後說無性品. 欲何所爲? 答曰. 前說空品 爲顯人空, 但除煩惱障, 是別道故. 後說無性品 爲顯法空, 通除一切智障及煩惱障, 是通道故.

360 AS 84,11ff: niḥsvabhāvāḥ sarvadharmā iti, … anutpannā aniruddhā ādiśāntā prakṛtiparinirvṛteti ko 'bhisaṃdhiḥ/.

성을 밝혔다는 점에서 법무아를 설하고 있지만, 『해심밀경』이 이를 미요의라고 간주하는 이유는 '일체법 무자성' 등의 교법이 언설 그대로 수용해서는 안 되며, 붓다의 의도를 고려할 때, 비로소 그 의미를 올바로 해석할 수 있다고 보기 때문이다. 반면 요의(nītārtha)란 『해심밀경』에 의하면 삼상 내지 삼무자성에 따른 설명이다. 왜냐하면 삼무자성의 이론은 일체법 무자성의 의미를 통틀어 보는 것이 아니라 구별해서[361] 보게 함으로써 일체개공이 빠져들 수 있는 허무주의로부터 벗어나

---

361 SNS VII.8-9에서 '一切法無自性, 無生無滅, 本來寂靜, 自性涅槃'의 주장은 무차별적으로 모든 현상에 적용되는 것이 아니라 삼무자성 중에서 相無自性과 勝義無自性을 해명하기 위한 의도 하에서 설명된 함축적인(密意, *ābhiprāyika) 진술이라고 해석한다. 더구나 이들 함축적인 진술은 해석대상인 상무자성과 승의무자성과 관련해 전혀 다르게 해석되고 있다. SNS는 상무자성에 대해 다음과 같이 설명한다: "3종 무자성에 대해 의도한 후에 '일체법 무자성'이라고 설했다. 이 중에서 상무자성성에 대해 의도한 후에 나는 '일체법 무자성, 무생무멸, 본래적정, 자성열반'이라고 설했다. 그 이유는? 왜냐하면 자상으로서 존재하지 않는 것은 무생이고, 무생인 것은 무멸이고, 무생, 무멸인 것은 본래적정하며, 본래적정한 것은 자성열반이다. 자성열반인 것에 있어 열반되게 하는 것은 조금도 없다. 그러므로 상무자성성에 대해 의도한 후에 나는 〈일체법 무자성, 무생 무멸, 본래적정, 자성열반〉이라고 설했다."(SNS VII.8). 반면 승의무자성의 설명은 다음과 같다. "법무아로 특징지어지는 승의무자성에 대해 의도한 후에 나는 '일체법 무자성, 무생 무멸, 본래적정, 자성열반'이라고 설했다. 그 이유는? 왜냐하면 법무아로 특징지어지는 승의무자성성은 언제나 안주하고 있기 때문이다. 그것은 제법의 법성으로서 무위법이고 일체 번뇌와 분리된 것이다. 언제나 바로 그 법성에 의해 안주하고 무위인 것은 무위이기 때문에 무생이고 무멸이다. 그것은 일체 번뇌와 분리되어 있기 때문에 본래 적정하고 자성적으로 열반한 것이다. 그러므로 법무아로 특징지어지는 승의무자성성에 대해 의도한 후에 나는 '일체법 무자성, 무생무멸, 본래적정, 자성열반'이라고 설했다."(SNS VII.9).

게 해 주기 때문이다. 이런 점에서 『반야경』과 『해심밀경』은 법무아를 설한다는 점에서는 비슷하지만, 그 차이는 전자가 법무아의 의미를 부분적으로 밝히는 데 비해 후자는 온전히 드러낼 수 있다고 구별하는 것이다.

그렇다면 어떻게 삼성설이 『반야경』의 일체개공의 설명을 대체해 나가는지의 이유를 보자. 여기서의 '일체개공'을 '일체법의 무아'로 치환할 수 있을 것이다.[362] 그렇다면 법무아에서 개아의 공 내지 개아의 비존재뿐 아니라 유부 등의 아비달마가 실재한다고 간주했던 개아를 구성하는 오온 등의 '법'의 존재성도 부정되는 것이라면, 대체 어떤 사유방식에 의거해서 이러한 법의 비존재가 인식되는 것인가? 더욱 『반야경』 등에서 대승을 특징짓는 사유가 '불가언설'이라면, 대체 어떻게 불가언설의 실재를 증득할 수 있다는 것인가?

『해심밀경』 「일체법상품」(SNS VI.4)에서 삼상三相의 정의는 그 방식이 무엇에 의거해서 진행되는지를 잘 보여준다. 여기서 변계소집상은 "언설로 가설하기 위해 일체법에 대해 자성이나 차별로 명칭과 기호에

---

362 '공성'과 '무아'의 의미는 일반적으로 서로 교환되어 사용되고, 따라서 法空은 법무아로 치환 가능할 것이다. 『반야경』에 대한 주석서인 Yum gsum gnod 'jom(D3808, 206a5-7)에 따르면 "공성과 무아 양자에 의미의 차이는 없지만 가설에 따라 차이가 있다. 공성은 다른 것을 여읜 것인데, 예컨대 물이 없기 때문에 병이 비었다라고 하는 것과 같다. 마찬가지로 자상 등의 상(lakṣaṇa)을 여의었기 때문에 그 법들에 대해 공하다고 분별한다. 무아라는 말은 제법이 비존재하는 것인데, 예컨대 환화의 코끼리 등과 같은 것이다. 그 법들은 자성 등을 여의었다고 말하고자 함에 대해 공하다고 했다. 존재하는 것이 아니라고 사태가 없다고 말하고자 하는 것에 대해 무아라고 했다."

의거해 확립하는 것이다"[363]라고 정의되어 있다. 이를 다시 정리하면 변계소집상이란 ①법을 자성이나 차별로 개념적으로 확립하는 것. ②이런 개념적 확립은 명칭과 기호에 의거한다는 것이다. 이렇게 이해할 때, 변계소집상의 성격을 이해하는 관건은 ①법을 자성이나 차별로 개념적으로 규정할 때 자성이나 차별이 무엇이며, ②그것이 의거하는 명칭과 기호가 이런 개념화시키는 과정에서 어떻게 작용하는가의 문제이다. 이런 점에서 우리는 법무아의 인식이 어떻게 변계된 법에 대한 분별의 제거와 밀접히 연관되어 있는지를 확인하게 된다.[364]

하지만 「일체법상품」은 이런 개념화 개념을 구성하는 두 가지 측면에 대해 설명하지 않는다. 이는 『해심밀경』이 ①과 ②의 이해를 다른 문헌에 의거하고 있음을 보여주는 것이라 보인다. 『해심밀경』이 의거하고 있는 문헌은 유식 문헌 중에서 이 문제를 처음으로 본격적으로

---

363 SNS VI.4.

364 변계된 법에 대한 분별의 제거 이후에 진여 내지 법무아가 증득된다고 할 때, 그런 분별을 떠난 진여를 어떻게 증득할 것인가가 문제시되며, 또 그러한 진여의 성격을 어떻게 이해할 것인가가 물어져야 할 것이다. 이를 둘러싸고 두 개의 대립된 이해가 나타나게 되지만, 이에 대해 진제(Paramārtha)는 方便唯識과 正觀唯識이라는 두 단계의 유식 이해를 제시한다. 그의 해석에 따르면 방편유식이란 수행도 상에서 증득하는 것으로 먼저 대상의 비존재와 식, 즉 알라야식의 존재를 인식한 후에 다음으로 알라야식의 비존재도 인식하는 境智兩空을 깨닫는 것이다. 반면 정관유식이란 모든 능-소의 대립이 소멸한 지점에서 자체적으로 존재하는 청정한 아말라식뿐(*prabhāsvara-amalavijñānamātra)의 존재를 주장하고 있다. (『十八空論』 864a22-28: 三明唯識眞實. 辨一切諸法唯有淨識, 無有能疑, 亦無所疑, 廣釋如唯識論. 但唯識義有兩. 一者方便, 謂先觀唯有阿梨耶識, 無餘境界. 現得境智兩空, 除妄識已盡, 名爲方便唯識也.)

논의하고 있는 「보살지」 〈진실의품眞實義品〉일 것이다. 여기서는 비록 삼성이라는 술어는 사용하고 있지 않지만, 언어와 대상적 이미지와 실재성의 문제가 식/심과 어떤 관계를 갖고 있는가에 대해 설명하고 있기에 어떤 맥락에서 삼성설이 발전되어 나왔는지를 보여준다. 그리고 필요한 경우 「섭결택분」의 설명이나 이를 삼성과 결합시켜 체계적으로 해명하고 있는 『삼무성론』에 의거해서 법무아의 인식이 어떤 방식으로 증득될 수 있는가를 보자.

언어의 문제는 인도사상 전체에서 중요한 역할을 수행하고 있지만, 불교사상에서 소위 브롱코스트의 '대응 원리'(correspondence principle)[365]에 대한 관점의 차이는 아비달마와 대승에서 특히 두드러진다. 초기 유식 문헌에 나타난 실재와 사유, 그리고 언어의 관계에 대한 이해는 이러한 대응 원리를 어떤 한도에서 적용할 것인가의 문제와 관련되어 있다.

현상학의 지향성 개념처럼, 불교에서도 의식은 삼매 상태가 아닌 한 일상적으로 항시 대상을 향하고 있다. 다시 말해 의식은 '무엇에 대한 것'(aboutness)이나 '무엇을 향하고 있음'(directedness)으로 나타난다. 초기불교에서 이는 식이 감각기관(=根)과 인식대상(=境)에 의해 조건 지어져 생겨난다는 18계의 교설에 의해 잘 나타나 있다. 이 교설은 감관지와 개념지의 구별을 전제하지만, 그럼에도 교설 자체에서 개념이나 언어의 역할은 명시적으로 보이지는 않는다. 물론 후자는 오온의 교설에서 상想(saṃjñā) 개념에 함축되어 있고 초기불전에서

365 Bronkhorst의 correspondence principle에 대해서는 Bronkhorst 2011: 37ff 참조.

설해진 지각과정의 설명들에서 강조되고 있지만 말이다.

의식이 대상을 향할 때, 대상을 파악한다고 말한다. 의식이 파악작용(grāhaka, 能取)이라면, 대상은 파악되어지는 것(grāhya, 所取)으로서 일상의식의 차원에서 양자의 결합은 모든 중생에게 필연적인 관계로서 받아들여진다. 이러한 의식과 대상의 능-소 관계를 우리는 후설을 따라 noesis-noema 상관관계라고 부를 수도 있을 것이다. 초기불교 이래 불교사상은 의식의 대상의존성이란 대전제 하에서 의식과 대상의 관계를 가장 중요한 철학적 탐구영역으로서 다루어 왔다고 생각된다. 왜냐하면 가장 미세한 차원에서 작동하는 식이 어떤 자체적 본질도 갖고 있지 않음을 보여줄 때, 무아의 교설은 근본적 차원에서 타당하다고 인정될 수 있기 때문이다.

불교 전통이 의식과 대상 간의 관계를 능취-소취의 측면에서 파악해 왔다는 것은 주지의 사실이지만, 아비달마 불교는 여기에 더해 세속제의 핵심내용을 바로 언어적 관계라고 간주함으로써 언어의 문제를 본격적으로 불교사상에 도입했다. 이는 『밀린다왕문경』에서 마차의 부품과 마차를 대비시키면서 부품은 더 이상 환원될 수 없는 1차적 존재이며, 반면 부품으로 이루어진 마차를 단지 언어적 차원에서만 지칭될 수 있는 2차적 존재로 것으로 간주하는 것에서 잘 나타날 것이다. 그렇지만 여기서 언어적 표현에 의해 표현되는 것은 '마차'의 구성적 성격에 따른 그것의 무상함이라기보다는, '마차'라는 용어가 그럼에도 생활세계에서의 소통을 위한 언어의 유용한 기능을 가리키고 있다는 점이다.

이런 환원론을 염두에 두고 이제 우리는 어떻게 대상을 아는가의 문제를 간단히 보자. 의식이 어떤 대상을 x로서 파악할 때, 어떻게 우리는 그 대상이 x인지를 아는가? 예를 들어 탁자에 놓인 사과를 보고 '저것은 사과다'라고 알 때 저것=사과를 동일시할 수 있는 근거는 무엇인가? 유부나 경량부의 아비달마에서는 대상의 지각의 문제에서 일종의 표상주의적 방식에 의거해 답변한다.[366] 대상이 지각이나 사유에 의해 파악되는 것은 대상이 우리의 지각에 대상의 이미지를 남기기 때문이라는 것이다. 이때 대상의 존재에 대해서 유부와 경량부 간에 학설의 차이가 보이지만, 우리의 문제의식에서 흥미로운 것은 그들의 답변은 앞에서 스케치한 브롱코스트의 언어와 대상 사이의 대응 원리(correspondence principle)에 근거해 있다는 점이다. 다시 말해 아비달마에서 법A는 고유한 자성x를 갖기 때문에 x의 앎은 즉시 법A의 존재와 등치되는 것이다. 이런 언어-대상의 대응성에 대한 아비달마의 사유는 사실 일상생활의 사물에 적용되는 것이 아니라 환원을 거친 후의, 더 이상 환원될 수 없는 일차적 존재자인 법과 그것에 대응하는 언어 사이의 관계로 국한되는 것이지만, 근본적인 점에서 환원된 존재와 명칭의 실재론적 대응관계를 인정한다는 점에서 언어에 대한 실재론적 이해를 보여준다고 보인다.

그러나 유식학파에서 사유와 언어, 대상 간의 관계에 대한 전혀 다른 이해가 나타난다. 일체는 무자성이라고 설하는 『반야경』의 영향 아래 유식학은 아비달마가 주장하듯이 법A에 고유한 자성x는 존재하는 것이 아니며 더욱 그런 x는 지각되지 않는다고 비판했다. 그때

366 이에 대해서는 카지야마 유이치(1990: 23-29) 참조.

대상A로서 지각되는 것은 단지 x로서 언어에 의해 증익된(superimposed) 표상/요별(vijñapti)에 지나지 않는 것이다. 이러한 관점에서 보면 궁극적으로 대상은 언설될 수 없는 것(anabhilāpya)이다. 이를 보여주는 유식학의 이론이 삼성三性 또는 삼상三相의 교설이다. 삼성이란 변계소집성(parikalipta-svabhāva), 의타기성(paratantra-svabhāva), 원성실성(parinişpanna-svabhāva)으로서 의식과 대상의 관계에 대한 유식학의 관심을 집대성한 개념이다. 위의 설명과 관련시켜 말하면, 변계소집성이란 x로서 사유/언어에 의해 증익된 것이고, 의타기성이란 그런 x가 나타날 수 있는 장場으로서 의식의 흐름을 구성하는 표상이나 요별이며, 원성실성이란 결코 x로서 나타나지 않는 불가언설적인 존재라고 말할 수 있겠다. 이렇게 본다면 결국 x를 어떻게 이해하는가에 따라 아비달마와 유식의 이해가 갈라진다고 말할 수 있다.

위에서 변계소집성을 "사유/언어에 의해 x로서 증익된 것"이라고 설명했던 것처럼, 초기 유식 문헌에서 변계소집성에 대한 설명에서 두 가지 유형이 나타난다고 생각된다.[367] 하나는 x로서 대상이 파악되

367 나는 삼성설을 능취-소취의 방식과 능전-소전의 방식에 따라 구분하는 것이 보다 문헌에 따른 설명이라고 생각한다. 가장 잘 알려진 삼성의 구별 방식은 Sponberg(1983)가 제시한 의타기성을 중심으로 하는 "중추적 모델"(pivotal model)과 원성실성을 중심으로 하는 "발전적 모델"(progressive model)의 구별이다. 중추적 모델은 일반적으로 유식학의 삼성설의 표준적 구조로서 의타기성을 중심으로 하는 구조이다. 이에 따르면 의타기성에서 능취와 소취로서 집착하는 것이 변계소집성이고, 의타기성에 이들 양자가 없는 것이 원성실성이다. 반면 발전적 모델에 따르면 3성은 변계소집성 → 의타기성 → 원성실성의 차례로

었을 때 그렇게 파악된 이유를 언어사용에서 찾으려는 흐름으로서, 이는 대승아비달마의 성격을 보여주는 『해심밀경』(SNS) 및 그와 밀접히 관련된 「보살지」 〈진실의품〉과 「섭결택분」의 〈오사장五事章〉에서 나타난다. 다른 하나는 그와 같이 증익된 x를 사유와 대상 간의 관계에서 해명하려는 흐름으로서, 이는 『중변분별론』(MAVBh)과 『유식삼십송』(Tr) 등에서 나타난다. 이런 두 개의 흐름 외에 양자를 병렬해서 보여주는 『대승장엄경론』(MSA)의 구절들도 보인다.

1) 언설과 분별에 의거한 삼성설

변계소집성을 단지 분별작용에 의해 파악된 대상의 허구성으로 설명하는 데 그치지 않고 그 허구성의 이유를 언어사용과 관련해서 설명하려는 문헌들이 나타났다. 이런 유형의 설명은 아비달마적 분석 맥락을 이어받은 것이지만, 이제 유식 문헌에서 삼성의 용어가 처음으로 등장했다고 평가받는 『해심밀경』의 설명을 보자.

> 변계소집상이란 무엇인가? 언설로 가설하기 위한 한에서 제법의 자성이나 차별을 명칭과 표식으로 확립하는 것이다.[368]

슈미트하우젠은 『유가론』에서 삼성을 언급하는 세 구절을 검토하

발전되어 가는 구조를 보여주며, 여기에서 오직 원성실성만이 승의적 존재로 간주되고 다른 두 요소들은 세속제로서 간주되고 있다. 이와 비슷한 견해를 제시하고 있는 여러 일본학자들의 견해에 대해서는 안성두(2005) 참조.

368 SNS VI.4.

고, 이 구절들이 모두 『해심밀경』보다 이후이거나 그 설명을 전제하고 있음을 보여준다.[369] 따라서 바로 여기서 삼성설이 최초로 정형화되었을 것이기에 위의 정의는 특히 주목된다. 그런데 이 변계소집상에 대한 정의는 『중변분별론』이나 『유식삼십송석』과는 달리 변계소집상을 명백히 언설과 관련시켜 정의하고 있다. 언설과 관련된 '명칭'(nāman)과 '기호'(saṃketa)[370]가 명시되고 있고, 또 명칭 등에 의거해 아비달마의 특징적 사고방식인 제법을 자성과 차별의 형태로 구분하면서 이를 개념적 확립(*vyavasthāna)이라고 설명하고 있다.

하지만 이 정의에는 언설을 구성하는 명칭이나 표식이 자성과 차별로서 '건립建立'(vyavasthāna), 즉 개념적 구성작용에 참여하고 있음을 보여주고 그런 한에서 언어가 변계소집상에서 핵심적인 역할을 한다는 것은 보여주지만, 이런 언설의 영향에 대한 고려는 단지 표층적 차원에 국한된 것처럼 보이며, 그런 점에서 아비달마의 맥락에 충실한 것처럼 보인다. 그렇지만 표층적인 언설의 영향만으로는 법무아라는 대승의 실재성의 체험을 표현하기에는 부족했을 것이며, 따라서 심층적인 언설의 영향을 변계소집상의 맥락에서 서술하는 것이 필요했을 것이다.

바로 그러한 보충설명이 위의 정의에 뒤따르는 두 개의 삼상의 비유 중에서 두 번째 수정 비유(SNS VI.8-9)에 나타난다. 여기서는 형식적인 면에서 삼상 외에 변계소집상의 '언설습기'(tha snyad kyi

369 Schmithausen(2000) 참조.

370 돈황사본 ming dang mtshan ma btags pa에 의거해 Takahashi는 이를 nāma-nimitta-라고 제안하지만, 이에 대한 Schmithausen(2014: 358, fn.1623) 참조.

bag chags, *vyavahāra-vāsanā)가 독립적인 설명요소로 배대되어 있고, 이를 통해 내용적인 면에서도 첫 번째 비문증(timira)에 걸린 눈의 비유나 위의 변계소집상의 정의와 커다란 차이를 보여준다. 따라서 '언설습기' 개념의 도입은 『해심밀경』「일체법상품」(SNS VI.4)의 변계소집상의 정의와는 직접 관련이 없다고 보이며, 용어상으로는 오히려 『해심밀경』「심의식상품」(SNS V.2)의 알라야식의 두 번째 집수의 설명을 이어받았거나 그것과 관련이 깊다고 보인다.

분별작용을 형성하는 데 있어 명칭의 잠재적 역할은 「심의식상품」(SNS V.2)에서 알라야식의 두 번째 집수에서 분명히 나타난다. 두 번째 집수는 "현상적 이미지와 명칭, 분별에 대해 언설을 가설하는 희론의 습기라는 집수"[371]이다. 여기서 현상적 이미지(nimitta)와 명칭(nāman), 분별(vikalpa)의 세 요소는 오사五事(pañcavastu)의 범주에서 앞의 세 항목과 같다. 명칭과 분별작용에 의거해 언설의 사용에 의해 생겨난 습기를 알라야식이 자기의 것으로 삼는다는 표현은 심층적인 의식의 흐름에서 언설의 습기가 (아마 과거에 행했던) 단어나 분별작용의 영향을 받아 형성되었음을 보여주는 것이라고 해석될 수 있다. 이렇게 본다면, 변계소집상의 정의에서 명백하지 않았던 언설작용의

---

371 SNS V.2에 따르면 식이 재생처에서 심신복합체(ātmabhāva)를 취해 생겨날 때 두 가지를 집수한다, 첫 번째 집수는 rten dang bcas pa'i dbang po gzugs can len pa이며, 두 번째는 mtshan ma dang ming dang rnam par rtog pa la tha snyad 'dogs pa'i spros pa'i bag chags len pa이다. 전자는 토대를 가진 물질적 근의 집수로 풀이되며, 후자는 nimitta와 명칭, 분별에 대해 언설을 가설하는 습기의 집수로 풀이된다.

역할이 이제 「심의식상품」의 매개를 통해 두 번째 비유에서 언설습기로서 작용하는 것으로 발전되었을 것이다.[372]

이는 앞에서 지적했듯이 언어사용에 대한 아비달마적 관심을 보여주는 것이지만, 이러한 언어의 잠재력에 대한 『해심밀경』의 해석은 어디에서 유래했는가? 「일체법상품」에서 처음으로 삼성설이 정형화된 형태로 출현했다고 한다면 이는 우리의 문제와도 연결되기 때문이다. 슈미트하우젠과 다카하시 등 여러 학자들은 비록 「보살지」 〈진실의품〉에 삼성과 관련된 단어가 발견되지는 않지만 삼성설의 연원을 그곳에서 찾을 수 있다고 생각한다.

슈미트하우젠은 〈진실의품〉의 설명에서 삼성설의 근원적 형태를 발견할 수 있다는 데 동의하면서, 나아가 삼성(svabhāvatraya)이 진실(tattva)의 두 가지 해석에 의거하여 형성되었을 것이라고 다음과 같이 추정하고 있다. 〈진실의품〉에는 색色(rûpa)이나 수受(vedanā)와 같은 사물의 특정한 자성이나 특징은 '오직 가설뿐'(prajñaptimātra)이며,

372 이렇게 해석할 때, 변계소집상의 정의와 동떨어진 두 번째 수정의 비유가 이해될 수 있을 것이며, 그렇다면 두 번째 비유는 SNS VI.의 정의가 주어진 후에 식의 잠재성에 대응하는 언어의 잠재성의 역할을 보여주기 위해 삽입되었을 가능성이 크다고 보인다. 반면 언설의 습기를 알라야식의 잠재성과 관련시켜 논의하는 곳은 MSg I.58 및 II.2이다. 그렇지만 I.58에서 명언습기 개념은 알라야식의 세 가지 양태의 하나로 제시되고 있을 뿐이고, II.2에서는 11종의 표상(vijñapti)을 3종 습기와 관련해서 분류하고 있어 SNS VI.8에서 언설습기를 변계소집상과 관련시키는 설명과도 차이가 나며, 나아가 MSg II.3에서 "변계소집상이란 이런 요별이 사물이나 대상으로 잘못 보이는 것"이라는 정의와 유기적으로 연결되었다고 보이지 않는다.

그런 명칭에 대응하는 사물의 내재적 본성은 없다는 설명(BoBh 30,2-5)이 나온다. 그렇지만 이는 사물이 어떤 자성도 갖지 않는다는 말이 아니라, 사태 자체(vastumātra)는 그러한 개념적 구성을 벗어난 불가언설적인 것(nirabhilāpya)이라는 의미이다. 그것은 진여(tathatā)와 동일시되는데, 그 속에서 일체법은 완전히 평등하며, 오직 불보살의 무분별지에 의해서만 증득될 수 있다. 여기서 삼성 중 변계소집성은 증익된 가설, 즉 허구적인 언어 표현이며, 원성실성은 진여 내지 불가언설이다. 그리고 〈진실의품〉의 후반부에서 진여를 분별과 대비시키면서 분별(vikalpa)에 의해 사태(vastu)[373]가 산출되고 역으로 사태에 의해 분별이 다시 산출되는 상호 순환적인 영향관계가 제시되고 있다. 이런 상호 순환성에 의해 윤회 구조가 견고해지는데, 바로 이러한 분별과 사태라는 심적 활동이 의타기성으로 제시될 수 있는 것이다.[374]

슈미트하우젠의 요약은 〈진실의품〉이 삼성설의 근거로서의 여러 사유들을 함축하고 있음을 설득력 있게 보여주지만, 동시에 언설습기라는 개념이 어떤 맥락에서 왔는가에 대한 우리의 문제의식과 관련해서도 시사점을 던져준다. 분별과 심적 사태가 무시이래 서로 의존해서 작동하고 있다면, 그러한 심적 활동이 의거하고 있는 현상적 이미지(nimitta)와 명칭도 마찬가지로 그러한 심적 활동에 영향을 끼치지

---

373 「보살지」에서 사태(vastu)는 단지 '사물'이 아니라 심적인 '사건'을 나타낸다. 3종 사태는 (1) 분별과 희론의 토대이며, 분별과 희론의 인식대상이라는 사태, (2) 모든 見의 근원이며 慢의 근원인 有身見 및 그 밖의 모든 慢의 근원인 我慢, 그리고 (3) 탐·진·치라는 심리적 사태로 설해지고 있다.

374 Schmithausen 2014: § 303를 요약한 것이다.

않을 수 없겠다. 무시이래의 상호 영향을 전제하는 한 그런 영향은 표층적 차원에서 온 것이 아니라 과거의 활동의 영향으로 받아들일 수밖에 없을 것이다.

슈미트하우젠이 추정하듯이 〈진실의품〉의 두 가지 진실의 아이디어가 삼성설로 발전하게 된 하나의 근거라고 한다면[375] 여기에 함축된 무시이래의 심적 활동의 잠재성은 『해심밀경』의 수정거울의 비유(SNS VI.8-9)에 나타나는 언설습기 개념의 사용에도 반영되었을 것이다. 이 설명은 의식작용의 대상이 단지 언설습기에 의해 그렇게 인지되고 있을 뿐이라는 것을 보여줌으로써 그 대상이 존재하지 않는다고 파악되는지를 보여주고 있다.

2) 『중변분별론』의 삼성설

삼성설의 두 번째 해석은 의식과 그 대상의 관계에 초점을 맞춘 것으로서, 이는 초기불교 18계설에서 제시된 능취-소취의 파악과 그것의 무아론적 이해에 근거하고 있다고 생각된다. 이것이 유부의 이해와 다른 점은 인식대상이 의식 외부에 존재한다고 보는 것이 아니라, 인식대상의 존재성을 전혀 다르게 파악하고 있다는 점이다. 이는 『중변분별론송』(MAV III.3)의 삼성의 설명에서 잘 나타난다.

> 자성은 3종이다. 항시 비존재하는 것과 존재하지만 진실의 측면에서는 아닌 것, 그리고 존재와 비존재의 진실의 측면에서이다.[376]

---

375 Schmithausen 2017: 214f 참조.

376 MAV III.3abc.

여기서 존재하는 것(sat) 및 비존재하는 것(asat)이라는 용어가 사용되고 있는 것은 이 텍스트가 삼성 각각에 대한 존재론적 의미에 초점을 맞추고 있음을 보여준다. 이에 대해 세친(Vasubandhu)은 변계소집상은 항시 비존재하는 것(nityam asat)으로서, 의타기상은 미란된 것이기 때문에 존재하지만 진실로는 〔존재하지〕 않는 것으로서, 그리고 존재와 비존재의 진실이기 때문에(sadasattatvataḥ) 원성실상으로서 설명한다.[377] 원성실상의 정의의 이유로서 제시된 sadasat-tatvatas는 그 자체로 잘 이해되지 않지만, 『중변분별론석』에 따르면 이는 "존재하는 것은 양자의 비존재의 존재를 자체로 하기 때문이며, 비존재하는 것은 양자의 비존재를 자체로 하기 때문이다."[378] 이 설명은 3상 모두가 존재와 비존재의 관점에서 구별되어 있음을 분명히 보여준다.[379]

이와 같이 삼성의 존재방식을 sat/asat로 파악하는 것은 MAV I.2

---

377 MAVBh 38,3-7.

378 MAVT 113,18ff: pariniṣpannalakṣaṇaṃ sadasattattvam iti / sad asac ca tattvaṃ pariniṣpannalakṣaṇam / dvayābhāvabhāvātmakatvāt sattvam / dvayābhāvātmakatvād asattvaṃ ca /, 이 설명을 MAVBh 22,24-23,2에서 공성의 특징과 비교: dvayagrāhyagrāhakasyābhāvaḥ/ tasya cābhāvasya bhāvaḥ śūnyatāyā lakṣaṇam ity abhāvasvabhāvalakṣaṇatvaṃ śūnyatāyāḥ paridīpitaṃ bhavati/.

379 흥미로운 것은 Sthiramati의 MAVT에서 변계소집상을 능취-소취의 표현과 병행하여 비록 능전-소전과 비슷한 단어인 '언어행위'(vācaka)와 '언어에 의해 지시되는 것'(vācya)을 사용하여 "변계소집상이 항시 비존재하는 것이란 우자들에게 능취와 소취 및 언어행위와 언어에 의해 지시되는 것에 대한 집착이 마치 꿈에서처럼 일어난다. 그것은 자체로서 비존재하기 때문에 변계된 자성이다"(MAVT 113,4f)로 설명하고 있는 점이다. 이는 능-소의 관계가 능전-소전의 방식으로 치환될 수 있음을 보여준다.

와 그에 대한 세친의 주석에서도 마찬가지다. MAV I.2는 허망분별(abhūtaparikalpa)[380]의 존재와 그 〔허망분별〕 속에 양자의 비존재, 그리고 그 〔허망분별〕 속에서의 공성의 존재성과 그 〔공성〕 속에서 허망분별의 존재성을 논하는 MAV I.1을 존재(sat)와 비존재(asat)의 측면에서 다시 규정하고 있다. "따라서 일체는 공도 아니고 공하지 않은 것도 아니라고 설한다. 왜냐하면 존재하기에, 또 존재하지 않기에, 또 존재하기에. 그리고 그것이 중도다."(MAV I.2). 세친의 주석은 "허망분별은 존재하기에, 〔능취와 소취〕 양자는 존재하지 않기에, 그리고 공성은 허망분별 속에, 또 공성 속에 허망분별이 존재하기에"라고 풀이한다. 이 게송이 직접 삼성을 설하는 것은 아니지만 결국 허망분별과 능취·소취, 공성의 관계를 설하고 있다는 점에서 내용상 다른 것은 아닐 것이다. 따라서 이런 설명도 존재와 비존재의 관점에서 의식작용과 그 대상의 문제를 기술한 것이다.

마찬가지로 세친의 저작인 『유식삼십송』에서도 변계소집성은 다음과 같이 정의된다. "각각의 분별에 의해 각각의 사태가 분별된다. 바로 그것이 변계소집성이며, 그것은 존재하지 않는다."[381] 안혜安慧

---

380 虛妄分別로 번역된 abhūta-parikalpa는 일반적으로 진실하지 않은 분별이란 의미에서 '허망한 분별'로 풀이되어 왔다. 이와 같이 長尾雅人 등의 학자들은 이 복합어를 karmadhāraya로 이해했다. Schmithausen(2017: 278)은 이 단어를 "false imagination" 또는 "imagination of something unreal"이라고 번역함으로써 karmadhāraya 또는 tatpuruṣa로 해석될 수 있음을 보여준다. Matsuda(2018)는 이를 tatpuruṣa로 풀이해야 한다고 지적하면서 MAV I.1의 abhūta는 능취·소취(grāhyagrāhaka) 양자를 의미한다고 주장했다. 본고에서 이 복합어를 해석할 때에는 '허망한 것에 대한 분별'의 의미로 사용할 것이다.

(Sthiramati)는 다음과 같이 주석한다.

'각각의 사태에 의해 각각의 사태가 분별된다'란 내적이고 외적인 〔사태〕부터 불법에 이르기까지이다. 그것은 변계소집성이다. 여기서 '그것은 존재하지 않는다'란 이유이다. 어떤 사태가 분별되어져야 할 것의 영역일 때 그것은 존재하는 것으로서 있을 수 없기 때문에 존재하지 않으며, 따라서 저 사태는 오직 변계된 것을 자성으로 하는 것이지, 인연에 의해 묶여진 것을 자성으로 하는 것이 아니다. 실로 하나의 사태 속에 또 그것이 비존재할 때에도 상호 모순된 다양한 분별의 일어남이 인정된다. 그러나 저 하나의 사태나 또는 그것의 비존재가 상호 모순된 다양한 자성을 가진다는 것은 타당하지 않다. 따라서 이 모든 것은 단지 분별이다. 그것의 대상이 변계된 것을 자체로 하기 때문이다. 경에서 '수보리여! 제법은 범부들이 집착하는 대로 그와 같이 존재하지 않는다'고 설해진 것과 같다.[382]

위의 설명에서 보듯이 『유식삼십송』과 그 주석에서 변계소집성은 언어와 관련되어 설해지지 않고 오직 분별되어지는 사태의 허구성, 비존재성에 초점이 맞추어져 있다. 변계소집성은 중생의 집착에 의존하기에 파악되는 대로 존재하는 것은 아니라는 설명에서도 왜 그것이

---

381 Tr 20: yena yena vikalpena yad yad vastu vikalpyate / parikalpita evāsau svabhāvo na sa vidyate //.

382 TrBh 122,9-19.

실제로 존재하는 것이 아닌지는 당연시되고 있다. 이와 같이 유식학의 능-소의 구분은 전통적인 불교의 지각론의 맥락에서 능취와 소취의 구별을 따르고 있지만, 유식학의 설명은 분별작용에 의해 파악된 사태의 존재성을 부정하는 데 있다. 왜냐하면 대상의 존재가 그것을 대상으로서 파악하는 분별작용에 의존한다면, 그 대상의 존재는 그것이 가진 고유한 자성에 달린 것이 아니라 원인과 조건에 따라 일어나는 사유작용의 소산을 실체시하는 것에 지나지 않기 때문이다. 만일 우리가 이를 자연적 태도라고 부를 수 있다면, 안혜는 이러한 자연적 태도를 범부들의 이해방식이라고 보면서, 범부들에게 나타나는 이런 능-소의 필연적 결합관계의 해체를 공성으로서의 원성실성이라고 말하는 것이다.

그렇지만 그런 공성의 통찰은 현상적인 능취-소취의 초월에 의해서가 아니라 바로 의식작용이 능취-소취로 구성되어 있고, 양자는 상호의존해서 생겨난다는 점에서 자성을 여의고 있다는 것을 말한다. 그럴 때 우리는 더 이상 현상적 이미지를 능취-소취의 이원항의 대립 속에서 보지 않으며, 그럼으로써 능취-소취 관계를 근본적으로 의식 내부에서 해체시킬 수 있기 때문이다. 이것이 바로 『유식삼십송』에서 의타성은 조건에 따라 일어나는 분별이며, 원성실성은 바로 그러한 의타기가 변계소집성을 항시 여읜 상태[383]라고 정의하는 설명의 취지일 것이다.

이와 같은 삼성설의 첫 번째 흐름에서 의타기성과 변계소집성은

383 Tr 21: paratantrasvabhāvas tu vikalpaḥ pratyayodbhavaḥ / niṣpannas tasya pūrveṇa sadā rahitatā tu yā //.

각각 능취와 소취로 구성된 의식의 흐름과 그런 능취와 소취 양자를 실체시하는 것으로서 파악되고 있다. 이런 실체적 이해는 소취와 능취 양자에게 어떤 자체적 특징도 없다는 인식을 통해 제거될 수 있을 것이고 이것이 소위 입무상방편상의 과정일 것이다.

3) 『대승장엄경론』의 삼성설

위에서 우리는 유식 문헌에서 삼성설에 두 가지 흐름이 구별되고 있다고 지적했다. 그런데 두 흐름은 『대승장엄경론』(MSA XI.)에서 병렬적으로 설해지고 있다. 하나는 XI.13 〈법의 진실의 탐구〉(dharmatatvaparyeṣṭi)에서 능취-소취 구조에 따라 나타나며, 다른 하나는 XI.38-39에서 능전-소전의 언어적 구조로 나타난다.

XI.13에서 삼성은 세 가지 진실(tattva)로서 설명된다. 변계소집성은 '항시 양자를 여읜 진실'(satataṃ dvayena rahitam tatvam)이며, 의타기성은 '미란의 토대', 그리고 원성실성은 '희론의 없음을 본질로 하는 〔진실〕로서 모든 방식으로 언설될 수 없는 것'이다.[384] 이에 대한 주석에서 세친은 양자를 능취와 소취라고 풀이하면서 변계소집성을 "능취와 소취로서 필경 비존재하기 때문에"(grāhyagrāhakatvenātyantam asatvāt) 라고 설명한다. 그런데 여기서 변계소집성이, 단지 능취와 소취의

---

384 MSA XI.13ab: tatvaṃ yat satataṃ dvayena rahitaṃ bhrānteś ca saṃniśrayaḥ śakyaṃ naiva sarvathābhilapituṃ yac cāprapañcātmakaṃ /, 이에 대한 세친의 주석: satataṃ dvayena rahitaṃ tatvaṃ parikalpitaḥ svabhāvo grāhyagrāhakalakṣaṇenātyantam asatvāt / bhrānteś ca saṃniśrayaḥ paratantras tena tatparikalanāt / anabhilāpyam aprapañcātmakaṃ ca pariniṣpannaḥ svabhāvaḥ /.

양자를 여읜 것으로 규정되어 있을 뿐이고, 단어나 문장 등 언어작용과 관련된 용어는 사용되지 않고 있다는 점이 주목된다. 이 설명은 "저〔허망분별〕 속에 양자는 존재하지 않는다"는 『중변분별론』(MAV I.1b)의 설명을 연상시키는데, 여기서 변계소집성은 존재론적 맥락에서 비존재로 파악되고 있다고 보인다. 이러한 존재론적 맥락은 의타기성을 미란의 토대라고 규정하는 데에서도 나타난다. 왜냐하면 미란은 "존재하지만 진실의 측면에서는 아닌 것"(MAV III.3b)으로서 정확히 규정될 수 있기 때문이다. 그것의 토대란 허망분별의 존재성(MAV I.1a)을 가리킬 것이다. 다만 원성실성을 희론의 없음을 본질로 하는 언설될 수 없는 것이라는 규정은 언설작용에 의한 다양한 파악이 끊어진 것으로 해석하는 것으로서, 이는 원성실성을 공성으로 보는 『중변분별론』의 해석과는 달리, 「보살지」〈진실의품〉에서 진여를 불가언설로 설하는 것과 통할 것이다.

이에 비해 『대승장엄경론』(MSA XI.38-41)의 삼성의 설명에서 변계소집상과 의타기상, 원성실상은 아비달마적인 방식에 따라 언어와 대상 간의 관계로 해석되고 있다. 특히 변계소집상을 3종으로 설명하는 XI.38-39에서 변계소집상은 언어와의 관계에서 파악되고 있다.

> 의언대로 대상에 대한 관념의 이미지가 있고, 그 〔의언〕의 습기, 또한 그 〔습기〕로부터 대상의 현현이 변계소집상이다.[385]

---

385 MSA XI.38.

세친의 주석은 첫 번째 변계소집상은 의언意言대로 현현하는 대상(artha)[386]에 대한 관념상(nimitta)이며, 두 번째 변계소집상은 그 의언의 습기라고 설명한다. 그리고 의언의 습기로부터 형성된 대상의 현현은 언어활동에 숙달치 못한 이들에게 나타나는 것이라고 부연한다. 그렇다면 비록 명시하지는 않았지만 첫 번째 변계소집상인 의언대로 대상의 관념상의 현현은 언어활동에 익숙한 자들에게 나타날 것이다. 그렇다면 첫 번째와 두 번째 유형의 변계소집상은 각기 표층의식과 심층의식에서 언어에 의해 대상의 관념이 어떻게 형성되는가를 다루고 있다고 보인다. 특히 흥미로운 점은 언어를 습득하지 못한 어린아이의 경우 언어의 이해에 따라 대상의 관념이 형성될 수 없을 것인데, 그가 어떻게 대상의 관념을 가질 수 있는가의 문제는 표층의식인 6식을 의식활동의 전체라고 보는 전통적 주장에서는 해명하기 어려울 것이다. 이에 대한 유식의 해명은 여기서 두 번째 유형의 변계소집상에 의해 제시되는데, 바로 언설습기에 기인한다는 것이다. 즉, 알라야식이라는 심층의식에 축적된, 과거생에서의 언어활동이 남긴 잠재적 영향 때문에 불명확한 형태이긴 하지만 사물의 관념이 아이에게도 존재한다는 것이다.

---

386 artha는 다양한 의미를 가진 단어이다. 그것은 aim, purpose, enterprise, work 등을 뜻하기도 하지만 언어학적 철학적 맥락에서는 '의미'(meaning)와 '사물/대상'(thing)을 뜻한다. Houben(1997: 58f)은 현대서양의 학적 담론에서 meaning은 referent와 구별되지만 인도 전통에서 artha는 의미와 지시대상을 가리킬 수 있다고 지적한다. 그러면서 그는 의미와 대상 사이의 지속성을 표현하는 용어에 의해 번역되어야 하며, 'thing-meant'를 제안한다. 그것은 있는 그대로의 사물과 대비되어 의미된 대로의 사물이란 의미에서이다.

그리고 세 번째 유형의 변계소집상은 XI.39에서 대상과 명칭이 서로를 현현시키는 것으로서 설명되고 있다.[387] 이에 대해 세친은 "만일 명칭대로 대상이 현현하거나 혹은 대상대로 명칭이 〔현현한다면〕 이것이 허망분별의 인식대상인 변계소집상이다. 그런 한에서 실로 명칭이나 대상이 〔각기 명칭이나 대상으로〕 변계소집된다"[388]고 주석한다. 세친은 여기서 게송의 asatkalpa를 『중변분별론』(MAV I.1)에서 의식작용의 특징을 보여주는 핵심적인 술어로서 사용된 '허망분별'(abhūtaparikalpa) 개념과 동일시한다. 허망분별 자체는 XI.40에서 의타기상을 가리키며, 또 『중변분별론』(MAVBh 18,1)에서도 능취와 소취의 분별(grāhyagrāhakavikalpa)로서 내용상 의타기상을 지시하지만, 여기서는 그런 허망분별의 인식대상을 변계소집상이라고 부르는 것이다.

이제 명칭이 대상로서 현현하고 또 대상이 명칭으로서 현현하는 것을 세 번째 유형의 변계소집상의 특징으로 규정했을 때, 이는 대상이 명명행위에 의해 객체화되고, 다시 객체화된 대상은 명칭을 마치 의식작용과 독립된 것처럼 실체화시킨다는 것이다. 그리고 이와 같이 대상존재로서 분별을 위해 사용된 명칭과 대상의 상호 순환성에 의해 우리의 현상세계가 나타난다는 주장이다. 이런 파악은 식이 대상이나 중생, 자아와 요별로서 현현한다는 관념을 뛰어넘어 언어작용에 의해 대상이 현현하고, 동시에 대상의 존재는 언어작용의 토대인 것처럼

---

387 MSA XI.39. 이 게송의 의미는 「섭결택분」(T30: 704b15ff)과 연관되어 있다고 보인다.

388 MSA 64,24-26.

나타난다는 것을 표현한 것이다. 이 주장은 유부가 명구문을 의식작용과 독립해 있는 심불상응행의 범주로 설정한 것을 비판하는 것으로, 〈진실의품〉에서 명칭과 사태(vastu)의 상호 영향에 의해 현상세계가 창출된다는 관념을 보다 일반적인 형태로 표현한 것이다. 여하튼 세 번째 유형의 변계소집상은 일상세계에서의 명칭과 대상 양자의 상의성을 명시한다는 점에서 매우 발전된 논의로 보이며, 소쉬르가 의미란 기의와 기표 사이의 관계에 지나지 않는다는 것을 달리 표현한 것이라 보인다.

이와 같이 『대승장엄경론』(MSA XI.38-39)의 변계소집상에 대한 세친의 주석은 주로 명언이나 명칭 개념에 의거하여 해석하고 있고, 이는 그가 『중변분별론』(MAVBh 18,1)에서 능취와 소취로서 변계소집성을 해석한 것과는 결을 달리하는 것이다. 이 설명은 『해심밀경』에서 삼성의 첫 번째 비유(SNS VI.4)에는 나타나지 않지만, 두 번째 비유(VI.8-9)에 나타난 언설습기 개념에 의거하여 발전시킨 것이라고 보인다. 언설습기 개념은 『해심밀경』(SNS V.2)에서 알라야식의 집수執受(upādāna)의 맥락에서 사용된 것으로 "관념상(nimitta)과 명칭(nāman), 분별(vikalpa)에 대한 언설의 희론의 습기"에 의해 촉발되었을 것이다. 그러나 『대승장엄경론』은 알라야식이란 용어를 사용하지 않기 때문에 그 개념은 세 가지 변계소집상 중에서 앞의 두 유형에 적용되고 있고, 거기서 『중변분별론』의 현현顯現(pratibhāsa) 개념과 결합되어 설명되고 있다. 다시 말해 『해심밀경』의 단계에서는 아직 체계적으로 결합되지 않은 삼성설과 식의 현현이 언어를 매개로 해서 『대승장엄경론』에서 변계소집상의 해석에 사용된 것이다. 식의 현현이란 『중변분별론』(MAV I.3)에서 식이 대상이나 중생, 자아나 요별로서 현현한다는 것을 가리키는데, 『대승장엄경론』은 그 현현이 실은 언어 관념이나 언어의 습기에 의해 형성된다고 주장하는 것이다.

명칭이 변계소집성에 포함되는가 아니면 의타기에 포함되는가의 문제에 대해 세친의 『유식삼십송』에 대한 인도 십대논사의 주석을 모아놓은 『성유식론』에서 흥미로운 설명이 보인다. 『성유식론』은 「섭결택분」 〈오사장五事章〉의 설명을 원용하면서 5사事 중에서 상·명·분별·정지의 네 법은 일반적으로 의타기성에 포섭되지만, 다른 관점에서는 변계소집성의 비존재를 표현하기 위해 명名(nāman)을 가설에 포함시킨다고 해설하고 있다.[389] 이는 세친의 『유식삼십송』에는 언급되지 않은 능전-소전의 관계가 후대의 주석자들에 의해 삼성의 설명에 사용되고 있는 것이다.

---

389 『成唯識論』(T1585.31: 47a3-10): (1) 遍計所執不攝五事. 彼說有漏心心所 變似所詮說名爲相, 似能詮現施設爲名, 能變心等立爲分別, 無漏心等離戱論故 但總名正智 不說能所詮. 四從緣生 皆依他攝. (2) 或復有處說. 依他起攝 相·分別, 遍計所執 唯攝彼名, 正智·眞如 圓成實攝. 彼說有漏心及心所 相分名相, 餘名分別. 遍計所執都無體 故爲顯非有假說爲名. (1)의 해석에 따르면 相(nimitta)을 유루의 심과 심소가 所詮과 유사하게 전변하는 것으로, 名(nāman)을 유루의 심과 심소가 능전과 유사하게 전변하는 것으로, 분별(vikalpa)을 전변하는 심(能變心)으로서 설명하고, 반면 무루의 심으로서의 正智(samyagjñāna)는 희론을 떠났기에 능전과 소전으로 설명하지 않는다고 말한다. (2)의 해석에 따르면 상분은 상(nimitta), 나머지 〔견분〕은 분별, 그리고 명칭은 변계소집성에 해당된다. 그리고 정지와 진여는 원성실성이다.

5. 유식성의 증득과 법무아

유식唯識(vijñaptimātra)[390]이란 모든 것을 의식내용으로 환원시키는 철학적 입장으로서 외계에 존재하는 사물의 존재를 부정하고 대상으로서 나타나는 것은 '단지 나타남 뿐'이라고 파악하는 것을 말한다.[391] 슈미트하우젠은 이것이 하나의 전문술어로서 처음으로 『해심밀경』「분별유가품」(SNS VIII.7-8)에서 사용되었다고 간주하지만, 이와 유사한 '유심唯心'(cittamātra)이라는 용어가 이미 기원 전후에 편찬된 몇몇 대승경전들에서 보인다고 지적한다. 예를 들어 "삼계에 속한 것은 유심이다"라는 『십지경十地經』의 유명한 명제가 그것이다. 그렇지만 여기서 경의 설명 맥락은 행위자와 행위를 부정하는 것으로 실재론적 존재론에 의거하고 있고 또 단지 소승의 아공我空만을 전제하고 있기 때문에 외계에 존재하는 사물의 존재를 부정한 것은 아니다.[392]

이는 동일한 표현이 나오는 『반주삼매경般舟三昧經』에서는 유심이 어떤 맥락에서 사용되었는지를 보다 분명히 보여준다. "삼계에 속한

---

390 vijñapti-mātra에서 vijñapti는 어간 vi-jñā에서 파생된 사역명사형으로 "알게 함"의 의미를 갖고 있고, 佛教語辭典에 의하면 『유가론』 등에서 了別(rnam par rig par byed pa), 表色(rnam par rig byed)으로 번역된다. 그리고 mātra는 '唯(tsam)'라는 한정사로서 '단지 알게 함'만이 있지 그것을 넘어 인식주체와 인식대상은 괄호에 묶는다는 것을 나타내는 단어이다.

391 Cf. Schmithausen 1987: 85, n.610.

392 DBh 49,7ff: tasyaivaṃ bhavati / kārakābhiniveśataḥ kriyāḥ prajñāyante / yatra kārako nāsti kriyāpi tatra paramārthato nopalabhyate // tasyaivaṃ bhavati / cittamātram idaṃ yad idaṃ traidhātukam /.

것은 유심唯心일 뿐이다. 그 이유는? 왜냐하면 내가 분별하는 대로 그렇게 나타나기 때문이다."[393] 여기서 유심은 외부대상이 단지 나의 마음에 의해 만들어졌다는 것을 보여주려는 것은 아니지만 그럼에도 수행자가 명상 속에서 분별하고 상상하는 대로 대상의 존재가 생겨난다는 반성에서 이 단어가 사용되고 있음이 분명히 인정된다. 슈미트하우젠은 이러한 『반주삼매경』의 맥락에서 『해심밀경』의 유식(vijñapti-mātra) 관념도 수행론적 맥락에서 등장했다고 추정하고 있다. 그는 최근 직접적인 단어의 차용이라는 점에서 『화엄경』「입법계품」에서 수다나(Sudhana)가 만난 길드의 지도자인 무크타카(Muktaka)가 자신이 특정 삼매 속에서 다른 세계에 주하는 여래를 볼 수 있다고 하면서, 그렇지만 그는 여래들이 이곳으로 오시는 것도 아니고 그가 그쪽으로 가는 것도 아님을 알고 있으며, 그들은 마치 꿈이나 영상, 마술에 의해 창조된 화현처럼 자신의 심에 의존해 생겨나는 현현(vijñapti)임을 알고 있다고 말한다. 슈미트하우젠은 이 구절이 『해심밀경』의 편찬자에게 유심 대신에 유식이란 용어를 선택하는 데 영향을 끼쳤을 것이라고 지적하고 있다.[394] 그럼 유식의 경문의 전후 맥락을 이해하기 위해 앞뒤 문장을 포함해 『해심밀경』을 인용해 보자.

(가) 세존이시여. 분석적으로 관찰을 행하는 이의 삼매의 영역인

---

393 Harrison 1978: 36,21-23: khams gsum pa 'di dag ni sems tsam mo // de ci'i phyir zhe na / 'di ltar bdag ji ltar rnam par rtog pa de lta de ltar snang ngo //.

394 Schmithausen 2014: 497 참조.

영상은 무엇입니까? 〔그것은〕 저 심과 다릅니까 아니면 다르지 않습니까? 〔세존:〕 미륵이여, 〔그것은 심과〕 다르지 않다고 말해야 한다. 왜 다르지 않은가? 그 영상은 단지 표상뿐(vijñaptimātra, 唯識)이기 때문이다. 미륵이여. 식(vijñāna, 識)은 대상을 단지 표상하는 것으로 특징지어진다고 나는 설한다.

(나) 세존이시여! 삼매의 영역인 그 영상이 만일 저 심과 다르지 않다면, 어떻게 이 심으로 저 심을 관찰합니까? 〔세존께서〕 말씀하셨다. 미륵이여! 그중에서 어느 누구도 저 법을 관찰하지는 않지만, 그럼에도 그와 같이 생겨난 그의 심은 그와 같이 현현한다. 미륵이여! 예를 들면, 색(현장역: 質)에 의지한 뒤 아주 청정한 거울의 표면에서 바로 그 색(현장역: 本質)을 보지만 '나는 영상을 보았다'고 생각한다. 거기서 그 색(현장역: 質)과 그 현현된 영상은 다른 대상처럼 현현한다. 그와 같이 저 심이 일어났을 때 또한 저 〔심〕과 비슷하지만 다른, 삼매의 영역인 영상이 현현한다.[395]

(가)에서 보듯이 유식唯識의 경증은 삼매의 영역인 영상이 그것을 관찰하는 심과 다른 것인지 아니면 다른 것이 아닌지를 묻는 수행의 맥락에서 등장한다. 유식 관념이 정신적 수행과 밀접히 관련된 것인지 아니면 그것에 대한 이론적 반성에서 제기된 설명에 지나지 않는가의 문제는 불교에서 수행과 교법의 관계에 대한 흥미로운 주제로 연결되지만[396] 적어도 위의 설명에서는 영상影像(pratibimba)의 존재론적 성격

---

395 SNS VIII.7=T16: 0698a27-b9.

396 이 문제에 대해서는 Schmithausen 1976; 1981: 175f. 이 문제의 논의에 대해서는

에 대한 반성에서 이 문제가 제기되었다고 하는 슈미트하우젠의 주장이 타당하다고 생각된다. 여기서 영상은 현실사물의 복제이라는 의미로서, 본서 III.에서 보았듯이 이 개념은 「성문지」의 〈인식대상〉 항목에서 비파샤나에 의해 산출된 심적 이미지로서 비슷한 수행론의 맥락에서 다루어지기 때문이다.

이 맥락에서 "나는 식識(vijñāna)은 대상을 단지 표상하는 것으로 특징지어진다고 설한다"는 경문이 등장한다.[397] 이 문장은 관찰하는 심과 관찰되는 영상과의 동이同異를 묻는 질문에 대해 붓다께서 다르지 않다는 이유로서 제시한 것이기 때문에 식은 보는 작용을, 그리고 대상의 단지 표상됨은 관찰된 영상을 가리킬 것이다. 나는 여기서 유식이 관념론적 주장으로 이해되어야 하는지 아니면 현상학적 맥락에서 이해되어야 하는지에 대한 최근 학계의 난해한 논의도 다루지는 않겠지만,[398] 이 구절 자체에서 보면 유식은 관념론적 방식으로 이해될 소지가 한결 많다고 인정될 수 있겠다.

(나)에서는 삼매에서 본 영상이 그것을 관찰하는 심과 다르지 않다면, 동일한 심이 동일한 심을 본다는 모순에 빠지게 될 것인데 이를 어떻게 해결할 수 있는가의 문제를 다루고 있다. 주지하다시피 칼이 스스로를 자를 수 없고 손가락 끝이 스스로를 가리킬 수 없다는 비유에

특히 Schmithausen 2014: 388-391에 언급된 학자들의 논문 참조.

397 Schmithausen(1984; 2014: 393)의 還梵: ālambanavijñaptimātraprabhāvitaṃ vijñānam iti mayā deśitaṃ. 이 문장에 대한 상세한 논의는 Schmithausen 2014: 391ff 참조.

398 이에 대한 기초적인 논의는 안성두 2016 참조.

의해 실재론자들은 심이 심을 본다고 하는 명제의 타당성을 비판하고 있지만, 이에 대해 붓다는 일종의 '현현' 개념에 의거해 답하고 있다. "어느 누구도 저 법을 관찰하지는 않지만, 그럼에도 그와 같이 생겨난 그의 심은 그와 같이 현현한다."[399] 여기서 사용된 "그와 같이 현현한다"(tathā khyāti)라는 표현이나 설명방식은 "대상과 중생, 자아, 요별로서 현현하는 식이 생겨난다"[400]는 『중변분별론』(MAV I.3)의 표현과 비교해 볼 때 '현현' 개념의 발전에서 보다 초기 형태로 보이지만, 보다 주목되는 것은 후대에 『해심밀경』의 이 설명이 유식사상에서의 자증지自證智(svasaṃvedanā)의 설명으로 간주되고 있다는 점이다. 여하튼 여기서 확인할 수 있는 것은 유식의 해명이 처음부터 식의 현현 개념과 연결되어 있다는 사실이다.

유식의 증득은 『섭대승론』에서 "인식되어야 할 것의 특징의 이해(入所知相)"를 위해서이다. 유식의 특징의 이해는 의언意言(manojalpa)의 성격을 이해함에 의해 가능하다. 『섭대승론』(MSg III.1; 7A)은 의언을 문훈습을 갖추고 있고, 여리작의에 포함되고, 법과 그 대상으로서 현현하며, 견해를 수반하고 있다는 네 가지 형용구로 기술하고 있다. 나가오는 의언(manojalpa)이 manokalpa나 manovikalpa의 형태로도 사용되며, 그 의미는 "심속에서 말함", "심이 말함"으로서 명료한 형태의 분별이나 판단의 이전 단계에서 마음에 일어난, 개념화되기 이전의

399 이 문장은 Jñānaśrīmitra의 Sākārasiddhi에서 인용되고 있다. na hi maitreya, tatra kaścid dharmaṃ pratyavekṣate, api tu tathā samutpannaṃ taccittaṃ yat tathā khyātīti. (p.478,3ff). 이 전거는 Yao 2005: 151, n.15 참조.

400 MAV I.3: artha-sattvātma-vijñapti-pratibhāsaṃ prajāyate vijñānam.

다양한 이해를 가리킨다고 설명한다.[401] 따라서 의언은 유식의 증득 자체는 아니지만 그것을 증득하기 직전의 단계라고 보이기에 중요한 의미를 가진다.[402] 『섭대승론』(MSg III.7AB)은 유식을 증득하기 위한 수행으로서 4종 심사와 4종 여실변지를 제시하고 있는데,[403] 그 설명은 「보살지」의 설명에 비해 요약적이지만 의언 개념과 관련하여 논의하고 있다는 데 특징이 있다. 여기서 보듯이 유식은 궁극적인 심과 대상의 상태가 아니라 공성이나 법무아를 증득하기 위한 방법으로서, 승해행지부터 구경도에 이르기까지 모든 수행도에서 증득되어야 할 내용으로서 간주되고 있다.

1) 식전변識轉變 개념

유가행파 문헌에서 유식은 두 가지 새로운 개념에 의거해서 설명되었다. 하나는 식전변識轉變(vijñānapariṇāma) 개념이고, 다른 하나는 식의 현현顯現(pratibhāsa) 개념이다. 양자는 대상에 대한 잘못된 이해, 즉 법집을 제거하기 위한 치료제이다. 먼저 식전변 개념을 보자.

식전변 개념은 세친의 후기 저작인 『유식이십론』과 『유식삼십송』에

---

401 Nagao 1982: 5-9 참조.

402 MSA XI.6에 대한 주석(MSABh 56,3-6)에서 세친은 의언을 분별(saṃkalpa)로 풀이하면서 "집중된 심에 의해 청문한 대로 대상이 〔있다고〕 믿는 자는 의언들에 의해 저 〔법〕을 지니고 있기 때문에 청문에서 생겨난 智에 의해 저 〔법〕을 획득한다. … 또 의언에서부터 대상의 현현이 유지되기 때문에 사유에서 생겨난 〔智〕에 의해 저 〔법〕을 획득한다"고 주석한다. 여기서도 의언의 작용은 청문과 사유에서 생겨난 지의 단계에 한정되어 설해지고 있다.

403 4종 심사와 4종 여실변지에 대해서는 본서 IV.3.1. 참조.

서 비로소 형성된 것으로서, 요코야마(1993: 172)는 이 개념에 의해 세친 자신의 식의 이론이 완성되었다고 평가할 정도로 그 사상사적 의미를 높이 평가한다. 실제로 이 용어는 『유식삼십송』의 세 게송에서 언급되고 있을 정도로 상세히 다루어지는데, 세친은 이를 통해 유식과 식전변이 알라야식 개념에 의거해서 어떻게 유식 개념으로 이어지며 또 그것이 법무아와 연결될 수 있는지를 통합적으로 보여주려고 시도하고 있다.

이 개념은 세친이 『구사론』에서 사용한 경량부의 '상속전변차별相續轉變差別'(santati-pariṇāma-viśeṣa) 개념을 유식의 맥락에 맞게 변형시킨 것이다. 『구사론』(AKBh IX.)에서 세친은 자아가 존재하지 않을 때 어떻게 이미 소멸한 업에서 결과가 발생할 수 있는가의 문제를 다루면서, 이미 소멸한 업에서 결과가 발생하는 것이 아니라 바로 상속전변차별에서 발생한다고 주장한다.

> 저 상속전변차별에서 결과가 발생한다. 종자와 열매처럼 종자로부터 열매가 생겨나는 것과 같다. … 상속이란 선행하는 업을 가진 연속적인 심의 생기이다. 전변이란 그것과 다르게 발생하는 것이다. 특수한 전변이란 그 직후에 결과를 낳는 능력이 다른 전변보다 뛰어나기 때문이다.[404]

이 설명에서 상속전변차별이란 '식의 흐름의 특수한 변화'를 의미하

---

404 Lee 2005: 158ff.

는데, 상속이란 심-신의 종자이고, 전변차별이란 그 종자가 이전의 상태에서 다른 상태로 특정하게 변화하는 것을 가리킨다. 즉 종자가 특정 과보를 산출할 수 있는 능력을 말한다. 세친은 『유식이십론』에서 '자상속전변차별自相續轉變差別'이란 비슷한 용어를 사용하여 "스스로의 상속의 특수한 변화로부터 중생들에게 대상으로서 현현하는 요별들이 생겨나지, 대상의 차이로부터는 아니다"[405]고 말한다. 여기서 스스로의 상속은 알라야식의 종자를 가리키며, 따라서 이 용어는 알라야식의 종자의 특수한 변화를 가리키고 있다. 이를 식전변 개념과 관련시키면 스스로의 상속은 일체종자식의 의미에서 알라야식으로 이해될 것이다. 그럼 이 개념이 세친의 두 저작에서 어떻게 사용되는지를 보자.

세친의 『유식이십론』 제6송에서 식전변이란 용어가 처음으로 등장한다. 상속전변차별에서처럼 업의 과보와 관련해서 식전변 개념이 등장하지만, 완전히 유식의 맥락에서 사용되고 있다.

> 만일 그 업들에 의해 그곳에서 대종大種들의 그와 같은 생겨남이 인정된다면, 식의 전변은 왜 인정되지 않는가? (Vim 6)

---

405 svasaṃtānapariṇāmaviśeṣād eva satvānām arthapratibhāsā vijñaptaya utpadyante nārthaviśeṣāt /. 여기서 arthapratibhāsā vijñaptayaḥ("대상으로 현현하는 요별들")란 표현은 MAV I.3의 artha-satvātma-vijñapti-pratibhāsam prajāyate vijñānaṃ에서 유래한 것으로, 식전변의 맥락에서 pratibhāsa("현현") 개념의 사용이 주목된다.

이 게송에서 세친은 심과 독립해 존재하는 물질요소의 존재를 인정하는 경량부를 식전변 개념에 의해 비판하고 있다. 경량부는 지옥중생들의 업들에 의해 대종이라는 물질요소들이 외부에 실재하는 옥졸이나 고통을 주는 고문도구의 형태로 생겨난다고 주장한다. 만일 이런 논리를 인정한다면, 마찬가지로 식이 그러한 물질요소들로 전변하는 것도 인정해야 한다는 것이다. 세친은 "지옥중생들의 저 업에 의해 그곳에서 대종들의 그러한 형태의 생기와 전변이 상정되며, 그들의 업의 습기가 그들의 식의 상속에 부착된 것"[406]이라고 주장한다. 여기서 중생들의 업에 의한 대종들의 생겨남이 중생들의 업의 습기에 의한 식의 전변의 생겨남으로 대체되고 있음을 알 수 있다.

식전변 개념이 『유식이십론』에서 외부에 존재한다고 믿어지는 물질적인 기본요소를 대체하는 의미에서 사용되었다면, 『유식삼십송』에서는 법무아의 보다 넓은 맥락에서 사용된다. 여기서 식전변은 다음과 같이 설명된다.

자아와 법으로 가설이 다양하게 생겨난다.
이 〔가설〕은 식의 전변에 대해서이다. 저 식전변은 3종이다.[407]

여기서 가설假設로 번역한 upacāra는 '언어용법'이나 '비유적, 은유적 표현'[408]을 의미한다. 안혜의 주석에 따르면 자아로의 가설은 '자아

---

406 Vim 59,3-5.

407 Tr 1abc: ātmadharmopacāro hi vividho yaḥ pravartate / vijñānapariṇāme 'sau pariṇāmaḥ sa ca tridhā //.

(ātma)와 영혼(jīva), 생(jantu), 마누의 자손(manuja), 사람(mānava)' 등의 표현이고, 법으로의 가설은 '오온이나 12처, 18계' 등의 표현이다. 두 가지 전변은 단지 식의 전변과 관련해서이지, 존재하는 자아에 대해서는 아니다. 왜냐하면 법들과 자아는 식전변과 독립한 외부에 존재하지 않기 때문이다. 그리고 전변이란 '다른 것으로 되는 것', 즉 A-상태에서 B-상태로 되는 것이다. 자아 등에 대한 분별의 습기가 증대되기 때문에 그리고 색 등에 대한 분별의 습기가 증대되기 때문에, 알라야식으로부터 자아 등으로 현현하는 분별과 또 색 등으로 현현하는 분별이 일어난다. 저 자아 등으로 현현하고 또 색 등으로 현현하는 분별을 마치 저 분별 외부에 존재하는 것처럼 간주한 후에 비록 외부의 자아와 법이 없이도 자아 등의 가설과 또 색 등의 법의 가설이 무시이래로 생겨난다. 그리고 이에 대한 비유로서 비문증에 걸린 자에게 나타나는 바퀴 등의 현상을 들고 있다.[409]

이에 대한 반론자의 반박은 외부대상이 자체로 현현하는 식을 산출하는 것으로 대상조건이라면, 외부대상 없이 식의 존재는 일어날 수 없다는 것이다. 이는 색의 존재의 확실성에 대한 비판으로 이어지면서 안혜는 『유식삼십송』에 세친이 다룬 물질의 최종적 구성요소인 극미極微의 존재성에 대한 비판을 이어받고 있다.

---

408 M-W, s.v. upacāra "usage of speec", "a figurative or metaphorical expression." 이 단어는 안혜의 주석에서 prajñapti로 치환되고 있는데, BHSD도 두 단어의 유사성을 지적한다. 이런 용법 이외에도 upacāra-samādhi에서 보듯이 "근접"의 의미도 가지고 있다.

409 TrBh 40,3-41,4.

그리고 『유식삼십송』 제1송에서 설한 3종의 식전변은 제2송에서 이숙異熟(vipāka)과 사량(manana), 대상의 요별(viṣayavijñapti)로 설명되고 있다. 그중에서 알라야식은 첫 번째 이숙의 전변으로서, 과거세부터 축적된 업이 특정한 조건 하에서 변화하고 익어가며, 마침내 과보로 산출되는 것이다. 또 알라야식은 일체종자를 가진 것으로서 과거의 모든 경험의 잠재인상들의 저장소와 같은 역할을 한다. 이런 잠재식으로서의 알라야식은 윤회가 지속하는 한 '폭류처럼' 지속적으로 이어지고 변화하며, 마침내 모든 번뇌의 종자가 끊어진 아라한의 상태에 이를 때 윤회의 근거로서의 역할을 수행하지 않는 것이다. 두 번째 전변은 사량思量, 즉 '이것은 나다'라고 생각하는 자아의식의 전변이다. 이것은 염오의라고 불리며 아견과 아치, 아애, 아만이라는 네 가지 번뇌를 항시 수반하고 있는데, 그것은 알라야식을 대상으로 해서 그것을 자아라고 집착하는 작용을 한다. 세 번째 전변인 대상의 요별은 전통적인 6식의 작용으로 색·성·향·미·촉·법의 여섯 대상영역의 요별이다. 6식 중에서 전5식은 물의 수면에 발생하는 파도처럼 근본식에 저장된 종자로부터 여러 개의 식이 동시에 제6의식과 함께 발생할 수 있다고 인정되는데, 이런 다수의 식의 동시생기가 유가행파의 특징이다.

식전변 개념이 유식의 맥락에서 논의되는 것은 제17송에서이다. 자아와 법으로 가설은 단지 식전변에 대해서이지, 식의 전변과 독립한 자아와 법들은 존재하지 않음을 증명하기 위해 유식 개념이 제시되고 있다.

식전변은 분별이며, 그 〔분별〕에 의해 분별되는 것은 존재하지 않는다. 따라서 이 모든 것이 유식이다.[410]

안혜(TrBh 108,6ff)는 제1송에서 제시된 3종의 식전변을 알라야식과 염오의, 전식을 자체로 하는 3종 분별이라고 설명한다. 그리고 분별이란 그 대상의 행상이 증익된 것(superimposed)이며, 삼계에 속한 심과 심소이다. 따라서 이러한 분별에 의해 분별되는 기세간이나 온처계 등의 사물들은 존재하지 않는다. 그것이 분별이라고 불리는 이유는 그 인식대상이 비실재하기 때문이다. 안혜는 분별 개념을 『중변분별론』의 허망분별(abhūtaparikalpa) 개념과 동일시한다. 왜냐하면 허망분별은 말 그대로 비실재하는 것에 대한 분별이기 때문이다.

분별의 대상, 즉 식의 대상이 존재하지 않는 경우에도 식이 생겨날 수 있다는 것을 안혜(TrBh 108,17ff)는 마야(幻)나 간다르바르의 성 등의 비유에 의해 옹호하고 있다. 왜냐하면 마야 등에 있어서 비록 대상(artha)은 비존재해도 마야에 대한 인식은 생겨날 수 있기 때문이다. 그러면서 식은 이전에 소멸했던 그것과 동일한 유형의 식으로부터 생겨나는 것이지, 외부대상으로부터 생겨나는 것은 아니라고 결론 내린다. 전통적으로 불교철학에서 이 문제는 인식대상 없이도 인식이 가능한가 하는 것으로서[411] 인식론과 존재론이 결합한 난해한 문제이지

---

410 Tr 17: vijñānapariṇāmo 'yam vikalpo yad vikalpyate / tena tan nāsti tenedaṃ sarvaṃ vijñaptimātrakam //.

411 권오민(2007)은 인식의 대상이 존재해야 하는가 아니면 존재하지 않아도 식은 성립하는가의 문제에 대한 유부와 경량부 사이의 차이를 『대비바사론』 등의

만. 안혜의 설명에서 보았듯이 유가행파는 인식대상이 없이도 식이 가능하다는 입장에 서 있다.

안혜(TrBh 108,14f)는 간다르바의 성이나 꿈에서처럼 인식대상이 없이도 식이 생겨나며, 그것은 이전에 소멸했던 같은 유형의 식으로부터 생겨나지 외부대상으로부터 생겨나는 것이 아니라고 설명한다. 따라서 분별작용이 존재하지 않는 것을 존재자로 정립시키고 있다는 사실을 이해할 때 증익의 극단은 제거된다고 말한다. 또한 유식唯識은 단멸의 극단을 제거하기 위한 것이다. 여기서 유唯(-mātra)라는 말에 의해 대상이 배제되고 있지만, 그럼에도 "일체종자를 가진 식이 상호간의 힘 때문에 이러저러하게 변화하면서 진행된다."(Tr 18) 이와 같이 식이 비록 대상에 의거해서 일어나지는 않지만 그럼에도 종자의 상호작용에 의해 다양하게 일어난다는 점이 인정되기 때문에 식의 생기에 어떤 근거도 없다는 단멸의 오류가 제거되는 것이다.[412]

이와 같이 『유식삼십송』에서 식전변 개념은 알라야식이라는 일체종자식에 의거하여 분별=허망분별=유식 개념과 관련되어 체계적으로 설해지고 있다. 그리고 "알라야식으로부터 자아 등으로 현현(-nirbhāsa)하는 분별과 또 색 등으로 현현하는 분별이 일어난다"고 설하는 안혜의 주석은 세친이 『유식이십론』 제7송에서 현현 개념에 의거한 식전변의 설명과 또한 『중변분별론』(MAV I.3)에서 "식이 대상과 중생, 자아, 요별로서 생겨난다"는 사유를 이어받은 것이다.

아비달마 문헌들에서 추적하고 있으며, 이 문제가 함축한 유식학파의 唯識無境說과의 사상사적 맥락을 보여주고 있다.

412 TrBh 110,8ff 참조.

『유식이십론』이나 『유식삼십송』에서 식전변을 유식과 관련시키는 설명에서 볼 때 세친의 식전변은 관념론적으로 해석될 소지가 많을 것이다. 많은 연구자들이 이런 관념론적 해석에 동의하지만,[413] 그럼에도 우리는 이 교설이 법무아의 이해를 위한 것이라는 점을 잊어서는 안 된다. 앞에서 설명했듯이 안혜에 따른 『유식삼십송』의 저작 목적은 세 가지이다. (가) 인무아와 법무아를 번뇌장과 소지장의 제거의 관점에서 이해하기 위해서, (나) 인무아와 법무아를 보여줌으로써 유식을 이해하게 하기 위해서, 그리고 (다) 식과 식의 대상에 대한 실체론적 이해라는 극단과 세속적 존재일 뿐이라는 극단을 넘어서기 위해서이다. 그중에서 (나) 『유식삼십송』에서 식전변의 교설은 식과 독립해 있는 외부대상의 존재를 부정하기 위해서이며, 이는 유식의 이해와 연관될 것이다. 그러나 (가)와 (다)는 직접적으로 외부대상의 존재부정과 무관하며, 오히려 (가)의 이유는 보살의 이타행과 관련되고 있고, 또는 (다)는 식과 그 대상의 관계를 언어에 의한 실체화라는, 불교의 오랜 언어와 사유에 대한 비판과 보다 관련이 있을 것이다.

2) 미륵 논서에서 식의 현현(pratibhāsa) 개념

미륵에게 귀속되는 미륵5법은 유식 문헌에서 『유가론』이나 『유식이십론』과 『유식삼십송』과는 다른 사상사적 특징을 보여준다. 미륵5법의 게송 부분에서 알라야식이 언급되지 않는다는 사실은 잘 알려져 있다.

---

413 유식의 관념론적 해석에 대해서는 Kellner & Taber 2014 참조. 반면 유식사상을 의식과 언어에 대한 비판으로 보는 견해는 Lusthaus 2002 참조. 이 문제에 대한 개관은 안성두 2016 참조.

이는 미륵5법이 편찬될 당시에 알라야식 개념이 알려져 있지 않기 때문에 그런 것이 아니라, 여기서 의도적으로 알라야식이란 용어의 사용이 회피되고 있기 때문이라고 보인다. 슈미트하우젠은 이를 『법법성분별론』에서 허망분별에 대한 2종 구별을 인용하면서 보여주고 있다. 그는 『법법성분별론송』의 저자가 의도적으로 알라야식 개념의 사용에 부합되는 경우에도 알라야식이란 용어의 사용을 회피하면서 이를 허망분별(abhūtaparikalpa) 개념으로 치환해서 사용하고 있다고 지적한다.[414]

이런 상황은 『중변분별론』의 경우에도 타당하다. 여기서 식의 성립은 언설종자에 의한 대상존재의 실체화 때문으로 설명되기보다는 능취와 소취의 상관관계에 의거해 있다는 데 초점이 맞추어져 있다. 다시 말해 의식작용과 의식내용의 상관관계에 의거해서 대상의 존재성이 식에 의해 구성되고 있다는 점이 강조되며, 그렇게 구성된 대상의 존재성은 능-소의 상관관계를 해체할 때 함께 해체된다는 것이다.

미륵5법 중에서 식과 대상 간의 이런 관계를 보여주는 술어가 바로 식의 현현(pratibhāsa)으로서, 이 개념은 허망분별虛妄分別 개념과 연관하여 설명되고 있다. 주지하다시피 허망분별은 『중변분별론』에서 핵심적인 역할을 수행하기 때문에 이 개념의 설명에서부터 시작하겠다.

---

414 Schmithausen 1987: 98f. "무시이래 진여에 대한 무지 때문에 일체종자를 갖고 〔능취와 소취라는〕 비실재하는 양자로서 현현하는 원인인 허망분별이 있고, 또 그것에 의거한 또 다른 〔허망분별〕이 있다."

허망분별은 존재하고, 거기에 양자는 존재하지 않는다.
그렇지만 여기에 공성은 존재하며, 저 〔공성〕에도 저 〔허망분별〕은 있다.[415]

위의 게송에서 보듯이 허망분별은 전체 게송에서 핵심적인 역할을 수행하고 있다. 존재하는 허망분별 속에 양자, 즉 능能-소所(grāhya-grāhaka)는 존재하지 않으며, 허망분별 속에 공성이 있고 또 공성 속에도 허망분별이 있다고 서술되고 있기 때문이다. 여기서 허망분별(abhūtaparikalpa)이란 복합어는 일반적으로 이해되듯이 '허망한 분별'이 아니라 '비실재하는 것에 대한 분별'을 의미한다.[416] 이렇게 이해할 때 분별(parikalpa) 자체는 존재하지만 그것의 내용인 능-소 양자는 존재하지 않는다고 설명하는 Pada b의 연관성을 이해할 수 있을 것이다. 그리고 식의 현현 개념은 바로 이 허망분별의 자상을 설명하는 『중변분별론』(MAV I.3)에서 나온다.

대상과 중생, 자아와 요별로서 현현하는 식이 생겨난다.

---

415 MAV I.1: abhūtaparikalpo 'sti dvayan tatra na vidyate/ śūnyatā vidyate tv atra tasyām api sa vidyate//.

416 Mathes(1996: 18, fn.24)는 abhūtaparikalpa를 "비실재하는 것에 대한 분별"(das Vorstellen von Unwirklichen)이라고 번역한다. 이 개념은 좁은 의미에서 비실재하는 것뿐 아니라 모든 법을 포괄한다. 외적 대상과 이를 인식하는 주관이라는 분별의 내용은 실재하는 것에 부합하지 않으며 따라서 허위이다. Matsuda (2018)는 이 개념을 Karmadhāraya 복합어로서 '허망한 분별'로 이해했던 기존의 연구를 비판적으로 검토한다.

그러나 그 〔식〕의 대상은 없다. 그 〔대상〕이 없기 때문에 저 〔식〕도 없다.[417]

세친은 이 게송을 다음과 같이 풀이한다. "대상(artha)으로 현현하는 〔식〕은 색 등인 것으로서 현현하며, 중생으로 현현하는 〔식〕은 자-타의 상속 속에서 5근으로 〔현현하며〕, 자아로서 현현하는 〔식〕은 자아에 대한 우치 등과 연결되기 때문에 염오의이며, 요별로서 현현하는 〔식〕은 6식이다."[418]

이 주석에서 주목되는 것은 "대상으로 현현하는 식"을 알라야식이라고 부르기를 주저하는 세친의 태도이다. 자아와 요별로서 현현하는 것을 세친은 각기 제7식과 6식으로 명시하고 있기 때문에 응당 대상으로 현현하는 것은 알라야식으로 명시되어야 할 것이라 보이지만, 세친은 그렇게 주석하지 않았다. 후대 유식학파 내부에서도 이것이 알라야식으로 간주되었다는 것은 앞에서 보았듯이 안혜의 『유식삼십송석』(TrBh 108,10f)의 명시적인 언급을 통해서도 확인되기에 이런 세친의 침묵에 어떤 이유가 있는지는 불명확하다.

또 다른 문제는 중생으로 현현하는 〔식〕이 5근이라고 할 때 이를 어떻게 이해해야 하는가이다. 하나의 해석 가능성은 알라야식의 생물학적 기능에서 찾을 수 있다. 『유가론』에 자주 등장하는 알라야식이

---

417 MAV I.3: artha-sattvātma-vijñapti-pratibhāsaṃ prajayate/ vijñānaṃ nāsti cāsyārthas tadabhāvāt tad apy asat //. 진제역: 塵根我及識 本識生似彼 但識有無彼 彼無故識無. 현장역: 識生變似義 有情我及了 此境實非有 境無故識無.

418 MAVBh 18,23ff.

6처나 신체에 용해되어 있다고 하는 설명을 고려할 때, 식이 5근으로 현현할 수 있는 근거는 바로 그것들이 알라야식에 의해 집수되었기 때문일 것이다. 그렇다면 대상 및 근으로 현현하는 것을 알라야식이라고 불러야 하겠지만, 세친이 이 용어의 사용을 회피하는 까닭은 이미 언급했듯이 미륵5법의 게송 자체에서 알라야식이라는 용어가 회피되었기 때문이겠지만, 그런 이유에서라면 왜 자아로서 현현하는 것을 염오의라는 용어로 불렀는지도 문제시될 것이다. 이런 모호한 점을 제외하면 허망분별의 자상을 설하는 이 게송에서 허망분별은 잠재식인 알라야식은 물론 모든 전식을 포괄하고 있다고 보아도 될 것이다.

여기서 artha(대상, 義)가 어떤 의미인지를 보자. artha는 의미, 목적, 재물, 대상 등의 다양한 의미를 지닌 단어로서 말과 대상 간의 관계를 다루는 언어학적, 인식론적 맥락에서 주로 '대상'으로 번역된다. 그러나 그것은 의식으로부터 독립한 외부대상이 아니라, 현세적이고 잠재적인 방식으로 식에 의해 의미부여된 사물(thing-meant)[419]을 가리킨다. 이렇게 '대상' 개념을 이해할 때, 현현 개념에 의해 표현하고자 하는 사태, 즉 "그 〔식〕의 대상(artha)은 없다"가 무엇을 의미하는지가 보다 분명해진다. 색 등의 대상이란 순수한 외부대상이 아니라 식이

419 artha를 thing-meant로 번역한 것은 Houben(1997: 58-59)을 따랐다. 그는 현대서양의 학적 담론에서 meaning은 referent와 구별되지만 인도 전통에서 artha는 의미와 지시대상을 가리킬 수 있다고 지적한다. 그러면서 그는 의미와 대상 사이의 지속성을 표현하는 용어에 의해 번역되어야 하며, 'thing-meant'를 제안한다. 그것은 있는 그대로의 사물과 대비되어 의미된 대로의 사물이란 의미에서이다.

의미대상 x로 현현하는 것에 지나지 않는 것이다. 따라서 x-현현이란 의미부여 작용에 의해 의미부여된 것, 즉 구성된 대상에 지나지 않는다. 다시 말해 의미부여된 대상(=所取)은 구성작용(=能取)에 의해 파악된 것이며, 그런 한에서 비실재하는, 즉 허망한 것(abhūta)이라는 의미이다.[420] 동시에 구성작용은 그러한 구성된 대상 없이는 성립될 수 없기 때문에 Pada d는 "그 〔대상〕이 없기 때문에 저 〔식〕도 없다"고 말하는 것이다. 따라서 세친이 주석하고 있듯이 여기서 능취작용을 하는 식도 비존재하는 것(asad), 즉 허망한 것(abhūta)이다.

세친은 식의 대상이 없는 이유를 "현현이 생겨날 때 그것과 동일한 식은 존재하지 않기 때문"이라고 말하지만, 동시에 그것은 모든 방식으로 비존재하는 것은 아니라는 점도 강조한다. 왜냐하면 식이 x로서 현현할 때, 그 x는 단지 의미대상으로서 현현하는 것으로서 궁극적으로 공한 것이지만, 동시에 x로서의 현현 자체를 부정할 수는 없기 때문이다. 다시 말해 x로서의 현현은 식이라는 장場에서 진행되는 하나의 마술사의 트릭과 같은 현상이며, 그것이 식의 흐름 위에서 진행되는 사건이라는 것은 부정할 수 없다는 것이다. 이는 사상사적으로 식을 실재하는 대상의 요별로서 외부대상의 표상이라는 입장을

---

420 Pada c를 진제는 전혀 다르게 但識有無彼("다만 식은 존재하지만 저 〔대상〕은 없다")로 번역하고 있다. 그는 식이 x로서 현현하는 작용을 할 때, x는 식에 의해 구성된 것으로서 비존재하지만 구성작용 자체는 존재한다고 하는 의미로 이해했다고 보인다. 그의 해석은 MAV I.1a의 "허망분별은 존재한다"를 염두에 둔 번역일 것이다. 그는 이어서 대상 없는 대상구성 행위는 있을 수 없기 때문에 "저 대상이 없기에 식도 없다"(彼無故識無)고 말하는데, 이는 그가 Pada cd를 마치 입무상방편상의 두 단계처럼 해석하고 있기 때문일 것이다.

가진 아비달마불교와 '일체는 모든 방식으로 비존재한다'는 공성의 파괴적 적용 사이의 중도를 가리킨다.

이러한 식과 대상의 관계는 현상학의 noesis-noema 관계와 유사하다고 보인다. noesis-noema는 후설에게 있어 "필연적 상관관계"로서 해체될 수 없는 것이다. 이남인에 따르면 "지향성은 의식이 지닌 본질적 속성을 지칭하는 개념이다. '무엇에 대한 의식'이라는 지향성에 대한 규정에서 알 수 있듯이 존재자와 그를 향한 의식은 서로 무관하게 독립해서 존재하는 것이 아니라, 양자 사이에는 그 본질구조에 있어 독특한 상관관계가 존재한다."[421] 유식학의 표현을 사용하면, 노에마는 식에 의해 파악되어야 하는 것으로서 소취(grāhya)이며, 노에시스는 노에마를 파악하는 작용으로서의 능취(grāhaka)에 해당될 것이다. 이남인(2004: 112f)은 후설의 지향성 개념이 이전의 서양철학사를 지배해 왔던 표상주의의 극복이라는 점을 누누이 강조하고 있는데, 어떤 점에서 미륵 논서에서 보이는 능-소의 깊은 상관성에 대한 분석과 반성은 이전 시기 유부와 경량부의 표상주의 인식론에 대한 반성을 함축하고 있다고 해석될 수 있겠다. 물론 유가행파의 목표가 이런 식의 이분적 구조로부터 벗어나서 대상의 여실지견에 있는 한, 이런 노에시스-노에마의 구조, 능-소의 구조는 극복대상이고 정지에 의해 부정되어야 할 것임은 말할 나위도 없겠다.

그렇지만 우리가 일상적인 지각행위를 영위하는 생활세계에서나 또는 도리에 의해 진실을 탐구하는 학적 작업에 있어서 지각작용과

---

421 이남인 2004: 91.

그 대상의 결합관계는 너무 견고해서 해체될 수 없는 것처럼 보이기도 한다. 화이어아벤트(Feyerabend)는 "우리는 지금 감각과 '감각에 밀접히 뒤따르는 심리적 작용' 사이를 구별할 수 있다. … 〔하지만〕 양자는 밀접히 결합되어 있어 양자를 분리시키기는 어렵다"고 하면서, 그러한 작용의 기원과 효과를 "자연적 해석(natural interpretation)"이라고 부르면서 이런 자연적 해석을 완전히 제거한 후에 시작하려는 시도는 자기부정적인 것이라고 주장한다.[422]

하지만 불교의 지적, 명상적 전통은 이런 '자연적 해석'에서 벗어나는 길을 항시 모색해 왔다. 유식 전통, 특히 미륵5법에서 이런 필연적 결합관계의 해체를 법집의 제거로 보면서 이를 위한 수행을 입무상방편상入無相方便相이라고 불렀다. 『중변분별론』(MAVBh 20,1ff)에서 이 과정은 다음과 같이 서술된다.

(1) 유식의 지각(upalabdhi)에 의거해서 대상(artha)의 비지각이 생긴다.
(2) 대상의 비지각에 의거해서 유식의 비지각이 생긴다.
(3) 이와 같이 능-소 양자의 비존재의 특징을 이해한다.
(4) 따라서 〔대상의〕 비지각과 〔유식의〕 지각 양자의 평등성이 이해된다.[423]

세친은 (4)의 이유를 "왜냐하면 지각은 지각성으로서 증명되지

---

422 Feyerabend 1975: 73; Huntington 1989: 46에서 재인용.

423 MAVBh 20,1ff:

않았기 때문이다"라고 설명한다. 지각성(upalabdhitva)이란 지각과 그 대상 사이의 필연적 관계를 가리킬 것이지만, 이제 (1)~(3)의 인식을 통해 지각성의 견고한 구조가 해체된다고 주장하는 것이다. 그렇지만 이런 해체가 모든 방식으로 진행되는 것이 아니라는 것을 세친은 "그렇지만 실재하지 않는 것이 대상으로서 현현한다는 사실에 의해 비록 〔x로서 현현하는 것의 지각이〕 비지각을 본질로 한다고 해도 지각이라고 불린다"고 해설한다.

위에서 서술한 입무상방편상이 식과 그 대상 사이의 견고한 결합구조를 해체하는 일련의 과정이라는 점은 분명할 것이다. 전통적인 무아의 인식에서 관찰수행의 주도적 역할처럼 여기서도 지각(upalabdhi)의 허구성에 의거한 해체방식은 주된 역할을 한다고 보이지만, 단지 그런 관찰수행이 삼매의 상태에서도 수행된다는 인상을 준다. 여하튼 중요한 것은 유식 개념과 유식성의 증득이 x로의 현현을 실재하는 것으로 간주하는 이해를 제거하고 해체하는 방편이지 심이나 대상의 궁극적 상태를 가리키지 않는다는 사실이다.

이렇게 본다면, 유식(성) 개념은 법무아의 증득을 위한 하나의 관법이라고 보인다. 식전변이건 식의 현현이건 간에 어떠한 인지대상도 그것을 지각하는 식과 독립해 있지 않다는 사실에서 출발하여, 식과 독립해 존재하는 대상의 존재 부정 → 능-소의 밀접한 상관성에 의거해 대상의 비존재에 따른 식의 존재의 부정 → 능연소연평등평등能緣所緣平等平等 지智의 의미에서 능-소의 평등성의 통찰 → 무분별지에 의한 진여의 증득이다.

이와 같이 입무상방편상의 교설은 의식대상과 의식대상의 결합관계를 해체함에 의해 어떻게 의식에 의해 구성되지 않은 세계가 우리에게 현전할 수 있는지를 보여준다. 유가행파 문헌에서 그런 해체과정은 순결택분에서 시작하며, 대상화되는 것과 대상화하는 작용이 완전히 평등한 정지의 단계를 거쳐 마침내 보살초지를 증득시키는 무분별지(nirvikalpajñāna)에서 피크에 이른다. 비록 무분별지의 작용이 마치 섬광처럼 찰나적이지만, 그런 통찰에 의해 우리가 이 세계를 능-소의 방식으로 구성하고 있음이 여실하게 자각되며, 이를 통해 구성되기 이전의 진여의 세계가 우리에게 현전하는 것이다. 해석학에 따라 우리는 구성된 세계를 '지평'(Horizont)으로, 그리고 모든 구성작용의 피안에 있는 진여의 세계를 '세계'(Welt)라고 부를 수 있을 것이다. 물론 불교에서 법과 법성, 또는 구성된 세계와 진여의 세계는 이원론적으로 파악되지 않는다. 그것은 존재론적으로 분리될 수 없는 것이지만 수행에 의해 생겨난 인식에 의해 분리된 것으로 경험되어야 하는 것이다.

위에서 말했듯이 있는 그대로의 대상을 보는 작용을 하는 것이 무분별지라면, 그것이야말로 수행도에서 가장 결정적인 의미를 가질 것이다. 이하에서는 유가행파 문헌에서 『집론』을 중심으로 무분별지의 설명을 간단히 요약해 보자.

『집론』은 세 가지 무분별의 상태를 구분한다. 하나는 만족의 측면에서의 무분별성(saṃtuṣṭi-nirvikalpatā)이고, 두 번째는 비전도의 측면에서의 무분별성(aviparyāsa-nirvikalpatā)이며, 세 번째는 무희론의 측면에서의 무분별성(niṣprapañca-nirvikalpatā)이다. 이는 각기 일반인과 성문, 보살들의 무분별지에 대응한다.[424] 그중에서 당연히 세 번째 무분별이 진정한 의미에서 무분별일 것이다. 『잡집론』에 따르면 무희론의 측면에서의 무분별인 이유는 보살들이 저 색 등의 법뿐인 것을 희론이라고 안 후에 일체법의 관념상을 제거하면서 최고로 적정한 출세간지에 의해 모든 곳에 변재하는 진여를 통달하기 때문이다.[425]

『집론』은 이어서 무희론의 측면에서의 무분별을 다섯 가지 이유로 설명한다. (i) 작의가 없기 때문에 〔무분별이〕 아니다(nāmanasikāratah̤). (ii) 작의를 초월했기 때문에 〔무분별이〕 아니다(na manasikārasamatikramatah̤). (iii) 적정이기 때문에 〔무분별이〕 아니다(na vyupaśamatah̤). (iv) 자성이기 때문에 〔무분별이〕 아니다(na svabhāvata,h). (v) 인식대상에 대해 의욕하기 때문에 〔무분별이〕 아니다(nālambane 'bhisaṃskāratah̤).[426]

『잡집론』은 이를 다음과 같이 설명한다. (i) 만일 작의가 없기 때문이라면 그럼으로써 잠든 자와 술 취한 자들에게 무분별의 상태라는 오류가 있다. 왜냐하면 그들에게 법의 관념상에 대한 집중이 없기 때문이다. (ii) 초월하기 때문이라면 그럼으로써 제2정려 이상의 모든 곳에서 무분별의 상태가 획득된다. 왜냐하면 〔그곳은〕 거친 사유와 미세한 사유라는 분별을 초월하기 때문이며, 또한 분별의 요체는 삼계에 속한 심과 심소라는 것과 모순되기 때문이다. (iii) 적정하기

424 AS(G) 102,8ff.

425 ASBh 139,10ff.

426 AS(G) 102,11ff; T31: 693c2ff. Cf. MSg VIII.2에서 무분별지의 다섯 측면도 내용적으로 비슷하지만, 티벳역 구문이 명확하지 않다.

때문이라면 그럼으로써 상수멸정은 무분별의 상태를 얻는다. 그곳에서 심과 심소의 분별이 적정해지기 때문이며, 또 지智의 비존재라는 오류가 있기 때문이다. (iv) 자성이기 때문이라면 색은 무분별의 상태를 얻는다. 저 〔색〕은 무분별을 본질로 하기 때문이다. (v) 인식대상에 대해 의욕하기 때문이라면 그럼으로써 바로 분별을 수반한 상태가 무분별의 상태를 얻을 것이다. '이것은 분별을 떠났다'라는 의욕작용이 관념상의 분별로 특징지어지기 때문이다. 따라서 이러한 측면들에 의해 〔그것이〕 무분별이라고 보이지 않지만, 인식대상에 대해 의욕작용이 없기 때문에 〔무분별이라고〕 알아야 한다.[427]

이런 무분별지의 특징을 세친은 『법법성분별론』에서 3종으로 요약한다. (가) 법성에 주하기 때문에, 즉 불이不二이며 불가언설인 법성에 주하기 때문이다. (나) 현현함이 없기 때문에, 즉 양자와 그와 같이 언설되는 것, 감각기관과 대상, 요별과 기세간이 현현하지 않기 때문이다. (다) 현현하기 때문에, 즉 일체법이 허공의 영역과 동일하게 현현하기 때문이다. 세친의 주석에 따르면 (가)는 무분별지는 〔불이이며 불가언설인〕 법성을 지각하기 때문이며, (나)는 무분별지는 그와 같이 현현하지 않기 때문이며, (다)는 무분별지는 그것을 인식대상으로 하는 모든 이미지(nimitta)를 끊었기 때문이다.[428]

유가행파에서 이러한 특징을 가진 무분별지는 견도의 단계, 즉 보살초지에서 처음으로 작동한다고 간주된다. 『대승장엄경론』(MSA XI.31)은 인식되어야 할 것의 탐구로서 네 가지를 구별한다. 그것들은

427 ASBh 139,13-22.

428 DhDhV 85,1-25 참조. 독일어 번역은 Mathes 1996: 140f를 보라.

①허망한 것의 분별, ②진실한 것도 아니고 허망한 것도 아닌 분별, ③분별을 여읜 것(akalpa), 그리고 ④분별도 아니고 분별이 아닌 것도 아닌 것이다. 세친에 따르면 ①허망한 것의 분별은 출세간지에 부합하지 않은 분별이고, ②진실한 것도 아니고 허망한 것도 아닌 분별은 저 순결택분에 이르기까지 저 〔출세간지〕에 부합하는 것이며, ③분별을 여읜 것은 진여와 무분별지이고, ④분별도 아니고 분별이 아닌 것도 아닌 것은 출세간 이후에 획득된 세간지이다.[429]

이와 같이 ③무분별지의 획득은 직전 단계인 순결택분에서의 인식에 깊이 의존하고 있으며, 직후의 후득지의 성격을 깊이 규정하고 있다. 순결택분에서는 아직 능-소에 대한 차별이 존재하기 때문에 대상은 잘못된 방식으로 지각되고 있지만, 이 단계의 인식은 법계에 근거하고 있다는 점에서 능-소를 벗어난 진여의 인식에 근거하는 것이다. 앞에서 보았듯이 이 단계에서 능연소연평등평등지能緣所緣平等平等智, 즉 대상화하고 대상화되는 것이 평등한 지혜가 생겨나지만, 그 지는 사유와 개념화를 포함하고 있을 뿐 아니라 개념과 언어, 대상과 그 명칭 간의 관계에 대한 탐구를 포함하고 있기 때문에 온전한 의미에서 분별을 떠난 지智는 아니다. 그렇지만 이런 지혜의 반복수습에 의해 무분별지가 생겨나며 이때 법계가 현증되는 보살초지에 이른다. 그 후에 보살의 제2지에서 10지에 이르는 단계가 차례로 얻어진다. 후득지의 상태는 직전의 무분별지의 영향 때문에 능-소의 분별을 포함하지 않기에 분별이 아니지만, 세간지의 성격에 따라 법에 대한

---

429 MSABh 62,22-63,1.

분별이 진행되고 있기 때문에 분별이 아닌 것도 아니라고 말할 수 있다. 「섭결택분」의 〈오사장〉에서는 정지를 온전한 출세간적인 정지와 세간적이고 출세간적 정지로 구분하는데, 여기서 전자는 무분별지를 포함하고 반면 후자는 후득지를 가리키고 있다고 보인다.

6. 요약

이상에서 유가행파에서 설하는 법무아의 의미를 고찰했다. 법무아는 인무아와 대비되는 대승의 무아설이다. 인무아가 오온으로 구성된 개아는 실제로 존재하지 않지만 오온 자체는 존재한다고 설명하는데 비해 법무아란 그러한 오온 자체도 마찬가지로 실제로 존재하는 것이 아니라 『금강경』에서 말하듯이 마치 꿈이나 환幻(māyā), 물거품, 영상 등과 비슷한 존재론적 상태에 있다는 주장이다. 법무아의 증득이 대승의 목표인 일체지성으로 인도한다면 이를 어떻게 증득할 수 있는가의 방법론은 대승에서 가장 중요한 의미를 가질 것이다. 이하에서 이런 법무아의 교설이 사상사적으로 어떤 맥락에서 등장했으며, 특히 그것이 유가행파의 특징적인 교설 속에 어떻게 반영되고 있는지를 보여주려고 시도했다. 이를 요약하면 다음과 같다.

■ 1. 〈불교의 2종 무아설〉에서 인무아설은 『무아상경』을 중심으로 무아가 어떻게 논증되는지를 설명했다. 그것은 개아가 오온으로 구성되어 있다는 전제 위에서 만일 오온이 자아라면 자아는 오온 전체에 대한 지배력을 가져야 하지만 실제로는 그렇지 못하다는 것과 또

오온은 무상하고 따라서 고통스럽고 따라서 자아가 아니라는 논변이다. 그리고 『밀린다왕문경』에 의거해 마차와 그 구성요소의 비유를 통해 마차는 어떤 본질도 갖지 않은 명칭적 존재이고 따라서 무아이지만 구성요소는 더 이상 환원될 수 없는 것으로서 실유라는 발전된 설명을 보았다. 반면 법무아가 어떤 점에서 아비달마의 교설과 충돌하는지를 『반야경』의 무자성으로서의 공성의 설명을 통해 보았다. 그리고 유가행파의 초기 자료인 「섭사분」에 나타난 법무아의 해석이 성문체계에 따른 것이며 유가행파의 새로운 법무아의 해석과는 다르다고 지적했다.

■ 2. 〈유가행파 문헌에서 법무아의 해석〉에서는 「보살지」에 나타나는 전형적인 2종 무아설을 소개하고 대승의 법무아설의 특징을 『해심밀경』의 삼시법륜과 관련해서 설명했다. 그리고 2종 법무아의 작용이 어떤 차이를 가지는지를 『유식삼십송석』에 따라 설명했다.

먼저 「보살지」 〈진실의품〉에서의 법무아설의 특징을 소지장의 제거와 궁극적인 것의 언설불가능성의 측면에서 설명했다. 이어 〈『해심밀경』에서 법무아의 해석〉에서는 『해심밀경』의 법무아의 이해의 특징을 제2시 법륜인 『반야경』의 법무아 해석에 대한 비판을 통해 살펴보았다. 『반야경』의 이해는 "일체법무자성一切法無自性, 무생無生·무멸無滅, 본래적정本來寂靜, 자성열반自性涅槃"으로 요약되는데 이를 『해심밀경』이 삼무자성의 도입을 통해 어떻게 지양해 나가는지를 보았다. 그리고 〈법무아를 설하는 목적〉에서는 『석궤론』에 따라 법무아의 이상이 인무아를 넘어서는 점이 무엇이며, 또 유가행파의 주장이 무엇을 향하고 있는가를 설명했다.

■3. 〈법무아의 증득을 위한 수행법〉에서는 두 가지 수행법을 다루었다. 먼저 〈진실의품〉 등을 위시해 초기 유가행파 문헌에 자주 등장하는 4종 심사(paryeṣaṇa)와 4종 여실변지(yathābhūta-parijñāna)가 어떤 수행인지를 상세히 다루었다. 이 수행법은 기본적으로 명칭과 대상 간의 비일치성에 의거해 아비달마가 법을 법으로서 인식시키는 것으로서 간주했던 자성과 차별 개념을 분별에 지나지 않는 것으로 관찰하는 방법이다. 이런 관찰에 의거해서 4종 심사는 명칭과 사태, 자성으로 가설된 것과 차별로 가설된 것을 단지 그러한 것에 지나지 않는다고 고찰하는 것이고, 4종 여실변지는 이런 4종 심사에 의거해 확인된 것들을 여실하게 아는 것이다. 그리고 이런 고찰이 어떤 단계에서 수행되는가를 설명했다. 이어 어떻게 모든 관념상(nimitta)로부터 벗어날 수 있는가 하는 문제를 〈오사장〉에 의거해 설명했다.

■4. 〈삼성三性의 이론〉에서는 유가행파 문헌에 나타나는 삼성설을 크게 두 유형으로 나누어 설명하려고 시도했다. 첫 번째 유형은 언설과 분별에 의거해 삼성설을 해명하려는 것으로 변계소집성을 단지 분별작용에 의해 파악된 대상의 허구성으로 설명하는 데 그치지 않고 그 허구성의 이유를 언어사용과 관련해서 설명하고 있다. 두 번째 유형은 의식과 그 대상의 관계에 초점을 맞춘 설명으로서 능취-소취의 구별과 그것의 허구성에 근거하고 있다. 이 구별은 필자 자신의 텍스트 이해에 의거한 것이지만 이전에 필자가 삼성설 이해에 적용했었던 스폰버그(Sponberg 1983)의 형식적인 분류보다는 삼성설 내용 자체의 차이를 보여주며 또 그 차이가 어디서 유래했는지도 보여준다는 점에서 보다 실질적이라고 생각된다.

먼저 삼성에서 언설과 분별이 가장 문제시되는 변계소집성의 설명에서 언설이나 기호 등이 문제되는 텍스트를 선택해서 기술했다. 『해심밀경』이 삼성설을 최초로 체계적으로 설했다고 간주되고 있기에 그곳에서 변계소집상의 정의를 분석적으로 고찰했다. 이어 의식과 그 대상의 관계에 초점을 맞춘 대표적인 문헌으로 『중변분별론』을 택해 여기서 삼성이 어떻게 설명되고 있는지를 보고, 관련된 유형으로서 『유식삼십송』의 설명을 살펴보았다. 여기서 변계소집성은 언어와 관련되어 설해지지 않고 오직 분별되어지는 사태의 허구성이나 비존재성에 초점이 맞추어져 있다. 변계소집성은 중생의 집착에 의존하기에 파악되는 대로 존재하는 것은 아니므로 그것이 실제로 존재하지 않는다는 것은 당연할 것이다. 마지막으로 위의 두 가지 유형을 통합시키려는 시도로서 『대승장엄경론』에서 나타나는 두 가지 설명에 주목했다.

■5. 〈유식성의 증득과 법무아〉에서는 어떻게 이러한 존재의 특징을 이해할 수 있는가를 논의했다. 유식唯識(vijñaptimātra) 개념이 처음으로 등장했다고 간주되는 『해심밀경』(SNS VIII.7-8)의 경문을 슈미트하우젠에 의거해 설명했다. 그리고 유식의 증득을 위한 설명으로서 먼저 식전변識轉變(vijñānapariṇāma) 개념을 『유식이십론』과 『유식삼십송』에 의거해서 다루었고, 이어 식의 현현(pratibhāsa) 개념의 의미를 『중변분별론』(MAV I.3)의 해석을 중심으로 논의했다. 이어 이 개념이 수행론에서 가지는 의미를 입무상방편상과 관련해 다루면서 어떻게 능-소 구조가 해체될 수 있는지를 설명했다.

참고문헌

〈약호 및 일차 자료〉

AS	Abhidharmasamuccaya. Ed. Pradhan. Santiniketan 1950.
ASBh	Abhidharmasamuccayabhāṣya. Ed. N. Tatia. Patna 1976.
Asta	Aṣṭasāhasrikā prajñāpāramitā with Haribhadra's Commemtary called Aloka (ed. P.L. Vaidya), Darbhanga: The Mithilal Institute 1960.
BHSD	Buddhist Hybrid Sanskrit Dictionary. Ed. F. Edgerton.
BoBh	Bodhisattvabhūmi. Ed. U. Wogihara, 1971.
BoBh	(D) Bodhisattvabhūmi. Ed. Nalinaksha Dutt. Patna 1978.
BoBhVy	rNal 'byor spyod pa'i sa las byang chub sems dpa'i sa'i rnam par bshad pa. D 4047, P 5548.
DhDhV	Dharmadharmatāvibhāga. See Mathes 1996.
MAVBh	Madhyāntavibhāga-Bhāṣya. Ed. G. Nagao. 1964.
MAVT	Madhyāntavibhāga-Ṭīkā. Ed. S. Yamaguchi. 1934.
MSA	Mahāyānasūtrālaṃkāra. Ed. S. Lévi 1983 (원판 Paris 1907).
MSABh	Mahāyānasūtrālaṃkārabhāṣya of Vasubandhu, see MSA.
MSAT	Mahāyānasūtrālaṃkāra-Ṭīkā of Asvabhāva (Derge 4029).
MSg	『攝大乘論』 上 [長尾雅人], 東京, 1982.
MSgBh	Theg pa chen po bsdus pa'i 'grel pa (Mahāyānasaṃgraha-bhāṣya). Derge 4050.
PS	Vasubandhu's Pañcaskandhaka. Eds. Ernst Steinkellner & Li Xuezhu. Vienna/Beijing 2008.
PSV	Sthiramati's Pañcaskandhakavibhāṣā. Ed. Jowita Kramer. Vienna/Beijing 2013.
RGV	Ratnagotravibhāga. Ed. E. H. Johnston, 1950.
SAVBh	Sūtrālaṃkāravṛttibhāṣya of Sthiramati. (Derge 4034).

SNS	Saṃdhinirmocana-sūtra. Ed. E. Lamotte. Louvain/Paris 1935.
ŚrBh	Śrāvakabhūmi of Ācārya Asaṅga. ed. K. Shukla, 1973.
ŚrBh I-III	『瑜伽論』聲聞地 第一瑜伽處 (1998), 第二瑜伽處 (2007), 第三瑜伽處 (2018). 大正大學綜合佛教硏究所 聲聞地硏究會, 東京.
T	大正新修大藏經.
Tr	see TrBh
TrBh	Triṃśikā-bhāṣya. Ed. Hartmut Buescher, Wien 2007.
Ud	Udānavarga. Ed. Franz Bernhard. Göttingen 1965.
Vim	Viṃśikāvṛtti (Vasubandhu), Ed. Jonathan Silk. Cambridge: Harvard University Press 2016.
VyY	The Tibetan Text of the Vyākhyāyukti of Vasubandhu Ed. Jongcheol Lee. Tokyo 2001.
YBh	Yogācārabhūmi of Ācārya Asaṅga. Ed. Bhattacharya 1957.

『決定藏論』	T30, No.1584 [眞諦역]
『三無性論』	T31, No.1617 [眞諦역]
『攝大乘論』	T31, No.1593 [無著, 眞諦역]
『攝大乘論』	T31, No.1594 [無著, 玄奘역]
『攝大乘論釋』	T31, No.1595 [世親, 眞諦역]
『攝大乘論釋』	T31, No.1597 [世親, 玄奘역]
『成唯識論』	T31, No.1585 [護法외, 玄奘역]
『十八空論』	T31, No.1616 [龍樹, 眞諦역]
『中邊分別論』	T31, No.1599 [天親, 眞諦역]
『辯中邊論』	T31, No.1600 [世親, 玄奘역]
『轉識論』	T31, No.1587 [世親, 眞諦역]
『顯識論』	T31, No.1618 [眞諦역]
『解深密經』	T15, No.676.

〈이차 자료〉

권오민 2007, 「譬喩論者(Darṣṭāntika)의 無境覺(無所緣識)論」『한국불교학』 49.

권오민 2014a, 「先代軌範師의 '色心互薰說' 散考」『불교연구』 41.

권오민 2014b, 「先代軌範師의 '色心互薰說' 散考(續)」『불교연구』 42.

김성철 2008, 『섭대승론: 증상혜학분 연구』, 씨아이알.

김성철 2011, 「종성의 본질에 대한 유가행파와 여래장 사상의 해석 – '6처의 특별한 양태(ṣaḍāyatanaviśeṣa)' 개념을 중심으로 –」『불교학리뷰』 10.

김재권 2008, 「중변분별론에 있어서 삼성설의 구조적 특징」『인도철학』 25.

김재성 2004, 「순관(純觀, suddha-vipassanā)에 대하여」『불교학연구』 4.

김재성 2005, 「부파불교의 선정론」『불교학연구』 11.

김준호 2016, 「초기 아비달마 문헌에 나타난 사마타/위빠사나의 위상」『철학논총』 85.

김준호 2021, 「『성실론成實論』에 나타난 사마타, 위빠사나의 위상」『불교학보』 97.

김태우 2016, 『菩薩地 「眞實義品」에 등장하는 네 가지 심사와 네 가지 여실변지의 사상적 연원과 발전 양상』. 서울대학교 대학원 석사학위논문.

델레아누 플로린 2014, 「유가행의 실천」『유식과 유가행-대승불교시리즈 7』(김성철 역). 씨아이알.

미산스님 2005, 「상좌불교의 위빠사나 이해」『수행법 연구』, 조계종출판사.

사이토 아키라 2015, 「중관사상의 성립과 전개: 용수의 사상사적 위치를 중심으로」『공과 중관』(사이토 아키라 외. 남수영 역), 씨아이알.

사쿠마 히데요리 2014, 「유가행 유식사상이란 무엇인가」『유식과 유가행-대승불교시리즈 7』(김성철 역). 씨아이알.

슈미트하우젠 2006, 「「성문지」에서의 선정수행과 해탈경험」(안성두 역), 『불교학리뷰』 1.

시모다 마사히로 2015, 「여래장·불성사상의 새로운 이해를 향해」『여래장과 불성』(김성철 역). 씨아이알.

안성두 2002, 「瑜伽行派에 있어 見道(darśana-mārga)說 (1)」『인도철학』 12-1.

안성두 2003a, 「禪經에 나타난 유가행 유식파의 단초-四善根을 중심으로」『인도철학』 12-2.
안성두 2003b, 「禪經에 나타난 유가행 유식파의 단초-四善根을 중심으로」 『불교학연구』 6.
안성두 2005, 「유식문헌에서의 삼성설의 해석과 그 유형」 『인도철학』 19.
안성두 2014a, 「眞諦의 『三無性論』에 나타난 삼성설 해석의 특색-인도유식문헌과 관련하여 (I)」 『인도철학』 41.
안성두 2014b, 「『삼무성론』에 나타난 진제의 삼성설 해석의 특징 (II)-유식문헌의 인용과 그 해석상의 차이를 중심으로」 『인도철학』 42.
안성두 2015a, 眞諦(Paramārtha)의 삼성설 해석과 阿摩羅識(amala-vijñāna), 『불교연구』 42.
안성두 2015b, 「『해심밀경』에 나타난 3성설의 해석과 후대 인도-티벳 전통에 끼친 영향」 『인도철학』 44.
안성두 2016a, 『보성론 I.154-155의 공성 해석과 관련된 몇 가지 문제들』, 『인도철학』 46.
안성두 2016b, 「유식(vijñaptimātra)에 대한 관념론적 해석 비판-분별과 진여 개념을 중심으로」 『철학사상』 61.
안성두 2017, 「초기 유식문헌과 『보성론』에 공통된 인용문과 비유」 『불성·여래장 사상의 형성 수용과 변용』(금강대학교 불교문화연구소 편), 씨아이알.
안성두 2019, 「유식학의 법무아 해석과 그 증득방법」 『인도철학』 56,
안성두 역 2015, 『「보살지」』, 세창출판사.
안성두 역 2021, 『「성문지」』, 세창출판사.
안성두 역 2022, 『불교의 무의식』(원저: W. Waldron 2003), 운주사.
안성두(외) 번역 2023, 『유가사지론』, 씨아이알.
오오다케 스스무 2010, 「지론종의 유식설」 『지론사상의 형성과 변용』, 씨아이알.
요코야마 코이치 1993, 「세친의 식전변識轉變」 『唯識思想-강좌대승불교 8』(이만 역), 경서원.
유선경·홍창성 2020, 『생명과학과 불교는 어떻게 만나는가』. 운주사.
이길산 2020, 「초기유가행파의 진리 개념의 한 측면-『보살지』 「진실의품」의 tattvārtha(漢: 眞實義)를 중심으로」 『동아시아불교문화』 43.

이길산 2021,『유식이십론 연구: 관념론적 해석을 중심으로』, 서울대학교 대학원 박사학위논문.

이남인 2004,『현상학과 해석학』, 서울대출판부.

이영진 2021,「명상을 통한 성욕性慾의 극복으로부터 아만我慢의 제거까지」『동서인문』15.

이영진 2022,「'진리에 대한 깨달음'으로 착각된 샤마타의 양상 대對 심일경성에 대한 직접 경험」『동서인문』18.

이평래 2004,「人·法, 二無我의 성립에 관한 연구」『한국불교학』38.

임승택 역주 2001,『빠띠삼비다막가 역주』. 가산불교문화연구원.

정준영 2005,「사마타(止)와 위빠사나(觀)의 의미와 쓰임에 대한 일고찰」『불교학연구』12.

조준호 2024,「부파 전적에 나타난 사마타의 체계성 검토-수행범주와 구차제정과의 관계성을 중심으로」『한국불교학』109.

카지야마 유이치 1990,『인도불교철학』(권오민 역), 민족사.

호리우치 도시오 2014,「중기 유가행파 사상」『유식과 유가행-대승불교시리즈 7』(김성철 역). 씨아이알.

Anālayo 2009, "Yuganaddha Sutta", in: *Encyclopaedia of Buddhism VII.* (ed. G.P. Malalakesera).

Bronkhorst, Johannes 1993, *The Two Traditions Of Meditation In Ancient India*, Delhi: Motilal Banarsidass Publ.

Bronkhorst, Johannes 2011, *Language and Reality: On an Episode inn Indian Thought.* Leiden·Boston.

Chiba, Koji 千葉公慈 1997,「瑜伽行派における止觀考所 (序)」『印度學佛教學研究』46.1.

Coussin, L.S. 1984, "Samatha-yāna and Vipassanā-yāna", *Buddhist Studies in Honour of Hammalava Sadātissa* (Eds. G. Dhammapala, R. Gpmbrich, Kṛ. Norman) Sri Laṅka.

Cox, Collett 1994, "Attainment through Abandonment: The Sārvāstivādin Path of Removing Defilement", *Paths to Liberation: Mārga and its Transformations in Buddhist Thought*. Eds. Robert E. Buswell and Robert Gimello. Delhi.

Dhammajoti, K.L. 2019, "Adhimukti, Meditative Experience and Vijñaptimātratā", Investigating Principles: *International Aspects of Buddhist Culture-Essays in Honour of Professor Charles Willemen*. Ed. Lalji Shravak and Supriya Rai. Hongkong.

Eliade, Mircea 1973, *Yoga Immortality and Freedom*. Princeton University Press.

Feyerabend, P. 1975, *Against Method*. London.

Franco, Eli 1997, *Dharmakīrti on Compassion and Rebirth*. Wiener Studien zur Tibetologie und Buddhismuskunde Heft 38. Wien: Universität Wien.

Frauwallner, Erich 1956, Die Philosophie des Buddhismus. Berlin.

Frauwallner, Erich 1971, "Abhidharma-Studien III. Der Abhisamayavādaḥ", *Wiener Zeitschrift für die Kunde Süd- und Ostasiens*.

Funayama, Toru [ed.] 船山徹編 2012, 『眞諦三藏研究論集』(京都大學人文科學研究所 研究報告). 京都.

Gethin, Rupert 1998, *Foundation of Buddhism*. Oxford: Oxford University Press.

Gombrich, Richard F. 1997, *How Buddhism Began. The Conditioned Genesis of the Early Teachings*, New Delhi: Munshiram Manoharlal Publishers.

Griffiths, Paul 1983, *Indian Buddhist Meditation-Theory: History, Development and Systematization*. PhD Dissertation of University of Wisconsin-Medison.

Griffiths, Paul 1986, *On Being Mindless: Buddhist Meditation and the Mind -Body Problem*. La Salle: Open Court.

Gunaratana, Henepola 2011, *Mindfulness in plain English*, Wisdom Publications.

Hakamaya, Noriaki 袴谷憲昭 1979, "Viniścayasaṃgrahaṇīにおける ア-ラヤ識の規定,"『東洋文庫研究紀要』79.

Hakamaya, Noriaki 袴谷憲昭 1994, 『唯識の解釋學』. 東京.

Hayashima, Osamu 早島理 1982, 「唯識の實踐」『講座大乘佛教 8: 唯識思想』. 東京.

Hayashima, Osamu 早島理 1985, 「人法二無我論」『南都佛教』54.

Harrison, Paul (ed.) 1978, *The Tibetan Text of the Pratyutpanna-buddha-saṃmukhāvasthita-samādhi-sūtra*. Tokyo.

Higgins David 2019, "Buddha in the Storehouse: Mi bskyod rdo rje on the Relation between Tathāgatagarbha and Ālayavijñāna". *Journal of the International Association of Buddhist Studies* 42.

Horiuchi, Toshio 堀内俊郎 2005, 「『釋軌論』における所知障」『印度學佛教學研究』 52-2.

Houben, Jan E.M. 1997, "The Sanskrit Tradition", in: *The Emergence of Semantics in Four Linguistic Tradition* (eds. W. van Bekkum, Jan E. M. Houben, Ineke Sluiter, Kees Versteegh). Amsterdam: John Benjamins.

Hui-min 釋慧敏 1994, 『聲聞地における 所縁の研究』. 東京.

Karashima, Seishi 辛島靜志 2007, "Who were the icchantikas?", *Annual Report of The International Research Institute for Advanced Buddhology at Soka University* 10.

Kellner, Birgit & Taber, John 2014, "Studies in Yogācāra-Vijñānavāda Idealism I: The Interpretation of Vasubandhu's Viṃśikā", *Asitische Studien* 68-3.

Kramer, Jowita 2005, *Kategorien der Wirklichkeit im frühen Yogācāra*. Wiesbaden.

Kramer, Jowita 2016, "Some Remarks on the Proofs of the "Store Mind" (Ālaya-vijñāna) and the Development of the Concept of Manas", *Text, History, and Philosophy: Abhidharma cross Buddhist Scholastic Traditions*. (Eds. B. Dessein & W. Teng) Leiden/Boston: Koninklijke Brill.

Kramer, Jowita 2019, "Spiritual Practice on the Path to Liberation: Śamatha and Vipaśyanā in the Mahāyānasūtrālaṃkāra and its Commentaries", *The Indian International Journal of Buddhist Studies* 20.

Kritzer, Robert 1999, *Rebirth and Causation in the Yogācāra Abhidharma*. Wiener Studien zur Tibetologie und Buddhismuskunde Heft 44, Wien.

Kritzer, Robert 2000, "The Four Ways of Entering the Womb (garbhāvakrānti)", 『佛教文化』 10. 九州龍谷短期大學 佛教文化研究所.

Lamotte, Étienne 1975, *The Teaching of Vimalakīrti*. (Tr. Sara Boin). London: Routledge & Kegan Paul.

Lee, Jong Choel 2005, *Abhidharmakośabhāṣya of Vasubandhu Chapter IX: ātmavādapratiṣedha* (edited with critical notes by the late prof. Yasunori Ejima). Tokyo: Sankibo Press.

Lusthaus, Dan 2002, *Buddhist Phenomenology: A Philosophical Investigation of Yogācāra Buddhism and the Ch'eng Wei-shih lun*. London: Routlege Curzon.

Mathes, Klaus-Dieter 1996, *Unterscheidung der Gegebenheiten von ihrem wahren Wesen*, Indica und Tibetica 26. Bonn.

Mathes, Klaus-Dieter 2017, "The Eighth Karmapa Mi bskyod rdo rje (1507-1554) on the Relation between Buddha Nature and its Adventitious Stains" 『불교학리뷰』 22.

Matsuda, Kazubobu 2018, "A Short Note on the Compound Abhūtaparikalpa in the Bodhisattvapiṭakasūtra", in: *Reading Slowly: A Festschrift for Jens E. Brārvig*. Eds. Lutz Edzard, Jens W. Borgland and Ute Hüsken. Wiesbaden: Harrassowits Verlag.

Nagao, Gajin 長尾雅人 1978a, 『中觀と唯識』, 東京.

Nagao, Gajin 長尾雅人 1982, 『攝大乘論 和譯と註釋 上』. 東京.

Nagao, Gajin 長尾雅人 1987, 『攝大乘論 和譯と註釋 下』. 東京.

Nagao, Gajin 長尾雅人 2007, 『『大乘莊嚴經論』和譯と註釋─長尾雅人研究ノ-ト(1-3)』. 京都.

Nishi, Giyu 西義雄 1975, 『阿毘達磨仏教の研究 その眞相と使命』. 東京.

Odani, Nobuchiyo 小谷信千代 2000, 『法と行の思想としての佛教』. 京都.

Otake, Susumu 大竹晋 2007, 『唯識說を中心とした初期華嚴教學の研究-智儼·義湘から法藏へ』, 東京.

Otake, Susumu 大竹晋 2012, 「眞諦『九識章』をめぐって」『眞諦三藏研究論集』[船山徹 編]. 京都.

von Rospatt, Alexander 1995, *The Buddhist Doctrine of Momentariness*. Stuttgart:

Franz Steiner Verlag.

Sakuma, S. Hidenori 佐久間秀範 1990, *Die Āśrayaparivṛtti-Theorie in der Yogācārabhūmi*. Stuttgart.

Sakurabe, Haime 櫻部健 1955,「九十八 隨眠說の成立について」『大谷學報』35.3.

Schlingloff, Dieter 1964, *Ein Buddhistisches Yogalehrbuch*. Berlin.

Schmithausen, Lambert 1976, "On the Problem of the relation of Spiritual Practice and Philosophical Theory in Buddhism", *German Scholars on India*. Bombay: Nachiketa Publications.

Schmithausen, Lambert 1979,「我見に關する 若干の考察ー薩伽倻見, 我慢, 染汚意ー」『佛教學』7.

Schmithausen, Lambert 1981, "On Some Aspects of Descriptions of Theories of Liberating Insight and 'Enlightenment' in Early Buddhism", *Studien zum Jainismus und Buddhismus, Gedenkschrift für Ludwig Alsdorf*. Ed. Klaus Bruhn und Albrecht Wezler. Wiesbaden: Framz Steiner Verlag.

Schmithausen, Lambert 1984, "On the Vijñaptimātra Passage in Saṃdhinirmocanasūtra VIII.7" *Studies of Mysticism in Honor of the 1150th Anniversary of Kobo Daishi's Nirvāṇam*. Acta Indologica VI.

Schmithausen, Lambert 1987, *Ālayavijñāna: On the Origin and Early Development of a Central Concept of a Yogācāra Philosophy*, Part I+II, Tokyo: The International Institute for Buddhist Studies of the ICPBS.

Schmithausen, Lambert 2000, "On Three Yogācārabhūmi Passages Mentioning the Three Svabhāvas or Lakṣaṇas". *Wisdom, Compassion, and the Search for Understanding: the Buddhist Studies Legacy of Gadjin M. Nagao*. Ed. Jonathan A. Silk, Honolulu: University of Hawai'i Press.

Schmithausen, Lambert 2005, *On the Problem of External World in the Ch'eng wei shi lun*. Tokyo: The International Institute for Buddhist Studies of the ICPBS.

Schmithausen, Lambert 2014, *The Genesis of Yogācāra-Vijñānavāda-Responses and Reflections*. Tokyo: The International Institute for Buddhist Studies of the ICPBS.

Schmithausen, Lambert 2017, "Some Remarks on the Genesis of Central Yogācāra-Vijñānavāda Concepts", *Journal of Indian Philosophy* 46.

Schmithausen, Lambert 2020, *Fleischverzehr und Vegetarismus im indischen Buddhismus - bis ca. zur Mitte des ersten Jahrtausends n. Chr.* I-III. Bochum.

Siderits, Mark 2016, *Studies in Buddhist Philosophy*. Oxford: OUP.

Skorupski, Tadeusz 2008, *Categories of Emptiness According to Nāgārjuna's Mahāprajñāpāramitā-śāstra*, London: SOAS.

Sponberg, Alan 1983, "The Trisvabhāva Doctrine in India & China", 『龍谷大學佛教文化研究所紀要』 22.

Takahashi, Koichi 高橋晃一 2005, 『『菩薩地』「眞實義品から「攝決擇分中菩薩地」への思想展開』. 東京.

Takasaki, Jikido 高崎直道 1982, 「瑜伽行派の形成」, 『講座大乘佛教 8 唯識思想』 [平川彰, 梶山雄一, 高崎直道 編]. 東京.

Takemura, Makio 竹村牧男 1995, 『唯識三性説の研究』, 東京.

Thanissaro Bhikkhu 1997: "One Tool Among Many: The Place of Vipassanā in Buddhist practice." (https://www.accesstoinsight.org/lib/authors/thanissaro/onetoolḥtml).

Ui, Hakuju 宇井伯壽 1958, 『瑜伽論研究』. 東京.

Waldron, Williams S. 2003, *The Buddhist Unconscious: The Ālaya-vijñāna in the Context of Indian Buddhist Thought*. London & New York.

Wijesekera, O. H. de A. 1964, "The Concept of Viññāṇa in Theravāda Buddhism", *Journal of the American Oriental Society* 84 (3).

Wynne, Alexander 2007, *The Origin of Buddhist Meditation*. London: Routledge.

Wynne, Alexander 2011, "The ātman and its negation-A conceptual and chronological analysis of early Buddhist thought", *Journal of the International Association of Buddhist Studies* 33 (1-2).

Yamabe, Nobuyoshi 山部能宜 1999, "The Significance of the "Yogalehrbuch" for the Investigation into the Origin of Chinese Meditation Texts", 『佛教文化』.

Yamabe, Nobuyoshi 山部能宜 2012,「アーラヤ識に關する一考察」『唯識と瑜伽行』(シリーズ大乘佛教 第七巻). 東京: 春秋社.

Yamabe, Nobuyoshi 山部能宜 2018, "Ālayavijñāna from a practical Point of View", *Journal of Indian Philosophy* 46.

Yamabe, Nobuyoshi 山部能宜 2020, "Ālayavijñāna in a Meditative Context", *Mārga: Path to Liberation in South Asian Buddhist Traditions*. (Eds. Christina Pecchia and Vincent Eltschinger). Wien.

Yokoyama, Koiche 1976,「nimitta(相)について」『佛教學』1.

Yoshimizu, Chizuka 吉水千鶴子 1996,「Saṃdhinirmocanasūtra Xにおける 四種のyuktiについて」『成田山佛教研究所紀要』19.

Yoshimura, Makoto 吉村誠 2003,「攝論學派の心識説について」『駒澤大學校佛教學部論集』34.

찾아보기

【ㅇ】

지은이 **안성두**

한국외국어대학 독어교육학과 졸업, 한국학대학원에서 한국불교 철학 전공으로 석사. 이후 독일 함부르크대학 인도학연구소에서 Schmithausen 교수의 지도로 인도 초기유식사상에 관한 연구로 석사와 박사학위.

귀국 후 금강대학교 교수와 서울대학교 철학과 교수로 활동.

인도불교 유식학 관련 다수 논문과 『보성론』, 『보살지』, 『성문지』, 『유가사지론』 등 산스크리트어 불전의 번역이 있다.

퇴직 후 『중변분별론』과 『대승장엄경론』에 관심을 갖고 연구 중이다.

대원불교 학술총서 25 대승불교 유가행파의 수행론

초판 1쇄 인쇄 2025년 1월 6일 | 초판 1쇄 발행 2025년 1월 14일
지은이 안성두 | 펴낸이 김시열
펴낸곳 도서출판 운주사
(02832) 서울시 성북구 동소문로 67-1 성심빌딩 3층
전화 (02) 926-8361 | 팩스 0505-115-8361
ISBN 978-89-5746-863-0 93220 값 25,000원
http://cafe.daum.net/unjubooks 〈다음카페: 도서출판 운주사〉